普通高等教育经济管理类“十三五”规划教材

人力资源管理

RENLI ZIYUAN GUANLI

主 编 蒙 慧
副主编 张 雪 郭 静 赵 彬 邱士媛 袁 智
参 编 郭敏艺 何 玲 程 琳 马玉杰 毛叶凤

华中科技大学出版社
http://www.hustp.com
中国·武汉

图书在版编目(CIP)数据

人力资源管理/蒙慧主编.—武汉：华中科技大学出版社，2019.6
普通高等教育经济管理类“十三五”规划教材
ISBN 978-7-5680-5212-2

Ⅰ.①人… Ⅱ.①蒙… Ⅲ.①人力资源管理-高等学校-教材 Ⅳ.①F243

中国版本图书馆 CIP 数据核字(2019)第 119232 号

人力资源管理 蒙 慧 主编

Renli Ziyuan Guanli

策划编辑：聂亚文
责任编辑：张 娜
封面设计：孢 子
责任监印：朱 玢
出版发行：华中科技大学出版社(中国·武汉) 电话：(027)81321913
武汉市东湖新技术开发区华工科技园 邮编：430223
录 排：武汉正风天下文化发展有限公司
印 刷：武汉市籍缘印刷厂
开 本：787mm×1092mm 1/16
印 张：18.75
字 数：488 千字
版 次：2019 年 6 月第 1 版第 1 次印刷
定 价：48.00 元

前言

在当代中国，人力资源管理越来越受到政府、社会、企业和事业单位以及其他组织的高度重视，人力资源管理工作日新月异。企业之间的竞争本质上就是人力资源的竞争，企业能否通过人力资源创造价值、获取竞争优势，人力资源管理水平至关重要。在现代企业中，人力资源管理越来越多地被认为是各级各类管理者的职责，人力资源管理活动也要求企业全员参与，这就要求企业中的所有员工都要了解人力资源管理的内容、流程和方法。本书就是致力于为经济管理类专业的学生系统介绍人力资源管理的原理、流程和方法，满足他们的学习需求。

本书的体系是根据经济管理类应用型本科人才培养要求，基于“学习产出教育”(OBE)理念，结合人力资源管理的业务流程和实操特点来构建的，具有以下特点。

(1) 体系新。依据人力资源管理学科的内在逻辑和发展趋势，对人力资源管理课程体系进行重新架构，科学全面地阐释人力资源管理各个环节的内容。

(2) 理论精。本书从专业的角度，对人力资源管理的基本理论进行精辟的介绍，符合应用型本科对理论知识的要求。

(3) 内容新。在介绍人力资源管理理论和实务的同时，紧跟人力资源管理发展前沿，拓展学生的视野。

(4) 可操作性强。本书在内容编排上强调理论与实践的联系，注重人力资源管理的流程、方法的系统性和完整性，善用图表，图文并茂，突出教材的实用性和可操作性。

(5) 案例生动。各章均精选了多个生动具体的典型案例，培养学生的学习兴趣，引导学生进行探究式学习，并把理论与实践有机结合起来，提高学习效果。

(6) 培养目标多样化。每章都配有相应的练习题，巩固所学知识。还有相应的职业能力训练题，帮助学生提升职业能力。最后还有拓展阅读模块，开拓学生的视野，丰富学生的知识体系。

(7) 体例新颖。每章章首设有“学习目标”“本章关键词”“引导案例”，使学生了解本章概要，引发学生的学习兴趣。每章正文穿插“HR 实务”“HR 实例”“HR 视野”，使学生将理论与实践紧密结合，引导学生进行探究式学习，培养学生的创新意识和创新能力。章末附有“知识巩固训练”“职业能力训练”“拓展阅读”等，注重学生能力的训练和综合素质的培养。

本书是蒙慧教授主持的贵州省教育厅教改项目“应用型本科经管类专业人力资源管理课程立体化教学改革研究”(项目编号：2016 SJ-JXGC-KC-05)、贵州省教育厅“工商管理省级重点支持学科”项目(项目编号：黔学位合字 ZDXK[2016]18 号)、贵州商学院一流专业人力资源管理专业(项目编号：2018YYLZY04)的成果。

本书由蒙慧教授担任主编，负责全书体系构思、大纲编写、统稿和定稿工作，张雪副教授、郭静副教授、赵彬副教授、广西中烟工业有限责任公司柳州卷烟厂邱士媛、湖北中烟恩施卷烟厂人力资源部袁智担任副主编，郭敏艺、何玲、程琳、马玉杰、毛叶凤五位老师参与了本书的编写工作。具体分工为：蒙慧编写第 1 章，毛叶凤编写第 2 章，张雪、袁智编写第 3 章，马玉杰编写第 4 章，郭静编写第 5 章，郭敏艺编写第 6 章，程琳编写第 7 章，赵彬、邱士媛编写第 8 章，何玲编写第 9 章。

本书在编写过程中参阅了大量的著作和文献，引用了一些经典理论和案例，由于篇幅有限，未能在参考文献中一一列出。

由于本书编写时间仓促，编者水平有限，书中难免存在不足之处，敬请同行和读者批评指正，以便再版时加以更正。

编　者

2019 年 2 月

目录

第1章　人力资源管理导论

学习目标

(1) 理解并掌握人力资源、人力资本及人力资源管理的概念。
(2) 掌握人力资源管理的内容、功能和现代人力资源管理理论。
(3) 理解人力资源管理与传统人事管理的区别。
(4) 了解和掌握人力资源管理者的角色和素质。
(5) 了解人力资源管理的理论基础。
(6) 了解人力资源管理的发展历史及发展趋势。

本章关键词

资源(resource)、人力资源(human resources)、人力资本(human capital)、人力资源管理(human resource management)、传统人事管理(traditional personnel management)

引导案例

1.1　人力资源概述

1.1.1　人力资源的含义

现在我们所了解的人力资源的概念最早是由管理大师彼得·德鲁克(Peter F. Drucker)于1954年在其著作《管理的实践》(The Practice of Management)中提出并加以明确界定的。他认为,人力资源拥有"协调能力、融合能力、判断力和想象力"等素质,这是当前其他资源所没有的素质。人力资源是一种特殊的资源,必须经过有效的激励机制才能开发利用,并给企业带来可见的经济效益。

20世纪60年代以后,美国经济学家西奥多·舒尔茨(T. W. Schultz)和加里·贝克尔(Gary Becker)提出了现代人力资源理论,该理论认为人力资本是体现在具有劳动能力的人身上的、以劳动者数量和质量所表示的资本,它是通过投资形成的。该理论的提出使得人力资源的概念更加为人们所接受。

到目前为止,对于人力资源的含义,学者们给出了多种不同解释。现在我们理解的人力资源(human resources,HR)是指在一定范围内,具有劳动能力(包括处于劳动年龄、未到劳动年龄和超过劳动年龄),能够推动整个经济和社会发展的,具有智力、知识、技能、经验、体力的人口总和。

它包含劳动者的数量和质量。人力资源包括宏观含义和微观含义,宏观含义是指一个国家或地区的劳动力资源,微观含义是指组织、企事业单位的劳动力资源。

1.1.2 人力资源的构成

人力资源包括数量和质量两个方面。由于人力资源是依附于人身上的劳动能力,和劳动者密不可分,因此,可以用劳动者的数量和质量来反映人力资源的数量和质量。

1. 人力资源的数量

人力资源的数量是指一个国家或地区具有劳动能力的人口数量,人力资源的数量分为绝对数量和相对数量两种。人力资源的绝对数量,从宏观上看,指的是一个国家或地区具有劳动能力、从事社会劳动的人口数量,它是一个国家或地区劳动适龄人口数量减去其中丧失劳动能力的人口数量,再加上非劳动适龄人口数量中具有劳动能力的人口数量而得到的人口数量。

人力资源的相对数量即人力资源率,是指人力资源的绝对数量占总人口的比例,它是反映经济实力的重要指标。一个国家或地区的人力资源率高,表明该国家或地区的经济有某种优势。因此,在劳动生产率和就业状况既定的条件下,人力资源率越高,表明可投入生产过程的劳动力数量越多,从而创造的国民收入也就越多。人力资源率从侧面反映了一个国家或地区的经济实力。

一个国家或地区的人力资源数量由八个部分构成,如图 1-1 所示。

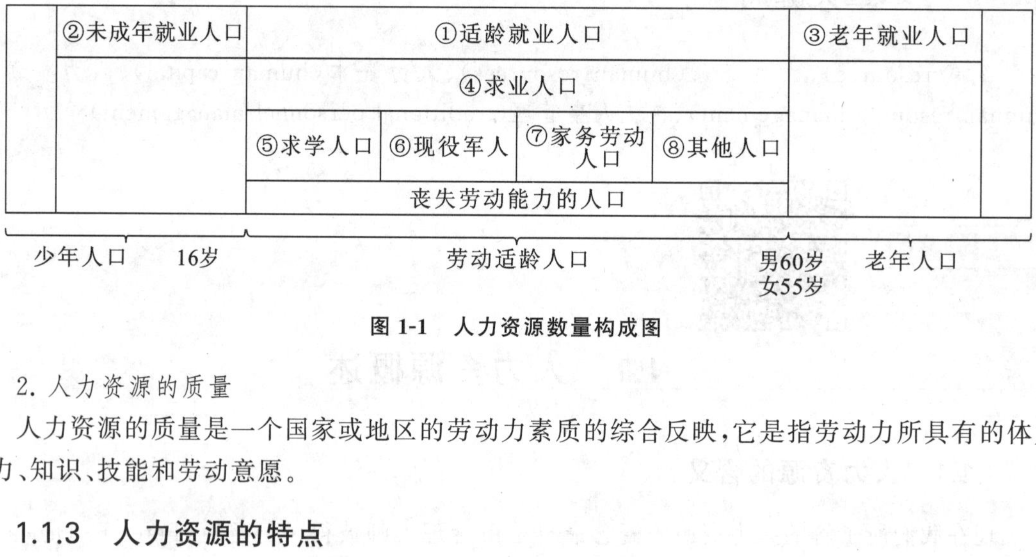

图 1-1 人力资源数量构成图

2. 人力资源的质量

人力资源的质量是一个国家或地区的劳动力素质的综合反映,它是指劳动力所具有的体力、智力、知识、技能和劳动意愿。

1.1.3 人力资源的特点

与自然资源和物质资源相比,人力资源具有如下特点。

1. 两重性

人力资源既具有自然(生物)属性,又具有社会属性。所谓自然(生物)属性是指人的肉体存在及其特征。人力资源存在于人体之中,是一种“活”的资源,与人的生命特征、基因遗传等紧密相关,如进食、消化、排泄、求偶、生育、繁衍。所谓社会属性是指在实践活动的基础上人与人之间发生的各种关系。人力资源总是与一定的社会环境相联系,每个人都受所生存的环境,包括政治、经济、文化、法律、风俗习惯、历史等影响,个人的价值观、行为习惯不尽相同。因此,在人力资源管理过程中需要注重人与人、人与群体、人与社会的关系及利益的协调与整合。

2. 主观能动性

主观能动性亦称“自觉能动性”,是指人的主观意识和实践活动对客观世界的反作用或能动作用。人和其他动物的最大区别在于，人能够有意识、有目的、有计划、能动地认识世界和改造世界。从人力资源的角度看，人是自我开发、自我管理的主体，劳动者个人的主观能动性对于人力资源的开发具有重要的影响。个人能动性对人力资源开发的影响，主要表现在自我强化、选择专业和职业、劳动态度和敬业精神等三个方面。由于人具有主观能动性，因此，人力资源管理要重点研究如何调动人的积极性。

3. 智力性

人力资源的智力性主要表现在劳动力具有记忆能力、推理能力和语言能力。劳动力可以通过观察、注意、记忆、思维、想象、分析判断、应变等能力来认识客观事物并解决实际问题。劳动力可以通过智力活动不断学习、不断创新、不断提升自己的水平。由于人力资源具有智力性，因此，组织应该加强对劳动力的培训和开发。

4. 自有性

人力资源所有权属于个体自身所有，具有不可剥夺性。人力资源的所有权和使用权可以分离。在雇用劳动力过程中，劳动者出让了人力资源的使用权，雇主会阶段性地拥有人力资源的使用权，但劳动者仍拥有其终极所有权，这也是人力资源区别于其他任何资源的根本特征。

5. 时效性

人力资源的形成、开发、使用均与人的生命周期有关，受到时间的限制。第一，个人的生命周期是有限的，要经历婴儿期、少年期、青年期、壮年期、老年期。第二，人力资源的开发和利用只占用人一生中的一些阶段，个体参加工作的时间也长短不一。第三，个体在劳动过程中发挥自己的最佳能力、取得最佳绩效的年龄段不同。第四，人力资源只有在开发和使用中才能发挥其作用，如果不能及时进行有针对性的开发和使用，不仅会造成浪费，还可能贬值。第五，组织在开发和使用人力资源时也具有一定的时效性。

6. 可再生性

人力资源的可再生性可以从两个方面理解。一是人力资源的数量可再生。从生物学角度来看，就是人口的不断繁殖。对于个体而言，人力资源是不可再生的；对于一个国家或地区而言，由于人类的种族繁衍，其人力资源是可再生的。二是人力资源的质量可再生。从个体开发角度而言，人力资源是可连续开发的资源，通过不断地开发与利用，提升人力资源的素质，提高人力资源的绩效水平，使人力资源不断增值。

1.1.4 人力资源与其他资源的关系

人力资源与人口资源、劳动力资源、人才资源之间存在密切的关系，分析它们之间的相互关系有助于我们更好地理解和掌握人力资源的内涵。所谓人口资源是指一个国家或地区具有一定数量、质量与结构的人口总和，是劳动力资源、人力资源、人才资源的自然基础。人口资源既受生物与生态环境等自然因素的影响，又受人类社会所特有的政治、经济、文化等社会因素的影响。

劳动力资源是指一个国家或地区在一定时期内，拥有劳动能力并在法定劳动年龄范围内的人口总和，是人口资源中具有劳动能力并且符合法定劳动年龄的那部分人力资源。劳动力资源主要受人口总量，人口的出生率、死亡率、自然增长率，人口年龄及其变动，以及人口迁移等因素的影响。

由图 1-2 和图 1-3 可知，在一个国家或地区，人口资源是人力资源、劳动力资源、人才资源的基础。一般而言，在一个国家或地区内，人口资源＞人力资源＞劳动力资源＞人才资源，但并不是人口资源丰富的国家或地区的人力资源、劳动力资源和人才资源就一定多，这取决于一个国家或地区的人力资源管理水平。

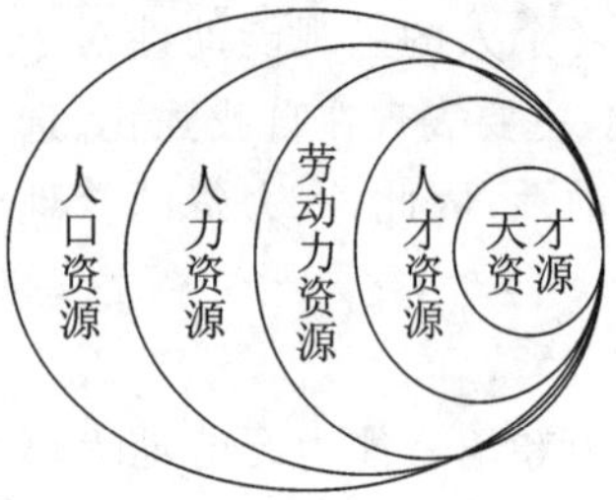

图 1-2 几种资源的关系

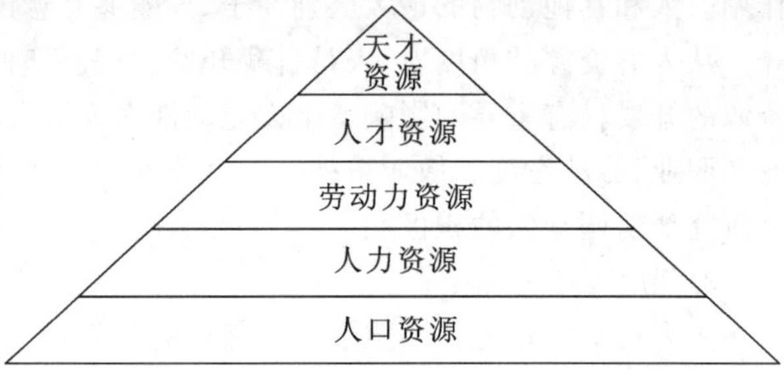

图 1-3 几种资源的比例

1.1.5 人力资源与人力资本

1. 人力资本的概念

人力资本的提出，实质上是资本概念的扩展，是资本概念在人身上的应用。按经济学的观点，资本是可以带来剩余价值的价值，人力资本把人当作一种可以增值的资本。这时，人就与其他资本一样具有了资本的特性。

在理论界，通常将美国著名经济学家西奥多·舒尔茨看作人力资本理论的创立者，他的主要观点是人力资本是通过对人力资源投资而体现在劳动者身上的体力、智力和技能，它是另一种形态的资本，而它的有形形态就是人力资源。西奥多·舒尔茨认为，对人力资本的投资渠道主要有五种，包括营养及医疗保健费用、学校教育费用、在职人员培训费用、择业过程中所发生的人事成本和迁徙费用。

人力资本理论突破了传统理论中资本只是物质资本的束缚，将资本划分为人力资本和物质资本。物质资本是指体现在物质产品上的资本，包括厂房、机器、设备、原材料、土地、货币和其他有价证券等。人力资本可以定义为体现在人身上的资本，即对人进行投资所形成的蕴含于人身上的各种知识、技能、经验、态度、创造力和健康素质的存量总和。

2. 人力资源与人力资本的区别

人力资源和人力资本这两个概念容易混淆，二者之间的区别首先在于将“人力”视作“资源”还是“资本”，资源和资本虽然只有一字之差，但是有着本质的区别。对于“资源”，人们多考虑寻求与拥有；而提到“资本”，人们更多地考虑如何使其增值生利。人力资源与人力资本的主要区别表现在以下三个方面。

(1) 二者关注的焦点不同。人力资源关注的是价值问题，作为资源，人人都想要最好的，钱越多越好，技术越先进越好，人越能干越好；人力资本关注的是收益问题，作为资本，人们会更多地考虑投入与产出的关系，会在乎成本、考虑利润。

(2) 二者的性质不同。人力资源所反映的是存量问题，提到资源，人们会更多地考虑寻求与拥有；人力资本所反映的是流量与存量问题，提到资本，人们会更多地考虑如何使其增值生利。资源是未经开发的资本，资本是开发利用了的资源。

(3) 二者研究的角度不同。人力资源是将人力作为财富的源泉，从人的潜能与财富关系来研究人的问题；人力资本是将人力作为投资对象，作为财富的一部分，从投入与效益的关系来研究人的问题。

人力资源是被开发、待开发的对象，人力资源得不到合理开发，就不能形成强大的人力资本，也无法可持续发展。人力资源的形成和积累主要靠教育，如果没有教育，人力资源就得不到合理开发。现代企业仅将人力作为资源还不够，还应将人力资源合理开发利用和有效配置后变成人力资本。人力资本与人力资源相比的先进之处主要在于，人力资源只是立足于人的现有状况来挖掘其潜力，而人力资本则更偏重人的可持续发展，重视通过培训和激励等多种投资手段来提高人的价值。

1.2 人力资源管理概述

1.2.1 人力资源管理的概念

1. 国内外学者的界定

人力资源管理(human resource management，HRM)主要研究如何最有效、最合理地管理和使用企业所拥有的最宝贵的资源——员工的才能与热情，从而实现企业的既定目标，使其经济效益和社会效益最大化。关于人力资源管理的概念，国内外的学者们给出了诸多解释，综合起来，可以将这些概念归纳为五类：

第一类，根据人力资源管理的目的进行定义，认为它是借助对人力资源的管理来实现组织目标的。

第二类，从人力资源管理的过程或承担的职能出发进行解释，把人力资源管理看成一个活动过程。

第三类，揭示人力资源管理的实体，认为它就是与人有关的制度和政策等。

第四类，从人力资源管理的主体出发解释其含义，认为它是人力资源管理部门或人力资源管理者的工作。

第五类，从目的、过程等方面出发，综合地进行解释。

2. 本书的界定

结合国内外学者的学术观点及我国人力资源管理的实践发展，本书认为，人力资源管理是指企业为了获取、开发、保持和有效利用在生产和经营过程中的人力资源，通过科学、系统的技术和方法，进行各种相关的计划、组织、领导和控制活动，以实现企业既定目标的管理过程。企业通过人力资源管理，目的是发挥人的主观能动性，实现人尽其才、事得其人、人事相宜的管理目标。

从管理对象来看，人力资源管理包括两个方面的内容。

(1) 外在要素的管理——量的管理，就是根据人力、物力及其变化，对人力进行恰当的培训、组织和协调，使二者经常保持最佳比例和有机结合，使人和物都能发挥出最佳效应。

(2) 内在要素的管理——质的管理，主要是指采用现代化的科学方法，对人的思想、心理和行为进行有效的管理，充分发挥人的主观能动性，以达到组织目标。

1.2.2 人力资源管理的功能

人力资源管理的功能和职能本质上是不同的，人力资源管理的职能是它所要承担或履行的一系列活动，例如人力资源规划、职位分析、招聘录用等；而人力资源管理的功能是指它自身应该具备或发挥的作用，具有一定的独立性，它的功能是通过职能来实现的。人力资源管理的功能体现在五个方面：获取、维持、整合、开发和调控(见图1-4)。

1. 获取

人力资源管理的第一步是获取人力资源。获取的过程是根据组织目标，确认组织的工作要

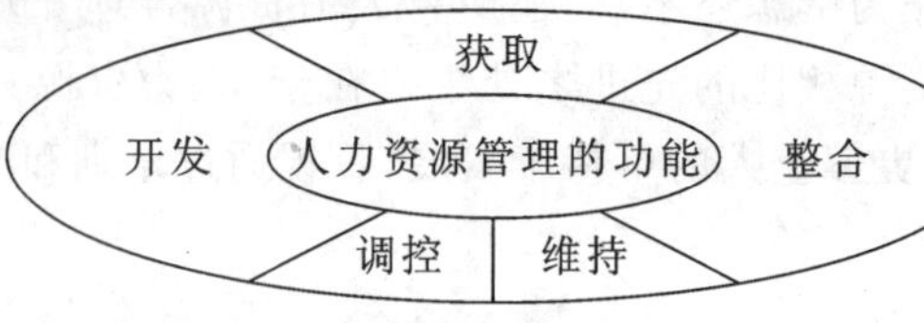

图 1-4　人力资源管理的五大功能

求及人数等条件，通过工作分析、人力资源规划、招聘和录用等环节，选拔与目标职位相匹配的任职者的过程。

2. 维持

维持功能主要体现在建立并维持有效的工作关系。通过一系列薪酬、考核和晋升等管理活动，保持企业员工稳定且有效工作的积极性，维持安全健康的工作环境，以增加员工满意度，从而使员工安心和满意地工作。

3. 整合

整合功能表现在企业可以借助培训教育等手段，实现员工的组织社会化。整合的目的是使员工形成与组织一致的价值取向和文化理念，并使员工逐步成为组织人。具体体现为新员工上岗引导，以及企业文化和价值观的培训。

4. 开发

开发是提高员工能力的重要手段。通过组织内部的一系列管理活动，培养和提高员工的技能和素质，以增强员工的工作能力，并使员工的潜能得到充分发挥，最大限度地实现其个人的价值，使人力资源对组织的发展做出贡献，以达到个人与组织共同发展的目的。

5. 调控

调控功能体现在企业对员工实施合理、公平的动态管理，对员工的工作表现、潜能和工作绩效进行评估和考核，可以为企业做出人力资源奖惩、升降和去留等决策提供依据。具体表现为晋升、调动、工作轮换、离退休和解雇等。

1.2.3　人力资源管理的内容

1. 人力资源管理的具体内容

人力资源管理的内容就是人力资源管理的主要活动，或是人力资源管理的各项职能，是指组织中人力资源职能管理人员所从事的具体工作内容与环节，不同规模的组织所涉及的活动略有区别。一般而言，人力资源管理的主要内容包括以下几个方面。

(1) 工作分析与工作设计：工作分析就是一种组织采取科学的手段和方法收集与工作岗位相关的信息，通过对信息进行分析，确定组织中的岗位职能、工作职责和权限、任职资格条件等岗位基本状况的技术和方法；工作设计也称为岗位设计，是为了提高组织和员工的工作效率，对组织内的每一个岗位的任务、责任、权利，以及在组织中的工作关系进行设计的过程。

(2) 人力资源规划：为实现企业的经营发展战略目标，依据企业未来的生存环境变化，运用科学的方法对企业未来人力资源的需求和供给进行分析和预测，并制定应对措施，最终达到企业人力资源需求与供给平衡的过程。

(3) 招聘管理：组织通过各种科学的技术与方法，寻找、吸引和挑选能够胜任岗位工作的人选填补组织中空缺岗位的过程。

(4) 培训管理：培训者通过设计一整套活动方案（规则、要求和操作步骤）来激发员工的学习热情，归纳其经验，开发其潜能，从而提升员工的工作与生活能力，最终改变其行为的训练过程。

（5）职业生涯管理：为了更好地实现个人目标，使个人在整个职业生涯中的工作更富有成效，从而对整个职业生涯进行计划、实施、评估，并根据外部环境和自身因素以及实施的效果进行调整的过程。

（6）绩效管理：组织为了有效地达到组织目标，由专门的绩效管理人员运用人力资源管理的理论、技术和方法，与员工共同制订绩效计划，通过绩效辅导沟通实施绩效计划，依据绩效评估来检测绩效计划实施的效果，根据绩效评估结果提出绩效改进计划，以使个人、部门和组织的绩效不断提升和改善的持续循环过程。

（7）薪酬管理：根据组织发展战略与目标，组织对员工所付出的劳动和服务提供回报的动态过程，即对组织薪酬战略、岗位评价与薪酬等级、薪酬调查、薪酬水平、薪酬结构、薪酬构成、薪酬制度、人工成本测算等进行调整和确定的过程。

（8）员工关系管理：在企业人力资源体系中，各级管理人员和人力资源职能管理人员，通过拟定各项人力资源政策和实施管理行为，以及通过其他的管理沟通手段，调节企业和员工、员工与员工之间的相互联系和影响，从而实现组织的目标，并确保为员工和社会增值。员工关系管理主要包括劳动关系管理、员工纪律管理、员工人际关系管理、沟通管理、员工情况管理、员工绩效管理、企业文化建设、服务与支持、员工关系管理培训等内容。

2. 人力资源管理内容之间的相互关系

人力资源管理是由人力资源规划、工作分析与工作设计、招聘管理、培训管理、职业生涯管理、绩效管理、薪酬管理、员工关系管理等活动组成的一个相互联系、相互影响、相互制约的有机系统，这个有机系统的特点是：双基础——以工作分析与工作设计、人力资源规划为基础。

工作分析与工作设计是人力资源管理的基石，通过分析和设计而形成的工作说明书是其他人力资源管理活动的依据。人力资源规划中，预测组织所需要的人力资源数量和质量时，基本的依据就是工作说明书；招聘员工时，发布的招聘信息离不开工作说明书，录用甄选的标准也主要根据工作说明书中的任职资格要求来制定；绩效管理中，员工的绩效考核指标也是根据岗位的工作职责和要求来确定的；在培训过程中，培训内容的确定也要以工作说明书对业务知识、工作能力和工作态度的要求为依据；薪酬管理中，岗位的重要性和岗位工资等级的确定，以及绩效工资的计算，依据的信息主要也是工作说明书的内容。工作分析与绩效管理和薪酬管理的关系更加直接，工作说明书也是员工关系管理的基础文件，组织与员工之间的责、权、利，一般情况下都在工作说明书中体现。

人力资源规划是蓝图，是组织人力资源管理的一项基础性、先行性工作，是人力资源管理的出发点也是终结点，是人力资源管理的依据和指导。组织的招聘管理、培训管理、绩效管理、薪酬管理、职业生涯管理、员工关系管理等活动都需要根据人力资源规划进行，人力资源规划规定了这些活动的方向、内容和标准。

1.2.4　人力资源管理与传统人事管理的区别

传统人事管理是对人以及有关人事工作进行计划、组织、指挥和控制等一系列管理活动的总称，也就是通过人事管理理论与方法调整人与人、人与事、人与组织的关系，充分调动员工的积极性。其与人力资源管理存在本质的区别，如表1-1所示。

表 1-1　人力资源管理与传统人事管理的区别

比较项目	人力资源管理	传统人事管理
管理视角	视员工为第一资源、资产	视员工为负担、成本
管理目的	组织和员工利益的共同实现	组织短期目标的实现
管理导向	过程	成果
管理主体	组织中的所有管理者	单纯从事人事管理的工作者
管理对象	劳资双方	员工
管理地位	战略层	执行层
管理性质	生产效益部门	单纯的成本中心
管理重点	重视培训开发、员工开发	重使用，轻开发，重视绩效考核
管理内容	非常丰富，以员工开发和协调合作为目标	简单的行政、事务性管理，强调事务性操作
管理模式	以人为本，以人为中心	以事为中心，强调制度控制
管理方式	强调民主、参与	命令式、控制式
管理特点	战略性、整体性	战术性、分散性
员工关系	平等、和谐	从属、对立
管理活动	动态	静态

1.2.5　人力资源管理的模式

在一般意义上，人力资源管理的模式可以纳入管理的模式中去，但是由于人力资源管理具有自己的特殊性，因此它的具体模式又有所不同。董克用等(2007)在其著作中提及米尔科维奇和布德罗(Milkovich & Boudreau，1997)的四种人力资源管理模式。米尔科维奇和布德罗根据人力资源管理发展历程所提出的四种模式具有一定的代表性，这四种人力资源管理模式如下。

第一，工业(或产业)模式(industrial model)——20 世纪 50 年代以前。随着 20 世纪 20 年代组织中人事部门的出现，人力资源管理的工业模式也诞生了。这一模式以劳动关系的协调为主，关注的问题主要包括工作规则的建立，职业晋升阶梯和职业生涯设计，以资历为基础的报酬体系、雇用关系和绩效评估等。

第二，投资模式(investment model)——20 世纪 60—70 年代。随着 20 世纪 60 年代美国颁布一系列关于雇用和就业的法令，对公平就业机会的关注成为焦点。同时，由于白领劳动力的增加，很多依赖知识型员工的企业出现了大量的非工会会员员工，如 IBM、柯达等著名公司。对这些员工的管理与传统的人事管理有着很大的差异，管理的重点从劳工关系转向培训开发方面，具体措施包括给员工更多的自主权、工作丰富化、培训和长期薪酬等。

第三，参与模式(involvement model)——20 世纪 80—90 年代。进入 20 世纪 80 年代，全球性竞争的加剧，对企业提出了新的、更高的要求，如强调团队合作、相互信任、思想观念的一致以及对组织的承诺等。因此，管理的理念和方法也必须做出相应的调整，这些都迫使企业在人力资源管理过程中更多地采用民主、参与的方式。

第四，高度弹性化模式(high-flex model)——20 世纪 90 年代以后。随着科学技术的快速发展，尤其是通信和计算机技术的发展，人们的工作和生活方式发生了根本性变化，没有任何一个组织能够凭借一成不变的管理制度或方法保持长久发展，人力资源管理的方式必须适应多变的环境，采取弹性化的模式。借助"外脑"、聘请顾问、人力资源管理外包、灵活的雇用关系、多样化报酬以及权变的组织结构等，这些都是人力资源管理弹性化模式的主要内容。

1.2.6 人力资源管理者与人力资源管理部门

人力资源管理者和人力资源管理部门是随着企业人力资源管理实践活动的发展演变而出现的，在企业中扮演着一定的角色，同时还开展一系列的活动。人力资源管理者和人力资源管理部门所从事的活动可以划分为三大类：第一类是战略性和变革性的活动，战略性和变革性的活动涉及整个企业，包括战略制定和调整，以及组织变革的推动等内容，严格来讲，这些都是企业高层管理者的职责，但是人力资源管理者和部门必须参与到这些活动中来，要从人力资源管理的角度为这些活动的实施提供有力的支持；第二类是业务性的职能活动，包括人员招聘、工作分析、员工培训、薪酬管理等；第三类是行政性的事务活动，如员工档案的管理、人力资源信息的保存等。

图1-5所示为国外学者帕特里克·赖特和加里·麦克马汉关于人力资源管理活动类型及投入产出示意图。人力资源管理者和管理部门所从事的各类活动的投入时间与产生的附加值并不是正相关的。人力资源管理者和管理部门从事战略性和变革性活动、业务性活动、行政性活动的投入时间分别为10%、30%和60%，但各项活动所产生的附加值分别为60%、30%和10%。

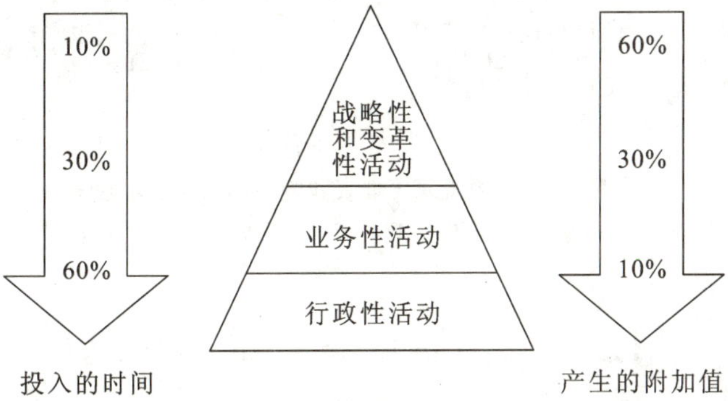

图1-5 人力资源管理活动类型及投入产出示意图

资料来源：董克用，叶向峰，李超平.人力资源管理概论[M].2版.北京：中国人民大学出版社，2007：95.

随着计算机、网络技术的发展和人事代理服务公司的出现，人力资源管理者和人力资源管理部门可以省去大量的行政性活动，或剥离出部分的业务性工作。通过这些手段，人力资源管理者和人力资源管理部门可以节省大量的时间与精力来进行附加值较高的活动，从而使自己的工作层次发生根本性的变化，如图1-6所示。

随着管理实践的推动，人们对人力资源管理者和管理部门的角色逐渐形成了基本统一的认识。例如，美国国际人力资源管理学会认为，人力资源管理者应该承担四种角色：业务合作伙伴、变革推动者、领导者和人力资源管理专家。美国密歇根大学的戴夫·乌里奇教授将人力资源管理者和部门划分为四种角色：战略伙伴、管理专家、员工激励者和变革推动者。如图1-7所示，横轴表示人力资源管理活动是关注过程还是人员，纵轴表示活动层次是着眼于战略还是日常行政性工作。战略伙伴是指人力资源管理者和管理部门要参与到企业战略的制定中去，并且要确保企业所制定的人力资源战略得以有效地实施，这就要求人力资源管理者和管理部门的工作必须以战略为导向。管理专家是指人力资源管理者和管理部门要进行各种人力资源管理制度和政策

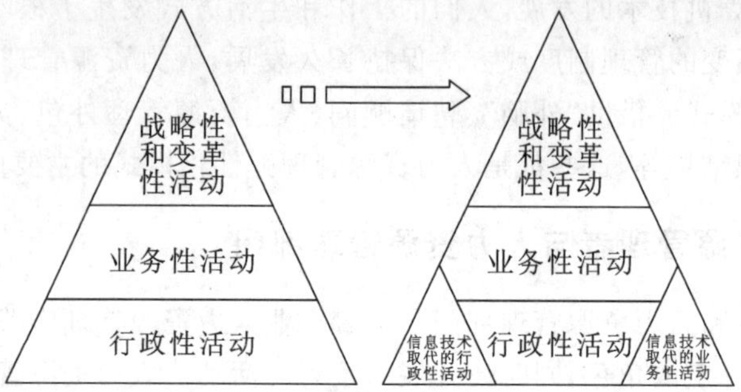

图 1-6　人力资源管理者和管理部门工作层次变化示意图

资料来源：董克用，叶向峰，李超平.人力资源管理概论[M].2 版.北京：中国人民大学出版社，2007：96(略作改动).

的设计及执行，要承担相应的职能管理活动。员工激励者是指人力资源管理者和管理部门要通过各种手段激发员工的组织承诺和献身精神。变革推动者是指人力资源管理者和管理部门要积极推动组织各项变革的实施。

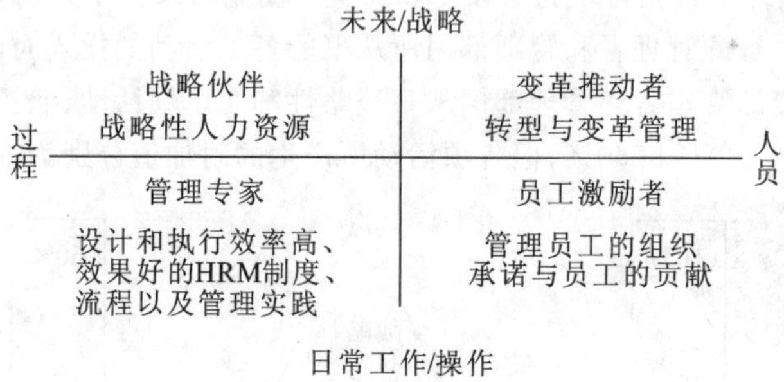

图 1-7　人力资源管理者和管理部门角色示意图

资料来源：董克用，叶向峰，李超平.人力资源管理概论[M].2 版.北京：中国人民大学出版社，2007：96(略作改动).

1.3　人力资源管理的理论基础

1.3.1　人性假设理论

人性假设是对人的本质需求的某种假设，它是管理理论与实践中的一个重要问题，不同的人性观对应着不同的管理方法和管理手段。美国行为科学家埃德加·沙因在总结和发展前人研究成果的基础上将人性假设归结为四类，即经济人假设、社会人假设、自我实现人假设和复杂人假设。

1. 经济人假设

经济人假设理论认为人是"经济人"或"实利人""唯利人"，它假设人的行为动机就是满足自己的私利，在本质上是为了追求最大的经济利益，工作目的是获得物质上的报酬。经济人假设的核心内容可概括如下。

(1) 人的本性是不喜欢工作的，只要有可能，人就会逃避工作。

(2) 由于人天性不喜欢工作，对于绝大多数人，必须加以强迫、控制、指挥，才能迫使他们为组织目标去工作。

(3) 一般人宁愿受人指挥，希望逃避责任，很少有野心，对安全的需要高于一切。

(4) 人是非理性的,本质上不能自律,易受他人影响。

(5) 一般人都是为了满足自己的生理需要和安全需要参加工作的,只有金钱和其他的物质利益才能激励他们努力工作。

以经济人假设为指导思想,必然导致严密控制和监督式的管理方式,采取所谓的"任务管理"的措施,管理的工作重点在于提高劳动生产率,而不考虑人的思想感情。泰勒是经济人理论的典型代表,以"任务管理"为主要内容的"科学管理"就是在经济人假设的理论指导下提出的。

2. 社会人假设

社会人又称社交人,社会人假设是由梅奥等人在霍桑实验的基础上提出来的。社会人假设是假设人们在工作中得到物质利益固然可以受到鼓舞,但不能忽视人是高级的社会动物,与周围其他人的人际关系对人的工作积极性会产生很大影响。这一假设的核心思想就是:驱使人们工作的最大动力是社会、心理需要,而不是经济需要,人们追求的是保持良好的人际关系。社会人假设的核心内容可概括如下。

(1) 人们工作的主要动机是社交需求,而不是经济需要。社交需求是人类行为的基本激励因素,人际关系是形成人们身份感的基本因素。

(2) 从工业革命中延续而来的机械化,使工作变得单调和丧失意义,因此必须从工作的社交关系里寻找工作的意义。

(3) 与管理者所采用的奖酬和控制相比,员工更看重因工作而形成的非正式组织中的社交关系。

(4) 员工对管理者的期望是归属需要、被人接受需要以及身份感需要能被满足。

霍桑实验启发了越来越多的管理学家,使他们认识到,工人生产积极性的发挥和工效的提高,不仅受物质因素的影响,更重要的是受社会和心理因素的影响。于是,管理理论开始从过去的"以人适应物"转向"以人为中心",在管理中一反过去层层控制式的管理,转而注重调动员工参与决策的积极性。

3. 自我实现人假设

自我实现人假设是根据美国心理学家马斯洛的自我实现理论提出的,它假设人性是善的,只要能充分发挥人性的优点,就可以把工作做好。这种理论假设认为,人都有自我激励与自我实现的要求,人工作的主要动机是自我实现。

自我实现人假设的核心内容可以概括如下。

(1) 人的动机可归结为由多种动机组成的一个层次系统,有低级与高级之分,最终目的是满足自我实现的需要。

(2) 人们想在工作上有所成就,实现自治和独立,发展自己的能力和技术,以便适应环境。

(3) 人们能自我激励和自我控制,外部激励和外部控制会对人产生威胁,造成不良后果。

(4) 个人的自我实现与组织目标的实现并不冲突,只要适当调节,能使二者达到一致。

在自我实现人假设理论下,管理者的主要任务是寻找什么工作对什么人最具有挑战性,最能满足人自我实现的需求。人有自动的、自治的工作特性,因而管理制度应保证员工能充分施展自己的才能,充分发挥他们的积极性和创造性,主张上层管理者应下放权力,建立决策参与制度、提案制度、劳资会议制度,把员工个人的需要同组织的目标结合起来。

4. 复杂人假设

复杂人假设是美国薛恩教授等人在20世纪70年代初提出的,他们认为,无论是经济人假设、社会人假设,还是自我实现人假设,都有其合理的一面,但都不适用于一切人。复杂人假设认为：人是复杂的，不能简单地归结为某种类型。一方面，个性因人而异，价值取向也是多种多样的，没有统一的追求；另一方面，同一个人会因环境、条件的不断变化而产生多种多样的需要，各种需要互相结合，形成了动机和行为的多样性。所以复杂人假设并不是指单纯的某一种人，而是掺杂着善与恶的一种人性。复杂人假设的核心内容可以概括如下。

（1）人的工作动机不但复杂，而且变动很大。每个人都有许多不同的需要，人的动机结构不仅因人而异，而且同一个人的动机也会因时而异。各种动机之间交互作用形成复杂的动机模式。

（2）一个人在组织中可以形成新的需求和动机，他在组织中表现的动机模式是他原来的动机与组织经验交互的结果。

（3）人在不同的组织和不同的团体中可能表现出不同的动机模式。在正式组织中与别人不能和谐相处的人，在非正式组织中可能是合群的，从而满足其社交需求。在某些复杂的组织中，各个部门可以利用不同的动机模式来实现其目标。

（4）一个人是否感到心满意足，是否肯为组织尽力，取决于他本身的动机结构和他同组织之间的相互关系，工作性质、本人的工作能力和技术水平、动机的强弱、人际关系的好坏都可能产生影响。

（5）人可以以自己的动机、能力及工作性质对不同的管理方式做出不同的反应，因此没有一种适合任何时代、任何人的管理方式。

1.3.2 古典人力资源管理理论

1. 泰勒的科学管理理论(1903)

弗雷德里克・W.泰勒(Frederick W. Taylor)，美国古典管理学家，主要著作有《科学管理原理》(1911)和《科学管理》(1912)，实施科学管理的结果是提高了生产效率，而高效率是雇员和雇主实现共同富裕的基础。因此，泰勒认为只有用科学化、标准化的管理替代传统的经验管理，才是实现最高工作效率的手段。

（1）进行动作研究，确定操作规程和动作规范，确定劳动时间定额，完善科学的操作方法，以提高工效。

（2）对工人进行科学的选择，培训工人使用标准的操作方法，使工人在岗位上成长。

（3）制定科学的工艺流程，使机器、设备、工艺、工具、材料、工作环境尽量标准化。

（4）实行计件工资，超额劳动，超额报酬。

（5）管理和劳动分离。

科学管理理论应用的成功案例是利用甘特图表进行计划控制，创建了世界上第一条福特汽车流水生产线，实现了机械化的大工业，大幅度提高了劳动生产率，出现了高效率、低成本、高工资和高利润的局面。

2. 吉尔布勒斯夫妇的动作研究(1907)

弗兰克・B.吉尔布勒斯(Frank B. Gilbreth)，美国动作研究之父。吉尔布勒斯的夫人，是美国历史上第一位心理学博士，被尊称为美国“管理学第一夫人”。吉尔布勒斯夫妇的主要著作有《动作研究》《管理心理学》《疲劳研究》《时间研究》。

吉尔布勒斯夫妇采用观察、记录和分析的方法进行动作研究，以确定标准的工艺动作，提高生产效率。同时，他们制定了生产流程图和程序图，至今仍被广泛使用。他们主张，通过动作研究，可以开发工人的自我管理意识。他们开创了疲劳研究的先河，对保障工人健康和提高生产率的影响持续至今。

3. 韦伯的组织理论(1301)

马克斯·韦伯(Max Weber),德国古典管理理论学家,被尊称为“组织理论之父”。主要著作有《新教伦理与资本主义精神》《一般经济史》《社会和经济组织的理论》等。韦伯认为,社会上有三种权力:一是传统权力,依传统惯例或世袭而拥有;二是超凡权力,来源于自然崇拜或追随;三是法定权力,通过法律或制度规定的权力。

对经济组织而言,应以法定权力为基础,才能保障组织连续和持久的经营目标,而规章制度是组织得以良性运作的保证,是组织中合法权利的基础。韦伯构建的理想官僚组织模式为:

(1) 组织依据合法程序产生,有明确的目标和完整的规章制度。

(2) 组织结构是层控体系,组织中的人依据其职位的高低和工作职责来行使职权。

(3) 人与人的关系是人对工作的关系,而不是人对人的关系。

(4) 按职位需求,公开选拔适岗人才。

(5) 对人员进行合理分工,并进行专业培训,以提高生产效率。

(6) 按职位和贡献付酬,并建立升迁奖惩制度,以提高工人的事业心和成就感。

韦伯理性地、创建性地提出了行政组织科学的组织理论和组织准则,这是他在管理思想史上最大的贡献。

4. 法约尔的一般管理理论(1916)

亨利·法约尔(Henry Fayol),法国古典管理理论学家,与韦伯、泰勒并称为西方古典管理理论的三位先驱,并被尊称为管理过程学派的“开山鼻祖”,其代表作是《工业管理和一般管理》。法约尔提出了管理的五大职能说,即管理包括计划、组织、指挥、协调和控制五大职能,并提出十四项管理原则,分别为劳动分工、权力与责任、纪律、统一指挥、统一领导、个人利益服从整体利益、人员报酬、集中、等级制度、秩序、公平、人员稳定、创新、团队精神。

法约尔的一般管理理论凝练出了管理的普遍原则,至今仍被作为企业日常管理的指南。

1.3.3 现代人力资源管理理论

1. 马斯洛的需求层次理论(1943)

亚伯拉罕·马斯洛(Abraham H. Maslow),美国心理学家,代表作是《人类动机理论》。马斯洛于1943年在《人类激励理论》一书中提出人类需求层次论学说,将人类需求像阶梯一样从低到高分为五种,分别是生理需求、安全需求、社交需求、尊重需求和自我实现需求。马斯洛需求层次理论具体如图1-8所示。

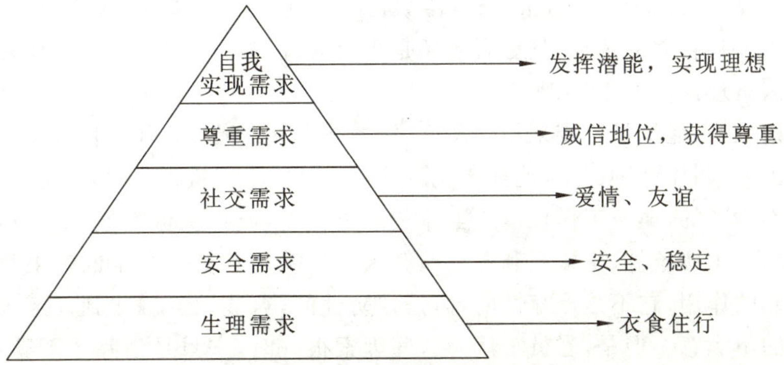

图1-8　马斯洛需求层次理论

根据图1-8,马斯洛需求层次理论可以通俗地理解为:假如一个人同时缺乏食物、安全、爱和尊重,通常对食物的需求是最强烈的,其他需求则显得不那么重要,此时人的意识几乎全被饥饿占据,所有能量都被用来获取食物。在这种极端情况下,人生的全部意义就是吃,其他什么都不重要。只有当人从生理需求的控制下解放出来时,才能出现更高级的、社会化程度更高的需求,如安全需求。

2. 麦格雷戈的人性假设与管理方式(1960)

道格拉斯·麦格雷戈(Douglas McGregor),美国著名行为科学家,代表作是《企业的人性方面》(1957),提出了著名的X理论和Y理论。麦格雷戈称传统的管理观点为X理论,并提出了对人性的假设条件和管理方式,他提出的是相对于X理论的Y理论,如图1-9所示。

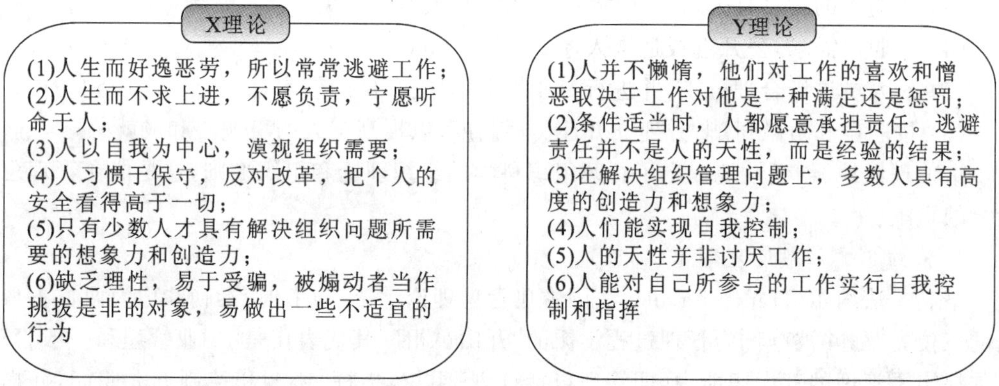

图1-9 X-Y理论示意图

X理论的观点与我国古代的性恶论十分类似,认为"人之初,性本恶"。在这种理论的指导下,必定会形成严格控制的管理方式,以金钱作为激励人们努力工作的主要手段,对消极怠工的行为采取严厉的惩罚,以权力或控制体系来保护组织本身和引导员工。

Y理论的观点与我国古代的性善论十分类似,认为"人之初,性本善"。以这一理论为指导,管理的方式方法必然会不同。管理者的主要任务不再是监督控制,而是创造一个使员工得以发挥才能的工作环境,发挥出员工的潜力,使员工在完成组织目标的同时也达到自己的个人目标。同时,对人的激励主要是给予来自工作本身的内在激励,让员工担当具有挑战性的工作,担负更多的责任,满足其自我实现的需要。

3. 赫兹伯格的双因素理论(1966)

弗雷德里克·赫兹伯格(Frederick Herzberg),美国行为科学家,主要著作有《工作的激励因素》《工作与人性》《管理的选择:是更有效还是更有人性》等,双因素理论是他最主要的成就。赫兹伯格的双因素理论如图1-10所示。

赫兹伯格认为,能给员工带来积极态度、较多满意感和激励作用的因素多为工作内容或工作本身方面的因素,叫作激励因素,比如成就感、同事认可、上司赏识、更多职责或更大成长空间等。使员工感到不满意的,属于工作环境或工作关系方面的,叫作保健因素,如公司政策、管理措施、监督、人际关系、工作条件、工资福利等。保健因素的满足对员工产生的效果类似于卫生保健对身体健康所起的作用,它不是治疗性的,而是预防性的,这些因素恶化到一定水平时就会使员工产生对工作的不满意。但是,当员工认为这些因素很好时,它只是消除了不满意,并不会产生积极的态度,这就形成了某种既非满意,又不是不满意的中间状态。管理者应该认识到保健因素是必需的,但只有激励因素才能使员工更努力地工作。对于激励因素,如果员工得到满足以后,往

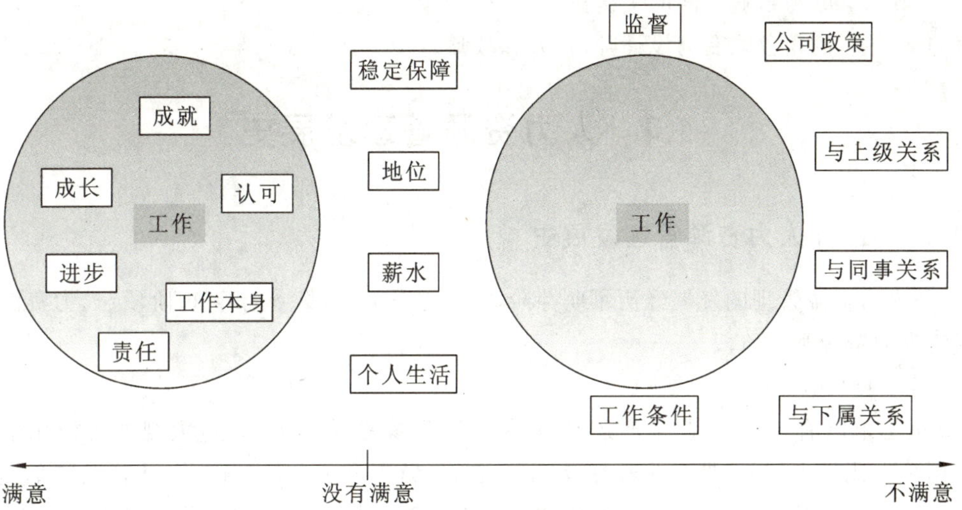

图 1-10　双因素理论示意图

往会对工作感到满意，使他们具有较高的工作积极性和主动性。当这些因素缺乏时，员工的满意度会降低或消失，但并不会出现不满意的情况。也就是说，激励因素只会产生满意，不会导致不满。保健因素与激励因素是彼此相对的。

4. 威廉·大内的Z理论(1981)

威廉·大内是美国日裔学者，代表作是《Z理论》。他认为，一切企业的成功离不开信任、敏感和亲密，因此完全可以以坦白、开放、沟通作为原则进行民主管理。建立Z型组织的过程如下。

(1) 培养每个人正直、善良的品行。

(2) 领导者和管理者共同制定新的管理战略，明确共同的经营宗旨。

(3) 通过高效协作、弹性激励措施来贯彻执行公司目标。

(4) 培养管理人员的沟通技巧。

(5) 稳定的雇用制度。

(6) 合理、长期的考核和晋升制度。

(7) 岗位轮换，培养、扩大员工的职业发展之路。

(8) 鼓励雇员、工会参与公司管理，并扩大参与领域。

(9) 建立员工个人和组织的全面整体关系。

5. 彼得·圣吉的学习型组织理论(1990)

彼得·圣吉(Peter M. Senge)，是美国学习型组织理论的创始人，也是当代最杰出的新管理大师。其代表作是《第五项修炼——学习型组织的艺术与实务》。他认为，企业持续发展的源泉是提高企业的整体竞争优势，提高整体竞争能力。未来真正出色的企业是全体员工全心投入并善于学习、持续学习的组织——学习型组织。通过营造学习型组织的工作氛围和企业文化，引领员工不断学习、不断进步、不断调整观念，从而使组织具有长盛不衰的生命力。学习型组织的特点如下。

(1) 全体成员有共同的愿望和理想。

(2) 善于不断学习。

(3) 扁平式的组织结构。

(4) 员工的自主性、自觉性管理。

(5) 员工家庭与事业之间的平衡。

(6) 领导者的角色改变为设计师、仆人和教师。

1.4 人力资源管理发展史

1.4.1 国外人力资源管理发展史

国外人力资源管理的发展经历了萌芽阶段、科学管理阶段、人事管理阶段、人力资源管理阶段、战略人力资源管理阶段。

1. 萌芽阶段(19 世纪末以前)

19 世纪末以前,由于工业生产还是以手工作坊、家庭手工业为主,大规模机械化生产比较少,雇用工人比较少,基本是企业所有者、生产者、经营者合为一体。因此,此阶段的工业生产以工作为中心,忽视员工的存在,没有专职的人力资源管理者,管理者基本上是依据经验进行管理。

2. 科学管理阶段(19 世纪末—20 世纪 20 年代)

泰勒(F. W. Taylor)被称为"科学管理之父",他在 1911 年出版的《科学管理原理》一书标志着管理进入到科学管理阶段,这一阶段的主要代表人物有泰勒、甘特、吉尔布勒斯夫妇。科学管理阶段为人力资源管理今后的发展从思想、理论、方法上都奠定了坚实的基础,科学管理提出要把管理职能从执行职能中分开,为成立专门的人力资源管理部门提供了依据。动作研究和时间研究是工作分析与工作评价的基础,计件工作制也为科学管理薪酬奠定了基础。

3. 人事管理阶段(20 世纪 20 年代—80 年代初)

人事管理的思想最早公开发表在《年报》(*The Annuals*)和《管理杂志》(*Engineering Magazine*)杂志上,1916 年《年报》出版了讨论"工业管理中的人事和雇用问题"的专刊。1920 年,美国出版了第一本关于人事管理的教科书,主要介绍了雇用、报酬、纪律及人事管理其他领域的一些做法。人事管理作为一个独立的职能部门的标志是 1910 年普利茅斯出版社成立了人事部,并任命简·威廉斯为第一任人事部经理。这一阶段的主要代表人物有梅奥(E. Mayo)和马斯洛(A. H. Maslow),人事管理阶段是一系列对人的管理活动的集合。人事管理主要关注建立一种对员工进行规范监管的机制,以保证企业经营活动能低成本、有效地进行。人事管理的发展过程是一个以没有形成完整和严密的理论体系来应对各种挑战和问题的过程,但在这一过程中丰富了人事管理的职能,提升了人事管理的地位,人事经理也开始跻身于高级管理人员队伍。

4. 人力资源管理阶段(20 世纪 80 年代—90 年代初)

20 世纪 80 年代以来,人力资源管理理论不断成熟,并在实践中得到进一步发展,为企业所广泛接受。1984 年,哈佛大学迈克尔·比尔教授等人出版的《管理人力资本》一书,标志着人事管理向人力资源管理转变。迈克尔·比尔等人认为,传统的人事管理定义狭窄,人事管理活动是针对特定的问题和需要,而不是针对一个统一、明确的目标做出反应,传统的人事管理使人事管理职能之间及人事管理职能和其他管理职能之间相互独立、互不关联。人力资源管理应该包括企业与员工之间关系的所有管理决策与行为,具体包括利益相关者的利益、集体情况要素、人力资源管理政策选择、人力资源产出以及长期效果等基本构件。

人力资源管理阶段把员工看成能够创造价值的最重要的企业资源,关注建立一种能把人的问题和企业经营问题综合考虑的机制。例如，将人视为一种资本来进行管理。人作为资本参与到生产经营中，其表现为：人力资本可以产生利润；人作为资本，可以自然升值；对人力资本的投资，可以产生利润；人作为一种资本，参与到利润分配中。以人为本的管理方式是人力资源管理的典型方式，它将员工视为经营活动中最重要的、优先考虑的因素，在企业中，客户的“上帝地位”被员工取代。以人为本的管理理念是，当企业满足了员工的各种需求(如工作环境、薪酬、福利、社交、尊重等)时，员工的工作效率、创造力将会极大地提高，对企业的贡献也会增加。

5. 战略人力资源管理阶段(20世纪90年代以后)

进入20世纪90年代，随着以信息技术为主导的高新技术的发展，人类进入知识经济时代。人们更多地探讨人力资源管理如何为企业的战略服务，人力资源管理部门的角色如何向企业管理的战略合作伙伴关系转变。战略人力资源管理理论的提出和发展，标志着人力资源管理进入战略人力资源管理阶段。

传统的企业管理理论认为，企业竞争优势来源于资金、技术、土地等资源，随着企业竞争的加剧，越来越多的学者认为这些资源为企业创造价值的能力有限，而人力资源由于具有价值性、稀缺性、不可模仿性、不可替代性等特点，成为企业竞争优势的重要来源。人力资源管理研究领域的一个重要变化就是把人力资源看成是组织战略的贡献者，依靠核心人力资源建立竞争优势和依靠员工实现战略目标成为战略人力资源管理的基本特征。人力资源在形成企业竞争优势过程中的作用越来越重要，已从传统的支援角色转变为战略合作伙伴的角色。为了使人力资源成为企业的竞争优势，在员工管理方面，企业关注员工个人职业生涯发展的规划、个性化的工作设计、员工个人物质激励的规划、员工个人核心能力的培养；在组织管理方面，关注外部环境变化、组织结构与环境的匹配、组织愿景与目标的结合、组织经营战略的配合。

战略人力资源管理是把人力资源管理视为一项战略职能，以“整合”和“适应”为特征，探索人力资源管理与组织生存和发展的关系。战略人力资源管理强调：人力资源管理应完成企业战略的整合；人力资源管理政策在不同的政策领域和管理层次间应具有一致性；人力资源管理实践应作为日常工作的一部分被直线经理与员工所接受、调整和运用。

雷蒙德·A.诺伊等人认为可以通过以下几个问题来判断人力资源管理在企业中是否处于战略地位。

(1) 在向企业内部顾客提供增值性服务方面，人力资源管理部门做了些什么工作？

(2) 人力资源管理部门能够为企业的利润增长做些什么？

(3) 如何衡量人力资源的有效性？

(4) 如何才能在雇员身上进行再投资？

(5) 为了使企业从A点移动到B点，企业应该采取何种人力资源战略？

(6) 哪些因素使员工愿意留在本企业？

(7) 如何对人力资源进行投资，以使企业拥有一个比竞争对手更好的人力资源管理部门？

(8) 从人力资源的角度来看，为了改善企业的市场地位，人力资源管理部门应该做些什么？

(9) 为未来做好准备，人力资源管理部门能够进行哪些最优的变革？

1.4.2　中国人力资源管理发展史

我国人力资源管理的发展相比国外的发展，起步晚，时间短，发展还不成熟。从我国人力资源管理的发展历史来看，大体可分为三个时期。表1-2是我国人力资源管理的演变过程。

表1-2 我国人力资源管理的演变过程

时期	年代	阶段	特点
计划经济体制下的人事管理制度	1949—1952	萌芽阶段	统包统配，固定工制度、厂长制的苏联管理模式
	1952—1957	起步阶段	按劳分配，计件工资，奖励制度
	1957—1966	发展阶段	厂长负责制，职工代表大会制；职工参与民主管理（两参一改三结合）
	1966—1977	停滞阶段	强化“三铁”（铁饭碗、铁交椅、铁工资）
传统人事管理制度改革创新	1978年至20世纪80年代	探索阶段	劳动用工多元化；改革招工办法，加强就业培训与指导
	20世纪80年代中期至末期	突破阶段	采用劳动合同制，推进企业自主用工；优化劳动组织，实行承包制；改革工资、福利、就业、劳动争议仲裁等
传统人事管理制度改革创新	20世纪90年代初期至中期	深化阶段	破“三铁”，实行全员劳动合同制；劳动力市场、社会保障制度等社会配套改革方案实施；创建现代企业制度
人事管理向人力资源管理转变	20世纪90年代末至今	人事管理制度改革全面深化，并向现代人力资源管理过渡阶段	股份制改造，“抓大放小”，企业改制；企业破产、重组，全方位的体制、机制和结构改革。接受和实践人力资源管理思想，探索建立中国特色企业人力资源管理制度、理论方法，人事管理开始转轨

1. 计划经济体制人事管理阶段（1949—1977年）

新中国成立后，随着社会主义改造的完成，我国建立起了社会主义制度，同时也确定了计划经济的经济体制，企业是国家所有，企业员工是企业的主人。与经济体制相适应，我国实行了“统包统配”的就业制度，企业没有用人的自主权，不能招聘所需的人员；员工只进不出，没有形成正常的退出机制；同时，在企业内部对员工的工作没有考核，大家干好干坏一个样，干多干少一个样；工资分配中存在着严重的平均主义，与工作业绩和工作岗位没有任何关系。人事管理还停留在简单的档案管理和资料统计阶段，与现代的人力资源管理相去甚远，人们对“人力资源”也没有任何概念，可以说，这个时期我国根本就没有真正意义上的人力资源管理体系。

2. 人事管理改革阶段（1978—1994年）

党的十一届三中全会以来，特别是改革开放以后，随着我国经济体制改革的不断深入，国有企业的劳动人事工作也在不断进步。1979年，国务院颁发了《关于扩大国营工业企业经营管理自主权的若干规定》，重新规定了企业人事管理的职责权限范围。该规定指出：允许企业根据生产需要和精简、效能的原则决定自己的机构设置和人员配备；企业有权根据国家下达的劳动指标招工，进行岗前培训；企业有权对成绩优异、贡献突出的员工给予奖励；企业有权对严重违反劳动纪律的员工给予处分，甚至辞退。随着这些规定的落实，企业在用人方面有了更大的空间，正常的进出渠道逐步形成；劳动人事管理制度逐渐完善，劳动定额管理、定员定编管理、岗位责任制等在企业中推广；工资管理规范化，打破了分配的平均主义，增强了工资的激励作用；推行了对工人的工作业绩考核制度。所有这些都表明，我国企业的人事管理工作发生了巨大的变化，已经初步具备了人力资源管理的某些功能和作用。可以说，国有企业人事管理的改革，为人力资源管理在我国的发展奠定了实践基础。

3. 向人力资源管理过渡阶段(1995 年至今)

人事管理向人力资源管理过渡阶段，以 1995 年 1 月 1 日《中华人民共和国劳动法》(简称《劳动法》)的正式实施为标志，为完善我国劳动法律体系奠定了法律基础。1995 年以后，全国 100 多所高校设立了人力资源管理专业，培养了大批专业人才，为人力资源管理在我国的发展做了理论和人才准备。

现在，人力资源管理在我国得到了蓬勃发展，人力资源管理的概念深入人心，企业对人力资源管理的重视达到了前所未有的高度。但是，我们也应清醒地认识到，我国人力资源管理的发展和发达国家相比还有很大的差距，很多理论、技术和方法还只是借鉴西方，没有形成自己的体系；从业人员的专业化程度不高，没有接受过系统教育和培训，影响了人力资源管理作用的发挥；企业人力资源管理水平不高，人力资源战略作用没有得到体现等问题还需进一步解决。

目前，人力资源管理在我国的发展可以说是机遇与挑战并存，需要人力资源管理理论工作者和实践工作者共同努力、积极探讨，不断提高我国人力资源管理的理论和实践水平。

1.4.3　人力资源管理的发展

人力资源管理者一直处于很尴尬的境地。无论是“选、用、留、育”四大流程，还是“工作分析、人力资源规划、员工招聘、薪酬管理、员工培训与开发、职业生涯管理、绩效管理、员工关系管理”八大职能，这些工作并没有获得公司上层领导的高度认可。德勤在 2014 年针对 CEO 的一项调查显示，人力资源管理被认为是反应最缓慢的职能；超过 50%的业务领导者认为，人力资源管理者没有做好引领公司发展的准备；甚至人力资源管理者对自己的表现也不太满意，超过 70%的人力资源管理者认为应该重新规划和提升人力资源管理部门的职能。

1. 新经营环境下人力资源管理的影响因素

进入 21 世纪后，人力资源管理有许多机遇，也面临着前所未有的挑战。劳动力从过剩到短缺，以及国家劳动法规的要求，为劳资关系转型和人力资源管理的转型提供了机遇。2010 年被认为是中国的劳动关系年，这一年劳资冲突事件频发，接连发生了“富士康 13 连跳”“南海本田员工罢工”等事件。同时，各级政府保护员工的政策也不断推出，国家强调“与民尊严”“体面劳动”，采取了包括“工资集体协商制度”“非公有制企业组建工会”“恶意欠薪入罪”等一系列措施来保障劳动者权益，企业劳动关系逐渐向人本化倾斜。

在 HR 领导者们还在思考如何抓住千载难逢的机遇大干一场时，外部环境以意想不到的节奏在挑战、重构眼前的一切，有三个关键因素在倒逼人力资源管理的变革。

(1) 互联网成为一种新的生活方式。互联网的普及拉近了客户、员工和公司的距离，使得组织结构越来越扁平化、平台化，管理上去行政化、去职能化、去中心化等，对组织和人力资源管理提出了新的挑战。

(2) 顾客需求的个性化。这动摇了工业化时代追求规模和效率的根基，使中国传统制造业产生了“集体焦虑”。现在的订单批量越来越小，顾客要求越来越高，企业要具备细分市场，为客户提供极致产品、极致服务和快速响应的能力。公司以客户为中心，也进一步要求部门以客户为中心，一方面要为业务部门“减负”，职能和流程不要束缚业务运作，让员工专注、聚焦于为顾客创造价值；另一方面，要以客户为导向，急业务部门所急，想业务部门所想。被奉为“世界第一管理咨询师”的拉姆·查兰(Ram Charan)博士甚至认为，是时候拆分人力资源部了，传统的HR职能会慢慢失去存在的价值。

(3) 新生代员工的价值观。受成长环境影响，新生代员工追求自我成就，工作、生活平衡，漠视权威，要求平等、参与、分享。更年轻的90后员工更进一步要求自主、掌控、存在感。面对新生代员工，管理工作也需要发生根本性的变化，将传统的计划、组织、领导、控制职能转变为教练、授权、协调、激励等职能。

互联网、个性化需求和新生代员工三重因素叠加，迫使组织和HR管理部门反思：用互联网思维来检讨组织设计，看它是否灵活，是否具有弹性，能否快速响应顾客；用个性化理念来检讨职能流程，看它是否约束了资源，增加了成本；用新生代员工的价值观来审视员工管理，看是否管理过度，能否让员工体验到工作的意义和乐趣。

传统的HR解决方案建立在“业务发展”和“员工成长”这两条主线的基础上。HR部门通常的工作流程是：通过职位管理、关键绩效指标(key performance indicator，KPI)考核和评估激励三大体系，驱动公司业务目标的达成；通过能力模型、任职资格管理、培训与开发体系来实现员工成长。

未来HR弹性化、客户化和自主性的变革趋势，正在摧毁传统的HR职能模式。比如，在职位管理方面，员工工作角色与技能需求发生了变化，固定的“岗位”在越来越多的组织中被变动的“角色”所取代，职位分层分类管理被扁平化、团队式、平台式的架构所取代，岗位说明书、基于职位分层分类管理的薪酬体系和晋升体系也就没有存在的必要了；在绩效管理方面，传统的“公司-部门-岗位KPI”层层分解的绩效管理模式将让位于员工自主目标管理的模式。谷歌甚至用OKR(object and key results)考核替代KPI考核，让团队根据公司目标，自己设计目标和关键结果，并进行月度、季度和年度的回顾。组织结构弹性化、职能流程客户化和员工管理自主化是未来HR部门创造价值的关键。

2. 人力资源管理角色的变革

经营环境的变化使传统人力资源管理面临新的挑战，呼吁人力资源管理部门改变自己的角色，成为战略性人力资源管理部门，从而逐渐受到管理者的重视。传统人力资源管理向战略性人力资源管理转型，从宏观层面来看，需要将人力资源管理实践与企业竞争战略结合起来，通过协助企业获取竞争优势，达成企业目标，来提升人力资源管理在企业经营中的地位。从操作层面来看，需要转变人力资源管理的角色。

尤里奇(Ulrich)在*HR Champions*一书中提出了人力资源管理部门的四角色模型，从“战略-操作”和“制度-人”两个维度划分了人力资源管理部门应该充当的战略伙伴、变革推动者、管理专家和员工支持者四个角色(见图1-11)。

(1) 战略性人力资源管理角色。人力资源管理部门与一线经理在企业战略执行过程中成为战略伙伴，可以根据市场前沿的变化不断制定、改进和整合企业人力资源战略，从而支持企业运营更加贴近市场发展，成为企业战略的真正执行者。

(2) 公司基础建设管理角色。人力资源管理部门以管理专家的身份参与组织基础建设，成为组织任务和实施方面的专家，以高效的行政支持为组织提供专业的人力资源管理方面的建议和人力资源支持，确保组织流程再造工程的成功，最终实现高质量、低成本的组织产出。

(3) 员工贡献管理角色。人力资源管理部门成为员工的坚强后盾，成为高层领导和员工

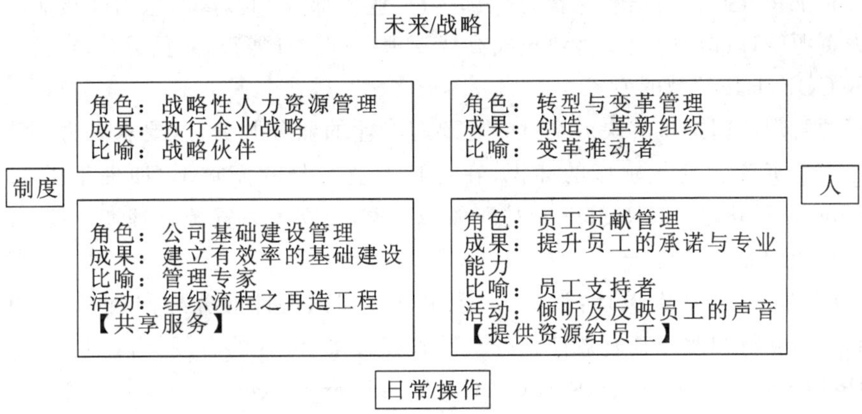

图1-11　人力资源管理部门的四个角色

之间良好沟通的桥梁，将员工的顾虑和担忧及时反馈给高层领导。同时，通过多种途径和方式促进员工多为组织做贡献，最终提高员工的组织承诺和业务能力，提高员工进行价值创造的能力。

(4) 转型与变革管理角色。人力资源管理部门成为持续变革的推动者，运用流程创造、文化塑造等方式不断增强组织适应环境的变革能力，成为创造和革新组织的积极力量。

3. 人力资源管理组织结构的变化

德鲁克认为，人力资源管理部门今后将发生极大的变化，它将不得不应对各种新的和困难的任务，它将以完全不同的方式运作，也就是说，它将作为"直线"而非"职能"部门工作。传统的人力资源管理部门是组织职能部门之一，是统一的全组织范围的HR职能部门；未来的人力资源管理部门将是分散化的服务小组，是根据客户需求组织的HR小组，具体如图1-12所示。

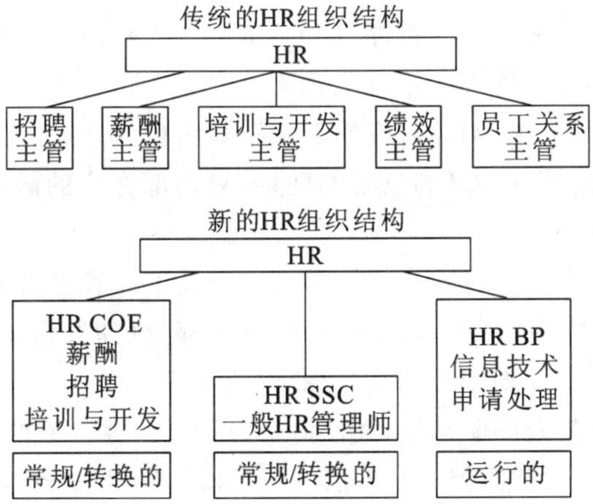

图1-12　人力资源管理部门的组织结构

新的HR组织结构充分重视人力资源的重要性，基于人力资源管理的服务性、咨询性和控制性功能，视部门本身为直线管理者的战略合作伙伴，直接影响企业的表现和成果，属于企业最终竞争实力的重要来源，而不是一个次要的只是处理文件和事务性工作的传统部门。

人力资源管理三支柱模型(新的HR组织结构)将人力资源管理的角色一分为三，实现角色的转型，以显著提升人力资源管理的效率和效能。转型的实现要求人力资源管理部门通过HR

COE、HR BP、HR SSC 三方合作来满足内部客户（业务部门）的需求，从而间接满足外部客户的需求。人力资源管理部门的内部客户包括高层管理人员、中层管理人员以及员工。

1）HR COE：HR 领域的专家

人力资源管理部门提供解决方案意味着要有专业的业务服务，这要求人力资源管理部门精通业务以及人力资源管理各领域的知识，在这种专业细分的需求下，便催生了 HR COE（HR center of expertise）角色。HR COE 定位于领域专家，建立人力资源管理专业能力，掌握本领域精深的专业技能和专业实践。

HR COE 的角色和职责包括：设计者，运用领域知识设计业务导向，创新人力资源管理政策、流程和方案，并持续改进其有效性；管控者，管控政策、流程的合规性；控制风险技术专家，为 HR BP（HR business partner）、HR SSC（HR shared service center）、业务管理人员提供本领域的技术支持。

2）HR BP：业务合作伙伴

针对各个内部客户的不同需求，人力资源管理部门所对应的角色也不尽相同。三支柱的运作模式要服务于客户需求，同满足外部客户一样，最难满足的是定制化需求，HR BP 的角色应运而生。其定位是业务合作伙伴，针对内部客户的需求，提供咨询服务和解决方案，是确保人力资源贴近业务需求的关键。他们贴近业务配备人力资源，一方面提供统一的服务界面和端到端的解决方案，另一方面为公司核心价值观的传承和政策落地提供组织保障。

HR BP 的角色和职责包括：战略伙伴，在组织和人才战略、核心价值观传承方面推动战略的执行；解决方案集成者，集成 COE 的设计，形成业务导向的解决方案；HR 流程执行者，推行 HR 流程，支持人员管理决策；变革推动者，扮演变革的催化剂角色；关系管理者，有效管理员工和团队关系。

3）HR SSC：HR 标准服务的提供者

由于 HR BP 和 HR COE 聚焦于战略性和咨询性的工作，他们就要从一些事务性的工作中解脱出来，与此同时，人力资源管理的第三类内部客户——员工的需求往往是相对同质化的，是具有一定标准化、规模化的需求，与此对应的 HR SSC 角色为其提供服务。HR SSC 是标准服务的提供者，他们专门负责解答管理者和员工的问询，对内部客户的满意度和卓越运营负责，提升人力资源管理整体服务效率。

HR SSC 的角色和职责包括：员工呼叫中心，回应员工和管理者发起的服务需求；流程事务处理中心，支持由 HR COE 发起的主流程的行政事务部分（如发薪、招聘）；运营管理中心，提供质量、内控、数据、技术（包括自助服务）和供应商管理支持。

HR SSC 是 HR 效率提升的驱动器，其使命是为 HR 目标服务群体提供高效、高质量的 HR 共享服务。因此，HR SSC 通常需要一个分层的服务模式来使工作效率最大化。

本章小结

人力资源管理就是运用现代的科学方法，对相关的人、事、物及三者之间的关系进行合理组织、协调、培训，使人力和物力经常保持最佳比例，同时对人的思想、心理和行为进行恰当的引导、控制和监督，以充分发挥人的主观能动性，做到事得其人、人尽其才、人事相宜，以实现组织目标。

传统人力资源管理向战略性人力资源管理转型，需要转变人力资源管理的角色。四角色模型从“战略-操作”和“制度-人”两个维度划分了人力资源管理部门应该充当的战略伙伴、变革推动者、管理专家和员工支持者四个角色。

随着人力资源管理的发展，人力资源管理部门结构也将随之调整。未来的人力资源管理部门将是分散化的服务小组，是根据客户需求组织的HR小组。人力资源管理三支柱模型将人力资源管理的角色一分为三，实现角色的转型，以显著提升人力资源管理的效率和效能。转型的实现要求人力资源管理部门通过HR COE、HR BP、HR SSC三方合作来满足内部客户（业务部门）的需求，从而间接满足外部客户的需求。

本章导学图

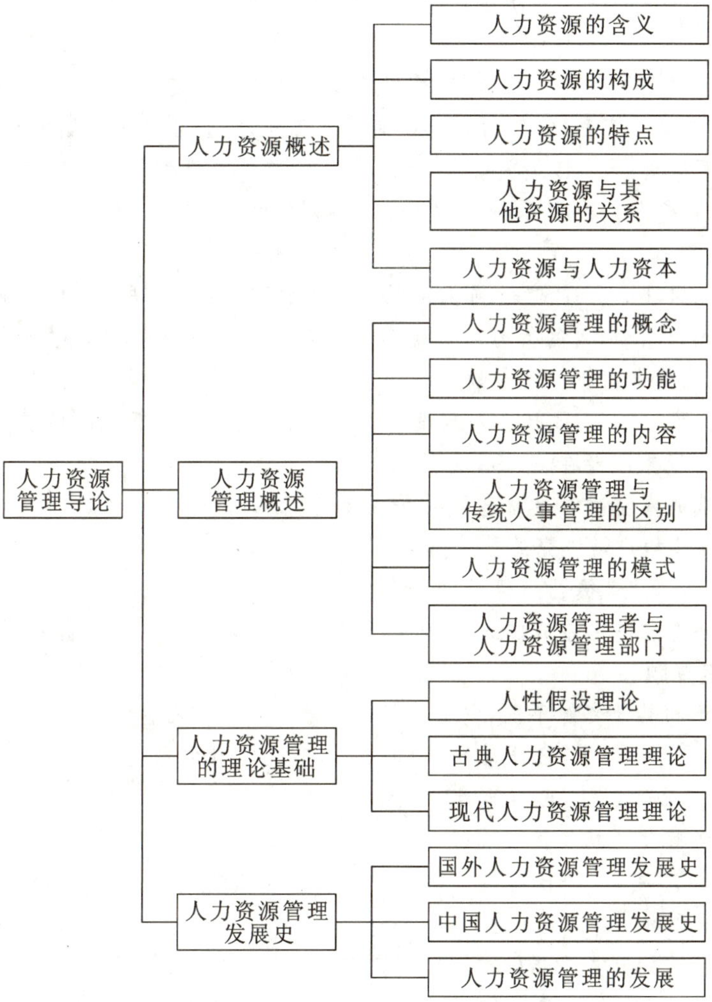

知识巩固训练

一、单项选择题

1. 理论界，通常将（　　）看作人力资本理论的创立者。

A. 威廉·配第　　B. 亚当·斯密　　C. 马歇尔　　D. 舒尔茨

2. 现代人力资源管理与传统人事管理的主要区别是（　　）。

A.现代人力资源管理以“人”为中心，管理的根本出发点是“着眼于人”

B.现代人力资源管理把人假设为一种成本，将人当作一种“工具”，注重的是投入、使用和控制

C.现代人力资源管理是某一职能部门单独使用的工具，与其他职能部门的关系不大

D.现代人力资源管理以“事”为中心

3.（　　）是指一个国家或地区中具有较多科学知识、较强劳动技能，在价值创造过程中起关键或重要作用的那部分人。

A.人口资源　B.人力资源　C.人才资源　D.劳动力资源

4. 人力资源管理的（　　）功能，是指借助培训教育等手段实现员工组织社会化的过程。

A.获取　B.维持　C.整合　D.开发

5. 人力资源管理中的（　　）职能，是指建立企业管理层与员工之间互相信任、互相尊重的良好工作环境，让员工在安全、健康的环境中有效地工作，给企业带来长期的利益。

A.人力资源规划　B.绩效管理　C.培训与开发　D.劳动关系管理

6.（　　）是指人力资源系统经过组织、协调、运行、控制，使其整体功效达到最优绩效的理论。

A.系统优化原理　B.激励强化原理　C.能位匹配原理　D.互补增值原理

7.（　　）理论认为，人的行为动机就是为了满足自己的私利，人在本质上是追求最大的经济效益，工作目的是获得物质上的报酬。

A.经济人假设　B.社会人假设　C.自我实现人假设　D.复杂人假设

8. 以下哪种现象不能在需求层次理论中得到合理解释？（　　）

A.一个饥饿的人会冒着生命危险去寻找食物

B.穷人很少参加排场讲究的社交活动

C.在陋室中苦攻“哥德巴赫猜想”的陈景润

D.一个安全需求占主导地位的人，可能因为担心失败而拒绝接受富有挑战性的工作

二、多项选择题

1. 人力资源和其他资源不同，它主要具有（　　　）特征。

A.社会性　B.能动性　C.独立性

D.时效性　E.再生性

2. 人力资源管理的功能体现在（　　　）。

A.获取　B.维持　C.整合

D.开发　E.调控

3. 双因素理论的因素是指（　　　）。

A.激励因素　B.内部因素　C.个人因素

D.保健因素　E.外部因素

4. 马斯洛需求层次理论是指人类需求像阶梯一样，从低到高按层次分为（　　　）。

A.生理需求　B.安全需求　C.社交需求

D.尊重需求　E.自我实现需求

5. 人性假设理论包括（　　　）。

A.经济人假设　B.社会人假设　C.自我实现人假设　D.复杂人假设

三、判断题

1. 一个国家或地区的人力资源率越高，表明可投入生产过程的劳动力数量越少。（　　）
2. 人力资源精神质量体现在知识、工作、创造等能力水平上。（　　）
3. 经济越发展，技术越现代化，对人力资源的质量要求就越高。（　　）
4. 在所有的资源中，人力资源是第一资源，也是一种能动资源。（　　）
5. 人力资源的形成、开发和使用，不具有时间方面的限制。（　　）
6. 人力资源是一种不可再生的资源。（　　）
7. 人力资本的核心是教育投资。（　　）
8. 人力资源管理工作的第一步是维持人力资源。（　　）
9. 现代人力资源管理以“事”为中心。（　　）
10. 自我实现人假设认为个性因人而异，价值取向是多种多样的，没有统一的追求。（　　）

四、简答题

1. 什么是人力资源？人力资源有哪些特点？
2. 什么是人力资源管理？人力资源管理有哪些职能？
3. 简述人力资源与人力资本的区别。
4. 传统人事管理与现代人力资源管理有哪些区别？
5. 古典人力资源管理理论包含哪些内容？
6. 现代人力资源管理理论包含哪些内容？
7. 简述人力资源管理的新发展。

五、实务题

下面是一家公司的部分人力资源管理政策：

(1) 正常情况下，每年1月份调整一次工资；
(2) 加班须办理加班审批手续；
(3) 体检是必经程序，传染性疾病患者将被拒绝入职；
(4) 签订劳动合同；
(5) 主管级以上人员的试用期为6个月，其余人员为3个月；
(6) 试用期间双方可以随时解除劳动合同；
(7) 保持公司在劳动力市场上的人才竞争力；
(8) 不追求同工同酬；
(9) 工资相互保密，攀比工资永远会带来失望；
(10) 试用期不调整工资；
(11) 唯才是举，公平竞争，亲属回避，身份合法；
(12) 工资通过银行活期存折支付人民币；
(13) 逐年增加培训费用；
(14) 每年参加境外培训的职工比例不低于20%；
(15) 所有的培训课程都由公司内部提供；
(16) 职工在公司工作满3年，可获得房屋补贴金；
(17) 违约离职的职工不享受当年的福利储金；
(18) 在公司工作满1年的职工，可享受每年15个工作日的年假；
(19) 不提倡职工加班；

(20) 不提倡内部职工推荐朋友来公司应聘；
(21) 公司给予加班者相应时间的补休或支付加班费，由职工自己选择；
(22) 职工对公司正常的岗位调动应予以理解和服从；
(23) 职工有权拒绝自认为不适当的岗位调动——解除劳动合同并要求赔偿；
(24) 跨区调动必须经调入部门、调出部门和人力资源管理部门三方共同批准；
(25) 没有拿到内部调动通知书不要行动；
(26) 杜绝安置性和因个人原因的调动；
(27) 基层职工原则上不跨区调动；
(28) 日常工作必须按流程进行；
(29) 每个人都应该成为自己业务领域的专家；
(30) 每项职务都必须有明确的任职资格与条件。

请将上述政策按人力资源管理部门的职能进行分类，并将分类结果填入下表中。

某公司人力资源管理政策分类统计表

人力资源管理职能	人力资源管理政策
人力资源规划	
工作分析	
员工招聘与录用	
培训与开发	
绩效管理	
薪酬管理	
劳动关系管理	

职业能力训练

项目：认知企业人力资源管理。

目的：了解企业人力资源管理流程。

要求：深入一家企业，对其人力资源管理的总体情况进行调查，绘制该企业人力资源管理流程图，并撰写调查报告。

成果：形成调查报告。

拓展阅读

第 2 章　工作分析与胜任素质模型

学习目标 ……

(1) 理解工作分析的概念及相关术语。
(2) 掌握工作分析的主要内容和方法。
(3) 掌握工作说明书的编写技巧。
(4) 掌握工作设计的主要方法。
(5) 掌握胜任素质模型的构建。

本章关键词 ……

工作分析(job analysis)、工作说明书(job description)、工作设计(job design)、胜任素质模型(competency model)

引导案例

2.1　工作分析概述

一般而言,人与人、人与事、人与组织、人与物等一系列关系都是现代人力资源管理研究与调整的对象。虽然人力资源管理的主要活动都是围绕人开展的,但都是以对组织中各种工作的研究与分析为起点,这也决定了工作分析在现代人力资源管理中的基础地位。

2.1.1　工作分析的概念

一个组织的建立最终会导致一批工作的出现,而这些工作需要有特定的人员来承担,工作分析就是与此相关的一道程序。通过对工作内容与工作责任的资料汇集、研究和分析,可以确定该项工作的任务、性质和相对价值,以及哪些类型的人适合从事这一工作。工作分析的过程主要是研究完成工作的要求、周期和范围,并着眼于工作本身的特点,而不是工作者的状况,工作分析的直接结果是工作说明书。

工作分析(job analysis,JA)又称职务分析、岗位分析或职位分析,是对组织各项工作的性质、任务、责任以及所需人员的资格、条件等进行周密的调查、研究、分析,并加以科学系统地描述,最后做出规范化记录的过程,即制定工作描述和任职资格的系统过程。

工作分析主要涉及两方面内容:一是工作本身,即工作描述,研究每一个工作岗位的设置目的、工作职责、工作任务、工作权力、隶属关系以及工作条件等;二是人员特征,即任职资格研究,研究能胜任该项工作的任职者必须具备的条件和资格，如工作经验、知识、能力、身体条件、特殊技能及心理素质等。工作分析的主要内容如图 2-1 所示。

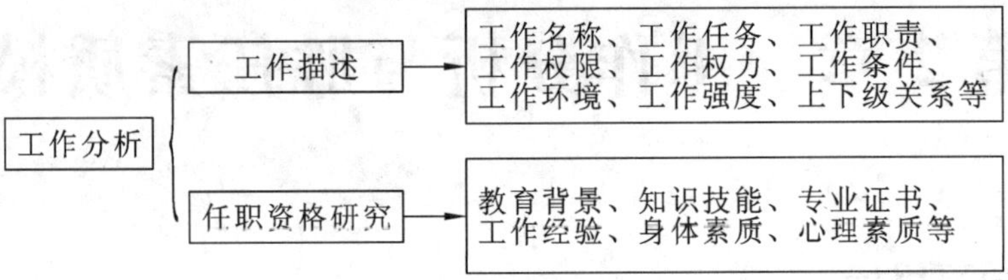

图 2-1　工作分析的主要内容

2.1.2　工作分析相关术语

在进行工作分析时，会反复出现若干专门术语，必须在进行工作分析之前充分理解这些术语。

1. 工作要素

工作要素是指工作中不能分解的最小动作单位。例如，搬运行李的工作要素是将行李搬到车上、推到指定地点、搬下行李、放到指定地方。

2. 任务

任务是指工作中为了达到某种目的而进行的一系列活动。任务可以由一个或多个工作要素构成。例如，给瓶子贴标签只有一个工作要素，而上述搬运行李有四个工作要素。

3. 职责

职责是指任职者为实现一定的组织职能或完成工作使命而进行的一项或一系列工作。例如，文字录入员的职责包括文字录入、校对、简单维修等。

4. 职位

职位也称为岗位，承担一项或多项职责的一个任职者所对应的位置就是一个职位。一般来说，有多少个职位就有多少个任职者。

5. 职务

职务由一个或一组主要职责相似的职位组成。一项工作可以只有一个职务，也可以有多个职务。例如，销售部经理只有一个，销售代表可以有多个。

6. 职业

职业是指在不同组织中从事相似活动的一系列职务，如教师、工程师等。

7. 职位分类

职位分类是指将所有的工作职位，按其业务性质分为若干职组、职系，然后按责任大小、工作难易程度和技术高低又分为若干个职级、职等。

(1) 职系：一些工作性质相同，但责任轻重和困难程度不同的职位系列。一般来说，一个职系就是一种专门职业，如机械工程职系。

(2) 职组：也称为职群，是指工作性质相近的若干职系的总和。职组的作用在于方便职位分类。

(3) 职级：将工作内容、难易程度、责任大小、所需资格皆很相似的职位划为同一职级，实行同样的管理、使用与报酬。例如，部门经理就是一个职级。

(4) 职等：工作性质不同或主要职务不同，但其困难程度、职责大小等条件充分相同的职级归类。同一职等的所有职位，不管它们属于哪个职系的哪个职级，其薪金报酬应该相同。

职系、职组、职级、职等之间的联系与区别详见表 2-1。

表 2-1　职系、职组、职级、职等之间的联系与区别

职组	职系 \ 职级 \ 职等	Ⅴ	Ⅳ	Ⅲ	Ⅱ	Ⅰ
		员级	助级	中级	副高级	正高级
高等教育	教师		助教	讲师	副教授	教授
	科研人员		助理工程师	工程师	高级工程师	
	实验人员	实验员	助理实验师	实验师	高级实验师	
	图书、档案	管理员	助理馆员	馆员	副研究馆员	研究馆员
科学研究	研究人员		研究实习生	助理研究员	副研究员	研究员
医疗卫生	医疗、保健	医士	医师	主管医师	副主任医师	主任医师
	护理	护士	护师	主管护师	副主任护师	主任护师
	药剂	药士	药师	主管药师	副主任药师	主任药师
	其他	技士	技师	主管技师	副主任技师	主任技师
企业	工程技术	技术员	助理工程师	工程师	高级工程师	正高工
	会计	会计员	助理会计师	会计师	高级会计师	
	统计	统计员	助理统计师	统计师	高级统计师	
	管理	经济员	助理经济师	经济师	高级经济师	
农业	农业技术人员	农业技术员	助理农业师	农艺师	高级农艺师	
新闻	记者		助理记者	记者	主任记者	高级记者
	广播电视播音	三级播音员	二级播音员	一级播音员	主任播音指导	播音指导
出版	编辑		助理编辑	编辑	副编审	编审
	技术编辑	技术设计员	助理技术编辑	技术编辑		
	校对	三级校对	二级校对	一级校对		

2.1.3　工作分析的作用

工作分析是人力资源管理的基础环节，起着不可替代的作用。一方面，工作分析是从战略、流程、组织向各人力资源管理职能过渡的桥梁；另一方面，工作分析是人力资源管理的基石，几乎所有的人力资源管理活动（招聘、绩效评价、薪酬、培训、职业生涯管理等）都需要依据工作分析提供的信息。图 2-2 展现了工作分析在人力资源管理中的地位。

1. 工作分析与企业战略、业务流程、组织结构的关系

（1）工作分析与企业战略。现代人力资源管理的发展越来越强调其战略导向，工作分析对企业战略的落地有着十分重大的意义，工作分析可以明确职位设置的目的以及该职位如何支撑战略目标的实现，进而帮助企业战略落地。明确企业的战略目标也会为工作分析指明方向，只有在明确企业战略目标的前提下，工作分析才能有的放矢。

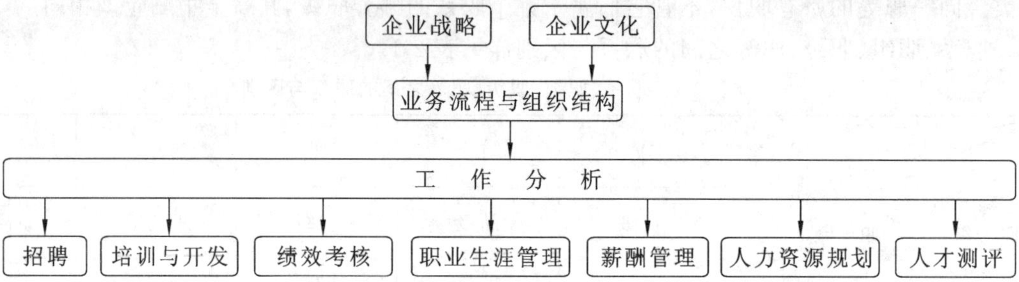

图 2-2　工作分析在人力资源管理中的地位

(2) 工作分析与业务流程。工作分析可以理顺职位与其流程上下游的关系,消除由于职位的设置和界定导致的工作效率低下的状况。在分析工作之前对业务流程进行分析,可以帮助管理者回答以下三个问题:第一,为了达成战略目标,应该要完成哪些任务?第二,不同任务环节的重要性如何?第三,为了完成这些任务,应该对任职者提出哪些要求?对业务流程的充分理解是我们将每一环节的任务落实到不同职位上的前提。

(3) 工作分析与组织结构。工作分析可以明确界定职位的职责与权限,消除职责上的相互重叠,从而获得职位边界更加清晰的组织结构。不同的组织结构对工作分析提出了不同的要求,对以职能结构为代表的集权程度高的企业而言,工作分析需要严格界定每一个职位的职责范围,且职责应该有较高程度的专业化;相反,对集权程度较低的企业而言,职责范围则不宜太狭窄,较宽的职责范围和较高的自主权可以促进员工的合作,提升能力。综上所述,管理者应该首先对组织结构有充分的理解和认知,这样才能做出符合组织结构需要的工作说明书。

工作分析应该以企业战略为起点,在充分把握企业战略目标的情况下,分析业务流程和组织结构。

2. 工作分析的基础性作用

(1) 工作分析在招聘中的应用。工作分析提供的信息包括:在某职位上应该承担的工作职责有哪些;为了完成这些职责,任职者应该具备哪些知识、技能与能力等。这些信息可以帮助管理者决定应当招募和雇用怎样的人才。

(2) 工作分析在培训中的应用。根据素质的"冰山理论",任职资格说明书主要包括两个部分的内容:一部分位于水面之上,如知识、技能等,这部分与个性无关;另一部分则位于冰山的水面之下,主要包括自我观念、内在动机等。这两个部分,前者较为容易改变,而后者较为稳定和固化,难以改变,培训应该主要针对前者。此外,应该对比培训的成本与收益。任职资格说明和任职者之间的差距是培训的需求点,但并非所有的差距都要用培训来弥补。若培训成本过高,则应通过辞退、人员轮换来解决问题。

(3) 工作分析在绩效考核中的应用。绩效考核是将员工的绩效和预先设定的工作要求进行对比,从而判断员工是否完成工作职责的过程。工作分析是绩效考核的前提,它为绩效考核的内容、指标体系和评价标准的确立提供了依据,绩效考核的关键是确立考核指标。考核指标的设计目前存在两种模式:基于工作分析的考核指标体系和基于战略分解的 KPI 指标体系。

(4) 工作分析在职业生涯管理中的应用。职业生涯管理是将员工的技能和愿景与组织内已经存在或将要出现的机会匹配起来,从而实现组织和员工的共同发展。要进行职业生涯管理,首先需要了解每一个职位对员工的要求,这样才能保证让每一个员工都从事自己能够胜任同时也感到满意的工作。

（5）工作分析在薪酬管理中的应用。在确定从事某一项工作的员工的工资水平时，其工作价值是一个重要的因素。这种价值要根据该项工作对员工的要求来确定，如技能、努力、职责以及工作条件和安全程度等，这些在工作分析中都做出了具体的说明，工作分析中的工作描述和员工要求便可以作为测量工作价值的参考标准。

（6）工作分析在人力资源规划中的应用。人力资源规划，就是确定需要的员工数量和类型，这个过程需要获得现有职位对员工技能水平的要求的精确信息。因此，只有借助工作分析获得的信息进行规划，才能保证组织内部有足够的人员来满足企业战略规划对人力资源的需要。

（7）工作分析在人才测评中的应用。人才测评是针对特定的人力资源管理目的，对员工的素质进行多方面系统的测量和评价。这种测评离不开工作分析生成的任职资格说明书，因为任职资格说明书可以为人才测评提供依据。

2.2 工作分析实务

2.2.1 工作分析的流程

工作分析是一项技术性很强的工作，必须有一个科学、合理的操作程序，工作分析的流程如图2-3所示。在整个工作分析的流程中，准备和设计阶段是工作分析的基础，调查与分析阶段是工作分析的关键，结果形成和控制阶段是工作分析的目的。

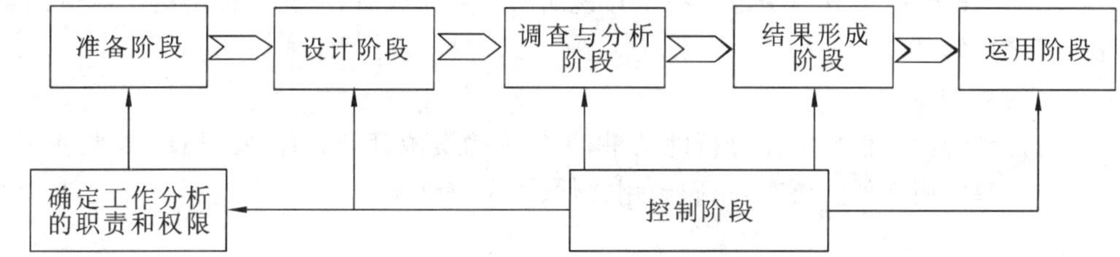

图2-3 工作分析的流程图

1. 准备阶段

（1）明确工作分析的目的和用途。进行工作分析之前需要确定工作分析的目标，企业对工作进行分析总是为了满足某种需要。例如，当企业要制定薪酬政策时，需要了解各项工作的特点，这就需要工作分析的结果。企业应该明确工作分析要达到的目标。

（2）组织工作分析小组，分配任务与权限。分析小组成员包括三种类型的人员：分析专家、主管和任职者。分析专家是指具有分析专长，并对组织内各项工作有深入了解的人员。分析专家可以来自组织内部，也可以是外聘专家，组织内人员一般为人力资源管理专员，也可为中、高层管理人员。一旦小组成员确定，就赋予他们进行工作分析的权限，以保证工作分析的协调和顺利进行。

2. 设计阶段

（1）制定工作分析计划。工作分析计划包括整个工作的进程、企业内应进行分析的各个职务的名称和任职者人数、估计工时需要和分析人员人数、所需费用和其他条件、分析过程中各个环节的责任划分等。

（2）确定工作分析的范围。要确定是对所有岗位进行分析，还是对部分岗位进行分析。

(3) 选择分析方法与人员,制定工作进度表。

(4) 确定信息来源。工作的信息来源一般有几种:工作者、主管、顾客、分析专家、文献汇编等。

3. 调查阶段

(1) 编制各种调查提纲和问卷。

(2) 根据具体的对象进行调查。

(3) 收集有关工作的特征及需要的各种数据。

4. 分析阶段

(1) 仔细审核已收集到的各种信息。分析的主要内容有:职务名称分析、职务规范分析(对工作任务、工作责任、工作关系、劳动强度等的分析)、工作环境分析和任职资格分析。

(2) 利用现有文件与资料对岗位的主要任务、主要责任、工作流程进行分析总结。

(3) 提出原工作说明书主要条款存在的不清楚、模棱两可的问题,或在新工作说明书中提出要解决的主要问题。

5. 结果形成阶段

工作分析的直接结果就是产生工作描述和任职资格说明,形成工作说明书,工作说明书是对工作目的、职责、任务、权限、任职者等基本条件的书面描述。工作说明书来源于对书面材料、现场观察、与基层管理者及任职人员谈话中获得的信息进行分析、归类,并最终写出综合性的工作描述和任职资格说明。这一阶段的工作相当繁杂,需要大量的时间对材料进行分析和研究,必要时还需要用适当的分析工具与手段。在工作说明书编制完成后,应充分征求组织成员的意见,对工作说明书进行修订。

6. 运用与控制阶段

运用与控制阶段要根据工作分析的结果,制定人力资源管理的各种应用性文件,并培训文件的使用者。这些应用文件主要有:招聘录用文件、人员培训文件、人员发展和晋升文件、薪酬规划文件等。

工作分析活动的控制贯穿于整个工作分析的过程。工作说明书在正式发布实施后,随着组织与岗位的变化,应及时进行维护,使工作分析成为组织的一项常规性工作,保证工作说明书的基础管理作用有效发挥,控制和纠正可能出现的各种偏差。

2.2.2 工作分析的内容

工作分析指的是对工作进行整体分析,以便确定每一项工作的 6W1H:谁来做(Who)、做什么(What)、何时做(When)、在哪里做(Where)、为什么做(Why)、为谁做(Whom)、如何做(How)。分析的直接成果是工作说明书。工作分析的具体内容包括以下几个方面。

1. 工作存在的原因

(1) 该项工作为什么存在?即证明工作是否有存在的价值,如果工作岗位有存在的价值,则有必要进行工作分析,否则没有必要。因此,回答此问题可为组织决策工作岗位的调查和撤销提供依据。

(2) 该项工作的使命是什么?

2. 工作岗位职责

工作岗位职责包括管理责任和非管理责任。管理责任主要表现为影响其他人工作的方式,包括指导监督责任、协调责任、沟通责任、决策责任、人事管理责任、成本控制责任、风险责任、培养下属的责任等；非管理责任就是管理责任以外的责任，主要包括制造产品的责任、保护机器设备的责任、原材料保管责任、与他人合作的责任、保护他人安全的责任等。

3. 工作内容

该工作岗位具体做什么事情，承担哪些工作任务？主要包括岗位所要完成的工作任务、工作责任、使用的原材料和机器设备、工作流程、与其他人的正式工作关系、接受监督以及进行监督的性质和内容。

4. 任职资格

任职资格要求说明从事某项工作岗位的入职人员必须具备的生理要求和心理要求，主要包括以下几个方面。

一般要求：主要包括年龄、性别、学历、工作经验、培训经历等。

生理要求：主要包括健康状况、力量和体力、运动的灵活性、感觉器官的灵敏度等。

心理要求：主要包括观察能力、注意力集中能力、记忆能力、理解能力、学习能力、解决问题的能力、创造性、数学计算能力、语言表达能力、决策能力、特殊能力、性格、气质、兴趣爱好、态度、事业心、合作性、领导能力等。

特殊要求：胜任岗位工作的一些特殊要求。

5. 工作环境和危险性

(1) 工作环境：包括两个大的方面，第一是工作条件和物理环境，包括工作地点的温度、光线、湿度、噪声、安全条件、地理位置、室内或室外条件等；第二是社会条件，包括工作群体中的人数、完成工作所要求的人际交往的程度、各部门之间的关系、工作地点内外的文化设施、社会习俗等。

(2) 危险性：主要指工作环境和工作活动对工作人员可能造成的危害，包括职业病、身体和精神损失等。

6. 其他相关信息

其他相关信息主要包括以下几个方面。

(1) 职位名称：组织对员工从事的工作所规定的职位名称或职位代号，以便对各种工作进行识别、登记、分类，以及确定组织内外的各种工作关系。

(2) 工作分析基本情况：主要包括工作分析的主题、工作分析实施的日期、工作分析的内容、工作分析的人数及性别、工作分析主体的别名等。

(3) 聘用条件：包括工时、工资结构、支付工资的方法、福利待遇、该工作岗位在组织中的正式位置、晋升的机会、工作的季节性、进修的机会等。

2.2.3　工作分析的方法

1. 定性分析方法

1) 访谈法

访谈法是访谈人员就某一岗位与访谈对象按事先拟定好的访谈提纲进行交流和讨论，由此获取岗位信息的方法。

访谈前，要确定访谈的结构化程度，它可以是完全非结构化的，比如“请谈谈你的日常工作”，也可以是涵盖数百个问题的高度结构化的访谈。但在实际操作中，真正适当的访谈往往是介于这两者之间的半结构化访谈，其结构化程度一般由访谈者根据自己的需要确定。

此外，确定访谈对象也是非常关键的。被访谈者应该是对职位较为熟悉的人，因此，任职者毫无疑问是最重要的信息来源，但他们可能会夸大自己的工作职责，使访谈收集的信息失真。因此，还需要访谈一些对该职位同样比较熟悉的其他人，如上级主管人员等。如果分析的职位是服务类职位，客户也可能是一个非常重要的职位分析的信息来源。总之，要根据实际情况灵活确定被访谈者，且尽量使被访谈者多元化。

HR实务

结构化访谈的职位分析信息表示例

职位分析信息表

职位名称：　　　　　　　　　　　　　　　　填表日期：

职位代码：　　　　　　　　　　　　　　　　所属部门：

直接上级职位名称：

工作时间从上午____到下午____

职位分析员的姓名：

1. 该职位的总体工作目的是什么？

2. 如果任职者需要监督他人的工作，请列出被监督职位的名称；如果在职位名称相同的职位上工作的员工超过一人，请填写具体人数。

3. 请标明以下哪些活动属于本职位任职者的直接上级需要承担的责任。

培训

绩效评价

检查工作

编制预算

指导或建议

其他（请具体说明）

4. 请描述本职位的任职者所受到的监督管理的类型及程度。

5. 工作职责：请简要描述该职位的任职者都做什么工作，如果可能，请描述出他是如何做这些工作的。请按照以下分类列举工作职责。

A. 日常工作职责（每天或者几乎每天都要完成的常规工作职责）

B. 周期性工作职责（每周、每月、每季度或按照其他时间间隔周期性完成的工作职责）

C. 无履行时间规律的工作职责

6. 任职者是否承担着他认为本来没有必要承担的工作职责？如果有的话，请加以说明。

7. 任职者是否承担着某些在其现在的职位描述中并不存在的职责？如果有的话，请加以说明。

8. 受教育程度：请在以下选项中选出本职位对任职者的受教育程度所提出的要求（不是现在的任职者的实际个人受教育情况）。

无正规教育要求

完成八年级以上的教育

高中毕业或与之相当的文凭

两年制大学毕业或与之相当的文凭

四年制大学毕业或与之相当的文凭

研究生背景或更高的学位(请具体说明)

需要有专业执照(请具体说明)

2) 观察法

观察法就是职位分析人员通过观察,将与工作有关的内容、方法、程序、设备、工作环境等信息记录下来,最后将取得的信息归纳整理为适合使用的结果的过程。

观察法特别适用于对标准化的、周期短的、以体力活动为主的工作进行分析,如流水线上的工人。但如果涉及大量的脑力活动,如律师、设计师等,观察法就不再适用了。

HR实务

工作分析的观察提纲示例

工作分析的观察提纲(部分)

被观察者的姓名:

观察者的姓名:

日期:

观察时间:

工作类型:

观察内容:

1. 什么时候开始正式工作?
2. 上午工作多少小时?
3. 上午休息几次?
4. 第一次休息的起止时间?
5. 第二次休息的起止时间?
6. 上午完成产品多少件?
7. 平均多长时间完成一件产品?
8. 与同事交谈几次?
9. 每次交谈多长时间?
10. 室内温度是多少?

3) 问卷调查法

问卷调查法,即通过让员工填写问卷来获得工作分析需要的信息。工作分析专家开发大量不同形式、不同导向的问卷,以满足工作分析不同的需要。问卷包括结构化问卷和开放式问卷。在实践中,被广泛运用的问卷往往既包括结构化的问题,又包括开放式的问题。

问卷调查法有其独有的特点:一方面,问卷调查可以快速、高效地获取工作信息,尤其适用于大规模的职位调查;另一方面,问卷的开发和测试会耗费大量的时间,且一旦问卷设计得不科学,会使收集信息的质量大打折扣。此外,相比访谈法,问卷填写者不需要直接面对工作分析者,因此,工作分析者需要编写问卷填写说明,以保证问卷填写者明确规范地填写,保证问卷信息的质量。

HR实务

工作分析调查问卷示例

工作分析调查问卷

亲爱的同事：

您好！为规划公司人力资源管理工作，也为了能为各部门提供更好的人力支持，我们设计了这套调查问卷，希望通过对公司各岗位的分析来完善公司职位信息及工作说明书，从而进一步推动各项人力资源管理工作科学有序地开展。

现需要耽误您一点时间来协助我们完成本次调查工作。

请您认真分析您所在岗位的工作，并真实地、客观地、完整地填写以下内容。谢谢！

第一部分　　基本信息

您的姓名：

入职时间：

您的直接上级岗位：

您的直接下属岗位：

第二部分　　工作情况

1. 简洁描述一下您目前的主要工作内容和职责。

2. 请列举您有建议权、审核权、决策权的工作项目（人事、业务、财务等方面）。您认为除了这些权限之外，您还需要别的权限来支持您的工作吗？

3. 请简要描述您的上级如何指导和监督您的日常工作。

4. 简述您的直属下级的人数及其主要工作内容。

5. 除您的上级和下级之外，您和公司内部哪些部门和岗位有工作联系和沟通？

6. 除了公司内部的联络沟通外，您和外部哪些单位有工作联系和沟通？对方联络人通常是什么岗位？

7. 请列举您目前的所有绩效考核项目，并按主次顺序说明哪些是公司重点考核项目。另外，请谈谈您对这些考核项目的看法。

8. 按照公司规定，您正常的工作时间应该是多少？您会加班吗？如果加班，通常是在什么时段？是什么原因？这种情况多吗？您对此有什么看法？

第三部分　　岗位要求

1. 您认为需要什么样的专业技能才能胜任您这个岗位？

2. 您认为本岗位对于性别和年龄有限制吗？如果有，您认为应该是什么？

3. 您认为要胜任本岗位工作有什么样的学历要求？为什么？

4. 您认为本岗位需要有工作经验吗？如果需要，您觉得工作多长时间比较合适？为什么？

5. 您觉得新加入公司的员工如果要较好地胜任工作，需要岗前培训吗？如果需要的话，您觉得培训多长时间比较合适？为什么？

6. 您觉得什么样性格和品质的人能够更好地胜任本岗位工作？

第四部分　　其他信息

1. 您觉得公司是否给您提供了职业发展的通道？您对自己在公司的职业发展是怎样规划的？如果晋升的话，您觉得自己会晋升到什么岗位？

2. 您对您所在部门的工作分配及职责划分有何建议？您对您自己这个岗位的工作安排有何

建议？

3. 对于本问卷调查未提及的问题，您觉得有必要提及的，请写出来。

填写人：

年　　月　　日

4）工作日志法

工作日志法要求任职者将自己每天所做的工作按照时间顺序进行详尽的记录，以此生成一份非常完整的工作日志。这种方式可以提供大量的信息，但是信息可能比较零散，难以组织。另外，这种方式会加大员工的工作负担。因此，要谨慎使用这种方式。

在国外，有些企业采用高科技手段来做工作日志。比如，为员工提供袖珍口述记录器或者寻呼机，企业可以在任何时间呼叫员工，询问其正在进行的工作，这样就可以避免员工事后回忆不完善的弊端。需要说明的是，工作日志的格式可以是多种多样的，只要方便员工填写即可。

HR实务

工作日志填写示例

工作日志填写说明：

1. 请您在每天工作开始前将工作日志放在手边，按工作活动发生的顺序及时填写，不可在一天工作结束后一并填写。

2. 要严格按照表格的要求进行填写，不要遗漏那些细小的工作活动，以保证信息的完整性。

3. 请您提供真实的信息，以免损害您的利益。

4. 请您注意保留工作日志，防止遗失。

谢谢您的配合！

月　　日　　工作开始时间：　　工作结束时间：　　岗位名称：

序　号	工作活动名称	工作活动内容	工作活动结果	时间消耗	备　注
1	复印	复印文件	4张	6分钟	存档
2	起草公文				
3	参加会议				
4	接待				

填写人：

2. 定量分析方法

1）职位分析问卷法

职位分析问卷法(position analysis questionnaire，PAQ)是目前应用得最广泛的一种职位分析工具，该问卷总共有194个项目，每个项目都代表了可能在某个职位中起作用，也可能不起作用的基本要素，这些项目可以被划分为六大块：

- 信息输入——任职者从何处获得完成工作所必需的信息；
- 体力活动——任职者在执行工作任务时所发生的身体活动，包括使用工具、设备等；
- 脑力处理——在完成工作任务时需要进行的推理、决策、计划以及信息加工等活动；

· 工作情境——执行任务时所处的物理环境和社会环境；

· 人际关系——在执行工作任务时需要与他人发生的工作关系；

· 其他特征——前面未描述的与执行任务相关的其他活动。

PAQ 的使用要注意以下几点。

第一，计分方法。在应用这种方法时，职位分析人员要依据 6 个计分标准对每个工作要素进行衡量，给出评分。这 6 个计分标准是：信息使用程度、工作所需时间、各个部门以及各部门内各个单元的适用性、工作的重要程度、发生的可能性、特殊计分。

第二，在使用 PAQ 时，用 6 个评估因素对需要分析的职位一一进行核查。核查每项因素时，应对照这一因素细分的各项要求，按照 PAQ 给出的计分标准，确定职位在每个工作要素上的得分。PAQ 对以确定薪酬等级为目的的工作分析非常有用，当确定了每一个职位的总体得分后，就可以依据得分衡量不同职位的相对价值，进而确定每一个职位的薪酬等级。

然而，该方法也有其缺陷：第一，PAQ 对受访者的理解和阅读能力要求较高，必须具备大学毕业生的阅读水平才能填写此问卷；第二，PAQ 的标准化和通用化格式导致了工作特征的抽象化，其难以描述构成工作中特定的、具体的任务活动。

HR实务

PAQ维度示例

1. 信息输入：从何处以及如何获得工作所需的信息		2. 体力活动：工作中包含哪些体力活动，需要使用什么工具、设备	
知觉解释	解释感觉到的事物	使用工具	使用各种机器、工具
信息使用	使用各种已有的信息资源	身体活动	工作过程中的身体活动
视觉信息获取	通过对设备材料的观察获取信息	控制身体协调	操作控制机械、流程
知觉判断	对感觉到的事物做出判断	技术性活动	从事技术性或技巧性活动
环境感知	了解各种环境条件	使用设备	使用各种各样的装备和设备
知觉运用	使用各种感知	手工活动	从事手工操作性相关的活动
		身体协调性	身体一般协调性
3. 脑力处理：工作中有哪些推理、决策、计划、信息处理等脑力加工活动		4. 工作情境：工作所处的自然环境和社会环境如何	
决策	做出决策	潜在压力环境	环境中是否存在压力和消极因素
信息处理	加工处理信息	自我要求环境	对自我严格要求的环境
		工作潜在危险	工作中的危险因素
5. 人际关系：工作中需要与哪些人发生何种内容的工作联系		6. 其他特征：其他活动、条件和特征	
信息互换	相互交流相关信息	典型性	典型和非典型工作时间的比较
一般私人接触	一般性私人联络和接触	事务性工作	从事事务性工作
监督/协调	从事监督、协调等相关活动	着装要求	自我选择与特定要求着装的比较

续表

工作交流	与工作相关的信息交流	薪酬浮动比率	浮动薪酬与固定薪酬的比率
公共接触	公共场合的相关接触	规律性	有无规律工作时间的比较
		强制性	在环境的强制下工作
		结构性	从事结构化和非结构化工作活动
		灵活性	敏锐地适应工作活动、环境的变化

HR实务

PAQ范例(部分)

	使用频率
NA	不使用
1	很少/几乎不用
2	偶尔
3	中等
4	经常
5	非常高

信息输入：工作信息的来源

请根据任职者在工作中将该来源作为信息来源使用的频率，对以下项目进行评分。

1. 书面材料(书籍、报告、办公室通知、文章、工作指令、标语等)

2. 量化材料(与数量有关的材料，如图表、账目、规格、数量表等)

3. 图片资料(图片或照片类材料，如图画、图解、地图、线路图、胶卷、X光片、电视片等)

4. 模型或相关装置(在使用中被观察并作为信息来源的模板、模型等，不包括第3项中已经描述的要素)

5. 可视展示物(刻度盘、标准尺、信号灯、雷达示波器、速度计、时钟等)

6. 测量装置(尺、卡钳、轮胎气压计、秤、厚度测量器、温度计、量角器等，不包括第5项中已经涉及的要素)

7. 机械装置(工具、设备、机器，以及其他在使用或运作过程中进行观察并作为信息来源的机械设备)

8. 加工材料(在锻造、加工或者进行其他处理的过程中作为信息来源的零部件、材料、物体等，比如正在搅拌的制作面包的面粉、正在制作成一台车床的零部件、正在切割的布匹、正在换底的鞋子等)

9. 未加工的材料(未处于改变或锻造过程中，但是在检查、搬运、包装、配送或选择的过程中成为信息来源的零部件、材料、物体等，例如，正处于库存、储藏或配送渠道之中的，或者是正在被检查的各种部件和材料)

10. 自然特征(风景、田野、地质标本、植被、云层结构，以及其他一些在观察或检查时作为信息来源的自然特征)

11. 人造环境特征(结构、建筑、堤坝、公路、桥梁、船坞、铁路，以及其他一些人造的或者与之

相关的被观察者作为信息来源的室内外环境特征，不包括上述第 7 项中已描述的用于工作的设备、机器等）

2）管理职位描述问卷法

管理职位描述问卷法（management position description questionnaire，MPDQ），是利用工作清单专门针对管理职位分析而设计的一种工作分析方法。它也是一种以工作为中心的工作分析方法，是国外近年来的研究成果。这种问卷法是对管理者的工作进行定量化测试的方法，它涉及管理者所关心的问题、所承担的责任、所受到的限制，以及管理者工作所具备的各种特征。MPDQ 系统模型如图 2-4 所示。

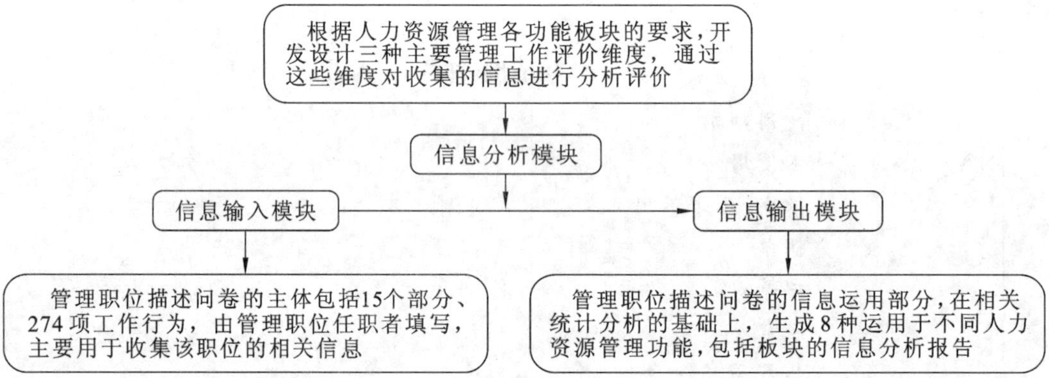

图 2-4　MPDQ 系统模型

与 PAQ 一样，MPDQ 因为结构化的项目导致该方法的灵活性不足。同时，该问卷是在对国外管理人员实证分析的基础上开发出来的，中国若想广泛使用，必将经历一个“本土化”的过程。

HR实务

MPDQ 维度示例

序　号	主要部分	项目释义	题　数
1	一般信息	描述性信息，如工作代码、预算权限、主要职责等	16
2	结构图	职位在组织架构中的位置，如上司、平级、下属等	5
3	决策	决策活动描述和决策的复杂程度	22
4	计划组织	战略规划和短期规划、组织活动	27
5	行政事务	包括写作、归档、记录、申请等活动	21
6	控制	跟踪、控制和分析预算、生产、服务等	17
7	监督	监督下属工作	24
8	咨询	为下属或其他工作人员提供专业性、技术性的支持	20
9	工作联系	内部工作联系与外部联系，包括联系的对象与目的	16
10	协调	在内部联系中从事的协调性活动	18
11	表达	在推销产品、谈判、内部激励等工作中的表达行为	21

续表

序　号	主要部分	项目释义	题　数
12	指标监控	对财务、市场、经营以及政策等指标的监控和调节	19
13	KSA	工作对任职者知识、技术和能力的要求，以及所需的培训活动	31
14	自我评价	上述管理功能的时间和相对重要性评价，其中，计划组织功能分为战略规划和短期规划两方面	10
15	反馈	任职者对本问卷的反馈意见以及相关补充说明	7
总　计			274

3. 基于互联网的工作分析方法

(1) 通过互联网收集信息。以上提到的问卷调查法、访谈法等都有自身的缺陷，比如，面对面的访谈和观察非常消耗时间，对企业而言，从地理位置分散的员工那里收集信息也是一大挑战。借助互联网进行工作分析成为很好的解决方案，越来越多的企业选择通过互联网来收集工作分析所需要的信息。

(2) 通过互联网编写工作说明书。从计划工作分析到收集工作分析的相关信息，再到利用相关信息编制工作说明书，这是一个漫长且高成本的过程。现在，越来越多的企业选择利用互联网来编写工作说明书。

20 世纪 30 年代在美国出现了《职位名称词典》，它是对就业服务系统非常有帮助的工具，能将企业需要的技能和劳动者拥有的技能匹配起来。它为美国服务了 60 多年，但因为时代的发展，很多新时代的职位与《职位名称词典》的描述不相符了，所以它不能再为企业提供符合要求的职位描述。由于该原因，美国劳工部开发出一套全新的职位分类-职位信息网，或者叫 O* NET。人们可以看到各种职位最重要的特征以及对任职者的要求，如工作经验、受教育程度、技能水平等。尽管职位分类-职位信息网是用来分析美国经济中的职位，但研究表明，这一系统也适用于其他国家。

职位分类-职位信息网设计的初衷是为求职者提供帮助，求职者想要申请更加复杂的工作，可以通过这个系统了解自己的理想工作对员工的要求，从而精准地定位自己的能力欠缺，为日后的努力确定方向。企业可以直接从职位分类-职位信息网上获取工作职责与对任职者的要求，再根据自己的需要生成一份个性化的职位描述。

2.2.4　工作说明书的编制

工作说明书(job description，JD)也叫职务说明书或岗位说明书，是工作分析人员根据某项职务工作的性质和环境特点，对工作人员必须具备的生理和心理特点进行详细说明而形成的书面文件。工作说明书一般需要根据该企业岗位分析的特点、目的与要求具体确定编写的条目。工作说明书通常包括工作描述和任职资格两部分内容。

1. 工作描述

工作描述具体说明了某一职位的性质和环境特点，主要包括以下几个方面。

(1) 工作标识：也称为职位的基本信息，包括职位的名称、职位所属部门、直接上级、定员、部门编码、职位编码、工作说明书的编写日期、编写人与审核人等。

（2）工作概述：描述工作的总体性质，即列出主要工作的特征以及主要工作范围，重点描述从事该职位的工作人员所要完成或达到的工作目标，以及该职位的主要职责权限等。标准描述词汇是负责、确保、保证等，应尽量避免在工作概述中出现笼统的描述。

（3）工作内容：是工作说明书最主要的内容，详细描述该职位所从事的具体工作，应全面、详尽地写出完成工作目标所要做的每一项工作，包括所要完成的工作任务、职位责任、所使用的工具以及机器设备、工作流程、与其他人的联系方式、所接受的监督、所实施的监督等。

（4）绩效标准：工作说明书还应包括有关绩效标准的内容，绩效标准即完成某些任务或工作量所要达到的标准。这部分内容说明组织期望员工在执行工作任务时所要达到的标准，以及组织如何根据工作完成情况进行考核，具体内容通常与该组织的考核制度结合起来。

（5）工作权限：包括各种人员决策的权限、对其他人员实施监督的权限以及审批财务经费和预算的权限等。有时，各种权限分为专业权限、人事权限与财务权限。

（6）各种条件与物理环境：简要地列出员工的工作条件，包括工作地点的温度、湿度、光线、噪声程度、安全条件、地理位置等。

（7）工作联系：职位任职者在工作过程中与组织内部和外部各单位之间的工作联系，包括联系的对象、联系的方式、联系的内容和联系的频次等。表 2-2 为某公司人力资源部经理的工作联系示例。

表 2-2　某公司人力资源部经理的工作联系

工作联系	联系对象（部门或单位）	联系的主要内容
与总部各部门的联系	财务部	薪酬预算、薪酬发放
	行政部	文件、档案管理
	总部各部门	人员招聘、培训、调动、考核
与子公司的联系	子公司人事部	业务指导
	子公司总经理	业务协商
与外部单位的联系	人才市场、高校、猎头公司	人员招聘
	外部培训机构	人员培训

（8）聘用条件：包括工作时数、薪酬结构、支付工资的方法、福利待遇、该工作在组织中的正式位置、晋升的机会、工作的季节性、进修的机会等。

HR实务

某企业招聘专员的工作描述示例

一、基本信息

岗位名称	招聘专员	岗位等级		岗位编号	
所属部门	人力资源部	直接上级	人力资源经理	直接下属	

二、岗位目的

续表

依据人力资源规划和年度人力资源需求计划，做好人才招聘与储备工作，满足公司发展所需的人才需求
三、岗位工作概述
招聘渠道开拓、招聘信息发布、应聘信息收集及应聘人员的初试
四、工作职责

职责类别	工作职责及目标	发生频率	重要程度（1～5 级）	估计占时间的百分比
1	依据公司发展战略协助领导制定人力资源战略规划，根据其规划和年度人力资源需求计划，做好人才招聘与储备工作	不定期	5	20%
2	根据现有编制企业业务发展需求，协助上级确定招聘目标，汇总岗位需求数目和人员需求数目，制定并执行招聘计划	1/月	4	5%
……	……	……	……	……

五、工作权限

1	招聘信息发布，招聘渠道开拓的权力			
2	对应聘者进行初试的权力			
……	……	……	……	……

六、岗位关键绩效指标(KPI)

绩效指标	考核标准
招聘渠道开拓，信息发布情况	保证招聘信息通过正规渠道准确发布
月度招聘任务完成情况	保证月度招聘任务完成 90% 以上
……	……

七、工作环境

工作场所	影响安全健康的因素	使用的设备及常用工具
室内/室外	外出交通	电脑、电话、传真、投影仪

八、沟通联系

1. 公司内部各部门及生产厂区；2. 全国范围内设立相关专业的各高校就业办；3. ××省人才市场

九、职业发展

可晋升的岗位	招聘主管	可轮换的岗位	绩效薪酬专员

2. 任职资格

任职资格主要说明担任某一职务的人员应具备的基本资格和条件，主要包括以下几个方面。

(1) 一般要求：包括担任某一职务的人员的年龄、性别、学历、工作经验。

(2) 教育背景：从事工作应具备的最低学历要求，但不一定是当前在职员工的学历。

(3) 心理要求：包括任职者应具备的观察能力、学习能力、解决问题的能力、语言表达能力、人际交往能力、性格特点、品格气质、兴趣爱好等。

(4) 身体要求：包括健康状况、力量与体力、运动的灵活性、感觉器官的灵敏度。对于体力劳动型的工作，这几项要求非常重要。

(5) 专业技能、证书与其他能力：从事该职位应具有的基本技能和能力，以及应获得的证书。

(6) 专门培训：从事该职位前应进行的基本专业培训，具体是指员工在具备了一定的教育水平、工作经验、工作技能之后还必须接受的培训。

(7) 工作经历：从事该职位之前应具有的最起码的工作经验要求。一般包括两个方面：一是专业经历要求，即相关的知识经验背景；二是本组织内部的工作经历要求，尤其针对组织中的一些中、高层管理职位。

HR实务

某企业招聘的任职资格示例

<table>
<tr><th colspan="4">任职资格</th></tr>
<tr><td rowspan="6">1. 教育、工作经历</td><td>项　　目</td><td>最低要求</td><td>理想要求</td></tr>
<tr><td>学历</td><td>大专以上</td><td>本科以上</td></tr>
<tr><td>专业</td><td>行政管理</td><td>人力资源管理</td></tr>
<tr><td>工作经验</td><td>6个月以上</td><td>1年以上</td></tr>
<tr><td>职称</td><td>无</td><td>无</td></tr>
<tr><td>职业资格</td><td>无</td><td>助理人力资源管理师</td></tr>
<tr><td rowspan="2">2. 知识</td><td colspan="3">专业知识：了解企业文化，熟悉人力资源管理六大模块，尤其是招聘</td></tr>
<tr><td colspan="3">通用知识：熟练掌握 Office 等办公软件</td></tr>
<tr><td>3. 综合能力</td><td colspan="3">公文写作能力、协调能力、沟通能力、分析判断能力及相关的心理学知识</td></tr>
<tr><td>4. 个人品质</td><td colspan="3">(1)诚实可信，沉稳踏实
(2)有较强的服务意识、良好的为人处事能力，具有敏锐的洞察力，能够进行有效的分析与判断
(3)有团队合作精神，吃苦耐劳，有较强的责任感</td></tr>
</table>

3. 工作说明书的编写要点

工作说明书通常以表格的形式表述有关内容，具体形式与内容可根据组织需要灵活选择。在编写工作说明书时，应注意以下几点。

(1) 清晰。在工作说明书中，对工作的描述应清晰透彻，任职人员读过以后，可以明白其工作，无须再询问他人或查看说明材料，专业难懂的词汇需要解释清楚。

(2) 具体。在措辞上，应尽量选用一些具体的动词，如安装、加工、传递、分析等。应指出工作的种类、复杂程度、需要任职者具备的具体技能和技巧、应承担的具体责任范围等。一般来说，由于基层工人的工作更为具体，其工作说明书中的描述也更具体、详细。

HR实务

某单位人力资源经理工作说明书

<table>
<tr><td>文件编号</td><td colspan="2"></td><td colspan="2">版次：A/O</td><td>页次：1/1</td></tr>
<tr><td>制作部门</td><td colspan="2">人力资源部</td><td colspan="2">制定日期</td><td>2017-12-6</td></tr>
<tr><td>制作人：张××</td><td>审核：</td><td>批准：</td><td colspan="2">生效日期</td><td>2018-1-1</td></tr>
<tr><td>岗位名称</td><td colspan="5">人力资源经理</td></tr>
<tr><td>所属部门</td><td colspan="3">人力资源部</td><td>岗位定员</td><td>1 人</td></tr>
<tr><td>直接上级</td><td colspan="3">总经理</td><td>所辖人数</td><td>3 人</td></tr>
<tr><td>直接下级</td><td colspan="3">人力资源主管、人事专员、培训员工关系专员</td><td></td><td></td></tr>
</table>

职责综述：

全面负责公司人力资源部的工作，参与制定公司人力资源发展目标和规划，在制度管理、岗位管理、人才招聘选拔、培训管理、薪酬管理、绩效管理、员工关系等方面进行管理并组织实施，保证公司人力资源的供给和人力资源的高效利用

<table>
<tr><td></td><td>职责表述</td><td colspan="2">工作任务</td><td>频次</td></tr>
<tr><td rowspan="3">岗位职责</td><td rowspan="3">负责起草公司有关人力资源管理制度，经批准后组织实施并进行监督</td><td colspan="2">负责起草公司有关人力资源管理制度，负责上报总经理审批</td><td>不定期</td></tr>
<tr><td colspan="2">制度经总经理批准后，负责制度的执行和监督</td><td>日常</td></tr>
<tr><td colspan="2">对公司人力资源管理制度进行跟踪研究，提出制度修改建议，并上报总经理审批</td><td>不定期</td></tr>
<tr><td rowspan="6">岗位职责</td><td rowspan="6">根据公司年度经营计划，组织开展部门的计划管理，制定部门及各岗位的业绩目标、工作计划，经总经理审定后组织实施并进行监督</td><td colspan="2">根据公司年度经营指标和经营计划，组织制定部门的业绩目标、工作计划和实施步骤，并报总经理审批</td><td>1 次/年</td></tr>
<tr><td colspan="2">组织制定部门的月度工作计划，并细化分解到部门内各个岗位</td><td>12 次/年</td></tr>
<tr><td colspan="2">指导下属人员制定各自的周工作计划，并进行统一审核</td><td>每周</td></tr>
<tr><td colspan="2">组织部门人员完成年度、月度及周工作计划</td><td>每周</td></tr>
<tr><td colspan="2">监督部门各项计划的执行情况，并完成工作总结</td><td>日常</td></tr>
<tr><td colspan="2">指导下属进行员工劳动合同管理</td><td>日常</td></tr>
<tr><td rowspan="4">工作权限</td><td colspan="4">对公司人力资源管理制度的建议权、建立权和修订权</td></tr>
<tr><td colspan="4">对公司员工的招聘、录用、转正的建议权和审核权</td></tr>
<tr><td colspan="4">对公司员工的人事任免权及人员调配的建议权和审核权</td></tr>
<tr><td colspan="4">……</td></tr>
<tr><td rowspan="4">关键绩效指标</td><td colspan="2">绩效指标</td><td colspan="2">考核方式</td></tr>
<tr><td colspan="2">部门绩效管理</td><td colspan="2">各岗位 KPI 达成率≥85%</td></tr>
<tr><td colspan="2">制度建设完善性</td><td colspan="2">按规划考核，100%</td></tr>
<tr><td colspan="2">……</td><td colspan="2">……</td></tr>
</table>

续表

工作关系	内部	各部门人员		
	外部	劳动局、社保局、人才市场、招聘网站、培训机构等		
任职培训	性别要求	不限	年龄要求	30～50 岁
	学历要求	大学本科(含)以上	专业	人力资源管理、企业管理等相关专业
	工作经验	5 年以上相关工作经验,3 年以上管理工作经验	执业资格要求	劳动管理岗位资格证
	技能要求	熟悉 Office 办公软件		
	知识要求	熟悉现代人力资源管理知识和劳动法知识及相关地方法律法规,了解财务会计知识和管理能力开发等方面的知识		
	核心特质	心理承受力强,忠诚,有全局意识,人际敏感性强,有责任心		
	培训要求	人力资源管理体系、工具和方法等相关知识的培训		
	体能要求	身体健康		
	其他特殊要求	机密性		
职业发展	可晋升岗位	人力资源总监		
	可调整岗位	行政管理类岗位		
其他	工作设备	一般办公自动化设备(电脑、电话、打印机、复印机、网络等)		
	工作环境	一般工作环境,有时需要外出办理外联事宜		
	工作时间	正常工作时间,加班另计		

2.2.5 工作说明书中的法律问题

工作说明书是组织内部正式的、书面的文件。因此,保证这些文件的合法性,规避不必要的法律风险是企业面临的重要课题。为了保证工作说明书中措辞的准确性和合法性,应该注意以下两个方面的内容。

第一,工作说明书中要避免与就业歧视相关的措辞。如果一份工作说明书中出现了就业歧视,那么在人力资源管理的其他活动中也难以规避相关的法律风险。这常常会被求职者、社会及执法部门抓住“把柄”,轻则面临赔偿,重则使企业形象受损,影响企业的长远发展。因此,在工作说明书中应尽量避免“限男性”“年龄 18～50 周岁”“本地户口优先”等措辞。

第二,工作说明书应该清晰、准确地描述一个职位的职责。在与劳动关系相关的诉讼中,企业解雇员工的合法原因之一是“不能胜任工作,经过培训或调整工作岗位后,仍不能胜任工作”,且企业应该承担“员工不能胜任工作”的举证责任,而来自工作分析的工作说明书就成为有力的证据之一。倘若企业可以证明员工无法满足工作说明书上的职责要求,就会为企业胜诉增加砝码。可以说,清晰、准确的工作说明书不仅为招聘、培训、薪酬、员工关系管理等人力资源管理实践提供信息,而且是企业面临劳动关系相关诉讼时的防火墙。

2.3　工作设计

2.3.1　工作设计概述

1. 工作设计的概念

雷蒙德·A.诺伊(2001)等认为工作设计(job design,JD)是指对工作完成的方式以及某种特定工作所要求完成的任务进行鉴定的过程,而工作再设计则是指改变某种已有工作中的任务和改变工作完成方式的过程。

工作设计也称为岗位设计,是为了提高组织和员工的工作效率,对组织内的每一个岗位的任务、责任、权力以及在组织中的工作关系进行设计的过程。

新成立的组织运用工作设计规划工作流程、工作方法、工作所需要的工具与原材料等。对于想改革的组织,则可通过工作再设计重新设计组织结构,重新鉴定工作,重新设计工作流程,改进工作方法,改善设备等。

2. 工作设计的原则

工作设计很重视通过对工作设计实现人与工作的最佳结合,一方面提高工作效率,另一方面确保员工对工作的满意度。所以工作设计应遵循一定的原则。

(1) 工作效率原则。工作设计使工作所输出的效率能够有效地提高和改善,好的工作设计可以使员工对工作的范畴和职责更加明确。使工作简单化和专业化曾经被认为是提高工作效率最有效的手段,事实上,简单化和专业化的工作虽然能够使员工快速上岗,提高对工作的熟练程度,可以快速积累工作经验,但人是有情感的,工作过于简单化或专业化可能会导致员工对工作本身丧失激情,从而降低员工对工作的主动性、积极性,降低生产效率。

(2) 工作品质原则。工作设计应该尽量使员工对工作品质的需求得到满足。工作品质包括但不限于安全、福利和保障等。好的工作品质可以增强员工对工作的兴趣和满意度,使员工对企业产生强烈的归属感,并可以促进企业形成良好的工作氛围,增强企业的凝聚力。

(3) 系统化原则。工作设计不是单一的某个点或某个面,在设计过程中需要充分考虑整个系统,考虑影响工作的各种因素,从人(员工)、机(机器设备)、料(制度、技术、流程)、法(方法)、环(工作环境)等角度出发,寻找各因素之间的最佳组合,使各因素在工作系统内形成一种良好的协作关系。

3. 影响工作设计的因素

成功有效的工作设计,必须考虑以下几个因素。

(1) 组织因素:主要包括专业化工作流程及工作习惯。具体进行设计时,应注意:

① 全部职务的集合通过工作设计应能顺利地完成组织的总任务;

② 全部职务所构成的责任体系应能保证组织总目标的实现;

③ 职务分工应有助于发挥人的能力,提高组织效率;

④ 每个职务的任职者应由当时的资源条件决定适当人选。

(2) 环境因素:主要包括人力资源和社会期望。工作设计必须考虑人力资源供给问题和员工需求满足问题。人力资源问题主要是能否提供足够的工作岗位所需要的人力资源。社会期望是指员工希望通过工作得到的满足。员工需求的变化是工作设计不断更新的一个重要因素,工作设计的一个主要内容就是使员工在工作中得到最大的满足。

(3) 行为因素:工作设计不仅要考虑效率因素,而且要考虑满足员工的个人需求,主要体现在自主权、多样性、任务一体化、任务意义、反馈等方面。

2.3.2 工作设计的内容

工作设计的内容主要包括工作任务、工作职责(责、权、利)、工作关系、工作结果(业绩输出)和工作结果反馈等方面。

1. 工作任务和工作职责

1) 工作任务的设计

工作任务的设计一般包括工作的具体任务内容、工作的自主性和完整性等方面。

(1) 工作的具体任务内容。确定工作的一般性质,工作是简单重复的还是复杂多样的;工作要求的自主性程度是怎样的;工作的整体性如何。工作的具体任务内容应避免设计得过于单一,避免让员工感到单调、枯燥和乏味。设计具体任务内容时,应尽量在保障工作质量和效率的前提下,使工作任务多样化,以保持员工对工作任务的兴趣。

(2) 设计具体的工作任务时,应有主次、难易之分,不同难度的工作对员工的知识、技能、素质和经验等要求是不同的,这样可以增加工作的挑战性,激发员工的工作动力。

(3) 工作任务的完整性。完整的工作任务有利于确保员工有成就感。全过程参与是非常重要的,可以使员工较为直观地看到自己的工作成果。

(4) 自主的工作可以增加员工的责任感,增强工作热情。因此,应该在适当可控的范围内为员工提供自主性的工作,并建立起沟通反馈的多种渠道,工作的沟通应涵盖工作相关的方方面面,如工作态度、技能、质量、数量、效率、成效等。工作的沟通反馈应是上下级之间双向的,管理者帮助和正确引导员工,员工汇报自己工作的相关情况。

2) 工作职责的设计

任何工作设计中,工作职责的设计都是核心部分,主要包括以下三个内容。

(1) 工作责任设计:员工在工作中应承担的职责界定。工作压力和工作饱和度过低,员工的工作效率低下;工作压力和工作饱和度过高,将造成员工的不满、抱怨、负面情绪,工作敬业度降低,严重的情况下会导致员工主动离职。

(2) 工作权力设计:职权与责任是相匹配的,赋予多大的责任就应该给予多大的职权,两者应该保持平衡,否则无法承担责任或造成权力过大。

(3) 工作利益设计:责任、权力的范围界定清晰后,应对员工所获取的利益进行明确,这有利于激发员工的工作热情。

2. 工作关系

工作关系指个人在工作中所发生的人与人之间的联系。工作关系要确定上下级关系,以及岗位工作人员与哪些人进行信息沟通等。在工作设计过程中,应对其上下级管辖进行明确设计,清晰明确的管辖关系、管辖范围有利于工作职责和内容的实现。其他内容如工作方法、沟通协作方式的设计等,均是工作关系设计中应考虑的内容。通过上述工作设计,可以更好地为人力资源管理、配置的优化等提供依据,促使员工更好地发挥潜能,提高工作效率。

3. 工作结果

工作结果是指员工通过工作所输出的结果和价值,也称为业绩输出,主要包括工作绩效和工作者的反应。工作绩效是指员工完成工作所达到的数量、质量和效率等具体指标;工作者的反应是指工作者的工作满意度、出勤率、离职率、对工作结果奖惩的态度等。工作结果是衡量和评估岗位价值的重要依据，业绩和价值与工作内容和工作职责相匹配。

4. 工作结果反馈

工作结果反馈主要指员工对工作本身的直接反馈（如能否在工作中看到自己的劳动成果）和来自别人对员工所做工作的间接反馈（如能否及时得到同级、上级、下属人员的反馈意见）。

2.3.3　工作设计的方法

1. 工作轮换

工作轮换（job rotation），是指将员工定期从一个工作岗位轮换到另一个同样层次、技能要求相近的工作岗位，以减少长期从事单一工作所产生的枯燥乏味的感觉，扩大员工掌握技能的范围，达到提高生产效率的目的。工作轮换目前已经成为企业常用的一种人才培养手段，其优势主要表现在以下几个方面。

（1）定期的工作轮换可以激发员工的创造性，使员工保持对工作的敏感。

（2）工作轮换可以帮助员工转换工作思维，提升多项工作能力。同时，不同工作岗位带来的挑战可以让员工感受到成长的快乐，弥补薪酬激励的不足。

（3）从组织管理的角度看，工作轮换提高了员工换位思考的能力，有助于打破部门之间的隔阂和界限，为培养团队协作精神打好基础。

2. 工作扩大化

工作扩大化（job enlargement），是指工作的横向扩大，即扩大员工的工作范围和领域，增加工作内容，避免让员工对常规的、重复性的工作感到枯燥乏味，提高员工的工作和生活质量。工作扩大化可以增加员工的工作兴趣，从而提高劳动生产率。工作扩大化可以增加每个员工工作任务的种类，使他能够完成一项完整工作的大部分内容，以此感受工作的意义和挑战，提高工作积极性。

3. 工作丰富化

工作丰富化（job enrichment），是指工作的纵向扩大，它增加了员工的工作深度。工作丰富化通过使员工参与组织的管理，如制定工作计划和决策、控制工作进度乃至实施考核奖励等，增加员工工作的自主性，使其获得成就感、责任感和满足感。工作丰富化更注重工作的内涵和性质的丰富以及员工较高级心理需求的满足；工作扩大化则侧重一般工作范围或领域的扩展和员工较低级心理需求的满足。工作丰富化的具体方法如下。

（1）扩大任务边界。让员工有机会执行需要多样化知识和技能的非重复性任务，由于这些工作具有整体性，其成果对组织绩效或部门绩效的作用更显著，因此，对员工有更大的激励作用。

（2）拓展关系边界。提高员工与他人互动的质量和频率，特别是与最终客户沟通交流的质量和频率，无论是内部客户还是外部客户，帮助员工了解其工作对他人产生的影响，体会到个人工作结果对他人绩效和福利的作用，以激发员工更大的责任感。拓展关系边界的另一个好处是，使员工更深入地“镶嵌”在其工作关系网络中，主动离职的可能性降低，这是“绑定”企业关键员工的一种重要手段。

（3）增大自主权限。赋予员工在工作中更大的自由度和灵活性，让他们对本职工作的内容、方法、目标有选择权，减少限制性的规定；让员工参与到与其工作相关的事务决策中，增加员工对本职工作的认同，减少他们对环境变化带来的不确定性的焦虑，激发员工的主动性和创造性。

（4）实施自主的工作设计，打破传统的自上而下的工作设计理念。从事某项工作的员工显然比其他人更了解其工作的重点、难点、关键点，让他们参与设计自己的工作，不仅更贴合实际，而且所订立的目标、规范更容易得到员工的认可，员工更乐意为既定目标负责，并为之付出努力。

4. 工作专业化

工作专业化(job specialization)，也称为劳动专业化或劳动分工，是通过动作和时间研究，将工作分解为若干个细小的单一化、标准化及专业化的操作内容和操作程序，以提高生产效率的一种工作设计方法。工作专业化程度越高，所包含工作任务的范围就越窄，重复性就越明显。当企业使用工作专业化的方法时，每个员工在某种程度上都是专家。员工能够不断完善他们所负责的任务，从而提高效率，增加生产量。因为每个员工都负责所有任务的一部分，所以理论上质量控制成本将有所减少。所有这些都意味着更高的收入和利润潜力。

但是，工作专业化也可能导致员工无法胜任多任务的工作，从而限制他们去填补别人离职留下的职位空缺的潜能。此外，专业化的员工往往技能范围小，不利于他们的再就业和职业发展。

5. 工作团队

工作团队(work teams)，是指由多人组成一个小组，共同完成工作任务。其基本思想是全员参与，在发挥每个成员潜力的同时形成团队成员间的协同关系。一般来说，有三种常见的团队工作方式，分别是解决问题式团队、特定目标式团队和自我管理式团队。

工作设计的方法及其特点见表 2-3。

表 2-3　工作设计的方法及其特点

方　法	内　容	特　点
工作轮换	不同岗位间的轮换	激发员工的创造性，帮助员工转换工作思维
工作扩大化	增加工作的前后工序	拓宽工作领域，提高员工满意度
工作丰富化	增加部分人员的工作	员工责任感增强
工作专业化	只有很少的工序	劳动生产率提高，员工满意度降低
工作团队	工作围绕团队来设计	增加员工之间的协作和自我管理

2.4 胜任素质模型

伴随人员素质研究的拓展和深化，胜任素质的概念逐渐融入任职者资格的研究范围中来，一般认为，胜任素质是区分不同绩效任职者的典型特征，在任职者的基本信息中，那些能够区分绩效高低的素质，可被认定为胜任素质。近年来，随着胜任素质理论的发展，基于胜任素质模型的工作分析在企业管理实践中的应用更为广泛。

2.4.1 胜任素质的概念及构成要素

20 世纪 70 年代初期，美国管理学家麦克利兰(McClelland，1973)正式提出了胜任素质的概念。他认为，一个人在工作上能取得优于他人的成就，除了要具备工作所必需的知识和技能外，更重要的原因在于社会角色、特质、动机及价值观等方面有别于他人。也就是说，那些深层的、潜在的、隐藏的因素能够更好地预测个人在特定岗位上的工作绩效，于是，麦克利兰将具有区分功能的个人特征称为胜任素质。在此之后，很多学者相继展开了对胜任素质的研究，并从不同角度阐释其内涵。归纳学者们的观点，可将胜任素质界定如下，所谓胜任素质，即扮演某种职业角色并承担某类职责所需具备的知识、技能、自我概念、社会角色、态度、动机及特质等，它是产生卓越工作绩效的根本原因。由于这种素质具有高度个性化特征，且隐藏较深并具有持久的稳定性，因而在不同的环境下，都可将其视为对员工的思维意识、行为表现和工作效果等进行有效预测的重要前因变量。

胜任素质是确保人员能够顺利完成工作的个性特征，由于岗位责任不尽相同，因而对人员的素质要求也会有所差异。根据以往学者的研究成果，一般认为，胜任素质的基本构成要素主要包括以下几个层面：知识，指从事某一职业必须掌握的基本信息（如管理学专业知识）；技能，即具体完成某项任务所需运用专业技术的能力（如计算机操作能力）；社会角色，个体对于社会角色的认知与理解（如领导或员工）；自我认知，对自己身份的知觉和评价（如是否自知、自信）；特质，个人具有的典型行为方式（如敢于担责）；动机，决定行为的内在稳定的想法或念头（如权力欲、成就欲、亲和欲）。

2.4.2　胜任素质模型的含义及分类

胜任素质概念被提出之后，学者们开始对胜任素质的内涵展开深层次的研究，并将胜任素质的各构成要素以模型的形式呈现出来，试图通过建模的方式来测量员工的胜任素质。

1. 胜任素质模型的含义

胜任素质模型（competency model）也叫胜任力模型，是指与特定工作岗位要求相匹配的、与高绩效行为和结果相关的一系列素质及素质组合，这些素质可分级、可测评，能够以量化的方式综合评价员工的素质和能力。

1）经典的胜任素质冰山模型

莱尔·M.斯潘塞博士和赛尼·M.斯潘塞（Spencer & Spencer，1993）根据弗洛伊德的“冰山原理”提出了“动机、特质、自我认知、社会角色、知识及技能”等五要素胜任素质冰山模型，如图2-5所示。此后，海叶集团提出了“知识、技能、社会角色、自我形象、特质、动机”等六要素胜任素质冰山模型。虽然两个模型在构成要素上略有差异，但是基本特征是相同的：特征一，胜任素质要素可划分为两大部分，即表面胜任素质和隐藏胜任素质；特征二，知识和技能素质位于水面以上，而其他素质隐藏于水面以下；特征三，隐藏胜任素质多于表面胜任素质；特征四，隐藏胜任素质对于预测个体未来绩效更为重要。

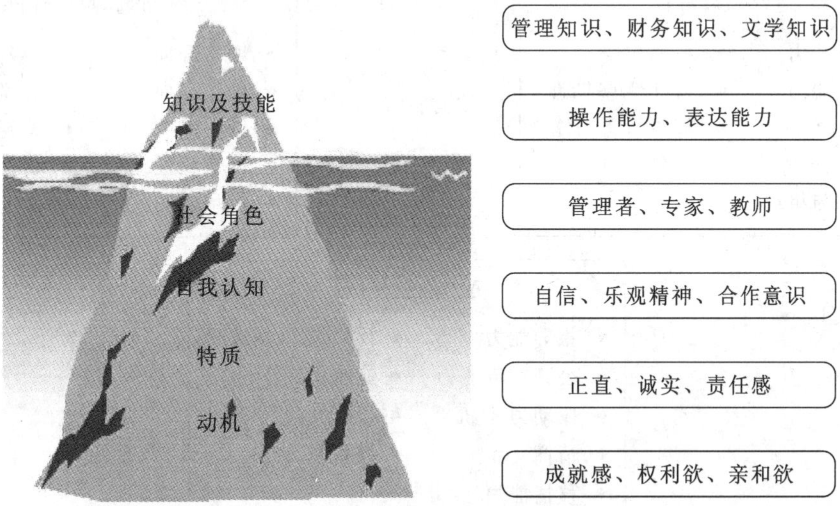

图2-5　胜任素质冰山模型

此外，与冰山模型的构建思路相似的还有胜任素质洋葱模型，冰山模型将人的全部素质比喻为漂浮在水面上的冰山，水面以下的冰山所占比例更大，因而预测员工优秀绩效的价值更高；而洋葱模型将人的全部素质比喻成洋葱，形象地将知识和技能视为可见的“表皮”特征，将自我认知、社会角色、特质和动机归为看不到的“葱心”特征。当然，“葱心”是食用的主要部分，自然“葱心”特征也就更为重要。由此可见，两个模型强调的理念是基本相同的。

2）胜任素质模型的发展

冰山模型提出以后，卢西亚、麦克莱根、勒布、麦斯菲德等西方学者继续研究和发展胜任素质模型理论。与此同时，《财富》500强企业中超半数企业应用了胜任素质模型。20世纪90年代末，我国引入了胜任素质模型，该理论受到了国内理论界的广泛关注。王重鸣、陈民科(2002)编制了管理综合素质关键行为评价量表，构建了由管理素质和管理技能两个维度组成的管理胜任力特征结构。时勘教授(2002)研究了我国通信业高层管理者的胜任特征模型，基于对效标群体的分析得出结论：我国通信业高层管理者的胜任特征模型应包括影响力、组织承诺、信息寻求、成就欲、团队领导、人际洞察力、主动性、客户服务意识、自信和发展他人等10项胜任特征。这些研究成果对胜任素质模型在我国的应用与推广起到了重要的作用。除了学者们对胜任素质模型的研究贡献外，一些管理咨询公司也在着力为各家企业设计胜任素质模型，针对客户所处的不同行业，根据客户的企业战略与文化提供专业服务。例如，利用平衡计分卡，从财务、客户、内部流程、学习与成长等方面分析企业成长的原因，寻找实现企业高绩效的员工素质基因，为客户提供素质词典，建立胜任素质模型库，如图2-6所示。目前，越来越多的企业为了提高企业绩效的基点，在管理实务中开始关注胜任素质模型，开发符合企业自身特点的核心素质编码库。

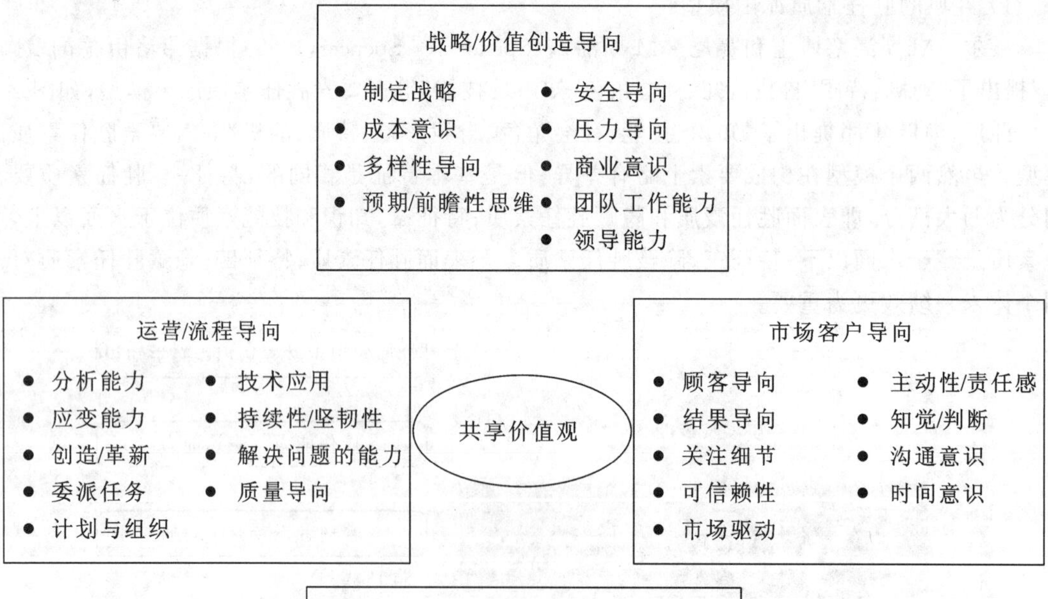

图2-6 胜任素质模型库

2. 胜任素质模型的分类

如前所述，胜任素质模型是优异绩效所需具备的素质集合，它能够体现员工胜任某一工作的核心能力和特质，并可以借此判断岗位工作人员未来绩效的好坏与差异。既然胜任素质模型要针对某一特定工作角色或特定岗位职责进行建构，那么就需要根据职业角色和岗位特征对人员胜任素质进行分析，将不同工作的胜任素质进行归类，形成相应的胜任素质模型。

根据已有理论研究与实践应用的成果，目前胜任素质模型主要包括五大类。

(1) 领导力素质模型，用来鉴别优秀高层领导人的胜任素质。

(2) 职级/管理通用素质模型，用来鉴别不同级别优秀人员的胜任素质。

(3) 核心/通用素质模型，用来鉴别各级别、各功能领域需要的素质。核心/通用素质模型又可以分为管理类人员、后勤支持人员、技术人员、销售人员、市场营销类人员、行政/生产供应类人员胜任素质模型。一般来讲，管理类人员、后勤支持人员、技术人员和销售人员的胜任素质主要从人际沟通能力、问题处理能力、团队合作、领导风格、创新意识、时间管理能力、工作动力、决策判断能力、计划组织能力、适应环境能力等几个方面来加以鉴别；市场营销类人员（主要指从事市场分析、策划、销售、客户服务等工作的非职务人员）的胜任素质则主要包括知识应用能力、协调沟通能力、激情魅力、预测预算能力、诚信约束力等内容；行政/生产供应类人员（主要指从事行政、人事、投资、财务、供应等工作的非职务人员）的胜任素质则包括协调沟通能力、诚信约束力、控制力、责任心、主动性等内容。

(4) 职能素质模型，用来鉴别不同职能的成功要素。

(5) 岗位素质模型，用来鉴别具体岗位优秀人员的素质。

综上可知，胜任素质模型是对担任某种岗位的优秀人员所应具备的特征及其组合结构的明确说明，它是区分优秀与一般绩效个体的关键。企业若能构建起有效的胜任素质模型，将为综合考量员工的鉴别性素质提供重要标尺和依据。

2.4.3 胜任素质模型的构建步骤

胜任素质强调的是那些能够区分出不同绩效水平的个人特征，而胜任素质模型则不仅要求提炼出深层次的胜任特征，还需要将这些特征进行分级量化。那么，如何构建胜任素质模型呢？一般来说，针对从事某一特定工作的不同人群进行分析，根据因果关系找出引起结果差异的原因，如果这些原因具有鉴别性特征，那么就可以据此对未来的工作优劣情况进行预测。具体来讲，胜任素质模型的构建包括以下几个步骤。

1. 定义绩效标准

绩效标准可以分为硬指标和软指标。硬指标包括利润率、销售额、成本等；软指标包括主管评价、同事评价、下属评价、顾客评价等。构建模型的工作，首先应组建胜任素质模型工作小组，小组成员由高层管理人员、人力资源部管理人员、资深任职者以及外部管理专家组成；然后，对岗位进行分析研究，提炼出能够鉴别优秀员工与一般员工的效标，包括态度、行为和结果等方面；最后，经过专家讨论，考虑企业内外部经营管理环境，选择合适的绩效标准加以界定。当然，有些企业由于规模较小，采用上级提名的方式，直接给定工作绩效标准也是可以的，虽然这种方法较为主观，但在量化指标难以获得或者成本较大的情况下，也不失为一种简便可行的方法。

2. 选取效标样本

根据岗位要求和已确定的绩效标准，在从事该岗位工作的员工中，随机抽取一定数量的员工作为样本，其中一部分为表现优秀者，另一部分为表现一般者，并将他们确定为访谈或问卷调查的对象。

3. 提取胜任素质要素

首先，工作小组成员在不了解员工属于优秀组还是一般组的情况下，通过访谈、问卷调查等方法收集样本数据，并对样本数据资料进行对比研究；然后针对每一个绩效指标的前因行为进行独立分析，记录和统计各种胜任特征行为在报告中出现的频次，并整理归类出能够区分绩效优秀者和绩效一般者的思维和行为差别；接着，工作小组的所有成员对分析结果进行比较、讨论和修改；最后，整合出能够识别优秀业绩者与一般业绩者的关键行为特征，即胜任素质要素。

4. 构建胜任素质模型

在分析数据信息的基础上，首先将相似的胜任特征进行归类，确定胜任素质项目并对各项目进行科学完整的定义，表 2-4 是对领导力这一胜任素质进行的界定；继而根据数据资料中胜任特征出现的频次集中程度设定各个项目权重；然后确定每个素质项目下设的等级，详细描述等级行为表现；最后，确定每一等级行为的计分方式，形成胜任素质模型。

表 2-4　定义领导力胜任素质

领导力：建立愿景目标的能力；使自己和他人承诺与企业长期合作的能力；激发他人自信心和热情的能力；确保企业战略实施	
低效行为表现	高效行为表现
● 沉醉于解决事务性问题 ● 只是发号施令，不参与或不重视关键任务的执行 ● 只建立员工对个人的信任崇拜而不重视培养员工对组织的信任 ● 只任用自己能控制的人 ● 不能与团队有效沟通公司的愿景和战略 ● 一言堂，听不得他人的意见 ● 对于既定的战略遇到偶然、暂时的干扰就轻易放弃或改变方向 ● 以批评代替有效沟通 ● 政策制定缺乏连贯性	● 践行公司所宣扬的原则和精神 ● 建立有挑战性的愿景并确保团队的理解与认同 ● 保持对愿景、目标的热情并将热情传递给团队 ● 培养员工对于公司事业的使命感、自豪感 ● 将公司的战略转化为可执行的行动计划 ● 将培养员工关键能力贯穿于短期目标的实现过程中 ● 积极寻找、整合、分享内部与外部资源 ● 利用二八原则，集中精力做最重要的事 ● 为实现目标敢于承担经过分析的风险 ● 提高自己的品德、修养，形成个人独特的风格 ● 敢于任用观点不同于自己的或能力强于自己的人 ● 主动创造组织内人员背景、风格的多样性 ● 遇到困难时着重于可能性而不是局限性

5. 验证胜任素质模型

初步构建胜任素质模型后需要对该模型的有效性进行验证。一般来说，可以再选取一个效标样本，即分别抽取一定数量优秀组与一般组员工组成新的样本进行检验。具体验证方式有两种，一是利用已构建的胜任素质模型评价第二个样本的关键胜任素质，考查绩效优异者和一般者在评价结果上是否有显著差异，即考查“构念效度”；二是收集第二个样本的数据，并据此重新建立一个胜任素质模型，利用前后构建的两个模型分别对员工进行胜任素质测评，若两种结果的相关系数很高，说明原来的模型具有较高的“效标关联效度”。另外，还可以采用评价中心技术进行验证，如在进行人员甄选时，根据胜任素质模型编制结构化面试提纲，据此对应聘者进行行为描述面试，录用后跟踪观察，考察其在工作中的表现是否更为出色，即考查“预测效度”。又如，在绩效考核时，观察并记录在岗员工的胜任素质行为表现，检验这类行为是否与模型中的优秀绩效结果显著相关，即考查“同测效度”。

需要注意的是，企业要构建有效的胜任素质模型，首先需要搭建较为规范的管理平台，也就是说，企业应建立清晰的岗位职责体系、系统的培训制度和职业生涯规划制度、合理的绩效管理指标和标准体系、公平的招聘甄选程序等。此外，由于各企业所处行业、企业文化、经营目标、经营策略等存在差异，相应的绩效标准的选择和样本数量的确定都会有明显的不同，因而，据此建立的胜任素质模型也具有企业自身的特色，并应对其适时调整、不断优化，这样才能体现出模型在人力资源管理中的价值。

2.4.4 胜任素质模型的应用

1. 在工作分析中的应用

传统的工作分析较为注重对“事”的分析，强调对岗位职责和任务的界定和分级，虽然在分析时也有对人员资格的说明，但一般只描述表面特征，如知识、技能和经验等，对于深层次的员工素质特征较少涉及。与传统工作分析相比，将胜任素质模型应用于工作分析中，更强调优秀员工的关键特征与企业的长期匹配，而不仅是与岗位的短期匹配；更关注岗位、职务系列之间在胜任素质上的相似点，而非仅注重差异；更具表面效度地确认了胜任素质，并以此定义工作岗位的职责内容。这样一来，某一岗位的工作全貌就能以更加系统完整的形式呈现出来。

2. 在招聘选拔中的应用

招聘选拔时，企业一般考察备选人员的知识、技能等表层特征，而较少评估其隐藏的、潜在的素质特征。通常来讲，表层特征较容易通过一段时间的培训与学习加以改善，而隐藏的素质特征稳定且不易改变，不是单凭培训就可以培养好的。丽利·史宾赛和幸格·史宾赛在《才能评鉴法》中形象地比喻：“你可以教导一只火鸡如何爬树，但更容易的事，则是直接雇用一只松鼠。”也就是说，基于胜任素质特征的分析，将与优异绩效表现相关联的特征及行为提炼出来，并挖掘隐藏在行为背后的人格特质，据此招聘选拔人才，可以大大降低招聘失误的可能性以及培训的成本，并能够有效增加获取优秀人才的机会。

3. 在绩效考核中的应用

构建胜任素质模型的前提是确定绩效标准以区分优秀组与普通组的差异，如果构建的胜任素质模型具有鉴别能力，那么说明预设的绩效考核指标与标准体系是合理的。也就是说，胜任素质模型可以验证绩效系统的科学性。另外，在绩效考核结束时，对于业绩不良的员工，管理者往往会怀疑他们的态度或者能力，但是究其根本，未必是这两方面原因造成的。根据胜任素质理论，业绩不良也可能是由于员工不具备从事某种岗位所需的胜任素质。在这种情况下，调换岗位也许是解决某岗位员工绩效持续不良的一种方法。

4. 在培训开发中的应用

企业通常依据投入最小化且收益最大化的原则组织培训开发工作。基于岗位胜任素质模型，对比在岗人员的素质现状，分析其间的差异，确定培训重点，不仅节省了培训需求分析的成本，还能够为员工量身定制培训计划，帮助其弥补知识和技能方面的“短板”。另外，基于员工个人特质，考察晋升前后岗位胜任素质特征的差异，设置相应的培训课程将有利于铺平员工职业发展的道路。基于胜任素质模型的培训系统如图2-7所示。

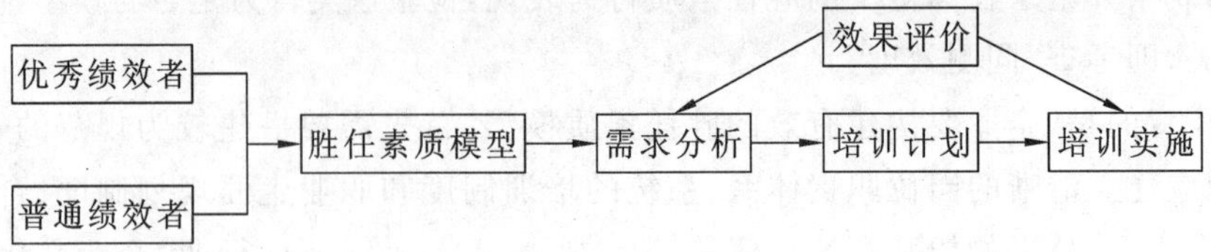

图 2-7 基于胜任素质模型的培训系统

5. 在人员激励中的应用

通过建立胜任素质模型能够帮助企业掌握员工深层次的动机和特质,采取相应的措施实现有效激励,如对于成就欲强的员工可以让其承担具有挑战性的工作,对于权力欲强的员工可以赋予其更多的资源,而对于亲和欲强的员工则可以让其融入和谐的团队氛围等。此外,薪酬体系也可以以胜任素质为基础加以设计,将胜任素质相似的员工安排在同一薪酬水平中,对于素质特征稳定的员工以固定报酬为主,素质特征不稳定的员工以非固定报酬为主,将报酬与员工潜在胜任能力的发挥情况联系起来。依据胜任素质模型选择合适的激励方式能够有效提高员工的工作积极性,并有利于提升企业的整体竞争实力。

综上所述,胜任素质模型在理论上具有相当的优越性,在西方国家企业管理实践中也取得了良好的效果。但是必须承认,其在我国企业人力资源管理中的应用还处于起步阶段。这是因为,构建有效的胜任素质模型并使其发挥良好的效果,必须取得诸多条件的配合,如整合参照效标、营造企业文化、建立薪酬体系、设置激励机制、完善培训系统等,还要有经过专业训练的访谈人员、编码人员和数据分析人员等,这些正是我国企业相对欠缺的资源。

本章小结

工作分析的流程包括准备阶段、设计阶段、调查阶段、分析阶段、结果形成阶段和运用与控制阶段。工作分析的方法主要有定性分析方法和定量分析方法两类,定性分析方法包括访谈法、观察法、问卷调查法、工作日志法;定量分析方法包括职位分析问卷法、管理职位描述问卷法。

工作说明书的编制主要包括工作描述和任职资格两部分内容,编写一定要清晰和具体。编写工作说明书要注意:第一,工作说明书中应该避免与就业歧视相关的措辞;第二,工作说明书应该清晰、准确地描述一个职位的职责。

工作设计的内容主要包括工作任务、工作职责(责、权、利)、工作关系、工作结果(业绩输出)和工作结果反馈等方面。工作设计的方法有工作轮换、工作扩大化、工作丰富化、工作专业化、工作团队等几种。

胜任素质的基本构成要素主要包括知识和技能、社会角色、自我认知、特质、动机。经典的胜任素质模型是冰山模型。根据已有理论研究与实践应用的成果,目前胜任素质模型主要包括领导力素质模型、职级/管理通用素质模型、核心/通用素质模型、职能素质模型和岗位素质模型五种类型。

胜任素质模型的构建步骤包括定义绩效标准、选取效标样本、提取胜任素质要素、构建胜任素质模型、验证胜任素质模型。胜任素质模型应用于工作分析、招聘选拔、绩效考核、培训开发以及人员激励等方面,可以大大提升这类管理工作的科学性和有效性,并能够充分发挥管理工作的基础性和决定性作用。

本章导学图

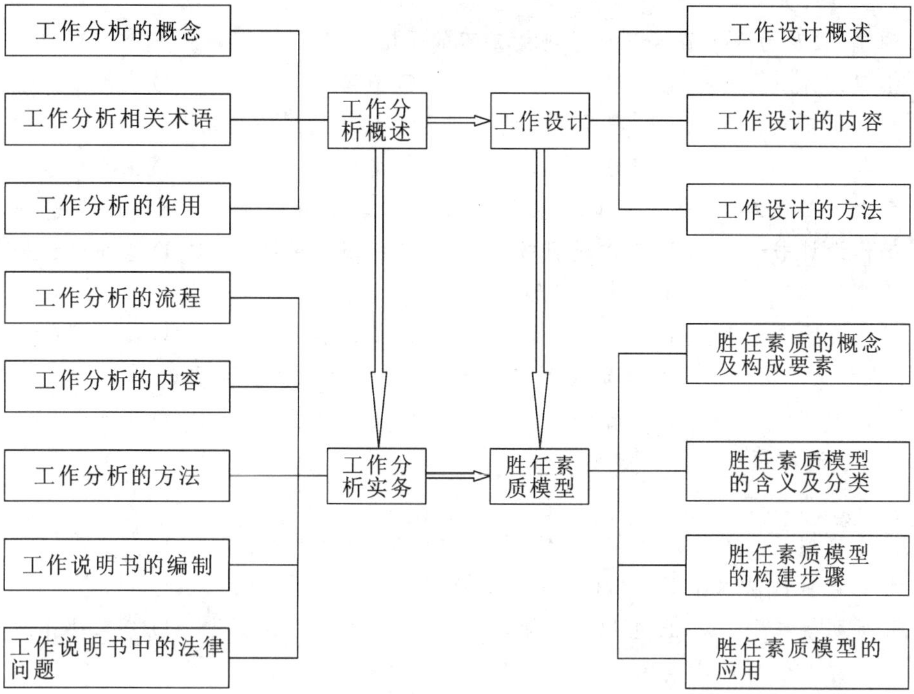

知识巩固训练

一、单项选择题

1. 工作分析是指(　　)。

A.了解企业内的一种职位并以一种格式对与其相关的信息进行描述，从而使其他人了解这种职位的过程

B.对与工作相关的内容进行分析，并寻找合适的人来完成工作任务

C.对企业中某个特定岗位的性质、任务、职责、权限、工作环境、工作关系以及这一岗位上人员所应具备的资格条件等信息进行收集和分析，以便对企业内各工作的内容和人员情况加以明确的一种基础性人力资源管理工作

D.按照一定的标准，采取科学的方法，对企业内部各职位的工作性质、工作强度、工作环境和工作难度及任职条件等因素进行评价，以确定各职位在企业中的相对价值，从而建立科学、合理、公平的职位管理机制

2.(　　)为招聘、选拔、任用合格的员工奠定了基础。

A.人力资源需求计划　　B.人力资源供给计划

C.工作分析　　D.工作调查

3.“具有支配 30 万元资金的权限”，这是对(　　)的描述。

A.职责　　B.任务　　C.职权　　D.职位

4.(　　)正式提出了胜任素质的概念。

A.马斯洛　　B.麦克利兰　　C.赫兹伯格　　D.莱尔·M.斯潘塞

5. 领导力胜任素质模型，可以用来鉴别（　　）的成功素质。
A.优秀高层领导人　B.不同级别的优秀人员
C.管理类人员　D.职业经理人
6. 通常，被称为人力资源管理系统的基石的是（　　）。
A.组织设计　B.工作分析　C.招聘　D.人力资源规划
7. 一名员工在其职位上所需要完成的具有相似性质的工作活动叫作（　　）。
A.任务　B.职责　C.岗位　D.工作要素
8. 针对人员能力与资格，对知识、技能、资历以及其他特征进行详细描述的是（　　）。
A.工作设计书　B.工作说明书　C.任职者说明　D.组织设计框架
9. 下列不属于工作分析结果表述形式的是（　　）。
A.工作说明书　B.工作分析计划　C.工作描述　D.工作规范
10. 避免员工因为工作内容定义不清而产生抱怨和争议的方法是（　　）。
A.工作设计　B.工作评价　C.工作分类　D.工作分析

二、多项选择题

1. 工作分析又称为（　　）。
A.工作描述　B.职务分析　C.程序分析　D.动作分析　E.岗位分析
2. 组织设计的基本原则包括（　　）。
A.目标明确原则　B.组织精简原则　C.集权分权原则　D.分工协作原则
3. 组织结构设计的影响因素主要有（　　）。
A.企业环境　B.企业规模　C.信息沟通　D.老板的喜好
4. 工作分析的基本原则包括（　　）。
A.目的性原则　B.系统性原则　C.多样化原则
D.经济原则　E.动态性原则
5. 胜任素质的构成要素包括（　　）。
A.知识　B.技能　C.社会角色　D.自我认知　E.特质　F.动机
6. 以下属于工作说明书基本内容的有（　　）。
A.工作描述　B.员工关系　C.任职者说明　D.晋升工作
7. 问卷调查法的不足之处在于（　　）。
A.问卷编制的技术要求高、难度大
B.对任职者的素养有一定的要求
C.容易扭曲真实的工作情况，使得到的信息不真实
D.容易因对调查有误解，影响信息调查的代表性
8. 工作分析准备阶段，应做好下列哪些工作？（　　）
A.明确工作分析的目标　B.明确工作分析的范围　C.编制调查问卷和提纲
D.分配任务与权限　E.组织工作分析小组
9. 工作分析设计阶段，应做好下列哪些工作？（　　）
A.选择信息来源　B.按选定的方法收集资料　C.选择工作分析人员
D.选择收集信息的方法　E.明确工作分析的目的
10. 工作分析常用的方法主要有（　　）。
A.观察法　B.点数法　C.分类法　D.问卷法　E.访谈法

三、判断题

1. 工作分析只有在新组织建立时才能进行。（　）

2. 工作分析设计阶段的主要内容是仔细审核已收集到的各种信息。（　）

3. 工作说明书是工作分析人员对员工必须具备的生理和心理特点进行详细说明而形成的书面文件。（　）

4. 个别访谈是指工作分析人员与从事该工作的员工进行交谈。（　）

5. 关键事件法要求员工记录工作行为中的关键事件，也就是使工作成功或者失败的行为特征和事件。（　）

6. 访谈法的优点是成本低、工作效率高。（　）

7. 观察法适用于以脑力活动为主的工作。（　）

8. 工作条件包括工作人员决策的权限以及审批财务经费和预算的权限等。（　）

9. 编写工作说明书时要注意对工作的描述清晰、具体。（　）

10. 工作评价就是要评定工作的价值，制定工作的等级，因此评定对象是任职者。（　）

四、简答题

1. 何谓工作分析？工作分析包括哪些内容？

2. 工作分析具有什么作用？工作分析与其他人力资源管理职能有何关系？

3. 任职资格包括哪些内容？

4. 工作分析的基础流程是什么？

5. 何谓工作设计？工作设计包括哪些内容？

6. 工作设计的方法包括哪几类？

7. 工作说明书包括哪些具体内容？

8. 如何运用访谈法来进行工作分析？

9. 如何使用职位分析问卷？

10. 简述构建胜任素质模型的步骤。

五、案例分析题

这样做对吗？

——某房地产公司的工作分析案例

A公司是我国中部的一家房地产公司。近年来，随着当地经济的不断发展，房地产需求强劲，公司有了飞速发展，规模持续扩大，逐步发展成为一家中型房地产公司。随着公司的发展和壮大，员工人数急剧增加，众多的组织和人力资源管理方面的问题逐渐显现。部门之间、职位之间的职责与权限缺乏明确的界定，扯皮推诿的现象不断发生；有的部门抱怨事情太多，人手不够，任务不能按时、按质、按量完成；有的部门又觉得人员冗杂，人浮于事，效率低下。

在人员招聘方面，用人部门给出的招聘标准含糊不清，招聘主管往往无法准确地加以判断，使得招来的人大多与岗位不能匹配，员工的能力不能得以充分发挥，严重挫伤了士气，并影响了工作效率。公司员工的晋升以前由总经理直接决定，现在公司规模大了，总经理几乎没有时间与基层员工和部门主管打交道，基层员工和部门主管的晋升只能根据部门经理的意见来决定。在晋升中，上下级之间的私人感情成为决定性的因素，有才干的人却不能获得晋升。因此，许多优秀的员工由于看不到自己未来的前途，不得不另谋高就。在激励机制方面，公司缺乏科学的绩效考核和薪酬制度，考核中的主观性和随意性非常严重，员工的薪酬不能体现其价值与能力，经常可以听到大家对薪酬的抱怨和不满,这也是人才流失的重要原因。

面对这样严峻的形势,人力资源部开始着手进行人力资源管理的变革,变革首先从进行工作分析和确定工作价值开始。工作分析、工作评价究竟如何开展以及如何抓住其中的关键点,为公司本次组织变革提供有效的信息支持和基础保证,是摆在A公司面前的重要难题。

首先,他们开始寻找工作分析的工具与技术。在阅读了目前国内流行的基本工作分析书籍之后,他们从中选取了一份工作分析问卷,用来作为收集职位信息的工具。然后,人力资源部将问卷发放到了各个部门经理手中,同时他们还在公司的内部网上也下发了一份关于开展问卷调查的通知,要求各部门配合人力资源部的问卷调查。

据反映,问卷下发到各部门后,一直被搁置在各部门经理手中,并没有发下去,很多部门是等到人力资源部开始催收时才把问卷发放到每个人手中。同时,由于大家都很忙,很多人在拿到问卷之后,都没有时间仔细思考,草草填写。还有很多人在外地出差,或者任务缠身,自己无法填写而由同事代笔。此外,据一些员工反映,大家都不了解这次问卷调查的意图,也不理解问卷中陌生的管理术语,如职责、工作目的。很多人想就疑难问题向人力资源部进行询问,可是不知道具体该找谁。因此,在回答问卷时只能凭借自己个人的理解来进行填写,无法把握填写的规范和标准。

一个星期之后,人力资源部收回了问卷,但他们发现,问卷填写的效果不太理想,有一部分问卷填写不全,一部分问卷答非所问,还有一部分问卷根本没有收上来,辛苦调查的结果却没有发挥它应有的价值。

与此同时,人力资源部也着手选取一些职位的员工进行访谈。但在与几位员工进行访谈后,发现访谈的效果也不好。因为,在人力资源部,能够与部门经理进行访谈的人只有人力资源部经理一人,其他人力资源管理人员都无法与部门经理进行沟通,由于经理们都很忙,想要把双方凑在一块,实在不容易。因此,两个星期过去之后,只与两个部门经理进行了访谈。

人力资源部的几位主管负责与经理级以下的人员进行访谈,但在访谈中,出现的情况却出乎意料,大部分时间都是被访谈者在发牢骚,指责公司的管理问题,抱怨自己的待遇不公平。而在谈到与职位分析相关的内容时,被访谈者往往言辞闪烁,顾左右而言他,似乎对人力资源部这次访谈不太信任。访谈结束之后,访谈者都反映对该职位的认识还是停留在模糊的阶段。这样持续了两个星期,访谈对象涵盖了大概1/3的职位。人力资源部经理认为时间不能拖延下去了,因此决定进入项目的下一个阶段——撰写职位说明书。

可这时,各职位的信息收集还不完全,怎么办呢?人力资源部在无奈之中,不得不另觅他途。于是,他们通过各种途径从其他公司收集了许多职位说明书,试图以此作为参照,结合问卷和访谈收集到的一些信息来撰写职位说明书。

在撰写阶段,人力资源部还成立了几个小组,每个小组专门负责起草某一部门的职位说明书,并且上级还要求各组在两个星期内完成任务。在起草职位说明书的过程中,人力资源部的员工都颇感为难,一方面不了解别的部门的工作,问卷和访谈提供的信息又不准确;另一方面,大家又缺乏写职位说明书的经验,因此,写起来都感觉很费劲。规定的时间快到了,很多人为了交稿,不得不急急忙忙地东拼西凑了一些材料,再结合自己的判断,最后成稿。

最后,职位说明书终于完成了。人力资源部将成稿的职位说明书下发到了各部门,同时,还下发了一份文件,要求各部门按照新的职位说明书来界定工作范围,并按照其中规定的任职条件来进行人员的招聘、选拔和任用。但这引起了其他部门的强烈反对,很多直线部门的管理人员甚至公开指责人力资源部,认为人力资源部的职位说明书是一堆垃圾文件,完全不符合实际情况。

于是,人力资源部专门与相关部门召开了一次会议来推动职位说明书的应用。人力资源部经理本来想通过这次会议来说服各部门支持这个项目,结果却恰恰相反,在会上,人力资源部遭到了各部门的一致批评。同时,人力资源部由于对其他部门不了解,对于其他部门所提的很多问题,也无法进行解释和反驳,因此,会议的最终结论是,让人力资源部重新编写职位说明书。后来,经过多次重写与修改,职位说明书始终无法令人满意。最后,工作分析项目不了了之。

人力资源部的员工经历了这次失败后,对工作分析彻底丧失了信心。他们认为,工作分析只不过是"雾里看花,水中望月"的东西,说起来挺好,实际上却没有什么大用,而且认为工作分析只能针对西方那些管理先进的大公司,在中国的企业,根本就行不通。原来雄心勃勃的人力资源部经理也变得灰心丧气,但他一直对这次失败耿耿于怀,对项目失败的原因也是百思不得其解。

那么,工作分析真的是他们认为的"雾里看花,水中望月"吗?该公司的工作分析项目为什么会失败呢?

思考题:

1. 该公司决定从工作分析入手来实施变革,这样的决定正确吗?为什么?

2. 组织和实施工作分析的过程中,该公司存在哪些问题?

3. 该公司所采用的工作分析工具和方法主要存在哪些问题?

4. 如果你是该公司新任的人力资源部主管,让你重新负责该公司的工作分析,你将如何开展工作?

职业能力训练

项目:撰写一份工作说明书。

请3～5人组成一个小组,在你所在学校或熟悉的企业任意选择一个岗位进行调查分析,撰写一份工作说明书。

目的:掌握撰写工作说明书的要点,能查阅资料、独立思考和完成工作说明书的撰写。

要求:实训开始前,要熟悉工作说明书撰写的要点,查阅相关资料,并熟悉调查对象的工作职责等相关内容;

实训开始后,进行分组讨论,每组3～5人,每人充分发表个人意见和观点,为选定的调查对象制定一份工作说明书;

实训结束后,每组修改并完善工作说明书,填写实训报告,实训报告要求语言流畅、文字简练、条理清晰,实训报告内容主要包括实训报告封面(实训日期、实训人姓名、专业、班级等信息)、实训项目名称、实训目的、实训内容、实训资料、实训过程(实训采用的方法、步骤等)、实训结果或结论、收获与体会、实训指导教师评价意见等。

成果:每组提交一份工作说明书。

拓展阅读

第 3 章　人力资源战略与规划

学习目标 ……

(1) 认识人力资源战略的含义。
(2) 认识人力资源规划的含义。
(3) 认识人力资源预测的含义。
(4) 熟悉人力资源需求的定量预测法。
(5) 学会编制人力资源规划。

本章关键词 ……

人力资源战略(human resource strategy)、人力资源规划(human resource planning)、人力资源预测(human resource forecasting)

引导案例

3.1　企业战略

人力资源战略从属于企业战略，因此，只有明确企业战略的概念和层次，了解企业战略的基本类型，以及人力资源管理在企业战略制定和实施中的作用，才能制定出有效的人力资源战略。本节将对此进行详细说明。

3.1.1　企业战略的概念和层次

1. 企业战略的概念

企业战略决定了企业将要采取什么行动以及如何实施的问题。作为整体经营活动的指引，企业战略决定着企业的长远发展方向。企业实施战略管理的目的在于将企业的主要目标、政策和行为整合为一个有机整体。

2. 企业战略的层次

企业战略一般分为总体战略、事业战略、职能战略三个层次。

(1) 总体战略：企业最高层次的战略。它需要根据企业的具体目标，选择企业竞争的经营领域，合理配置资源，使各项经营业务相互支持、相互协调。

(2) 事业战略：也称业务单元战略，是企业的二级战略。事业战略涉及各业务单位的主管及辅助人员，它将企业战略所包括的企业目标、发展方向和措施具体化，形成本业务单位具体的竞争与经营战略。

(3) 职能战略:各职能部门如何有效组合企业内部资源来实现总体战略和事业战略,包括文化、营销、品牌、产品、技术、物流、人力资源、财务和成本等方面的有效组合。

没有总体战略和事业战略,职能战略就没有方向指引,且失去了服务的对象;没有职能战略,总体战略和事业战略的实现就会缺乏基础。

3.1.2　企业战略的类型

1. 企业基本竞争战略类型

哈佛商学院的迈克尔·波特(Michael Porter)在《竞争战略》(1980)一书中指出,企业为获得竞争优势,可根据自身情况选择以下三种基本竞争战略中的一种。

(1) 低成本战略:企业可以通过在生产经营活动中扩大规模、降低成本、减少费用等方式,使得自己的产品较竞争对手具有成本优势,并通过低价格和高市场占有率来保持竞争优势。低成本战略主要适合于成熟的市场和技术稳定的产业。

(2) 差异化战略:企业可以通过提供区别于竞争对手的、独一无二的产品来保持独特性。企业可以生产创新性产品,这种创新性产品既可以是竞争对手不具备生产条件的类型产品,也可以是同类产品具有竞争对手产品所不具有的特殊功能或无法达到的优秀品质。

(3) 集中化战略:企业可以通过聚焦在较小较窄的细分市场中,为特定的客户提供特定的产品或服务,以巧妙地避开大范围竞争,求得生存和发展。这一战略主要是借助于在某一市场缝隙中的专门化努力,弥补其他产品的不足而获得竞争优势。

2. 基于顾客期望价值的业务战略类型

顾客是企业存在的理由,企业业务战略是基于顾客期望价值的,其核心是通过集中组织资源来满足顾客期望,最大化顾客价值以形成竞争优势。20 世纪 90 年代哈佛商学院的迈克尔和弗雷德指出,顾客期望从企业得到物美价廉、产品创新、亲密度三种价值之一,根据顾客期望价值的不同以及企业所采取的应对策略,高绩效企业的业务战略可分为以下三种。

(1) 运营型战略:针对顾客对物美价廉价值的期望,即想要从企业获得低价、可靠、性能好的产品或服务,企业可以采取高效运营策略形成运营型战略模式。

(2) 创新型战略:针对顾客对产品创新价值的期望,即想要从企业获得独特、尖端的产品,企业可以采取产品领先策略形成创新型战略模式。

(3) 服务型战略:针对顾客对亲密度价值的期望,即想要从企业获得高度个性化的解决方案和服务,企业可以采取顾客亲密策略形成服务型战略模式。

3.1.3　企业战略管理中人力资源管理的作用

企业战略管理过程,包括战略制定和战略执行两个阶段,人力资源管理在这两个阶段发挥着不同的作用。

1. 战略制定阶段人力资源管理的作用

战略制定阶段,包括环境评价和制定战略两项主要工作,人力资源管理对这两项工作均有一定程度的影响。图 3-1 可以很好地说明在战略制定阶段人力资源管理的作用。

环境评价,即对企业面临的内部环境和外部环境加以分析,以找到核心竞争力和竞争优势所在。人力资源管理与企业的环境评价息息相关,在外部环境分析中,人力资源管理部门可

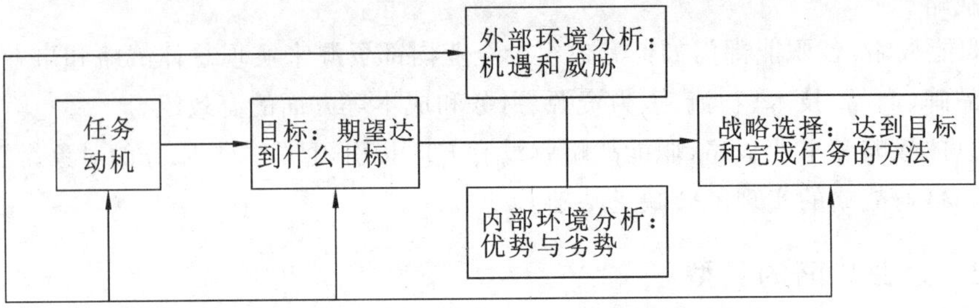

图 3-1　战略制定阶段人力资源管理的作用

以帮助企业分析潜在的劳动力短缺、竞争对手的工资率，以及会对人员雇用产生影响的法律规章等与人员密切相关的外部竞争的机遇和威胁；在内部环境分析中，人力资源管理部门可以帮助企业分析自己的员工队伍所具有的优势与劣势，避免企业选择自己没有能力实现的人力资源战略投入。

在环境评价的基础上，可以进一步制定战略，提出明确的战略目标和实现步骤。在制定战略时，决策者要回答这样一些问题：到哪里去竞争？如何竞争？依靠什么竞争？人力资源管理部门在战略制定中的作用正是通过“依靠什么竞争”这一渠道来发挥的。通过促使决策者考虑企业实现某一战略所必需的人力资源是什么，以及应该怎样得到这一资源，人力资源管理部门的影响力得以发挥。将人力资源完全融入企业战略制定过程，不仅是人力资源管理的发展方向，也是企业战略决策成熟的标志。

2. 战略执行阶段人力资源管理的作用

在战略执行阶段，人力资源管理部门的任务有两项：一是确保组织能够获得相当数量的员工，还要保证这些员工具有成功完成战略任务的知识、能力、技术和经验；二是建立起人力资源控制系统，以确保员工的行为方式有利于实现战略规划所确立的目标。要顺利地完成这两项任务，人力资源管理部门就必须开展一系列的工作，如工作分析、工作设计、招聘、甄选、培训、开发绩效管理系统和薪酬激励系统等。图 3-2 展示的是在战略执行阶段人力资源管理的作用。

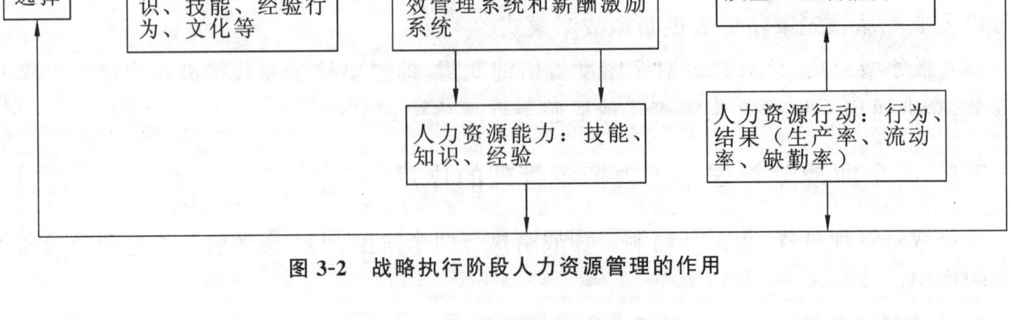

图 3-2　战略执行阶段人力资源管理的作用

3.2　人力资源战略

在了解了企业战略概况的基础上，本节将介绍人力资源战略的概念、人力资源战略与企业战略的关系，以及人力资源战略与企业战略的匹配这三个方面的内容。

3.2.1 人力资源战略的概念

人力资源战略是一种职能战略，同营销战略、产品战略等一样，从属于企业战略，并支持和服务于企业战略的实现。

美国人力资源管理学者舒勒和沃克(Schuler & Walker,1990)指出，人力资源战略是程序和活动的集合，它通过人力资源管理部门和直线管理部门的努力来实现企业的战略目标，并以此来提高企业目前和未来的绩效及维持企业的竞争优势。库克(Cook,1992)则认为，人力资源战略是指员工发展决策以及对员工具有重要的和长期影响的决策。迈科斯(Mikes,1998)则把人力资源战略定义为，企业慎重地使用人力资源，帮助企业获取和维持其竞争优势，它是组织所采用的计划或方法，通过员工的有效活动来实现组织的目标。

综合上述观点，人力资源战略是企业根据内部和外部环境分析，从企业的全局利益和发展战略出发，为支持企业战略目标达成，充分考虑员工的期望而制定的基于提升企业人力资源核心竞争力的人力资源开发与管理的纲领性的长远规划。

3.2.2 人力资源战略与企业战略的关系

作为一项重要的职能战略，人力资源战略以企业战略为依据，同时又影响着企业战略的制定和执行，二者的关系主要体现在以下两个方面。

1. 企业战略是人力资源战略制定的前提和基础

作为企业的职能战略，人力资源战略是企业总体战略的一部分，是在企业战略的大框架下进行设计的。人力资源战略主要考虑人的问题，并且以企业总体战略及其他职能战略的相关情况作为其制定的基础和条件。拉贝尔对11家加拿大企业的调查显示，企业战略是人力资源战略的重要决定因素，当企业追求的战略目标存在较大差异时，他们的人力资源战略也会呈现出显著不同。威尔斯在1984年的调研中调查了同一企业的22个不同战略单位的人力资源战略，同样也证实了企业战略是人力资源战略最主要的决定因素。在现实环境中，人力资源战略应在充分考虑企业战略、符合企业内外各方面的利益、争取全体员工的一致认同、得到企业高层管理者高度认可的基础上制定。

2. 人力资源战略影响着企业战略的制定和执行

人力资源战略为企业战略的制定提供信息。企业战略的制定不能脱离企业的实际情况，企业所面临的内外部资源状况是企业制定战略时的约束条件。在人力资源作为企业中一种特殊的重要资源受到广泛关注的背景下，人力资源战略可以从内部资源状况和外部环境状况两个方面提供企业人力资源的相关信息，帮助企业做出战略选择方面的决策。人力资源战略既可以提供企业战略制定过程中所需要的内部信息，诸如人力资源素质、人力资源培训与开发的效果、人力资源的工作绩效与改进等企业人力资源的内部状况，也可以提供企业战略制定过程中所需要的外部信息，诸如劳动力市场上劳动力供给情况、竞争对手所用的激励或薪酬设计、优秀组织的结构管理方式以及劳动法等相关法律方面的信息。

人力资源战略在企业战略的执行中起支持作用。人力资源战略服务于企业战略，是企业战略目标实现的有效保障。根据勒温和米切尔(Lewin & Mitchell,1995)的观点，人力资源战略与企业战略之间的匹配使得企业能够有效地利用市场机会，提升内部组织优势，达成战略目标。企业战略中所涉及的各项内容都需要相应的人员来完成，对于人员的分配、调整、激励以及配套的组织结构的调整,都需要人力资源战略的配合。如果人力资源战略与企业战略能够达到“捆绑式”的匹配,那么通过系统有效的人力资源管理便可以协调员工与企业之间的关系,充分调动员工的积极性和创造性。可见,人力资源战略要从过去作为企业战略的“反应者”向企业战略的“参与者”和“贡献者”转变。

HR实例

百事可乐失败的人力资源战略

众所周知,百事可乐的竞争对手是可口可乐。为了争夺市场份额,这两家企业在碳酸饮料市场上争夺了将近一个世纪。20世纪70年代,百事可乐公司收购了包括肯德基、塔可钟(旗下包括麦当劳)以及必胜客等一系列快餐连锁店。然而,百事可乐公司在1998年却不得不将这些快餐连锁店全部出售,并为此付出了沉重的代价。

这种结局是出乎意料的,其不可忽视的原因在于,百事可乐公司没有充分认识到自己是否具备管理好这样一支员工队伍的能力。百事可乐公司原有的员工队伍与快餐行业中的员工队伍之间存在着管理方面的差别。在百事可乐公司的主业中,大部分员工都是专业技术人员以及营销人员,生产的自动化程度很高,主要采用流水线的生产方式;而快餐行业中的员工,绝大部分人学历和技能水平比较低,他们主要从事低端的服务工作,很多人都将快餐行业作为自己职业生涯的起点,导致这一行业中的人员流动率相当高。20世纪80年代,百事可乐公司为了扩大自己的地盘,通过收购大量可以销售可乐的快餐店来增加百事可乐的销量,用管理专业技术人员和营销人员的成熟模式来管理快餐行业的员工,这样显然是行不通的,即便是改变管理方式,也需要有足够的时间。百事可乐公司没有在这次扩张中获胜,最终选择了退出快餐行业。

百事可乐公司的经验告诉我们,企业在制定战略时,必须充分认识这种战略对人力资源现状以及人力资源管理的要求。当企业进入一个新的经营领域时,不仅仅需要资本,还必须考虑企业的人力资源管理能否支持新战略;而在制定企业战略时,也同样要考虑企业现有的以及可能达到的人力资源状况,必须妥善处理好企业战略与人力资源战略之间的辩证关系。只有在人力资源战略与企业战略充分协调一致的情况下,人力资源战略才能真正推动企业战略的实现,为企业创造最大的价值。

3.2.3 人力资源战略与企业战略的匹配

在人力资源日益重要,成为企业重要竞争力来源的今天,人力资源战略与企业战略的匹配对企业目标的实现具有重要意义。人力资源管理要发挥作用,促使企业战略的顺利实施,就必须依据企业战略的不同采取相应的人力资源战略取向,制定不同的人力资源战略,实施不同的人力资源管理实践活动。下面将阐述与波特的企业竞争战略相匹配和与基于顾客期望价值的业务战略相匹配的人力资源战略类型。

1. 人力资源战略与波特的企业竞争战略的匹配

戈麦斯和麦加等人提出了与波特的三种企业竞争战略相协调的人力资源战略,如表3-1所示。

表3-1　人力资源战略与波特的企业竞争战略相匹配

企业竞争战略	组织特点	人力资源战略
低成本战略	持续的资本投资 严密地监督员工 严格地控制成本，要求经常、详细的控制报告 低成本的配置系统 结构化的组织和责任 产品设计以制造便利为原则	有效率的生产 明确的工作说明书 详细的工作原则 强调具有技术上的资格证明与技能 强调与工作有关的特定培训 强调以工作为基础的薪酬 使用绩效评估作为控制机制
差异化战略	营销能力强 产品的策划与设计 基础研究能力强 公司以质量或科技领先著称 公司的环境可吸引高技能的员工、高素质的科研人员或具有创造力的人	强调创新和弹性 工作类别广 松散的工作规划 外部招募 强调团队基础的培训 强调以个人为基础的薪酬 使用绩效评估作为发展的工具
集中化战略	整合了低成本战略和差异化战略的组织特点	整合了上述人力资源战略的特点

资料来源：赵曙明.人力资源战略与规划[M].3版.北京：中国人民大学出版社，2012.

低成本战略主要是通过严格控制成本和加强预算而较竞争对手取得成本优势，赢取竞争优势。与低成本战略相匹配的人力资源战略强调的是通过有效性、低成本市场、高结构化的程序来减少不确定性，并不关注创意创新。

差异化战略主要是通过创造产品或者服务的独特性来获得竞争优势。一般而言，这种战略的组织特点是具有很强的营销能力，强调产品的设计和研发，以产品质量闻名。与此相对应的人力资源战略强调创新性和弹性，以团队为基础进行培训和考核，采取差异化的薪酬策略等。

集中化战略整合了低成本和差异化这两种战略的特点，相应地，人力资源战略也整合了上述两种人力资源战略的特点。

2. 人力资源战略与基于顾客期望价值的业务战略的匹配

针对满足不同顾客期望价值的业务战略，人力资源战略及管理活动的开展也不一样。人力资源执行系统主要是解决业务战略实现的相关问题：需要什么样的人？这些人需要什么样的平台？如何激励他们？下面将从企业的人才需求类型、组织架构及业务流程三个方面来描述人力资源战略与基于顾客期望价值的业务战略的匹配。

采用运营型业务战略的企业，需要喜欢“做事”的人才（踏实肯干、执行能力强）。组织策略上应该采用集权式的组织架构，通过明晰的职责、统一的命令指挥，实现运营效率的最大化。在业务流程上，应该强化供应链和作业流程的管理。通过优化配送和运作流程提高效率，降低作业的成本，提升产品和服务的品质，缩短作业周期。

采用创新型业务战略的企业，需要善于思考的人才（热爱创新、追求新奇）。组织策略上应采用矩阵式的组织架构，通过高度授权的项目团队推行受顾客欢迎的新产品。在业务流程上，必须具备优异的产品开发和产品销售流程，开发具有独特功能的新产品，并快速地推广产品进入市场。

采用服务型业务战略的企业，需要喜欢“做人”的人才（擅长交际、乐于助人）。组织策略上应采用扁平式的组织架构，打破组织的垂直和水平边界，促进跨部门合作，以期为顾客提供快捷和高品质的服务。在业务流程上，必须具备卓越的客户关系管理和客户服务流程，致力于为客户提供完美的整体解决方案和独特的客户体验。

HR实例

美的和格力不同的人力资源战略

美的集团是国内家电巨头之一，旗下拥有美的、小天鹅、荣事达等十余个知名品牌。自进入市场以来，美的凭借物美价廉的家电产品获得了大量消费者的青睐。2013年中国家电行业主营业务平均利润率为6.1%，而美的集团这一指标却高达22.7%，这集中反映出美的集团卓越的运营能力和成本控制力。

美的之所以能具备快速响应的高效运营能力，很大程度上依赖于其内部的管理模式：高度重视跨部门之间流程接口的简化及流程处理过程的高效。例如，在制冷家电集团，美的曾推行过“1131”流程工作项目。首先，提出“1个接口”的概念，即每个流程在每个单位只允许有1个接口，明晰权责，避免交叉；其次，“1个工作日内签批”，即每个流程控制点的停留时间不超过1天；再次，尽可能压缩任务签批空间，不超过“3个签批控制点”；最后是“1个工作日反馈”，上级下达的工作任务要在1个工作日内响应。

由于美的分权结构是高效的，管理决策点低，贴近业务一线；跨部门之间的流程接口简洁，流程效率要求高，因此它的流程设计也是高效的，加上美的务实进取的企业文化，这样的流程支撑了美的的快速反应与高效率。

格力电器自1991年依靠一条落后的窗机生产线发家开始，就一直将企业的工作重心放在空调的生产研发上。作为中国家电行业出名的“技术控”，格力电器似乎总游离于行业激烈的营销大战之外，浸润在技术研发的世界里，核心技术的自主研发，是其掌握行业竞争话语权的关键。

作为技术驱动型的企业，格力所采取的人力资源战略是鼓励基层员工向技术型人才转型。格力重视“草根创业”，从员工进入企业的第一天起，格力就提供各种平台帮助其向技术型工人转变。例如，格力为每一位新员工指定一名导师，协助指导新员工了解工作相关事务，使新员工以最快的速度适应工作岗位。又如，格力通过建设技术工程学院，让一线员工有机会继续深造，使90%以上的一线员工都具备大专以上学历，成为技能型人才。此外，格力电器还专门为从事研发和技术一线的员工开辟另一条平行的薪酬体系和晋升标准，让技术工人和研发人员能够专心发挥自己的特长，能和中高层管理人员一样拿高薪、受尊重。正是格力对技术型员工的培养和重视为其技术创新和质量改善积累了大批专业化人才。

3.3 人力资源规划

3.3.1 人力资源规划的概念

人力资源规划又称人力规划（manpower planning）或人力资源计划。何谓人力资源规划？不同的学者有不同的解释，虽然定义有所差异，但内容基本一致。赵曙光（2009）认为，人力资源规划是指企业从战略规划和发展目标出发，根据其内外部环境的变化，对企业未来人力资源需求和人力资源供给状况进行分析及预测，并通过人力资源管理使供需平衡的过程。黄英忠(2007)指出，人力资源规划是对现在和未来各时间点企业人力资源与工作量的关系予以分析、评估及预测，且提供与调节所需的人力资源，进而配合业务发展，编制人力资源长期规划，以提高员工素质，发挥组织功能，即为确保组织未来发展和应环境要求，决定人力需求及满足此项人力需求的程序。

综合各种定义，我们认为人力资源规划就是为实现企业的经营发展战略目标，依据企业未来生存发展的环境变化，运用科学的方法对企业未来人力资源的需求和供给进行分析及预测，并制定应对的措施以达到企业人力资源需求与供给平衡的过程。人力资源规划的实质是根据企业经营战略和方针，通过确定企业的人力资源管理来实现其目标的过程，是把企业的人力资源问题与内外部环境变化相联系的过程，即对企业的人力资源数量、质量和结构进行的规划。在人力资源数量上，探求现有的员工数量是否与企业当前以及未来所需的员工数量相匹配；在人力资源质量上，了解企业现有员工的质量，关键是员工的专业知识和工作能力是否与企业当前以及未来所需的员工质量相匹配；在人力资源结构方面，研究企业工作与员工搭配是否合理高效。

人力资源规划按照范围可分为狭义和广义两种。狭义的人力资源规划是指企业从战略发展目标出发，依据未来生存发展的环境变化，对企业未来人力资源的需求进行分析和预测，并制定满足企业人力资源需求措施的过程，其实质是企业各类人力资源规划的补充规划，主要包括人员配备计划、人员补充计划、人员晋升计划等。广义的人力资源规划是企业各种、各类人力资源规划的总称，包括人力资源战略发展规划、人力资源系统调整发展计划等。人力资源规划根据规划时限可分为短、中、长期规划。一般而言，短期规划是指1年的规划，中期规划是3～5年，长期规划是5年以上。通过人力资源规划可确保企业在恰当的时机，获得所需的各种人员(包括人员的数量、质量、层次和结构等)，以实现人力资源与企业发展战略的最佳匹配，有效地激励员工，最大限度地开发和利用人力资源潜力，通过人力资源获取竞争优势。

3.3.2 人力资源规划的目的

人力资源规划是企业人力资源管理的出发点，它指明了企业人力资源管理的未来方向，对员工和企业都有着重大影响，是企业生存和发展的重要保障。人力资源规划的目的主要包括以下几个方面。

1. 规划人力资源的发展

人力资源的发展包括人力资源预测、人力资源增补及员工培训与开发，它们紧密联系，相互依存。企业人力资源规划以企业发展战略为指导，以全面核查现有人力资源、分析企业内外部环境为基础，以预测组织对人员的未来供需为切入点，内容包括晋升规划、补充规划、培训开发规划、人员调配规划、工资规划等，通过对人力现状进行调查分析，摸清企业人力资源的存量。

2. 降低人力资源使用成本

制定人力资源规划需要了解企业现有的人力资源状况，包括人力资源数量、质量、结构等方面。通过分析，企业能找出影响人力资源有效使用的因素，从而做到人尽其用，充分发挥每个员工的聪明才智，提高员工绩效水平，减少和杜绝人力资源浪费，从而降低企业人力资源使用成本。

3. 合理使用人力资源

大部分企业都存在有些岗位和员工工作负荷过重，而另一些岗位和员工则工作过于轻松，这一方面反映了人岗能力不匹配，即有一些员工能力有限，不能胜任工作，另一些员工则感到能力有余，未能充分发挥作用；另一方面也反映了人岗数量不匹配，即有的岗位安排员工数量较少，员工满负荷工作，影响员工身体和绩效，有些岗位安排员工较多，造成人浮于事。通过人力资源规划可改善企业人力分配不平衡的状况，科学合理地配置人员，使人力资源与企业的发展相匹配。

4. 满足员工需求

员工可通过企业人力资源规划充分了解企业人力资源的未来发展状况，制定自己在企业内的职业生涯规划。同时，员工还可以根据企业未来空缺岗位的任职资格要求，制定自己努力的目标，并根据要求提升和完善自己，以符合企业在未来对员工的要求。

5. 助推企业发展

人力资源规划就是为企业未来发展及时提供适量、适质、所需的各类人力资源。人力资源规划包括人力资源培养、补充和配置等内容，通过人力资源规划提升各类员工的素质，进而促进企业可持续发展，达到员工成长与企业发展相适应的目的。

3.3.3 人力资源规划的层次

根据企业人力资源规划所涵盖的内容，人力资源规划可划分为两个层次，即人力资源的总体规划和人力资源的专项业务规划。

企业人力资源总体规划是对规划期内人力资源管理的总目标、总政策、总预算和实施步骤的安排。其内容主要包括：论述在企业战略规划期内组织对各种人力资源的需求和各种人力资源配置的总框架；明确企业人力资源各方面（如员工招聘、升迁、培训、职业生涯发展、奖惩和工资福利等）的重要方针、政策和原则；确定人力资源投资的预算。企业人力资源总体规划与企业战略联系紧密，是实现企业战略目标的人力资源保障，也是制定各项人力资源业务计划的依据。

人力资源专项业务规划是对总体规划的展开和具体实施，以及对人力资源管理具体业务的部署，通过人力资源专项业务规划的实施应能保障人力资源总体规划目标的实现。人力资源专项业务规划主要包括：人员补充计划、人员配备计划、人员使用计划、人员培训与开发计划、人员接替与晋升计划、绩效考核计划、薪酬激励计划、员工关系计划、退休解聘计划、员工职业生涯规划等。每一项人力资源专项业务规划都应由目标、政策、步骤及预算等部分组成。人力资源规划的层次如表 3-2 所示。

表 3-2 人力资源规划的层次

规划类别	目标	政策	步骤	预算
总体规划	总目标：人员的层次、素质与年龄结构；人员的总量及分类；绩效目标；战略人才培养目标；员工满意度等	基本政策（扩大、收缩、稳定、改革政策），人力资源的管理方式与职责等	总体步骤（按年安排）	总预算
人员补充计划	人员类型、数量，人力资源结构，绩效的改善	退休政策，冗员解聘，工作分析，新员工的招聘制度	拟定标准，广告宣传，测试，录用等	招聘、选拔费用
人员配备计划	由各部门确定人员结构优化目标，实现绩效改善或提高	人员配备政策，任职条件	按年进行，制定政策，实施政策，评估政策，完善政策	人员总体规模变化引起的费用变化

续表

规划类别	目标	政策	步骤	预算
人员使用计划	提高人力使用效率，部门定岗定员标准，人力资源结构优化，人岗匹配，后备人员数量保持，提高绩效目标，组织内部人力资源流动	岗位轮换制度，岗位责任制度与资格制度，企业内部员工流动制度，人员晋升政策，任职条件，职位轮换范围和时间	同上	由于人员使用规模、类别及人员素质变化引起的工资、福利等支出的变化
人员培训与开发计划	人员素质及绩效的改善，培训类型与数量，提供新人员，转变员工的劳动态度及作风	培训时间与效果的保证，对培训获证资格的认定	同上	教育培训费用支出，脱产培训误工费用
人员接替与晋升计划	保持后备人才数量，优化人才结构，提高绩效目标	选拔标准、资格，试用期，晋升时间，提升比例，提升人员的安置	同上	职务变动引起的薪酬改变
绩效考核计划	增加员工参与，提高绩效，增强组织凝聚力，改善企业文化	绩效考核标准和方法，考核结果运用制度，沟通机制	同上	绩效考核引起的支出变化
薪酬激励计划	降低员工流失率，提高员工士气，调动员工积极性，提高绩效水平	薪酬政策与制度，激励政策与制度，福利制度	同上	薪酬福利的变动额，增加工资、奖金额
员工关系计划	减少投诉和不满，降低非期望离职率，改善管理者与员工的关系，提高员工满意度	员工参与管理制度，合理化建议制度，员工沟通制度	同上	法律诉讼费和可能的赔偿费
退休解聘计划	降低劳动成本，提高劳动生产率	退休政策规定，解聘制度和程序，退休与解聘人选确定与工作实施制度	同上	人员安置费和重置费
员工职业生涯规划	招聘和留住优秀员工，助推员工职业生涯发展	员工职业发展计划，职业发展路径和渠道，岗位选拔制度	同上	员工职位变动费用，培训费用

3.3.4 人力资源规划的原则

1. 应对环境原则

人力资源规划应该充分考虑企业生存的内外部环境变化，以变应变，才能适应变化，真正做到为企业发展目标服务。内部环境变化主要指企业发展战略的变化、企业文化的变化、企业技术的变化、企业员工数量和质量的变化、企业管理水平的提升等；外部环境的变化主要指社会经济、法律、价值观的变化，行业发展状况的变化，政府有关人力资源政策的变化，劳动力市场劳动者供给的变化，劳动者求职心理和行为的变化等。企业在制定人力资源规划的过程中，要及时对内外部环境的变化进行预测，对可能出现的风险进行评估，并制定出有效应对风险的策略。

2. 保障组织目标实现原则

企业人力资源是实现企业战略目标最重要的资源，因此，人力资源规划的核心问题就是保障企业的人力资源供给。人力资源规划通过对劳动力的流入流出预测、员工内部流动预测、社会人力资源供给状况分析、人员流动的损益分析等有效地保障企业人力资源的供给。企业人力资源规划的制定和实施应该与企业战略和发展目标相统一，只有这样才能确保企业各项资源的有效配置，使人力资源规划为实现企业战略服务。

3. 利益兼顾原则

企业人力资源规划不仅是面对企业的规划，也是面对员工的规划。企业人力资源规划既要考虑到企业的利益，也要照顾到员工的利益，达到企业和员工共同发展的目的。企业的发展和员工的发展是相互依托、相互促进的关系，如果只考虑企业的发展需要，而忽视了员工的发展，则会不利于企业发展目标的实现。人力资源规划一定要兼顾企业和员工的长期利益，使企业和员工共同发展，实现双赢。

3.3.5 人力资源规划与企业战略的关系

从战略高度来看，人力资源管理可视为企业赢得竞争优势的一个重要源泉，基于人力资源对企业发展战略长期影响方面的考量，人力资源管理日益受到管理界重视。在企业所有资源要素中，“人”是最具价值的资源，因此，要发挥人力资源在战略管理中的作用，就必须将人力资源管理的定位从企业战略的“反应者”转变为企业战略的“制定者”和“执行者”，最终成为企业的“贡献者”。伴随着人力资源管理定位的转换，人力资源管理部门的性质和功能也发生了重大转变，由单一的行政性事务管理逐渐转变为整体的专业性职能管理，进而转变为综合的系统性战略管理。作为动态的、多元的战略管理系统中的一部分，人力资源管理成为企业战略管理的重要伙伴，在人力资源管理职能融入企业的战略形成与战略执行的过程中，人力资源规划这一职能发挥着未雨绸缪的作用。

在战略形成过程中，将所有与人有关的经营管理问题考虑在内是至关重要的。人力资源高层管理者要负责向战略规划者提供关于企业人力资源能力方面的信息，包括既往人力资源管理各职能计划安排和实施的情况、目前企业人力资源 SWOT 环境分析结果，以及根据人力资源滚动计划推测的企业将来一段时间各类工作人员配置的情况等，这些规划信息可以帮助高层管理者做出最佳战略选择。战略决策一旦形成，就进入执行推进阶段，即企业将通过什么样的途径来完成其使命并且实现其长期目标。

事实上，不论选择哪种途径，都将在战略践行的机制中融入人力资源管理职能，有效的人力资源规划对于引导工作重心、安排阶段性工作进程、引发企业员工相应的行为，以至最终实现企业的战略目标都是必需的。

1. 集中战略

采用集中战略的企业，其相应的人力资源战略是：在员工选择和培训上注重员工职位所要求的单一技能；集中保留拥有这些技能的员工；绩效考核体系更加注重行为考核等。人力资源规划内容一般包括：岗位规范调整计划、专业技能培训计划、绩效行为指标计划、技能工资计划等。

2. 内部成长战略

采用内部成长战略的企业，其相应的人力资源战略为：以特定的市场需求为招聘依据（尤其是正在拓展新市场的企业)；绩效评价重视员工的行为和结果两方面的考核；薪酬组合中更强调对增长目标达成的奖励份额；员工的培训侧重于企业产品知识、团队建设与人际关系技能，以及解决冲突的技能等。人力资源规划内容一般包括：工作轮换计划、综合培训计划、专业人才培养计划、特殊人才招聘计划、薪酬激励计划、绩效指标标准体系的设计计划等。

3. 成本领先战略

采用成本领先战略的企业，其相应的人力资源战略为：强调员工技能的高度专业化；以员工行为为中心的绩效管理系统；企业为控制人工成本，在实行高薪的同时严格控制员工数量；建立内部一致的薪酬系统等。为实现这一战略，人力资源规划中强调劳动定额计划、级差较大的薪酬计划、内部晋升计划、高薪聘请专业人才计划、劳务派遣计划等。

3.4　人力资源预测

人力资源规划中最为重要的一环就是人力资源供给与需求的预测，要充分考虑各种影响因素，通过对企业内外部环境的客观分析，选择有效的供给与需求预测方法，得出相对准确的预测结果，并基于此，编制出各类人员的人力资源规划方案。

3.4.1　人力资源环境分析

对企业人力资源环境的分析，关键是把握企业所面临的环境状态。毋庸置疑，当企业所处的环境发生变化，企业自身人力资源的需求规模和层次，以及人力资源供给的方向都会发生变化，而社会、政治、经济、文化、地域等方面的因素也会对企业人力资源的外部供给产生直接影响。因此，在分析企业环境时，既要分析体现其独特资源、能力和核心竞争力的优势，也须分析企业阶段性发展短板、战略发展的瓶颈；既要了解推动企业良性发展的市场机遇，也要知晓阻碍其进一步拓展的市场威胁。通过对各种影响因素的综合分析，判断企业适合做什么、能够做什么、竞争优势在哪里、市场扩容的方向是什么等，基于分析判断的结果，进一步考虑企业人力资源的支持问题，帮助企业实现竞争优势和持续性发展的战略目标。

1. 内部环境分析

1）企业发展战略

企业的发展战略是企业为了收益而制定的与企业使命和目标一致的最高管理层的计划。人力资源系统作为企业管理系统的一个子系统，必须服从和服务于整个企业发展的需要。企业在确定发展目标时，必须制定相应的人力资源结构调整方案，以保证企业人力资源能够满足生产规模扩大、产品结构调整或升级、采用新生产工艺等方面的战略发展要求。

2）行业特征

处于不同行业的企业，行业属性不同，因此在产品组合结构、生产的自动化程度、产品的销售方式等方面都会有很大差异，而这些差异将决定企业管理模式的选择，进而影响人力资源管理职能工作。比如，传统的生产性企业和现代的互联网企业，对人力资源数量和质量的需求就截然不同，前者由于生产手段和技术比较单一化和程序化，因此对熟练技术工人的需求量较大；而对于后者，创新型的技术研发人员更受企业的青睐。

3）企业文化

企业文化是在企业中长期形成的共同思想、作风、价值观念和行为准则，它表现为一种具有企业个性的信念和行为方式。一个企业在其存续期间，会慢慢形成一种组织文化，它首先会在价值观上影响其内部思想意识各异的员工，逐渐促使各方达成共识，继而通过观念意识影响员工的行为。因此，企业文化的不同必然带来员工价值观和素养的不同，从而引起管理员工的方式和内容的不同。适宜的企业文化会减少企业所面临的各种不确定因素的干扰，有利于人力资源规划方案的制定和执行。

4）企业价值链

在分析企业内部环境时，一般会从各项财务指标出发，但本书强调对企业内部资源和能力的分析，需要对企业内部设计、生产、营销、交货，以及对产品起辅助作用的各种活动进行综合分析，这里我们应用迈克尔·波特的价值分析方法来分析解释企业内部的环境要素。对于同一产业而言，产业内企业的价值链虽然会有许多相似之处，但还是存在很大的差异，而这种差异恰恰是企业竞争优势的关键来源。波特把价值活动分为两大类：基本活动和辅助活动。基本活动涉及输入、输出、物流、运营、销售、售后服务等；辅助活动是辅助基本活动的活动，主要包括采购、技术开发、人力资源管理以及企业基础设施建设等。

人力资源管理属于企业的辅助活动，可以有效保证创造价值的基本活动的持续性。在产品设计、材料和工艺检验、技术研发、物流与服务、产品成本与质量的监督、核对等环节中，有效的人力资源管理都起着基础性作用。企业人力资源管理的方式和特色将影响企业价值的链接方式，因此人力资源内部环境的分析必须在基于价值链相互依存的集合系统内考察。

5）企业自身的资源和能力

在实践中，企业资源包括资本、实物、人力和组织智力等，它既可能是有形的，也可能是无形的。在进行人力资源内部环境分析时，需要了解企业财产、能力、竞争力、组织程序、企业特性、信息和知识等资源情况，也要知晓企业能够获得的无所有权的战略资源情况，如关系网络或客户网络，企业需要将拥有的资源加以有效利用并创造价值，这便是企业能力的范畴。

事实上，企业能力就是企业协作和利用各种资源的能力。人力资源作为企业自身资源的一种，是影响企业资源积累、再造与发挥作用的重要载体。企业为了提高组织能力、分享组织技术、传播组织知识、提升组织业绩，需要根据企业内各种资源的分布状况，以及资源的组织贡献力，合理配置人力资源以创造优秀的业绩。

6）企业知识

在农业社会，第一生产要素是土地；在工业社会，第一生产要素是资本；在知识经济时代，第一生产要素是知识。知识对于所有企业都是重要的，如何创造知识、如何管理知识，就成为企业增强竞争优势的一项重要工作。

关于企业内部如何创造知识，野中郁次郎和竹内弘高教授提出了自己的观点，他们把知识分为两类：显性知识和隐性知识。显性知识是标准化的、客观的知识，可以通过规范的系统化的语言进行传播；隐性知识，因个人和环境不同而异，是难以规范化、难以传播的知识。研究结果显示，绩效一般的企业仅依赖个人经验解决问题；而绩效出众的企业则依靠团队的集体知识解决复杂问题，其速度和效率是竞争对手难以企及的。今天，真正意义上的创新型公司需要不断实现隐性知识和显性知识之间的互动式螺旋转化，即从隐性知识到隐性知识、从隐性知识到显性知识、从显性知识到隐性知识、从显性知识到显性知识的转化。

无论何种类型的企业，也无论是发展到哪一阶段的企业，人都是企业知识的积累者和传递者。人力资源管理是否有效，可以看其管理职能是否促进了知识和经验在个人间、团队间的顺畅分享，能否不断提高知识和技术的转化能力，这些正是企业能否获取可持续竞争优势的关键。

2. 外部环境分析

如果说企业内部环境是可控性较强的因素，或者说是可以通过自身的调整有效改善的因素，那么外部环境就是指那些不易控制的因素，企业一般只能顺应外部环境或者充分融入外部环境，因势利导以寻求机遇。外部环境主要包括人口环境、经济环境、社会文化环境、科学技术环境、法律环境等。

1) 人口环境

人口环境与总人口的数量、年龄结构、地理分布，以及各民族人口构成和人口收入分配有关。中国是世界上人口最多的国家，2017年底，全国总人口为139 008万人，其中城镇常住人口为81 347万人，占总人口比重为58.52%；全国人口性别比基本合理，但人口老龄化严重，如表3-3所示。根据国际通例，65岁以上人口占总人数7%以上或60岁以上人口比例超过10%的社会被称为老龄化社会或老年型人口国家。目前，我国60岁以上人口占总人口的比例为17.3%，可见，我国已经步入老龄化社会。这种人口结构性矛盾对劳动力队伍的数量、结构和质量都会产生较大的影响。企业人力资源规划的对象是人，因此，在做规划时企业应充分考虑人口环境，尤其是其所在地区的人口环境。

表3-3　2017年末人口数及其构成

指　　标	人数/万人	比重/(%)
全国总人数	139 008	100.0
其中:城镇	81 347	58.52
乡村	57 661	41.48
其中:男性	71 137	51.2
女性	67 871	48.8
其中:0～15岁(含不满16周岁)	24 719	17.8
16～59岁(含不满60周岁)	90 199	64.9
60周岁及以上	24 090	17.3

资料来源:中华人民共和国国家统计局.中华人民共和国2017年国民经济和社会发展统计公报,2018.

2) 经济环境

一个国家的经济状况直接影响行业的状态和企业的发展，因此，企业认真研究各项宏观经济指标，了解经济发展的变化和趋势，具有极为重要的战略意义。宏观经济环境主要包括国家经济体制、经济发展状况等。经济环境的变化将改变劳动力的数量、质量和结构，进而对企业人力资源需求产生影响。微观经济环境主要指一个企业所属的或可能会参与竞争的经济体特征，处于同业竞争主体较多的市场中，企业获得人才的成本、难度就会增加。另外，在经济全球化的背景下，由于国家之间经济依赖程度不断增强，企业除了要关注国内经济环境，还需要搜索、分析、评估和预测国外经济状况。

3) 社会文化环境

社会文化方面的因素与一个社会的基本信念、价值观念、风俗习惯、宗教信仰有关，不同的国家和地区，历史传统、地域环境、经济发展水平都存在着差异，所体现出来的精神上和物质上的文化就会有所不同，而社会文化环境会对人力资源管理产生间接的影响。例如，我国男女平等的观念认同度越来越高，妇女劳动参与率上升，一方面会增加劳动力资源的供给，另一方面产生了家庭对于能够减轻家务劳动负担的商品和服务的需求，如洗衣机、微波炉、速食品、托儿所等，从而引发相关产业劳动力需求的增加。又如，人们生活方式的改变，使时装、化妆品、奢侈品以及旅游业、饮食业等有了更多的发展机会，相伴而生的就是这类行业对销售人才需求量的激增。再如，我国东西部地区文化差异较大，东部沿海地区，受西方文化影响多些，因此比较崇尚快签合同、短期雇用的灵活劳动关系，而西部内陆还是比较偏好稳定而长期的雇用关系。

4）科学技术环境

科学技术环境是企业经营发展所面临的一般性环境，它既能给企业带来有利的发展机会，也会给企业带来威胁。在人力资源管理方面，科学技术进步的影响主要体现在引起人力资源需求和供给结构的变化。例如，互联网技术的飞速发展，使得网络招聘变得流行；新技术的引进与新机器设备的应用，使得企业对低技能员工的需求量减少，而对高水平技术工人的需求量增加；电子商务的发展，使企业对物流人才的需求量增加等。

5）法律环境

随着1995年1月《中华人民共和国劳动法》、2001年10月修改的新《中华人民共和国工会法》、2008年1月《中华人民共和国劳动合同法》的施行，以及2013年7月《劳动合同法修正案》的执行，我国劳动人事法律法规体系正在逐步健全和完善。企业从事人力资源规划工作的人员，必须熟悉上述基本法律条文，仔细研究政府相关政策和制度规定，如劳动就业制度、工时制度、最低工资标准、职业卫生、劳动保护、安全生产，以及户籍制度、住房制度、社会保障制度等。企业制定的每一项人力资源管理政策以及实施的具体措施，都必须严格遵守国家的法律法规，避免劳动争议案件的发生。企业不能为了自身狭隘的经济利益，而对国家劳动人事法律法规视而不见，采取冷漠消极的态度，甚至加以抵触。

综上所述，企业进行人力资源规划时需要考虑各种内外部环境的影响，包括企业发展战略、行业特征、企业文化、企业价值链、企业自身的资源和能力、企业知识等企业自身的因素，以及人口环境、经济环境、社会文化环境、法律环境等企业外部因素。企业根据SWOT分析法对这些因素加以综合分析之后，再从整体或部门的实际情况出发，预测人力资源的供需情况。

3.4.2 人力资源存量分析

人力资源存量分析就是将经济学中的存量分析方法引入人力资源管理领域，计算在特定时间和空间范围内的人力资源量，包括数量和质量。这种分析也是进行人力资源规划时一项十分重要的内容。人力资源存量分析包括外部人力资源存量分析和内部人力资源存量分析，下面将分别加以详细阐述。

1. 外部人力资源存量分析

外部人力资源存量既包括一个国家或地区的人力资源数量，也包括人力资源质量和结构。用公式可以表示为：人力资源总数＝劳动力人口数量×质量。具体分析如下。

1）数量分析

数量分析是对人力资源数量的分析，即分析一个国家或地区范围内劳动适龄人口总量减去其中丧失劳动能力的人口，加上劳动适龄人口之外具有劳动能力的人口。影响人力资源数量的因素包括：

（1）人力资源总量及其再生产状况；

（2）人口的年龄构成，主要反映在劳动适龄人口的比例上；

（3）人口迁移的方向和地域。

当一个国家或地区人力资源基数大，人口的自然增长率较高，劳动适龄人口比重大，且属于人口净迁入区，那么人力资源的数量将十分庞大。

2）质量分析

质量分析是指分析一个国家或地区范围内劳动力人口的体质水平、文化水平、专业技术水平，这是区别人力资源个体或总体差异的关键。一般认为，影响人力资源质量的因素主要有：遗传和其他先天因素、营养健康因素、教育因素。一个国家或者地区通常会采用下列指标来衡量人力资源质量：受教育的等级与年限、劳动者的职称和技术等级、每万人口中大学生人数、小学普及率、中学普及率、专业人员占全体劳动者的比重等。这些指标的数值较高说明人力资源的质量较高，同时，还应该观察历年数值的纵向变化，如果数值上升，说明人力资源质量在上升。

3）结构分析

人力资源结构分析可以依据地区结构，如根据自然地理区、经济区、行政区来分析人力资源在不同地区的分布，以考察地区生产力配置状况；也可以依据性别结构、城乡结构、质量结构等进行人力资源分布状况的分析。

2. 内部人力资源存量分析

内部人力资源存量分析是将分析的范围具体到企业，对企业现有的不同层次的人力资源的数量、质量、结构进行分析与判断。内部人力资源存量的数量分析主要是指，由于企业人力资源的自然消耗（如年老退休、退职、离休、辞职等自然减员）和自然流动（如专业转移、变动）而引起的人力资源数量上的变动；质量分析主要体现为企业人力资本的存量；结构分析则主要是对企业人员层次和工作类型分布的分析。

1）数量分析

人力资源数量分析的重点是讨论现有人力资源数量是否与企业各部门的业务量相吻合，也就是现有的人力资源配置是否最佳。一般而言，生产型企业的一线工作人员、服务行业的工作人员数量采用工作分析法加以分析，即人员需要数量＝每月总工作量所需时间÷[（每人每日工作时间－休息时间）×每月工作日数]，根据生产任务总量和劳动生产率、计划劳动定额以及有关定员标准来确定人员的需求量。管理人员通常采用管理幅度和线性责任图法，根据组织机构的设置、职责范围、业务分工、工作总量和工作定额量标准来确定人员数量。

2）质量分析

企业内部人力资源质量分析可以从人力资本的角度加以考虑。人力资本，通常被界定为能够在现在或未来带来收益的存在于人体之中的知识、技能、健康等综合的价值存量，企业人力资本更加强调能否给企业创造收益。企业经理班子、高级管理人才、高级技术人才、普通管理人才、普通技术人才以及其他员工都不同程度地通过其拥有的知识、技能和体能，为企业创造价值。而创造价值的数量多少和质量高低很大程度上取决于人力资本的存量和能否持续增长。因此企业需要考虑的不仅是个体人力资本，还要考虑如何通过有效的管理形成一套良好的发现人才、培养人才和使用人才的制度体系和机制，把个体的人力资本综合起来，形成更为强大的集体整合能力，以提升企业整体人力资源质量。

企业为了有效分析内部人力资源质量，需要做以下几项工作：第一，对其内部人力资本进行分析，通过会计报表为各层管理者决策提供及时、准确、可靠的人力资本存量信息；第二，发掘具有高回报和高升值空间的人力资本，制定相应的规划以维护稀缺技能领域的人力资本，并招募各类专业人才；第三，通过研究现有人力资本的配置和利用状况，以及公司战略对人力资本的知识、技能需求的预期变化，制定未来人力资本配置计划；第四，根据人力资本支出费用的核算，提供人员增减计划，有效控制人工费。

3）结构分析

企业内部人力资源结构分析可分为人员类型分析和年龄结构分析两部分。人员类型分析，主要指对一线生产人员、技术人员和管理人员等各类别人员的数量、质量进行分析；年龄结构分析是指以年龄作为标准，统计全公司人员的年龄结构及分布情况，以此作为公司发展方向判断、管理模式选择，以及员工职业生涯设计的重要依据。

总之，企业内部人力资源存量分析，首先，根据工作岗位分析的结果确定岗位编制和人员配置情况；然后，对企业内部人力资源数量和质量进行盘点，统计出人员缺编、超编数量，以及胜任岗位和不符合任职资格条件的人员数量；接着，了解计划期内各部门原有的员工人数是否会有变化，核算计划期内企业各部门、各类型人员的需求量；最后，将上述结果进行整合，得出现有企业内部人力资源存量分析的结果。

3.4.3 人力资源需求预测

人力资源需求预测是在对企业内外部环境进行综合分析之后，以企业内现有各类人员需求量为基础，进一步确定现有岗位配置是否有调整的必要、现有定员人数安排是否合理、在岗工作人员是否具备岗位任职条件、未来的生产任务和生产能力是否可能发生变化等方面的情况，基于这些数据与信息，对企业未来某个时期的人员需求量进行定性和定量的评估。下面通过介绍人力资源需求预测的步骤和方法，帮助大家更好地了解这一重要环节。

1. 人力资源需求预测的步骤

人力资源需求预测主要是通过对现有人力资源需求预测、未来人力资源需求预测和未来流失人力资源预测，来分析统计出企业在计划期内各层级、各岗位的人员需求量。具体操作步骤如下。

(1) 内外部环境分析。企业进行人力资源需求预测，首先要对企业内外部环境进行分析，并做出科学、客观、准确的判断，以此作为企业制定相应策略与规划的前提。这部分内容在前面已经阐述，此处不再赘述。

(2) 企业内部员工分类。由于企业内岗位、工种不同，定员定额情况会有很大差别，因此需要对不同岗位的员工进行分类预测。生产型企业通常可以将人员划分为专门技能人员、专业技术人员和经营管理人员三类。专门技能人员具体可以分为基本生产工、装配试验工、维修操作工、检验工、辅助工等；专业技术人员可以分为机动平台技术人员、机械制造加工工艺人员、机械产品装配工艺人员、工程设计人员、检测计量与检验人员、服务性技术人员等；经营管理人员可以分为战略管理人员、运营管理人员、市场运作人员、保障管理人员和社会化服务管理人员五大类。

(3) 现有人力资源需求量确定。为了确认各类岗位现有在岗人员配置是否合理，需要重新审阅工作说明书和岗位规范，确认各岗位编制状况；通过盘点各岗位人力资源存量，统计出人员数量或质量上配置的缺口。人力资源管理部门应将上述统计结果与职能部门管理者进行讨论、修正，并得出现有人力资源需求量。

(4) 计划期内人力资源存量与增量变化预测。对计划期内退休的人员、未来可能离职的人员(可以参考往年流失概率)进行统计，得出未来人员流失状况的预测结果；根据企业发展战略规划，以及工作量的增加(或缩减)情况，确定各部门计划期内需要增加(或减少)的工作量，得出未来人力资源需求量的预测结果。

（5）汇总结果并进行人员需求计划编制。编制人员需求计划的关键是正确确定计划期内的人员补充需求量。将现有人力资源需求量和未来人力资源需求增量进行汇总计算，核算出企业整体人力资源需求量，并将预测结果与现有人员总数进行比较，其不足部分加上计划期内可能流出人员数，即为计划期内的人员补充需求量。公式如下：计划期内人员补充需求量＝计划期内人员总需求量－报告期期末员工总数＋计划期内流出人员数。在现实的操作中，企业还应对短期、中期、长期的人力资源需求分别进行预测、分析，并编制计划。

2. 人力资源需求预测的方法

人力资源需求预测会受到诸多不确定因素的影响，如企业的发展战略和经营规划、产品和服务的需求、生产效率等都会引起岗位设置和岗位工作量的变化，从而引起企业对人员需求数量、质量和结构的变化。如果通过分析，可以得出未来一段时间企业岗位设置和人员配置的变化值，将其和现状进行对比，就能较为准确地计算出企业未来人力资源的需求量，进而指导人力资源规划、招聘和培训等具体工作。人力资源需求预测的具体方法很多，可以分为定性预测和定量预测两大类。

1）定性预测法

定性的人力资源需求预测方法主要有现状规划法、经验预测法和德尔菲法等。

（1）现状规划法：假设企业保持原有的生产规模和生产技术不变，企业现有各种人员的配备比例和数量能够满足规划期内人力资源的需求，人力资源规划者只要能够预测出在规划期内有哪些人员可能得到晋升、降职、退休或调出本企业的情况，就可以得出各部门人员的需求数量。现状规划法也可以在企业现状基础上，对未来一段时间有关因素的变化进行描述或假设，从描述、假设、分析、综合中预测企业未来的人力资源需求，并制定出相应的人力资源需求备选方案。由于随着时间的推移，企业现状会发生改变，而环境等不确定因素的变化更加难以预测，因此这种方法不适用于长期预测。

（2）经验预测法：人力资源规划者根据以往的工作经验，结合本企业的特点，对人力资源数量及质量进行预测的方法。这种方法适用于技术较稳定的企业进行短期人力资源预测。具体操作可以采用“自下而上”和“自上而下”两种方式。“自下而上”是由基层部门主管向自己的上级经理提出人员需求的具体要求和建议，逐层上报，最终汇总各部门的预测结果并征得高层同意，这种方法比较实际、灵活，且可行性较高，但在实施中，预测人员数量通常偏多，可能产生冗员。“自上而下”就是由公司高层经理先拟订公司总体的用人规划，然后逐层下推，由各级部门经理根据公司的总要求自行拟订部门用人计划。此法可以有效控制总体的员工人数，但却降低了计划的准确性，易造成岗位工作超负荷的问题。由于两种方法各有利弊，因此最好将“自下而上”和“自上而下”两种方式结合起来，首先由企业高层提出员工需求的指导性建议；然后由各部门经理按照这一建议的要求，与人力资源管理部门、技术部门、生产部门一起确定大体的用人需求；继而将需要增减人员数量的要求及理由逐级上报；最后由人力资源管理部门汇总调整，并确定最终用人需求，形成员工需求的定性预测，交由总经理审批。经验预测结果准确与否受经验影响较大，因此，应完整保存企业的历史档案，并参考多人集合的经验，这样才可以减少误差，提高预测效度。

（3）德尔菲法：又叫专家评估法，在人力资源需求预测中，一般采用问卷调查的方式，邀请某一领域的一些专家或有经验的管理人员“背靠背”地对企业未来人力资源需求量进行预测。该方法主要步骤如下：第一，设定预测的问题，即向专家提供有关情况和资料，并根据专家意见及时补充资料；第二，专家从不同的角度预测问题，即由专家对调查表所提出的问题进行独立评价并说明理由，然后由协调人员回收专家意见；第三，反馈并修改预测，对专家所做出的预测进行统计、分析、整理后，分别反馈给专家，要求每位专家根据反馈的预测资料再次进行判断，持异议的专家需要充分陈述理由；第四，如此反复数次，直至专家的意见渐趋一致而得出结论。此方法的特点是专家分别独立预测，既可有效扩大预测幅度，也可降低预测者间的彼此干扰，对人力资源需求形成“英雄所见略同”的较为准确的判断。

2）定量预测法

定量的人力资源需求预测方法主要有趋势外推法、工作负荷预测法和回归分析法等。

（1）趋势外推法。

趋势外推法又称为时间序列法，是定量预测技术的一种。其实质是根据人力资源历史的和现有的资料，以及随时间变化的趋势具有连续性的原理，运用数学工具对该序列加以引申，即从过去延伸至将来，从而预测未来的人力资源状况。其通用回归模型可表示为：$y=a+bt$。式中，t 是时间变量，是已知值；因变量 y 表示人员需求数量，可通过观测或查阅历史数据得到；a、b 是待定值，它们表示 y 和 t 的关系，通过对 y 的历史数据和时间 t 进行回归分析处理可以求得其具体值。这一过程主要靠计算机及相应的统计软件来完成，常用的统计软件有 SPSS、SAS、EVIEWS。

趋势外推法作为一种初步预测方法是很有价值的，但它有很大的局限性，因为企业人力资源需求不可能只受单个因素（时间）的影响。在使用该方法时，一定要注意，在企业生产技术没有变化，劳动生产效率没有变化，企业经营较为稳定的情况下，才可以根据时间趋势方程计算人力资源需求量。趋势外推法一般适合短、中期预测，或在比较稳定的企业里进行人员预测。

（2）工作负荷预测法。

工作负荷预测法是通过预测未来产品生产总量，根据岗位劳动定额折算出所需人数的一种人员预测方法。工作负荷预测法根据情况可具体分为以下几种方法。

① 工作定额法，通过对具体工作作业过程进行动作研究和时间研究，计算出工时定额和劳动定额，修正可预测变动因素并确定企业员工需求量。其公式为 $M=W\div[q(1+R)]$。式中，M 表示人力资源需求量；W 表示企业计划期任务总量；q 表示企业定额标准；R 表示计划期劳动生产率变动系数。

② 设备定员法，即根据完成一定的生产任务所必须开动的设备台数和班次，按照单机设备定员计算人员数量的方法。该方法适用于操作设备作业工种的定员，其公式为：

$$M=\frac{\sum(n\times m\times s)}{K}$$

式中，M 为人力资源需求量，n 为同型设备开机台数，m 为单机定员标准，s 为该型设备平均开动班次，K 为出勤率。

③ 岗位定员法，即按岗位定员标准、工作班次和岗位数量计算人力资源需求量的一种方法。此法一般被石油、化工、钢铁、汽车及家电等企业采用。其公式为：

$$M=\frac{\sum(m'\times s'\times n')}{K}\times E$$

式中，M 为人力资源需求量，m'为岗位定员标准，s'为班次，n'为同类岗位数，K 为出勤率，E 为轮休系数。

④ 比例定员法，即以服务对象的人数为基础，按定员标准比例来计算人员需求量的方法，该方法适用于对辅助生产服务性工作或教育、卫生等单位人员需求量的确定。其公式为：$M=F/p$。式中，M 为人力资源需求量；F 为服务对象的人数；p 定员标准比例。

⑤ 职责定员法，即按既定的组织结构、职责范围以及机构内部业务分工来确定人员数量的一种方法。该方法适用于技术人员的定员，由于这类工作复杂，工作定额难以量化，故无法用数学公式来表示，一般可以根据管理层次、机构设置与分工、工作效率等加以确定。

（3）回归分析法。

回归分析法是依据事物发展变化的因果关系来预测事物未来发展的趋势，它是研究变量间相互关系的一种定量预测方法。在人力资源需求预测中，通过建立生产经营活动水平与人员需求量之间的数学关系，来推测企业人力资源需求量。其通用的回归模型可表示为：$y=a+\sum b_i n_i x_i$。式中，自变量 x_i 表示第 i 个影响因素的值，因变量 y 表示人力资源需求量，以上变量可以通过查阅企业过去的情况和资料获得。a、b_i、n_i 是待定值，它们表示 y 和 x_i 的关系，通过对 y 和 x_i 的现有数据进行回归分析处理，运用 SPSS 等统计软件可以求得其具体值。当 $i=1$ 时，本方法为单变量线性回归方法；当 $i>1$ 时，本方法为多变量线性回归方法。

单变量线性回归方法的典型步骤如下：首先，选择一个相关变量，找出该变量与人力资源需求量 5 年以上的历史数据；其次，建立一元线性方程，根据历史资料确定线性方程的系数；最后，由该线性方程求出目标值所对应的人力资源需求量。多变量线性回归分析需要通过回归方程显示出人力资源需求量和影响人力资源需求量的多个变量之间存在因果关系，继而代入更新后的影响因素数值求得人力资源需求量，这一过程必须借助统计软件完成。

3.4.4　人力资源供给预测

人力资源供给预测，是人力资源预测的又一关键环节。人力资源供给预测包括内部供给预测和外部供给预测。首先应当了解企业目前拥有的人员数量，并将其与企业未来人员需求量进行比较，然后制定出相应的调岗、招聘、培训等具体的规划，以实现人力资源的供需平衡。

1. 人力资源供给预测的步骤

1）人力资源内部供给预测

人力资源内部供给预测就是通过核算和预测得到计划期企业内部可供给人员的数量。人力资源规划人员首先要对企业内部现有的人力资源进行盘点，了解企业各部门、各层级员工队伍的现状；其次，在分析企业以往职务调整政策和历年员工调整状况的基础上，统计出员工实际调整的比例；再次，需要向各部门的主管人员了解本部门未来可能出现的人事调整状况（包括退休、辞职、辞退等）；最后，将上述所有数据进行汇总，得出企业内部人力资源供给的预测结果。

2）人力资源外部供给预测

当企业职位空缺不能完全通过内部供给加以填补时，就要考虑从企业外部进行人员补充。此时需要关注影响企业外部劳动力供给的各种因素，如地域性影响、人口政策及人口现状、劳动力市场、社会就业意识和择业心理偏好、户籍制度等，还要分析企业外部人力资源供给的主要渠道有哪些，如猎取其他组织在职人员，招聘失业人员、流动人员、复员转业军人、大中专院校应届毕业生等。企业在有效分析人力资源外部供给环境的基础上，明确各种外部招聘渠道吸纳人才的特征，科学地预测出人力资源的外部供给量。

3）内、外部供给预测结果汇总

通过对企业内、外部人力资源供给进行科学系统的预测，将这两方面结果进行汇总，得出企业人力资源供给的总量。将人力资源供给与需求的预测结果进行对比，衡量企业在预期内是否可以实现人力资源的供需平衡，并判断这种人员配置状况是否可以实现企业的经营计划和战略目标。

2. 人力资源内部供给预测的方法

在企业人力资源供给预测中，外部预测由于影响变量较多，且企业很难预见并加以控制，因此预测中的主要工作是对企业人力资源内部供给进行有效预测。最常用的内部供给预测方法有四种：人力资源信息库、人员核查法、管理人员接替法和马尔科夫预测法。

1）人力资源信息库

人力资源信息库是通过列表的形式清晰地反映员工的工作能力特征和工作记录，包括教育背景、训练背景、专业证书、工作历史与评价、所需培训、可晋升或流动至何岗位等，如表3-4所示。该清单不是“死”档案，而是滚动记录员工实际工作能力变化的信息库。人力资源规划人员可借助此库获取企业每个员工晋升、调动、解聘等方面的信息。人力资源信息库所提供的动态信息，能够有效帮助企业识别晋升人选，完成管理人员接续计划、特殊项目的工作分配、职业生涯规划和企业结构分析等工作。

表3-4　某企业人力资源信息库

<table>
<tr><td>姓名：</td><td>部门：</td><td>到职日期：</td><td>来源：</td><td>出生年月：</td><td>最高职称：</td></tr>
<tr><td rowspan="5">教育背景</td><td>类　别</td><td>学位种类</td><td>毕业日期</td><td>学　校</td><td>主修科目</td></tr>
<tr><td>高中</td><td></td><td></td><td></td><td></td></tr>
<tr><td>学士</td><td></td><td></td><td></td><td></td></tr>
<tr><td>硕士</td><td></td><td></td><td></td><td></td></tr>
<tr><td>博士</td><td></td><td></td><td></td><td></td></tr>
<tr><td rowspan="4">训练背景</td><td colspan="2">训练主题</td><td colspan="2">训练机构</td><td>训练时间</td></tr>
<tr><td></td><td></td><td></td><td></td><td></td></tr>
<tr><td></td><td></td><td></td><td></td><td></td></tr>
<tr><td></td><td></td><td></td><td></td><td></td></tr>
<tr><td rowspan="2">专业证书或执照</td><td colspan="3">技　能</td><td colspan="2">证　书</td></tr>
<tr><td></td><td></td><td></td><td></td><td></td></tr>
<tr><td>工作历史与评价</td><td colspan="5"></td></tr>
<tr><td>所需培训</td><td colspan="5"></td></tr>
<tr><td>可晋升或流动至何岗位</td><td colspan="5"></td></tr>
</table>

2）人员核查法

人员核查法是指对企业内现有人力资源质量、数量、结构和配置状况进行核查，以确切掌握某一时间点企业内部人力资源拥有量。此法比较简单易行，适用于小型企业短期、静态预测。如果企业规模较大，结构复杂，那么就需要借助人力资源信息系统才能保证核查的准确性。该方法的典型步骤有两步：其一，对企业的工作职位进行分类，并划分级别；其二，确定每一职位或每一级别的人数。例如，某企业把企业员工划分为管理类、生产类、服务类、技术类四个职系，每个职系有四个级别，其人力状况就可以用表格的形式表示出来，如表 3-5 所示。

表 3-5　某企业人力资源现状核查表　　单位：人

级　别	职　系			
	管理类	生产类	服务类	技术类
高层管理者	1	1	2	1
中层管理者	3	5	6	4
基层管理者	12	25	18	16
一般员工	60	100	54	48

3）管理人员接替法

管理人员接替法，即对管理人员的状况进行调查、评价后，列出未来可能替补或委任的管理人员人选。该方法被认为是把人力资源规划和企业战略结合起来的一种较好的方法。应用管理人员接替法时，需要对在任管理人员、接替人员的现有绩效和潜力进行客观评价。具体操作步骤如下：第一，确定各个管理岗位的工作职能范围和任职资格；第二，确定关键职位的接替人选；第三，评价接替人选的绩效和能力是否达到晋升的标准；第四，明确接替人选的职业发展需要；第五，确定接替时间、职业发展路线。

4）马尔科夫预测法

马尔科夫预测法是通过收集企业人员变动的历史数据，总结过去人事变动的规律，根据转移概率和人员基数推测出企业未来人力资源变化情况的动态预测方法。其主要步骤如下：第一，根据企业的历史资料，计算出每一类员工流动的平均概率；第二，将各类或各级别的概率加以整理，建立人员变动矩阵表；第三，将平均概率与人员基数相乘并纵向相加，得到企业内部可供给人数。下面，通过一个例子说明如何运用该方法进行人员预测。假设某企业有四类职位，级别由高到低分别是 A、B、C、D，各类职位人员人数如表 3-6 所示，其转移概率如表 3-7 所示。以 B 类职位为例，B 类人员有 70％的人保持原岗位不变，10％的人被提拔到 A 岗位，20％的人离开了企业，将转移概率与相应的各类人员最初人数相乘可以得出人员变动具体数值，纵向相加后得到各类人员内部供给的数量，将这一预测的供给量和最初人数进行比较，假定企业计划期内没有新增人员需求，则可以直接计算出企业一年后的人力资源净需求量，具体数值见表 3-8。

表 3-6　某企业各职位人员的分布情况　　单位：人

职位	A	B	C	D
人数	50	80	100	250

表 3-7　某企业人员转移概率矩阵表

	A	B	C	D	离职率合计
A	0.8				0.2
B	0.1	0.7			0.2
C		0.1	0.6	0.2	0.1
D			0.1	0.6	0.3

表 3-8　一年后某企业人力资源净需求量　　单位：人

	最初人数	A	B	C	D	离职合计
A	50	40				10
B	80	8	56			16
C	100		10	60	20	10
D	250			25	150	75
内部供给	—	48	66	85	170	—
净需求	—	2	14	15	80	—

3. 人力资源供需综合平衡

人力资源预测的最终目的是实现企业人力资源供给和需求的综合平衡。企业进行人力资源供给预测和需求预测之后，需要对这两方面的预测结果进行比较，并根据比较的结果采取措施。一般而言，比较的结果有以下几种：

(1) 供给和需求在数量、质量以及结构等方面都基本平衡；

(2) 供给和需求在总量上平衡，但是结构上不匹配；

(3) 供给大于需求；

(4) 供给小于需求。

上述可能出现的结果不一定单独发生，经常是各种结果相互交织在一起，比如非核心部门或基层的职位供给大于需求，而核心部门和关键的职位供给却小于需求。因此企业在制定人力资源规划时，应当从实际出发，综合运用多种方法。当供大于求时，采取的措施主要有：扩大经营规模或者开拓新的增长点、裁员、鼓励员工提前退休、缩短员工的工作时间、工时制、对员工进行培训等。当供小于求时，采取的措施主要有：招聘新人或返聘退休人员、提高现有员工的工作效率、延长工作时间、降低员工的离职率、将某些业务外包、提高资本有机构成、临时用工计划等。当供求总量平衡但结构不匹配时，采取的措施主要有：重新配置内部人员、根据空缺岗位任职资格要求开展专门培训、人员置换等。总之，只有各种措施有效配合，才能达到人力资源供给和需求在数量、质量以及结构上的协调平衡。

3.4.5　人力资源规划书的编制

在编制人力资源规划书时，要避免"闭门造车"，在明确分析企业目标对组织架构和岗位设置影响的基础上，预测人力资源的数量，确定员工所需的技能，明晰招聘和调任员工的具体需求，以实现人力资源的供求平衡。由于各企业的具体情况不同，因此编写人力资源规划书的步骤不尽相同，但基本程序还是有共通性的，具体编制的程序如下。

1. 设计组织架构和合理设置岗位

根据企业的行业特征、发展战略，对组织等级、运营结构及管控模式等提出具体要求，明确管理层次与范围，明确各部门、各岗位之间的职责和相互协作关系，以文本形式呈现组织架构，并撰写岗位设置要求和职责描述报告等文件，明确企业在一个既定时间段内的权责结构、部门划分的具体形式以及员工行为管理规范等。

2. 确定岗位数量和人员编制

根据企业发展规划和对现有各层级岗位数量的调查结果，确定企业未来各层级岗位数量，并编制相应的人员配置计划，以明确企业未来所需人员数量和员工能力素质构成。

3. 预测企业未来人员需求量

盘点企业现有人力资源数量和质量，根据岗位编制计划和人员流动状况，预测企业未来的人员需求。人员需求计划中应明晰岗位类别、岗位名称、人员数量、任职资格要求、到岗时间等内容。

4. 预测企业未来人员供给量

基于对各部门历年人员调整情况、岗位现有人员内部供给量、未来所需增加人员数量等方面的调研，预测未来某个特定时期内，企业人力资源内外部供给情况。具体包括：人员供给的方式（外部招聘、内部招聘等），人员内、外部流动政策，人员调整补充的途径及实施计划等。

5. 制定人力资源政策调整计划

为保证企业未来人员供需平衡和有序管理，需要对企业人力资源管理的原有政策进行适当的调整，具体调整内容可能涉及薪酬计划、绩效计划、培训计划、招聘计划、员工援助计划、职业生涯规划等。调整这些计划的目的在于：促使企业选择合适的渠道和方法招聘到合适的人才；有效提高员工的素质以增强适岗能力；提高员工忠诚度，从而减少员工主动流失所造成的企业人员供给缺口。

6. 进行规划预算和风险评估

需要根据人力资源政策调整计划进行招聘费用、培训费用、福利费用等的预算，并对人力资源管理中关键任务的风险进行辨识与评估，如招聘失败、新政策引起员工不满等，编制应急预案，提高风险防范和监控能力，降低风险发生的概率或减轻破坏程度。

总之，人力资源管理部门在编写规划书的过程中，需要充分领会企业高层的战略理念，积极听取各直线部门管理者的意见，这样才能将宏观的理念与企业的实际相联系，制定切实可行的人力资源规划书，以指导各项工作有序进行。

本章小结

本章内容展开的前提是对企业战略和人力资源战略概念的引入，才能对人力资源规划有宏观和具体两个方面的了解。介绍了人力资源规划的概念后，分析了人力资源规划的目的、层次和原则，并陈述了人力资源规划和企业战略的关系。最后，介绍了人力资源预测，具体讲述了人力资源环境分析、存量分析、需求预测和供给预测，并说明了人力资源规划书的编制程序。

本章导学图

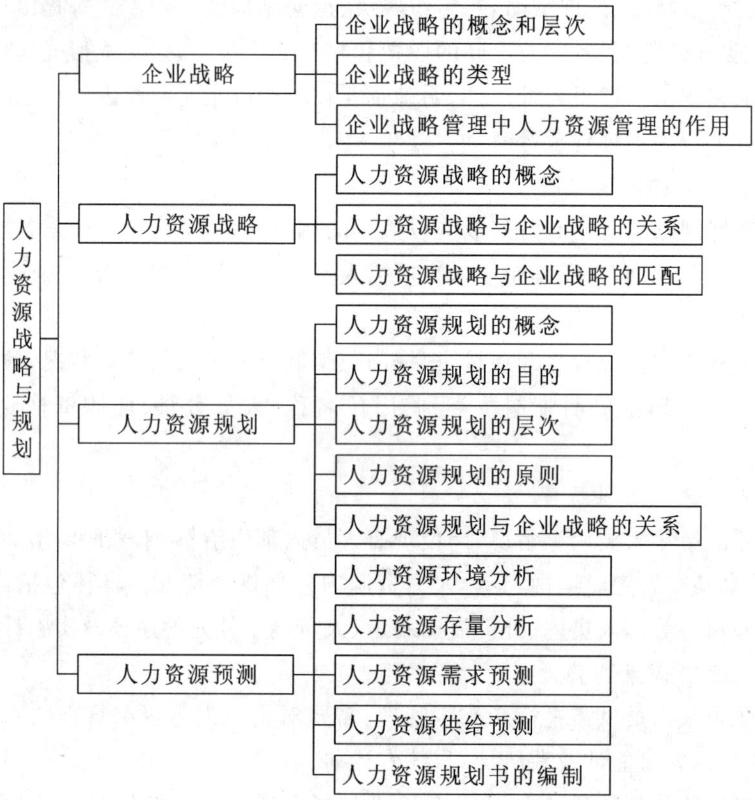

知识巩固训练

一、单项选择题

1. 在人力资源规划中，(　　)事关全局，是各种人力资源计划的核心。

A.战略规划　　B.组织规划　　C.制度规划　　D.人员规划

2. (　　)保证了人力资源总规划目标的实现。

A.费用规划　　B.组织规划　　C.制度规划　　D.战略规划

3. 以下不属于人力资源规划中费用规划内容的是(　　)。

A.人力资源费用预算　　B.人力资源费用控制

C.人力资源费用监督　　D.人力资源费用结算

4. 以下不属于企业定员的内部环境的是(　　)。

A.考勤制度　　B.离职退休制度

C.奖惩制度　　D.企业与员工具有双向选择权

5. 广义的人力资源规划是企业所有人力资源计划的总称，是战略规划与(　　)。

A.战术规划　　B.组织规划

C.人员规划　　D.费用规划

6. (　　)是对总体规划的展开、具体实施及人力资源管理具体业务的部署，通过人力资源专项业务规划的实施应能保障人力资源总体规划目标的实现。

A.人力资源专项业务规划　　B.人力资源需求

C.人力资源战略规划　　D.人力资源战术规划

7. 下列哪项不是影响人力资源质量的因素？（　　）

A.遗传和其他先天因素　　B.营养健康因素

C.人口迁移的方向和地域　　D.教育方面的因素

8.（　　）又叫专家评估法，在人力资源需求预测中，一般采用问卷调查的方式，邀请某一领域的一些专家或有经验的管理员"背靠背"地对企业未来人力资源需求量进行预测。

A.德尔菲法　　B.现状规划法

C.经验预测法　　D.趋势外推法

9.（　　）是通过收集企业人员变动的历史数据，总结过去人事变动的规律，根据转移概率和人员基数推测出企业未来人力资源变化情况的动态预测方法。

A.规律预测法　　B.定性预测法

C.经验预测法　　D.马尔科夫预测法

10. 人力资源规划的最终目的是（　　）。

A.实现企业管理层次精简化

B.实现企业利润最大化

C.实现企业人力资源供给和需求的综合平衡

D.实现企业规模最大化

二、多项选择题

1. 哈佛商学院的迈克尔·波特（Michael Porter）在《竞争战略》（1980）一书中指出，企业为获得竞争优势，可根据自身情况选择的基本竞争战略有（　　）。

A.低成本战略　　B.差异化战略　　C.集中化战略

D.运营型战略　　E.创新型战略

2. 在企业外部环境分析中，人力资源管理部门可以帮助企业分析潜在的（　　）等与员工密切相关的外部竞争的机遇和威胁。

A.劳动力短缺　　B.竞争对手的工资率

C.员工队伍的优势与劣势　　D.对人员雇用产生影响的法律规章

E.工作分析与工作设计

3. 在现实环境中，人力资源战略应在（　　）的基础上制定。

A.充分考虑企业发展战略　　B.符合组织内外各方面的利益

C.争取全体成员的一致认同　　D.得到企业高层管理者的高度认可

E.考虑中高层管理者的利益

4. 企业战略中所涉及的各项内容都需要相应的人员来完成，对于人员的（　　）等，都需要人力资源战略的配合。

A.分配　　B.调整　　C.配套的组织结构　　D.激励

5. 人力资源规划的目的有（　　）。

A.规划人力资源的发展　　B.降低人力资源使用成本

C.合理使用人力资源　　D.满足员工需求

E.助推组织发展

6. 企业人力资源总体规划是对规划期内人力资源管理的(　　)的安排。

A.总目标　B.总政策　C.实施步骤　D.总预算

7. 人力资源规划的原则有(　　)。

A.应对环境原则　B.保障组织目标实现的原则

C.利益兼顾原则　D.方向性原则

8. 人力资源外部环境分析中,外部环境包括(　　)。

A.人口环境　B.经济环境　C.社会文化环境

D.科学技术环境　E.法律环境

9. 人力资源外部存量分析有(　　)。

A.数量分析　B.质量分析　C.结构分析　D.环境分析

10. 从规划的期限上看,人力资源规划可以区分为(　　)。

A.长期规划　B.中长期规划　C.中期规划

D.中短期规划　E.短期规划

三、判断题

1. 人力资源战略以企业战略为依据。(　　)

2. 人力资源长期规划是3年以上的规划。(　　)

3. 广义的人力资源规划的实质是企业各类人力资源的补充规划,主要包括人员配备计划、人员补充计划、人员晋升计划等。(　　)

4. 企业人力资源总体规划与企业战略联系紧密,是实现企业战略目标的人力资源保障,也是制定各项人力资源业务计划的依据。(　　)

5. 人力资源作为企业自身资源的一种,是影响企业资源积累、再造与发挥作用的重要载体。(　　)

6. 影响人力资源质量的因素主要有遗传和其他先天因素、营养健康因素。(　　)

7. 人力资源需求预测主要是通过对现有人力资源需求预测、未来人力资源需求预测和未来流失人力资源预测,来分析统计出企业在计划期内各层级、各岗位的人员需要量。(　　)

8. 历史资料分析法就是企业根据人力资源规划者以往的工作经验,结合本企业的特点,对人力资源数量及质量进行预测的方法。(　　)

9. 趋势外推法是根据人力资源历史的和现有的资料,以及随时间变化的趋势具有连续性的原理,运用数学工具对该序列加以引申,即从过去延伸至将来,从而预测未来的人力资源状况。(　　)

10. 管理人员接替法即对现有企业内人力资源质量、数量、结构和配置状况进行核查,以确切掌握某一时间点企业内部人力资源拥有量。(　　)

四、简答题

1. 简述企业战略的三个层次。

2. 简述企业基本竞争战略类型。

3. 什么是人力资源战略?

4. 简述人力资源战略与企业战略的关系。

5. 什么是人力资源规划?

6. 简述人力资源规划的目的。

7. 简述人力资源规划的层次。

8. 简述人力资源规划的原则。

9. 简述人力资源环境分析。

10. 简述人力资源存量分析。

11. 简述人力资源需求预测。

12. 简述人力资源供给预测。

五、计算题

1. 某企业计划期任务总工时为 5050，企业的劳动效率工时为 50，计划期劳动生产率变动系数为 0.01。运用工作定额法预测该企业的人力资源需求量。

2. 某物流公司有小型仓库 20 间，年平均使用率为 90%，仓储管理员上长白班，即早上 9 点上班，晚上 7 点下班，每天每人独立对仓库进行日常管理的定额是 3 间，员工出勤率一般为 95%，公司实行 5 天工作日制，除固定休息外，还享受每年 10 天带薪休假（法定假日正常排班，根据劳动法实行加班补偿），请计算仓储管理员的人数。

职业能力训练

项目：制定一份人力资源规划书。

目的：系统认识人力资源规划各方面的工作。

要求：由 5～7 人组成一个小组，模拟一家公司，对以下六个模块进行系统分析：

（一）设计组织架构和合理设置岗位；

（二）确定岗位数量和人员编制；

（三）预测企业未来人员需求量；

（四）预测企业未来人员供给量；

（五）制定人力资源政策调整计划；

（六）进行规划预算和风险评估。

成果：每组提交一份人力资源规划书。

拓展阅读

第4章　员工招聘

学习目标

（1）掌握招聘的概念和原则。

（2）掌握招聘的流程，会制定招聘计划。

（3）了解和掌握招聘渠道和招聘方法。

（4）了解和掌握面试程序。

（5）了解招聘评估的技术与方法。

（6）掌握人员录用与审批的流程。

本章关键词

招聘（recruitment）、甄选（select）、录用（employ）、招聘计划（recruitment plan）、招聘渠道（recruitment channel）、测试（test）、面试（interview）

引导案例

4.1　招聘概述

4.1.1　招聘的概念

员工招聘是人力资源管理的重要工作，也是企业吸纳与获取人才的重要渠道。招聘包括招募和甄选两个相对独立的过程。招募是企业通过宣传来扩大影响，以发现和吸引潜在雇员为目的而开展的各种活动；甄选是指使用各种选择方法和技术挑选合格员工的过程。

员工招聘是指组织为了生存和发展的需要，根据组织人力资源规划和工作分析的要求，采取科学的方法寻找和吸引具备资格的个人到企业来应聘，从中选拔出适宜人员予以录用的管理过程。招聘过程实质上就是从应聘者中选择最符合特定工作岗位要求的人员的过程，表面上看是企业主动选择应聘者的过程，实际上是企业与应聘者之间双向选择和匹配的动态过程。

员工招聘一般发生在新组织成立、企业现有岗位空缺、优化员工结构、组织业务范围扩大等情况下。

4.1.2 招聘的原则

1. 公开原则

公开原则指招聘单位应将招聘岗位的种类和数量,应聘的资格、条件,笔试的方法、科目和时间,招聘程序及结果均公告社会,公开进行。一方面,给予社会上的人才以公平竞争的机会,达到广招人才的目的;另一方面,使招聘工作置于社会的公开监督之下,防止招聘工作中存在暗箱操作等不正之风。

2. 平等原则

平等原则是指对所有应聘者一视同仁,为应聘者提供平等竞争的机会。企业不应该人为地制造各种不平等的限制条件(如地域、外貌、民族、性别等方面的限制)和优先优惠政策,要严格考核程序和手段,以潜在员工的个体能力和技能作为选拔标准,而不以关系和血缘等作为标准,根据企业实际需要录用合适的人才。

3. 人岗匹配原则

人岗匹配原则是指在选择岗位任职者时一定要注意应聘者的素质与岗位的要求相匹配。任职人员的素质高于岗位要求,会造成人员高消费,浪费人才;任职人员的素质低于岗位要求,会强人所难,影响工作业绩。招聘的目的不一定是招聘到最优秀的人才,而是使被录用人员的能力和录用岗位的需要相适合,量才录用,做到人尽其才、用其所长、职得其人。

4. 全面考核原则

全面考核原则是指对应聘人员的品德、知识、能力、智力、心理、过去的工作经验和业绩进行全面考核和考察。因为一个人能否胜任某项工作,是由多方面因素决定的,并不仅仅取决于知识的储备量,许多岗位所要求的非智力因素往往对将来的业绩起着决定性作用。

5. 效率优先原则

企业在招聘过程中需要花费大量的人力和物力,企业应该用尽可能低的招聘成本录用到最佳人选。在组织招聘工作时,要根据不同的招聘要求灵活地选用适当的招聘途径和招聘手段,在保证招聘质量的基础上,尽可能降低招聘成本。

6. 双向选择原则

双向选择原则是指组织和应聘者在充分认知的基础上进行双向选择。一方面,应聘者如实充分地介绍和展示自己,另一方面,企业也对应聘者所关注的问题进行全面的解答和介绍,不隐恶扬善。企业在人力市场上搜寻合适的应聘者,应聘者也在人力市场上寻找心仪的企业,双方享有平等的法律地位,在充分认知的基础上做出选择。

4.1.3 招聘的发展趋势

1. 通过雇主品牌来吸引应聘者

随着经济发展进入新阶段,招聘的竞争日趋激烈。Eda Gultekin 在《雇主品牌价值何在》的调查中发现,强大的雇主品牌可将每次招聘成本降低 50%,使员工流动率降低 28%。

20 世纪 90 年代,英国资深管理专家赛蒙·巴洛(Simon Barrow)与伦敦商学院提姆·安博拉(Tim Ambler)教授提出雇主品牌的概念。雇主品牌以为核心雇员提供优质与特色的服务和保障为基础,是雇主和雇员之间被广泛传播到其他的利益相关人、更大范围的社会群体以及潜在雇员的一种情感关系,通过各种方式表明企业是最值得期望和尊重的雇主。雇主品牌的主体是企业,载体是核心雇员,其理论以人力资本理论、心理契约理论和品牌资产理论为基础进行建立,并借助市场营销的方法,深入应用到企业的人力资源管理中。

2. 网络技术影响越来越大

新技术的持续创新和发展，使新型招聘方式不断涌现。

1）社交型移动招聘

以前，网络招聘因其信息量大、覆盖面广、平均招聘成本低、效率高，以及应聘者使用率高等优点被大多数企业认可。但随着互联网向移动端的扩展，移动社交媒体越来越普及，社交型移动招聘也逐渐步入人们求职和招聘的过程中。社交型移动招聘的宗旨是“建立企业与应聘者、应聘者和应聘者间的在线交流社交平台”，通过这类平台建立职业、行业小圈子，进而通过圈子让应聘者展示自我，帮助企业寻找及判断合适的人才。

2）微招聘

近些年，“微招聘”应运而生并获得大量的关注和应用。“微招聘”是指利用微信移动客户端进行招聘信息发布、传播和应聘者求职意向收集等。一般来说，“微招聘”有两种应用方式：一是只通过微信传播招聘信息，传播方式包括图文信息发布、招聘海报发布、H5 微页面的宣传等，以风趣幽默的语言风格和与时俱进的网络流行语，迅速吸引年轻的应聘者；二是在微信上除了进行招聘信息宣传外，还开通应聘者在线投递简历的功能，应聘者可直接在平台上填写个人信息、投递简历，或通过单击跳转到简历投递网页，有效地把招聘宣传和简历管理两大功能结合起来。

3）大数据的广泛运用

在人力资源管理过程中，会产生、涉及很多信息和数据，包括应聘者的个人信息、面试评价、测评分数等。当网络招聘逐渐成为招聘的主流手段时，互联网信息爆炸时代使得大数据在招聘环节的应用越发重要。企业根据招聘需求，通过定向发掘、分析社交网络数据库中的大数据，将分析的结果运用到招聘中，实现精准、智能化以及个性化的招聘信息推送、应聘者的推荐和筛选，帮助企业更高效、精准地招聘。在具体实施中，企业可以通过大数据从应聘者的职业经历、专业影响力、业绩成果、性格匹配、职业倾向、工作期望值以及行为模式等维度对应聘者进行考察评价，并能获得难以通过面试得到的兴趣特点、性格特征和社交圈等信息。

3. 寻找被动型人才

根据职业社交网络 LinkedIn 发布的 2015 年报告，与全球其他国家的招聘行业相比，中国企业更倾向于招聘被动型人才。这表明企业在获取优秀人才时并不是由应聘者主动投递简历，更多的是企业主动去“挖”人才。据调查，79％的在职人士认为自己属于被动型，其中有 76％的人对目前工作满意，12％的人对当前的工作持“无所谓”态度，他们不会主动去查找招聘信息，更不会主动投递简历寻找更好的工作机会，但如果企业招聘人员或猎头提供新的工作机会，83％的在职人士表示“感兴趣”。因此，企业应主动地接触人才，而非被动地等待人才投递简历，这也值得招聘人员投入更多精力。

4.2 招聘流程

员工招聘是一个复杂、完整和连续的程序化操作过程，也是一项极具科学性与艺术性的工作。根据招聘活动本身的规律性，招聘流程包括：招聘需求分析、制定招聘计划、人员招募、人员甄选、人员录用五个相互独立又相互联系的阶段。招聘流程如图 4-1 所示。

4.2.1 招聘需求分析

企业的招聘需求通常分为显性需求和隐性需求。显性需求通常是指公司因新增业务或员工离职直接产生的明确的用人需求；隐性需求顾名思义是指潜在的需求，如公司未来发展需要储备

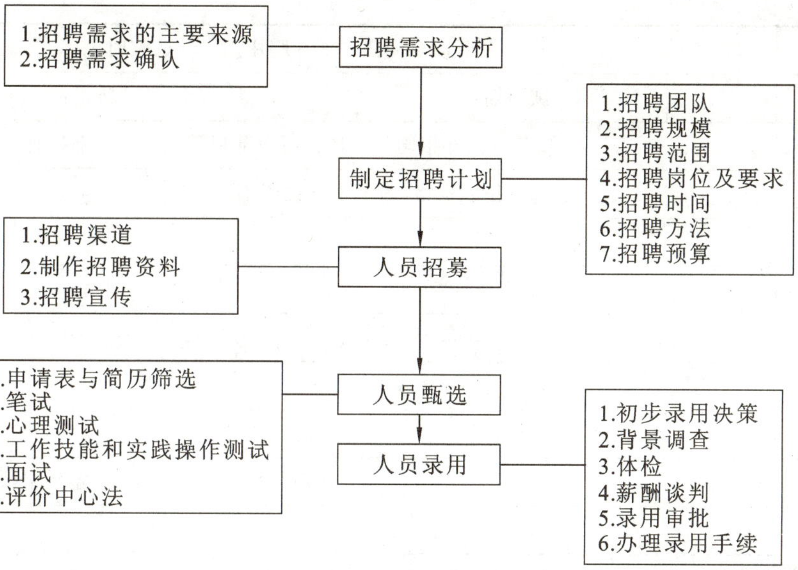

图 4-1　招聘流程图

的某方面的人才等。

1. 企业招聘需求的主要来源

(1) 公司新增业务而产生的招聘需求，包括公司新项目、新扩张的业务领域提出的人员需求。

(2) 岗位员工离职产生的招聘需求。人员离职可以根据变动规律来预测，部分离职而产生的空缺通常无法提前预知，但能够通过对过去几年人员离职情况的分析做出推算，在公司经营环境平稳的情况下浮动不会太大。

(3) 人才储备的招聘需求。公司考虑到长远的发展目标，需要储备一定数量的各类专业人才，如大学毕业生、专门技术人才等。

2. 招聘需求确认

人力资源部收到用人部门的招聘申请后，需要进行招聘需求的确认。根据用人部门提交的招聘需求申请表，明确招聘职位、任职要求、到岗时间等基本信息。如果是新设岗位，人力资源部要进行工作分析，并制定工作说明书，明确工作职责和岗位任职要求后方可开始招聘工作。在用人部门提出招聘需求后，用人部门和人力资源部通常需要对需求进行审核和确认，一般分为两个步骤：

(1) 用人部门对招聘需求进行自我审查与确认，确认提交的招聘需求是否符合公司制定的岗位编制和年度人力资源规划的要求；

(2) 人力资源部、分管领导、总经理逐级进行审核，确定招聘需求的必要性和相应的建议、要求。

招聘需求多是以人员需求表的形式来展现，表 4-1 为一家公司的人员需求表。

表 4-1　某公司人员需求表

<table>
<tr><td>申请部门</td><td></td><td>岗位名称</td><td></td><td>人数</td><td></td></tr>
<tr><td rowspan="4">申请理由
(请在相应的位置打√)</td><td colspan="5"></td></tr>
<tr><td colspan="5">A.正式编制　B.辞职补充　C.储备　D.补充编制</td></tr>
<tr><td>具体理由</td><td colspan="4"></td></tr>
<tr><td colspan="5">若替换请写明被替换人的姓名</td></tr>
</table>

续表

用工性质	A.劳动合同法　B.聘用工　C.临时工		
到岗时间		试用期：	转正：
招聘建议	A.部门内部招聘　B.公司内部招聘　C.外部招聘		
任职资格（附上工作说明书）			
岗位概述			
主要职责			
性别	A.男 B.女 C.不限	年龄	岁到　岁
学历		婚姻	A.已婚 B.未婚 C.不限
知识			
技术			
能力			
个性品质			
工作经验			
特殊要求			
申请部门意见： 签名　日期			
人力资源部意见： 签名　日期			
总经理意见： 签名　日期			

申请日期：

4.2.2　制定招聘计划

招聘需求确定后，还需要结合具体岗位的工作分析和组织总体人力资源规划来制定详细的招聘计划。招聘计划的内容一般包括招聘团队成员构成、招聘规模、招聘范围、招聘岗位及要求、招聘时间、招聘方法、招聘预算等。

1. 招聘团队

一般而言，招聘团队应由企业高层管理人员、专业人力资源管理人员、用人部门经理、用人部门经验丰富的员工代表组成。招聘对象和招聘方法不同，招聘小组的成员构成也有所不同。例如，招聘中高层管理人员或公司所需的特殊人才时，招聘小组一般由人力资源部经理、总经理、外部聘请的专家组成。

HR视野

华为的面试官管理

华为招聘七大原则中的第四原则是：招聘人员的职责＝对企业负责＋对应聘者负责。明确了面试官既要对企业负责，也应对应聘者负责。要树立“优秀不等于合适，招进一名不合适的人才是对资源的极大浪费”的观念。为了保障人员招聘的实际效果，华为公司建立了一个面试资格人管理制度，对所有的面试官进行培训，合格者才能获得面试资格。而且公司每年对面试官进行资格年审，考核把关不严者将取消面试官资格。华为认为，招聘人员是公司招聘人才的第一道门槛，如果这些人自身素质都很一般，那么是不可能指望他们能独具慧眼地选拔出公司需要的优秀人才的。华为的人力资源招聘任职资格标准中明确了“面试资格人队伍建设”的行为标准，强调了人力资源专业面试官的职责。

2. 招聘规模

招聘规模是指企业准备通过招聘活动吸引多少数量的应聘者。招聘活动吸引的人员数量既不能太少也不能太多，应控制在合适的规模。企业可以通过招聘录用金字塔模型（如图 4-2 所示）来确定招聘规模，使用这一模型来确定招聘规模，取决于两个因素：一是企业招聘录用的阶段，阶段越多，招聘的规模就越大；二是各个阶段应聘者通过的比例，这一比例的确定需要参考企业以往的历史数据和同类企业的经验，每一阶段的通过比例越低，招聘的规模就越大。

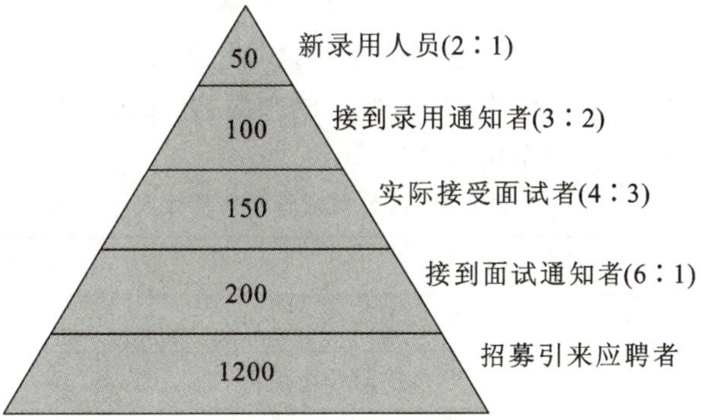

图 4-2　招聘录用金字塔模型

3. 招聘范围

招聘范围是指企业要在多大的地域范围内进行招聘活动。从招聘的效果考虑，范围越大，效果相应也会越好。但是随着范围的扩大，企业的招聘成本也会增加，因此对于理性的企业来说，招聘的范围应当适度，既不能太大也不能太小。企业在确定招聘范围时，总的原则是到与所需人员直接相关的劳动力市场上进行招聘。这通常需要考虑以下两个主要因素：一是空缺职位的类型；二是空缺职位的层次。一般来说，层次较高或性质特殊的职位，需要在较大的范围内进行招聘；而层次较低或者比较普通的职位，在较小的范围内进行招聘即可。

4. 招聘岗位及要求

企业通过多种途径确定招聘需求后，人力资源部要根据招聘需求与用人部门明确招聘的岗位及岗位的相关要求。招聘岗位的要求一般结合岗位的任职要求和用人部门的其他补充要求，包括招聘岗位名称、数量、学历要求、经验要求、资格要求、工作内容等。

5. 招聘时间

由于招聘工作本身需要耗费一定的时间，再加上岗前培训的时间，因此填补一个职位空缺往往需要相当长的时间，为了避免企业因缺少人员而影响正常的运转，企业要科学、合理地确定自己的招聘时间，以保证职位空缺的及时填补。一般来说，可以用一个公式计算出招聘所需的时间：

招聘时间＝用人时间－(招聘设计＋培训时间)

在条件允许的情况下，招聘信息应尽早发布，这样有利于缩短招聘进程，使更多的人获取信息，增加应聘人数。有经验的企业一般会预先编制好招聘工作进度表，按照招聘工作的程序和时间顺序去实施。

6. 招聘方法

根据人力资源需求分析及确定的招聘岗位要求，选择有效的吸引应聘者来填补岗位空缺的方法。确定是从组织内部还是外部选拔和录用所需人才，外部招聘采用哪种渠道、方式，内部招聘采用哪种渠道、方式。职位空缺的填补，无论是经内部选拔来实现，还是经外部招聘来实现，都各有利弊，二者基本是互补的。

7. 招聘预算

(1) 人工费用：公司招聘人员的工资、福利、差旅费、生活补助和加班费等。

(2)业务费用：包括通信费(电话费、网费、邮资和传真费)、专业咨询与服务费(为获取中介信息而支付的费用)、广告费(在电视、报纸、网络等媒体发布广告的费用)、资料费(公司印刷宣传材料和申请表的费用)和办公用品费(纸张、文具的费用)等。

(3) 其他费用：包括场地租赁费、场地布置费、参加人才交流会费用等。

在计算招聘费用时，应当仔细分析各种费用的来源，并归入相应的类别中，避免出现遗漏或重复计算。表 4-2 为某公司招聘费用预算表。

表 4-2　某公司招聘费用预算表

招聘时间		招聘地点		招聘日期	
招聘人员数量		负责部门		具体负责人	

招聘费用预算

序　号	费用名称	费用金额/元	备　注
1	材料制作费用	1200	企业广告制作费用、宣传材料制作费用等
2	报刊招聘费用	1500	在某报纸上刊登招聘广告的费用
3	网络招聘费用	1000	在某招聘网站上发布招聘信息的费用
4	招聘会参展费用	600	参加大型现场招聘会的费用
5	办公费用	400	办公用品、办公设备、水电等费用
6	人工成本	600	招聘人员的工资、福利、补助等
7	交通费用	100	招聘人员的交通费用

续表

8	食宿费用	300	外地应聘者的食宿费用
9	其他费用	300	其他费用开支及不可预见费用
	费用合计	6000	
	人均招聘费用		
预算审核人 （签字）：		公司主管领导审批 （签字）：	

制表人：　　　　　　　　　　　制表日期：　　年　　月　　日

HR实例

某企业招聘计划

一、企业简介

略。

二、招聘岗位及条件

1. IT工程师：20名

计算机及相关专业大中专以上学历；熟悉和掌握各种计算机软硬件知识；有较强的沟通和领悟能力，能够独立完成工作；勤奋好学，工作积极努力；有责任感和团队精神，能承受工作压力。

2. 美工设计人员：3名

男女不限，户籍不限，居住地在公司附近者优先考虑；大专及以上学历，有一年以上相关工作经验者优先；善于沟通，工作主动；形象良好，为人亲和；诚实守信，性格务实。

3. 会计：2名

具体条件略。

4. 销售人员：6名

具体条件略。

三、招聘组成员

组长：________（公司人力资源部经理）

副组长：________（公司综合部经理）

成员：________（销售部副经理）________（生产部副经理）________（行政主管）

四、招聘信息发布渠道

1. ________日报

2. ________晚报

3. 本公司网站，网址：________

4. 广西人才网，网址：www.gxrc.com

五、招聘方式

略。

六、费用预算

本次招聘需经费________元，其中：广告费用________元、招聘人员补助费________元、会议费用________元。

七、招聘时间安排

______月______日：撰写招聘广告

______月______日：联系刊登广告

______月______日：接待应聘者

______月______日：通知应聘者参加笔试

______月______日：笔试

______月______日：通知应聘者参加面试

______月______日：面试

______月______日：发放录用通知

______月______日：新员工持录用通知书报到

______月______日：正式上班（时间安排也可用表格列明）

________公司人力资源部

4.2.3 人员招募

制定完招聘计划后，就进入人员招募环节。所谓人员招募，就是指企业寻找人员可能的来源和吸引他们到组织应聘的过程。人员招募通过各种途径和方法获取应聘者，招聘工作的成败很大程度上取决于有多少人来应聘，应聘的人越多，企业选出优秀人才的可能性就越大。人员招募的目标就是要吸引尽可能多的、符合企业需求的人来应聘。在这一阶段，企业需要积极拓展招聘渠道，进行招聘宣传，通过多种渠道向社会发布招聘信息。

1. 招募渠道

根据应聘者的来源，招募渠道可被划分为内部招聘和外部招聘两类。内部招聘是指组织从内部选拔和录用所需人才的过程，外部招聘是指组织从外部招募和录用人才的过程。

1）内部招聘

内部招聘的主要方法包括以下几种。

（1）企业数据库（人才储备法）。随着人力资源信息系统（HRIS）的日渐普及，人力资源部门可通过 HRIS 记录和保持现有员工的背景资料，以及知识、技术能力信息。当出现职位空缺时，人力资源部门的招聘人员将工作需求输入数据库，就可以获得一份符合任职要求的现有员工名册。许多员工管理软件可根据员工的职业领域、受教育程度、职业兴趣、工作经历及其他因素，对员工进行分类。

（2）工作岗位布告。企业可通过工作岗位布告系统向员工公布职位空缺的情况，以便员工申请特定的职位。企业可以通过多种途径向员工公布职位空缺信息，比如在公告牌上张贴布告、发放员工实时通讯、发电子邮件、通过企业 QQ 群和微信群发布招聘信息等。现在越来越多的企业会在内部网上公布人才需求信息。

（3）晋升和岗位轮换。只要情况许可，许多企业通过晋升和岗位轮换来填补职位空缺。如果员工通过轮换或晋升到了其他岗位，就需要招聘新员工来接替他们原来的工作。企业应在老员工离开岗位之前而不是之后，做好填补这些职位空缺的计划工作。

(4) 重新招聘以前的员工和应聘者。新员工的另一个招聘来源是以前的员工和应聘者。由于他们已经与企业建立了联系，因此，企业可把他们视为内部招聘的来源。

2) 外部招聘

外部招聘的主要方法包括以下几种。

(1) 员工举荐：常见的很有效的招聘方式。员工对应聘者和空缺职位都比较了解，再加上举荐会涉及他的声望，所以，员工总是能举荐高质量的应聘者。

(2) 广告招聘：企业外部招聘的常用方法之一。通常的做法是在一些大众媒体上刊登单位的招聘信息，应考虑两方面的因素：一是选择何种广告媒体，二是如何设计广告内容。一般来说，广播、电视、报纸、专业杂志和专业网站等都是企业可选择的媒体，具体选择何种媒体应根据企业招聘职位的类型和要求确定。

(3) 校园招聘：主要是指企业直接到高校、中等职业学校的校园里招聘员工的活动形式。校园招聘方式有张贴招聘信息、开招聘会、毕业实习、学校就业办公室推荐等。校园招聘一定要准备充分、尊重学生，不论是否录用都应该有反馈。

(4) 职业中介：随着人才流动的日益普遍，各类职业介绍所、劳动就业服务中心和猎头公司等就业中介机构应运而生。这些机构承担着双重任务，既为单位择人，也为求职者择业。借助这些中介机构，单位与求职者均可获得彼此的信息，同时也可广泛传播各自的信息。

HR 视野

猎头公司与高级管理人员的招聘

猎头公司是"高级管理人员代理招募机构"的俗称，其主要职能是为公司搜寻、招募高层管理人员，美国行情一般是以年薪 5 万美元作为下限。猎头公司的特点表现在以下三个方面。

目标的独特性：被搜者通常是已经为某个企业服务的高级人才，猎头的目的是引诱这些人离开现在的公司，为另一家企业服务。所以，猎头的搜寻对象常常是正在工作或目前对更换工作没有积极性的人。猎头不帮助找不到工作的人找工作，只帮助不愁找工作的人找工作，就像银行贷款一样，不借钱给穷人。

工作流程的独特性：整个猎头的工作流程通常是在保密的情况下进行，以雇主的岗位说明书为基础，首先经历人才搜寻程序，然后进行面试和候选人的评估活动等。

合作关系的独特性：猎头分为两种，一种是独家受聘猎头，主要负责搜寻高级决策岗位人才；另一种是随机受聘猎头，主要负责搜寻中等技术岗位和管理岗位的人才。独家受聘猎头与雇主在某一特定岗位的招聘合作关系上具有严格的排他性，在某一特定岗位的招聘中，雇主一次只可雇用一家猎头公司。

(5) 网络招聘：主要指企业在人才网站、公司网站等网站上发布招聘信息，并进行简历筛选和面试的一种招聘方式。企业可以在本企业的网站上发布招聘信息，搭建招聘系统，也可以通过专业招聘网站发布招聘信息，利用专业网站已有的系统展开相应的招聘活动。另外，视频招聘也是借助网络技术而衍生出的一种新型招聘方法。

各种招聘方法的优势、劣势、整体分析及使用建议的对比，如表 4-3 所示。

表 4-3 各种招聘方法的对比

方法类别			优势	劣势	整体分析及使用建议
	内部招聘		1.花费很低； 2.内部人员对公司情况了解，工作上手快； 3.有利于公司内部人才的晋升、调动、轮岗、减少人员流失	1.增加培训成本； 2.易形成派系	1.主要适合提高人才的选拔； 2.这种方式通常用于那些对人员忠诚度要求比较高、重要且应熟悉企业情况的岗位； 3.专业度较高的岗位不适合内部招聘
	员工推荐		1.招聘成本较小； 2.成功率高； 3.内部推荐人员会比较适合公司的特点，针对性较强	1.受众面窄； 2.容易出现内部小帮派	1.适合多数中小企业； 2.适合一些专业度较高的岗位； 3.多接受考核成绩好的员工的推荐，一般好员工推荐的人也比较优秀； 4.适当给予一些推荐奖金
网络招聘	企业网站		花费最少	点击率是关键	点击率不高的情况下可以作为一种守株待兔的方法；点击率较高的情况下可行性就较高
网络招聘	招聘网站		1.可随时发布招聘信息； 2.管理方便； 3.受众面广、周期长、简历数量大	1.简历筛选量大； 2.应试率较低，岗位针对性不强	1.一般岗位可首选此渠道发布，如果发布一周后发现效果不够理想，可考虑其他方式； 2.不太适合高级管理岗位的招聘
现场招聘	校园招聘	学校组织招聘会	花费少	竞争比较激烈，知名企业、大企业更占优势	1.时刻保持与校方就业办联系，随时准备参加； 2.有时效性，一般是每年 11 月至次年 1 月
现场招聘	校园招聘	校企联合招聘专场	人数能得到极大的满足，也可提高企业知名度	花费相对较大，更适用于知名企业、大企业批量招聘	1.适合批量招聘； 2.最好在校方准备招聘会前期举行； 3.需要做一些企业宣传的准备工作
现场招聘	大型综合招聘会		1.效率较高，可快速淘汰不合适的人选； 2.控制应聘者的数量和质量	1.花费较高，要投入一定的人力和场地； 2.有效周期短； 3.受展会主办方宣传、推广力度影响，应聘者的数量和质量难以得到有效保证	1.适用于一般型人才的招聘； 2.如果没有大量的岗位需求和合适的大型招聘会(如每年春季的大型招聘会)，建议不参加
现场招聘	人才市场招聘会				

续表

方法类别		优　势	劣　势	整体分析及使用建议
广告招聘	电视、广播媒体	覆盖面广，不易被求职者忽略，有利于提升企业的知名度	成本高，周期短，只能传递短期信息，缺乏持久性	不适合中小企业操作
	报纸	传播范围广	花费较高，时效性差	1.普通企业招聘效果不够理想，不建议使用； 2.知名企业、大企业可以尝试
	杂志	1.专业杂志送达特定人群； 2.印刷质量较高； 3.时限较长	1.发行地域太广； 2.广告预约期较长	适用于招聘专业人员，不受时间和地区的限制
猎头招聘	猎头	1.周期长、针对性强，可以保证招聘效果； 2.利用猎头公司储备人才库和关系网络，在短期内快速、主动、定向地寻找企业所需要的人才	花费很高，通常要支付被猎成功人员年薪的20%～35%	1.适用于中高层管理人才，以及冷门的岗位和稀缺人才的招聘； 2.要注意让猎头公司了解自己企业的用人特点和需求，建议长期使用一家猎头公司； 3.注意避免猎头公司挖自己企业的人
	网络招聘与猎头结合	1.网络招聘与猎头结合，网友向网站推荐人才，网站经过评估推荐给企业，相对于猎头公司招聘费用较低； 2.轻松获得高质量简历	1.信息真实度低，应用范围狭窄； 2.技术和服务体系不完善； 3.简历众多，筛选困难，无效信息量大，漏选合格应聘者的可能性大	可留意一些网上咨询公司和招聘网站

2. 制作招聘资料

招聘资料一般包括招聘简章、招聘广告、应聘申请表、面试评价表等。

招聘简章是企业组织招聘工作的依据，是企业招聘工作的重要基础工作。招聘简章既是招聘的告示，也是招聘的宣传大纲。招聘简章的编写既要实事求是，又要热情洋溢、富有吸引力，以展现企业的文化、优势、管理特点和核心竞争力，恰当地展示公司的实力和发展前景，吸引优秀的应聘者。

招聘广告要规范、简洁、清晰，一般包括以下几个方面的内容：

(1) 企业简介；

(2) 空缺岗位名称、需求人数等；

(3) 空缺岗位基本工作职责、工作内容、工作要求、工作条件等；

(4) 招聘标准，即学历、工作经验、专业知识、工作技能以及能力素质等要求；

(5) 联系人、联系方式、公司地址、注意事项等。

3. 招聘宣传

招聘宣传是发布招聘信息和传递公司及岗位信息的主要方式,可以体现公司的形象,影响应聘者的求职意愿。企业根据招聘计划和招聘预算选择合适的渠道进行招聘宣传,发布招聘信息。内部招聘的宣传常常在单位内部网络、布告栏或者内部会议发布,外部招聘的宣传主要采用报纸杂志、电视、网络、人才招聘会、校园招聘会或借助猎头公司等招募形式,微招聘是近年出现的招聘宣传新媒体渠道。具体采用哪种宣传方式要视招聘的岗位、招聘成本等而定。

4.2.4 人员甄选

人员甄选是指组织根据一定的条件和标准,运用科学的方法和手段,对应聘者进行严格的考查、比较和选择,发现和获得组织所需员工的过程。人员甄选是员工招聘的关键环节,其目的在于判断应聘者未来的工作绩效,录用符合职位要求的人选,淘汰不符合职位要求的人选。

HR实例

女大学生凭两块钱进外企

在一次招聘会上,北京外企人事经理说,他们本想招一位有丰富工作经验的资深会计人员,结果却破例招了一位刚毕业的女大学生,让他们改变主意的只是一个小小的细节:这个学生当场拿出了两块钱。

当时,女大学生因为没有工作经验,在面试一关即遭到了拒绝,但她并没有气馁,一再坚持。她对主考官说:"请再给我一次机会,让我参加完笔试。"主考官拗不过她,就答应了她的请求。结果,她通过了笔试,由人事经理亲自复试。

人事经理对她颇有好感,因为她的笔试成绩最好,不过,女孩的话让经理有些失望。她说自己没工作过,唯一的经验是在学校掌管过学生会财务。找一个没有工作经验的人做财务会计不是他们的预期,经理决定收兵:"今天就到这里,如有消息我会打电话通知你。"女孩从座位上站起来,向经理点点头,从口袋里掏出两块钱双手递给经理:"不管是否录取,请都给我打个电话。"

经理从未见过这种情况,问:"你怎么知道我不给没有录用的人打电话?""您刚才说有消息就打,那言下之意就是没录取就不打了。"

经理对这个女孩产生了浓厚的兴趣,问:"如果你没被录取,我打电话,你想知道些什么呢?""请告诉我,在什么地方我不能达到你们的要求,在哪方面不够好,我好改进。""那两块钱……"?女孩微笑道:"给没有被录用的人打电话不属于公司的正常开支,所以应该由我付电话费,请您一定打。"经理也笑了:"请你把两块钱收回,我不会打电话了,我现在就通知你,你被录用了。"

记者问:"仅凭两块钱就招了一个没有经验的人,是不是太感情用事了?"经理说:"不是,这些细节反映了她作为财务人员应具有的良好素质和人品,素质和人品有时比资历和经验更为重要。她一开始被拒绝了,但她一再争取,说明她有坚毅的品格,财务是十分繁杂的工作,没有足够的耐心和毅力是不可能做好的;她能坦言自己没有工作经验,显示了一种诚信,这对搞财务工作尤为重要;即使不被录取也希望能得到别人的评价,说明她能直面困难,我们接受失误,却不能接受员工自满不前;女孩自掏电话费,反映出她公私分明的良好品德,这更是财务工作不可或缺的。"

员工选拔是一项为企业把关的工作,是整个招聘过程的关键环节。如果将不合适的人员引进企业,不仅会增加培训等方面的困难,而且会造成过高的人员流动率,增加企业的负担。人力资源招聘工作实践中有许多实用的选拔方法，当前使用最广泛、最主要的选拔方法是申请表与简历筛选、笔试、心理测试、工作技能和实践操作测试、面试和评价中心法等。

1. 申请表与简历筛选

对应聘申请表和简历的审查及评价是招聘选拔的初步筛选，目的在于收集关于应聘者背景和现在情况的信息，以评价应聘者是否能满足最低的工作要求。其基本内容包括应聘者的工作经历、受教育情况、培训情况、能力特长、职业兴趣等。

每个应聘者都会向招聘单位递交简历，为什么还需要申请表呢？这是因为简历主要是应聘者想告诉企业的内容，申请表则主要是企业想了解的内容，二者内容既有重合又有区别，配合使用可以互为补充。个人简历与申请表的区别见表4-4。

表4-4　个人简历与申请表的区别

	个人简历	申请表
优点	1.开放式，有助于创新 2.允许申请人强调他认为重要的东西 3.允许申请人点缀自己 4.费用较低，容易做到	1.直截了当 2.结构完整 3.限制了不必要的内容 4.标准化程度高，易于评估
缺点	1.申请人可以略去某些对自己不利的内容 2.标准化程度低，难以评估	1.封闭式，限制创造性 2.制作和分发费用较高

在资格审查过程中，选拔人员需要做出如下判断：应聘者是否符合招聘的基本要求，如年龄、学历和专业等；应聘者提供的个人信息是否真实，是否需要进行必要的核实与调查；初步判断应聘者是否胜任岗位，以决定应聘者是否可以进入下一个选拔程序。一般情况下，为了避免判断失误而导致人才误舍，在资格审查程序中应尽量减少淘汰的人数。

2. 笔试

笔试是测试应聘者学识水平的重要方法。该方法可以有效地测量应聘者在基础知识、专业知识、管理知识、综合分析能力、逻辑推理能力和文字表达能力等基本素质能力上的差异，判断应聘者对招聘岗位的适应性。它是一种最古老又最基本的人员甄选方法，至今仍然是企业或组织经常采用的选拔人才的重要方法。

笔试的优点：试题的容量较大，考试的取样较多，可以保证测试的信度和效度；可以对大规模的应聘者同时进行筛选，花较少的时间实现高效率；对应聘者来说，心理压力较小，容易发挥正常水平；同时，成绩评定也比较客观。笔试的不足主要表现在：招聘人员不能直接与应聘者见面，不直观，不能全面考察应聘者的工作态度、品德修养、组织管理能力以及口头表达能力等，还需要采用其他测试方法进行补充。一般来说，在人员招聘中，笔试往往作为应聘者的初次竞争，成绩合格者才能继续参加面试或下一轮的竞争。

3. 心理测试

(1) 智商测试：智商就是智力商数，智商测试是对人们认识客观事物并运用知识解决实际问题的能力的测试。智力包括多个方面，如观察力、记忆力、想象力、分析判断能力、思维能力、应变能力等。智力的高低通常用智力商数来表示，用以表示智力发展水平。国外有许多成熟的智商量表，用于测量人的智商，如比奈量表、瑞文图形推理测验等。

(2) 能力测试：用于测评从事某项特殊工作所具备的某种潜在能力的一种心理测试。这种测试可以有效地测量人的某种潜能，从而预测他在某职业领域中成功和适应的可能性，或判断哪项工作适合他。这种预测功能体现在什么样的职业适合某人，什么样的人胜任某职位。

(3) 人格测试：对多种人格特质的测试。人格由多种人格特质构成，主要包括以下几个方面：个性倾向性，如需要、动机、价值观、态度等；个性心理特征，如气质、能力、性格等；体格与生理特质。人格对工作成就的影响是极为重要的，不同气质、性格的人适合不同种类的工作。对于一些重要的工作岗位(如主要领导岗位)，为选择合适的人才，需进行人格测试，因为领导者失败的原因往往不在于智力、能力和经验不足，而在于人格的不成熟。

一种有效的测试是“个性特征测试”。这种测试要求被测试者指出他们与行为描述的一致程度。用来测量五大个性维度的其他测试包括 NEO 个性测量表和霍根人格测试等。

(4) 职业兴趣测试：目的在于揭示人们想做什么和他们喜欢做什么，从中可以发现应聘者最感兴趣并能从中得到最大满足的是什么。霍兰德职业兴趣测试把人的兴趣分为六种类型：实际型、研究型、社交型、传统型、企业型及艺术型。

4. 工作技能和实践操作测试

(1) 工作样本测试也称为绩效测试，它测量的是应聘者做某件事情的能力，而不是了解某件事情的能力。这种测试可以测量运动技能或语言技能，运动技能包括实际操作与工作相关的各种设备，语言技能包括处理问题的技巧和说话的技巧。工作样本测试是测试工作的重要方法，因为应聘者要实际完成工作的小部分内容，所以要在这种测试中“造假”是很困难的。

(2) 可塑性测试，对于那些对应聘者的技术水平要求容易变化，必须经常进行培训的工作，可塑性测试非常有用。具体来说，测试目标是判断应聘者的可塑性。在这个过程中，首先由培训者示范如何完成一项特定的任务，然后要求应聘者来完成；这一阶段，培训者会对他进行几次指导以帮助完成；最后，应聘者要独立完成任务。培训者仔细观察应聘者的完成情况，并记录所发生的错误，从而判断应聘者的整体可塑性状况。

5. 面试

面试是一种经过精心设计，在特定场景下，通过与应聘者面对面的交谈与观察，了解其有关信息的一种方式。面试的目的是使组织通过面对面的交流找到最合适的人选，同时也使应聘者找到最理想的职位。

面试内容包括应聘者的仪容仪表、人生观、社会观、职业观、人格成熟程度、个人修养、求职动机、工作经验、相关专业知识、团队意识、责任心、语言表达能力、应变能力及决策能力、自我认识能力及协调指导能力、社交能力及分析判断能力等。按照不同的标准，可以将面试划分为不同的类型，见表 4-5。

表 4-5 面试的分类

划分标准	类型	含义
按照面试的结构化程度	结构化	又称标准化面试，是根据特定职位的胜任素质要求，遵循固定的程序，采用事先命好的题目、评价标准和评价方法，通过面试官与应聘者面对面的语言交流，评价应聘者胜任特征的人才甄选方法
	非结构化	根据实际情况随机进行提问的面试，面试问题并无既定的格式，面试考官可询问他们感兴趣的问题，并可以深入追问
	半结构化	将结构化面试、非结构化面试结合起来进行的面试

续表

划分标准	类　型	含　义
按照面试的组织方式	一对一面试	一个面试官每次面试一名应聘者，是面试中最常见的一种形式。适用于应聘人数少的岗位，同时常常用于应聘者的初试筛选环节
	小组面试	一个面试官同一时间对多个应聘者进行面试，面试效率高，但容易出现面试不准确的情况。适用于应聘人数众多、需要快速筛选和比较的岗位
	陪审团式	多个面试官同一时间对一个应聘者进行面试，面试准确度较高，但效率较低。适于岗位较为重要，招聘要求较高的岗位，常常用于对应聘者的复试录用环节
按照面试的侧重点	情景式	是指通过对岗位进行分析，确定工作情节，设计出一系列的问题，给出问题答案，在面试时让面试官对所有应聘者询问同样的问题，然后按预定的答案对被试者的回答进行评价的一种特定的面试方法
	行为描述式	是一种采用专门设计的题目来了解应聘者过去在特定情境下的行为表现的方法
	综合式	具有情景式和行为描述式面试的特点，且是结构化的。内容主要包括与工作岗位任职资格有关的知识、技能、性格、个性特征等方面
按照目的不同	压力型	是指将应聘者置于一种紧张的气氛中，面试官以挑衅性、刁难性甚至攻击性的问题进行提问，以考察应聘者的压力承受能力、情绪控制能力和紧急应变能力等
	鉴定型	主要是上级主管和同事对面试者的工作绩效所进行的评定

面试的一般流程包括下面四个阶段。

(1) 面试导入阶段：这一阶段包括确定面试的目的，科学地设计面试问题，选择合适的面试类型，确定面试的时间和地点等。这一阶段一般由人力资源部的招聘工作人员与招聘组人员进行确认和安排。

(2) 面试实施阶段：面试时应设计简短的拉近彼此关系的环节，面试官可以寒暄暖场，消除应聘者的紧张情绪，之后再过渡到面试评价环节。面试时通常采用灵活的提问和多样化的形式进一步观察和了解应聘者。

(3) 面试结束阶段：在面试结束之前，面试官应该给应聘者一个机会，询问应聘者想了解的问题。不管录用还是不录用，均应在友好的氛围中结束面试。如果对某一对象是否录用有分歧意见，不必急于下结论，还可安排第二次面试。

(4) 面试评估阶段：面试结束后，应根据面试记录表对应聘者进行评估。评估可采用评语式评估或计分式评估。

6. 评价中心法

评价中心法(assessment center method)是近几十年来西方企业中较为流行的一种选拔和评价高级人才的综合性人才测试技术。评价中心法自 20 世纪 80 年代初开始介绍到我国，并在我国企业和国家机关人员招聘与选拔中有一定程度的应用。

评价中心法涉及的范围主要有个人的背景调查、心理测试、管理能力和行为评价。评价中心法是以评价管理者素质为中心的测评活动，其表现形式多种多样。从测试的主要方式来看，有投射测验、面谈、情景模拟、能力测验等。从评价中心法测评的内容来看，主要有公文测试、无领导小组讨论、角色扮演、管理游戏、演讲、案例分析、事实判断等形式。下面介绍主要的几种形式。

(1) 公文测试：也称公文处理，是评价中心法中使用最多，也被认为是最有效的一种形式。在该方法中，将被试者置于一个特定的职位或管理岗位的模拟情境中，由主试者提供一批岗位经常需要处理的文件，文件是随机排列的，包括电话记录、请示报告、上级主管的指示、待审批的文件、各种函件、建议等。它们分别来自上级和下级、组织内部与外部，包括日常琐事和重要大事，要求被试者在一定的时间和规定的条件下处理完毕，还要以口头或书面的形式解释说明处理的原因。主试者根据被试者处理的质量、效率、轻重缓急的判断，以及在处理公文时被试者表现出来的分析判断能力、组织与统筹能力、决策能力、心理承受能力和自控能力等进行评价。

(2) 无领导小组讨论：运用松散群体讨论的形式，快速诱发人们的特定行为，并通过对这些行为的定性描述、定量分析及人际比较来判断被试者素质特征的人事测评方法。所谓“无领导”，就是说参加讨论的这一组被试者，他们在情境中的地位是平等的，而且也没有指定哪一个人充当小组的领导者。目的在于考察被试者的表现，尤其是看谁会脱颖而出成为自发的领导者。

(3) 角色扮演：在情景模拟中，主试者设置了一系列尖锐的人际矛盾与人际冲突，要求几个被试者分别扮演不同的角色，去处理各种问题和矛盾。主试者通过对被试者在扮演角色时表现出来的行为进行观察和记录，测试被试者的素质或潜能。一般来说，对角色扮演的评价主要放在角色把握能力、人际关系技能和对冲突事件的应变能力等方面。

(4) 管理游戏：一种以完成某项实际任务为基础的团队模拟活动，通常采用小组形式进行，数名被试者(通常6～10人)组成一个小组，就给定的材料、工具共同完成一项游戏任务，并在任务结束后就某一主题进行讨论交流。在游戏开始前，每个小组成员分配一定的任务，有的游戏还规定了小组成员的角色，不同的角色权限不同，但不管处于什么角色，若要完成任务，所有的成员都必须合作；在游戏的过程中，主试者通过观察被试者在游戏中的行为表现，对某些能力与素质指标进行评价。管理游戏作为评价中心法的一种测评方式，其复杂程度是评价中心法中最高的，但是它的测评效度也较高。

在选拔过程中，各种甄选测试方法不宜单独使用，最好是与其他方法结合起来使用。人员选拔的关键是通过合理的甄选技术及程序，准确地对应聘者的知识、技能、个性及价值观等与胜任岗位相关的素质进行评价。

HR视野

微软：智力导向型人员甄选方法

微软由一个小公司在短短数十年间成为软件业乃至整个IT业的“巨人”，这其中微软的用人策略功不可没。很多公司在进行人员甄选时通常十分看重工作经验，而微软的首要甄选指标却是“总体智力水平和认知能力”。说白了，微软的整个筛选过程就是要发现和选择“最聪明的人”。微软公司大概每年要对12万名应聘者进行筛选，其中不乏在软件领域已经小有作为的人，但微软往往会拒绝他们，而直接到一些名牌大学的数学系或物理系去网罗高智商的天才，即使这些人几乎没有什么直接的软件开发经验。

这种对逻辑推理能力和问题解决能力的重视，充分契合了微软的竞争环境、经营战略以及企业文化的要求。对微软而言，过去拥有的技能远不如开发新的技能重要，微软因此能够以比对手更为敏捷的反应来赢得竞争优势。在微软，人员甄选被视为一项非常重要的工作，在招募新员工以及对应聘者进行面试时，比尔·盖茨本人常常亲自参与。盖茨认为，智力和创造力往往是天生的,企业很难在雇用了某人之后再使他具备这种能力,盖茨曾声称:“如果把我最优秀的 20 名雇员拿走,那么微软将会变成一个很不起眼的公司。”正是这种对“人”的重视造就了“微软巨人”。

4.2.5 人员录用

人员录用是对应聘者一系列考核测评之后,对应聘者的情况得出一个全面、客观的考核结果,并根据考核结果做出录用决策的过程。简单地说,录用就是组织根据工作需要招入新人的一系列管理程序,这种活动使组织人员得到补充。

1. 初步录用决策

企业根据岗位的要求,通过面试、心理测验和情境测评等多种方法对岗位应聘者进行甄选评价之后,就得到了关于他们岗位胜任表现的信息,根据这些信息,便可以做出初步的录用决策。在做出初步录用决策时,要系统地对应聘者的胜任能力进行评估和比较。

在录用决策中应注意:招聘的指导思想应该是招聘最合适的而不是最优秀、最全面的员工;录用标准应根据岗位的要求有所侧重,不同的岗位应有不同的侧重点,突出重点;初步录用的人选要多于实际录用的人数,因为在随后的背景调查、体格检查、人员试用过程中,可能会有一些候选人不能满足企业的要求,或是有些人有了更理想的选择而放弃了这次就业机会。

2. 背景调查

背景调查主要考察应聘者以往的经历。包括工作时间、岗位名称、工作职责,以及他人的评价等。进行背景调查通用的原则是:向合适的人问合适的问题,多问数字、少问感觉,多问事例、少问评价,做判断时以封闭式提问去求证。此外,还可以审核应聘者的学历、工作经验的证明文件及推荐信,这适用于对中高级人才和关键性职位人才的背景调查。

进行背景调查主要有四种方式:电话调查、正式商业信函、传真发信、与应聘者提供的证明人进行面谈。一般配合调查的部门及人员应是人力资源部及其负责人(提供一些基本信息),以及应聘者之前的直接上级(提供工作业绩情况)。背景调查不是必经程序,有些企业只针对重要和关键岗位应聘者。背景调查表主要内容如表 4-6 所示。

表 4-6 拟聘人员背景调查表

拟聘人员姓名：　　　　　　　　拟聘岗位：

<table>
<tr><td>调查人</td><td colspan="2"></td><td>调查时间</td><td colspan="2">年　月　日</td></tr>
<tr><td>调查方式</td><td colspan="5">□电话调查　□正式商业信函　□传真发信　□与证明人面谈</td></tr>
<tr><td rowspan="7">工作单位</td><td>单位名称</td><td></td><td>联系电话</td><td colspan="2"></td></tr>
<tr><td>受访人员</td><td></td><td>职务/岗位</td><td colspan="2"></td></tr>
<tr><td colspan="5">调查项目(与应聘材料是否符合)</td></tr>
<tr><td>单位情况</td><td>□符合　□不符合　□部分符合</td><td>工作时间</td><td colspan="2">□符合　□不符合　□部分符合</td></tr>
<tr><td>担任职务</td><td>□符合　□不符合　□部分符合</td><td>离职手续</td><td colspan="2">□办理　□未办理　□正在办理</td></tr>
<tr><td>奖惩情况</td><td colspan="4">□符合　□不符合　□部分符合　□补充说明</td></tr>
<tr><td>离职原因</td><td colspan="4">□合同到期　□公司解雇/辞退,原因：
□员工提出离职,原因：　□其他：</td></tr>
</table>

续表

	同事关系	□优 □良 □好 □一般 □差	他在公司的人际关系如何？有没有因与其他同事发生过严重的矛盾而影响了工作的正常开展？
	工作表现	□优 □良 □好 □一般 □差	他的整体工作表现如何？您如果去评价他，您会给他打多少分？为什么？
	职业道德	□优 □良 □好 □一般 □差	他有没有做过有损于公司利益的事情？您认为他更适合做哪项工作？
	综合评述	□优 □良 □好 □一般 □差	如果您公司现在有一个合适的岗位或者还是原来的岗位，您还会雇用他吗？您是否推荐他应聘我们公司？
调查结论	□背景无问题，可以录用 □背景部分内容不确定，建议有条件录用，说明： □背景有问题，建议不录用，说明：		

3. 体检

体检是看应聘者的身体状况是否适合其所谋求的职务和环境。体检可以保证每一位被录用的员工身体状态和体能符合工作要求，如视力正常、能举起重物和能站立工作等。这样可以避免员工投诉企业的工作环境危害健康而要求赔偿，并且可以防止疾病传播。在选拔过程中，体检一般放在后期进行，因为这项程序费用较高，待其他不合格的应聘者被淘汰之后再进行体检，可以降低成本。

4. 薪酬谈判

薪酬谈判一般是由人力资源部负责主导实施，由用人部门依据在面试过程中对拟录用人员的能力水平的评估结果给出薪酬建议，由公司总经理对最终的薪酬谈判结果进行审批。

在谈判过程中，程序上分为用人部门提供薪酬建议，人力资源部确认、沟通薪酬提议，总经理审批三个主要环节。薪酬谈判技术有以下几种。

(1) 降低期望。在招聘前期即通过表格填写、面试等收集和了解应聘者的期望薪酬，并通过面试等环节适当地降低其期望值。同时，明确告知应聘者，录用后的薪酬定级必须遵循公司的薪酬体系，在考虑应聘者的技能水平、外部行业薪酬状况的同时，也会考虑内部薪酬平衡。

(2) 运用各种渠道和方法吸引应聘者。招聘人员要提供给应聘者多种企业信息，如公司品牌、工作平台、薪酬福利、工作环境等，增强其对企业的信心，提升整体的吸引力；通过实例告知应聘者在本行业与本企业可获得的发展前景，如行业增长空间、职业发展通道、薪酬提升等，用良好的发展前景吸引应聘者；另外，需要根据应聘者的心理状态，设身处地为应聘者着想，用情感打动应聘者。

(3) 全面展示企业薪酬福利。企业可将相对有竞争力的数据展示给应聘者，如年薪或者月薪；同时突出企业薪酬体系中的优势，如除工资之外，还有年终奖金、分红、股权激励、住房公积金等；还可从工作生活平衡、工作生活成本等角度宣传企业薪酬的竞争力，如提供免费食宿等。

5. 录用审批

经过笔试与面试、测试、背景调查、体检、薪酬谈判后确定的拟录用人选，需经过单位的逐级审批程序，填写“人员录用审批表”，审批表由人力资源部门留存备查。审批程序根据各个单位的具体情况制定，一般是由人力资源部和用人部门共同完成。其中，人力资源部负责录用审批的实施，并为用人部门提供经过筛选的应聘者详细信息及各环节的评价结果，给予用人部门专业的录用建议；用人部门根据综合评估后做出最终决策，再根据招聘职位的高低决定是否报公司总经理做进一步审批录用。

6. 办理录用手续

人员录用是指经层层筛选符合组织需要的人，并做出最终录用决定，通知其报到和办理就职手续的过程。虽然不同企业的录用程序差异很大，但一般来讲，人员录用工作主要包括做出录用决策、公布录用名单、办理录用手续、通知录用者、签订试用期合同、新员工入职、新员工培训、新员工试用期考核、新员工转正并签订劳动合同等环节。人员录用的一般程序如图 4-3 所示。

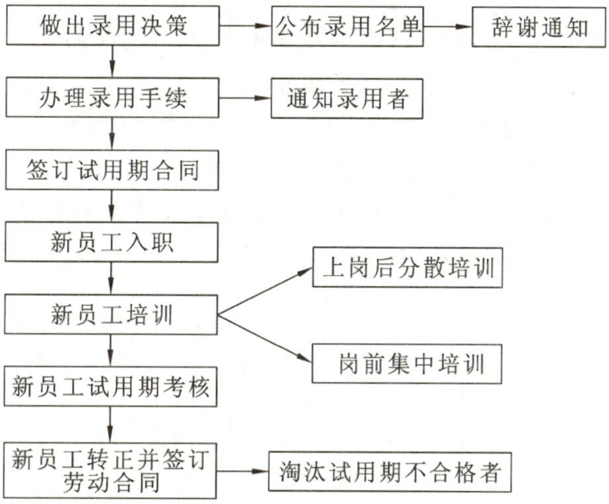

图 4-3　人员录用的一般程序

在实际的实施过程中，较好的做法是采用先电话通知，再书面或邮件通知。通过电话沟通可拉近录用者与企业间的关系，让其感受到企业的重视；而以书面或邮件的形式发送正式的录用 offer，可显示企业管理的规范性。

常见的录用通知应包含如下信息：

(1) 工作情况：包括录用岗位、工作地点、试用期限；

(2) 薪酬福利：包括月薪、奖金、福利项目及明细等；

(3) 报到事项：包括报到的时间地点、乘车方式、携带物品要求、体检要求等；

(4) 注意事项及未尽事宜说明等。

HR实例

录用通知书

尊敬的×××先生/女士：

我们很高兴通知您，根据公司对您的面试及考核，最终决定录用您担任公司××××一职。我们热忱欢迎您的加入，为便于您后续的报到，现将相关的事宜告知如下：

一、报到安排

时间：××××年××月××日

地点：×××××××××（乘车方式：可于××车站乘坐××路车到××站下车即到）

二、携带资料

1. 失业证或与原单位解除劳动合同的证明材料原件(附公章);

2. 身份证原件及复印件;

3. 最高学历证书、技术职称或资历证书原件及复印件;

4. 个人一寸免冠照片两张;

5. 提供本人近期(三个月内)有效体检报告。

三、部分聘用条款

合同期:合同期×年,自××××至××××止,其中试用期×月。

1. 月薪:试用期工资人民币××××元/月(税前),转正后工资人民币××××元/月(税前)。

2. 绩效奖金:具体数额视公司业绩和个人绩效、在职时间等而定。

3. 其他福利:按照公司及国家相关政策执行。

4. 工作时间:每周一至周五的08:30—17:30。

5. 本通知书未尽事项请参照公司的相关管理制度。

6. 若您对上述条款没有异议,请邮件回复确认接受录用。如有任何疑问请与人力资源部联系,联系人:×××,联系电话:×××××××××。

××公司人力资源部

××××年××月××日

HR实例

辞谢通知

尊敬的×××先生/女士:

十分感谢您对我们公司职位的应聘,您对公司的支持,我们不胜感激。

您在面试时的良好表现,让我们印象深刻,但是由于名额有限,这次只能割爱。我们已经将您的有关资料备案,如果有新的空缺职位,会优先考虑您。

希望您能够理解我们的决定,祝您早日寻找到理想的职业。

对您的热诚应聘,再次表示感谢!

此致

敬礼

××公司人力资源部

××××年××月××日

4.3 招聘评估

招聘评估是员工招聘的最后一项工作,也是招聘过程必不可少的一个环节。所谓招聘评估,是指在完成招聘各阶段工作的基础上,对整个招聘活动的过程及结果进行评价与总结,评估是否达到预期的目的。

招聘评估一般包括招聘工作的定性评估、定量评估和信度与效度评估。招聘评估通过对录用人员的绩效、实际能力、工作潜能的评估，检验招聘工作成果与方法的有效性，有利于招聘方法的改进。招聘评估通过成本与效益核算能够使招聘人员清楚地知道费用的支出情况，区分出哪些是应支出费用，哪些是不应支出费用，这有利于降低今后招聘的费用，为组织节省开支。

4.3.1　定性评估

招聘工作的定性评估，一般根据应聘者的数量、质量和职位填补的及时性，以及招聘渠道的吸引力，新员工所在职位的部门负责人对招聘工作的满意度和员工对所在岗位的满意度等指标进行评估。

1. 职位填补的及时性

职位填补的及时性体现在招聘部门的反应是否迅速，能否在接到用人要求后，短时间内找到符合要求的替补者。另外，招聘工作人员的工作效率也影响招聘工作的及时性。

2. 用人单位或部门对招聘工作的满意度

用人单位或部门对招聘工作的满意度包括对新录用员工的数量、质量的满意度，以及对招聘过程的满意度。是否按照用人单位或部门的要求招募到合适的人选；是否及时和用人单位或部门沟通联系，共同招募和筛选应聘者；负责招聘的人员是否花时间与部门经理们一起讨论他们对应聘人员的要求；用人单位或部门对所招新员工的绩效的满意度等。

3. 招聘渠道的吸引力

招聘渠道的吸引力包括所吸引的有效应聘者的数量，如网上招聘就是点击该招聘网页的数量、写申请求职人员的数量、符合职位要求的应聘者的数量、所收有效简历的数量、有效电话咨询的数量等。

4. 员工对所在岗位的满意度

新员工对所在岗位的满意度，可以用员工满意调查表来衡量。优秀的员工大部分都以事业为重，但也非常关心自己能否得到特殊的对待，工资待遇等条件能否得到满足，以及对工作的环境和企业文化的接受度。

4.3.2　定量评估

1. 招聘成本评估

招聘成本评估是指对招聘过程中的费用进行调查、核实，并对照预算进行评价的过程。招聘成本是鉴定招聘效率的一个重要指标，具体可以划分为六个方面：

(1) 招募成本：为吸引和确定企业所需要的人力资源而发生的费用，主要包括招聘人员的直接劳务费用、直接业务费用、其他相关费用等。

(2) 选拔成本：对应聘者进行鉴别选择，以做出决定录用或不录用所支付的费用。

(3) 录用成本：经过招聘选拔后，把合适的人员录用到企业所发生的费用，包括录取手续费、调动补偿费、搬迁费和旅途补助费等由录用而引起的相关费用。

(4) 安置成本：为安置已被录取的员工到具体工作岗位就职所发生的费用，包括安排新员工的工作所必须发生的各种行政管理费用、为新员工提供工作所需要的设备条件以及录用部门因安置人员所损失的时间而发生的费用等。

(5) 离职成本：员工离职给企业带来的损失，一般包括直接成本和间接成本两部分。

(6) 重置成本：因招聘方式或程序错误致使招聘失败而重新招聘所发生的费用。

2. 招聘成本效用评估

招聘成本效用评估是对招聘成本所产生的效果进行的分析，它主要包括招聘总成本效用分析、招募成本效用分析、选拔成本效用分析、人员录用成本效用分析及招聘收益成本比。具体计算方法如下：

总成本效用＝录用人数÷招聘总成本

招募成本效用＝应聘人数÷招募期间的费用

选拔成本效用＝被选中人数÷选拔期间的费用

录用成本效用＝正式录用人数÷录用期间的费用

招聘收益成本比＝所有新员工为组织创造的总价值÷招聘总成本

显然，这些指标越高越好，各公式计算出的比例越大，说明各项费用开支的使用效率越高。

3. 录用人员评估

录用人员评估是指根据招聘计划对录用人员的质量和数量进行评价的过程。

1）录用人员数量评估

数量评估是对招聘工作有效性检验的一个重要方面。这一方面的评估指标主要有应聘比、录用比和招聘完成比。

（1）应聘比：说明员工招聘的挑选余地和信息发布状况。该比率越大，说明组织的招聘信息发布得越广、越有效，组织的挑选余地也就越大，同时说明录用人员素质高的可能性越大；反之，该比率越小，说明组织的招聘信息发布得不适当或无效，组织的挑选余地小。计算公式为：

应聘比＝应聘人数÷计划招聘人数

（2）录用比：录用比越小，表明对企业来说可供选择的人员越多，实际录用者的素质就可能越高；反之，说明可供筛选者越少，则实际录用者的素质较低的可能性越大。计算公式为：

录用比＝实际录用人数÷应聘总人数

（3）招聘完成比：说明新员工招聘计划的完成情况。如果招聘完成比等于或大于100%，则说明在数量上全面或超额完成了招聘计划；比率越小说明招聘员工数量越不足。计算公式为：

招聘完成比＝实际招聘人数÷计划招聘人数

2）录用人员质量评估

录用人员质量评估是对员工的工作绩效行为、实际能力、工作潜力的评估，主要是分析评估新员工的素质、能力等是否能满足应聘岗位的要求和组织工作的需要，它是对招聘的工作成果与方法有效性检验的另一个重要方面。绩效考核是录用人员质量评估的重要方法。为了提高对人员录用质量的评估，还可以采用以下统计指标：

录用合格比＝已录用胜任岗位人数÷实际录用人数

录用基础比＝原有人员胜任岗位人数÷原有人员总数

录用合格比反映了人员招聘的有效性以及准确性。录用合格比和录用基础比之差，反映了本次招聘的有效性是否高于以前招聘有效性的平均水平，即招聘有效性是否在逐步提高。

4. 招聘方法评估

招聘方法评估主要是对招聘过程中采用的招募渠道的招聘效果进行评估。通过将各种招聘工作定量评估指标与招募渠道相联系，评价出不同招募渠道的产出率。表4-7是某企业对采用的五种招募渠道进行的招聘效果评估。

表 4-7　企业招募渠道的效果评估

	招聘会	校园招聘	员工推荐	报刊广告	猎头公司
吸引求职简历数量/份	200	400	50	500	20
接受面试人数/人	175	100	45	400	20
产出率/(%)	87	25	90	80	100
合格应聘人数/人	100	95	40	35	19
产出率/(%)	57	95	88.9	8.8	95
接受工作人数/人	90	10	35	25	15
产出率/(%)	90	10.5	87.5	71.4	78.9
累计产出率(录用比)	45	2.5	70	5	75
成本/元	30 000	50 000	15 000	20 000	90 000
单位雇用成本/元	333	5 000	428.6	800	6 000
计划招聘人数/人	180				
招聘完成比/(%)	97.2				
招聘预算/元	200 000				
招聘预算完成比/(%)	102.5				

表 4-7 列有五种招募渠道的产出率以及单位雇用成本等指标。从中可以看出，对于该公司所出现的这些职位空缺而言，招聘会以及员工推荐是两种最佳的招募渠道。报纸广告所吸引来的人数尽管最多，但是只有很少的人符合职位要求；到全国校园招聘中进行招募可以招募到素质高的应聘者，但是只有相对较少的人最后接受公司所提供的职位；最后，猎头公司可以招募到质量很高的人选，但是与其他几种招募渠道相比，它的费用较高。因此，如果企业空缺职位的差异性不大，那么在未来招募渠道选择上，可以考虑使用当地校园招聘会和内部员工推荐两种渠道。

4.3.3　信度与效度评估

1. 招聘信度评估

招聘信度是指招聘的可靠程度，具体指通过某项测试所得结果的稳定性和一致性。应聘者多次接受同一测验或有关测验时，若其结果相同或相近，我们认为该测验的信度较高。任何一种测试手段，如果其信度很低，就不可能是有效的。招聘信度这一指标又具体体现为：稳定系数、等值系数和内在一致性系数。

(1) 稳定系数：在两个不同时间用同一种测试方法对一组应聘者进行测试的结果的一致性，稳定系数可用两次结果之间的相关系数来表示。

(2) 等值系数：对同一应聘者使用两种对等的、内容相当的测试所得结果之间的一致性程度。如对同一应聘者使用两张内容相当的个性测试量表测试时，两次测试结果应当大致相同。等值系数可用两次结果之间的相关系数来表示。

(3) 内在一致性系数：把同组应聘者进行的同一测试分为若干部分加以考察，各部分所得结果之间的一致性程度，它可用各部分结果之间的相关系数来判别。

2. 招聘效度评估

招聘效度是指招聘的有效性。具体指用人单位对应聘者真正测到的品质、特点与其想要测的品质、特点的符合程度，因为一项测试必须能测出它想要测定的才算有效。在人员选拔过程中，测试效度高是指实际测到应聘者的特征与想要测的特征符合程度高。招聘效度测试指标主要有预测效度、内容效度、同侧效度。

(1) 预测效度：用来预测将来行为的有效性，通过对应聘者在选拔中所得分数与其被录用后的绩效分数相比较来了解预测效度，二者相关性越大，则说明所选的测试方法、选拔方法越有效；若相关性很小或不相关，说明此法在预测人员潜力上效果不大。

(2) 内容效度：主要考虑所测得的内容是否与想测试的特性有关。某测试的各个部分对于测量某种特性或做出某种估计有多大效用，测试是否代表了工作绩效的某些重要因素等。内容效度多用于知识测试与实际操作测试，而不适用于对能力和潜力的测试。

(3) 同侧效度：对现在员工实施某种测试，然后将测试结果与员工实际工作绩效考核得分作比较，若二者相关性很大，则说明此测试效度高。这种测试效度的特点是省时，可以尽快检验某种测试方法的效度，但用到人员选拔测试中，难免会受到其他因素的干扰而无法准确地预测应聘者未来的工作潜力。因此，同侧效度不适用于选拔员工的测试，而适用于现有员工的测试。

4.4 招聘中的法律问题

在人力资源管理实践中，许多企业引进人才时，自认为握有录用员工的主动权，但由于缺少法律意识，常常忽视了招聘过程中的法律风险，这为企业之后的正常运营和员工管理埋下了隐患。为此，企业应依法做好员工招聘工作。

4.4.1 招募中的法律问题

1. 避免就业歧视

根据《中华人民共和国就业促进法》的规定，劳动者享有平等就业的权利，如遭受用人单位就业歧视，劳动者可直接向法院提起诉讼。依此法律规定来看，企业在招募宣传中如果涉嫌就业歧视，比如在招聘广告中包含对应聘者"性别、婚姻状况、民族、户籍、身体状况"等方面的不合理限制，那么刊登该广告的企业将可能面临侵权诉讼，并将承担相应的法律责任。

HR实例

招聘时存在性别歧视的单位败诉

2018年6月24日，王某在58同城网和赶集网上看到某单位要招两名文案的招聘信息，她认为自己的各项条件均符合该单位的工作要求，随即在网上投递了简历，确认单位收到简历后，她一直没有等来回复。于是，王某打电话询问应聘情况，该单位工作人员答复说，他们的文案职位仅招男性，理由是岗位需要出差。王某告知对方自己完全可以胜任出差，仍不甘心，又到该单位招聘现场去应聘，依然以同样的理由被拒绝。王某认为，文案职位并非只有男性才可以胜任，该单位仅因她是女性就拒绝她，给她身心带来极大伤害，心情一度非常沮丧和气愤，找工作的信心受到很大打击。《中华人民共和国就业促进法》规定劳动者依法享有平等就业和自主择业的权利，劳动者就业不因民族、种族、性别、宗教信仰等不同而受歧视。因此，该单位的行为构成就业歧视，侵害了王某的平等就业权、人格尊严权。王某依法向法院起诉该单位，请求判决该单位书面赔礼道歉，并赔偿王某精神损害抚慰金5万元。

法院经审理后，判决该单位于判决生效之日起十日内赔偿王某精神损害抚慰金2000元，驳回王某的其他诉讼请求；案件受理费200元（已减半收取），由单位负担，于该判决生效之日起七日内交至王某手中。

2. 明确招聘职位的录用条件

《中华人民共和国劳动合同法》明确规定，劳动者在试用期间被证明不符合录用条件，单位可以立即解除劳动合同。因此，明确的录用条件是企业行使合法解除劳动合同权利的前提。

4.4.2　甄选中的法律问题

《中华人民共和国劳动合同法》明确规定了，用人单位对劳动者与劳动合同直接相关的基本情况有知情权。因此，企业人力资源管理部门应利用好法律赋予的这项权利，做好对拟录用员工的入职审查和管理工作，为从根本上防范用工法律风险把好第一关。

对拟录用员工的入职审查和管理，重点在于对招聘过程中得到的应聘者相关信息的审查和整理，这不仅有利于规范企业的用工管理，更重要的是为将来可能发生的劳动争议留存证据。这些审查包括：年龄审查，即身份证明验证；资质审查，审查与应聘职位相关的学历证明和各种资格证明；劳动关系状况审查，查验应聘者与原用人单位解除或终止劳动合同的证明；身体状况审查，要求应聘者提供正规的体检报告，或者要求应聘者到指定医院参加体检。

在人力资源管理实践中，有关就业体检，争议最大的是关于单位是否有权拒绝乙肝病原携带者的问题。为了规范和避免用人单位滥用知情权，2010年2月10日，人力资源和社会保障部、教育部、卫生部联合下发了《关于进一步规范入学和就业体检项目维护乙肝表面抗原携带者入学和就业权利的通知》，明确规定了用人单位在就业体检中，不得要求乙肝项目检测，不得因劳动者是乙肝病原携带者而拒绝招用或强行辞退。

HR实例

企业如何使用“不符合录用条件”辞退新员工？

2017年5月，北京某公司筹备开业，在一家网站上同时刊登了数十个岗位的招聘启事，招聘条件统一为：“同行业两年以上从业经验；如果应聘的是管理职位，还需有同行业管理职位两年以上从业经验。”张某看到招聘广告后决定应聘该公司行政主管一职，经面试合格后，该公司与张某签订了一份劳动合同，合同约定试用期为两个月。试用期满前，公司通知张某，由于其未通过公司试用期的考核评估，公司决定与其解除劳动合同。张某认为公司的行为属于违法解除劳动合同，遂向劳动争议仲裁委员会申请仲裁，要求公司支付违法解除劳动合同的经济赔偿金。

仲裁委员会经审理认为，公司以张某试用期的工作表现不符合录用条件为由解除劳动合同，首先应当拿出经双方确认的或已向张某公示的具体的录用条件。本案中，由于公司对符合法律要求的具体录用条件无法举证，因此，仲裁委员会认定公司招聘广告中写明的招聘条件即为公司的录用条件，鉴于张某完全符合该条件的要求，仲裁委员会支持了张某的申诉请求，要求公司承担违法解除劳动合同的赔偿责任。

4.4.3 录用中的法律问题

经过招募和甄选后，企业一般会在决定录用应聘者后，向其发出录用通知书（offer letter），录用通知书中一般包括工资待遇、试用期、社保、福利、报到时间等与工作相关的主要事项。但是，关于录用通知书的性质和法律效力，《中华人民共和国劳动合同法》没有做出明确规定。在许多用人单位看来录用通知书不是正式的劳动合同，没有法律效力，因此，在录用通知书的设计、发送及撤销方面都很随意，这很容易造成大量的法律风险。

HR实例

录用通知书具有法律效力吗？

刘某是上海大学的大四学生，2017年4月，经过两轮面试，他被一家知名外企看中。第二次面试结束后，负责面试的人力资源部领导直接向刘某出具了录用通知书，该通知上写明了刘某的职位、月工资标准、年终奖、其他福利待遇和报到时间。刘某觉得很满意，此后便没再参加其他招聘，开开心心地过完了在学校最后的一段时光。毕业后，刘某如期去公司报到，可意想不到的事情发生了，他被告知该公司因故需要临时裁员，对于新一批的员工都将不再聘用。刘某无论如何也接受不了这样的事实，于是向劳动争议仲裁委员会申请了劳动仲裁，要求公司承担赔偿责任。

劳动争议仲裁委员会认为，该公司向刘某所发的录用通知书是一个内容具体确定的邀约，于送达刘某时已生效，用人单位应受到该邀约全部内容的约束。刘某在该通知上写明的报到日期如期报到，即表明双方已经就该录用通知书的全部内容达成了合意，该合意对双方当事人都具有法律约束力。本案中，刘某放弃继续求职，完全是基于对该通知的合理信赖，因此，该公司因自身原因不履行签订劳动合同的义务，构成违约，应赔偿刘某因此遭受的全部损失。

此案例给我们的启示有三点。

第一，企业发录用通知书时，应十分谨慎，在确定录用该应聘者的前提下，才能发出录用通知书；人力资源部应在录用通知书中逐一列明不予录用的特殊情形，以保留一定的录用主动权；录用通知书一旦发出即具有了法律效力，企业不能随意单方面变更其中的内容。

第二，企业在制作和签发录用通知书时，首先要明确应聘者应予承诺的期限，如果收到录用通知书的应聘者不能按期确认，公司有权取消此录用决定另招新人；其次，明确约定违约责任，双方就录用通知书达成合意后，应聘者未在通知书规定的时间内报到，公司可要求其承担相应的违约责任。

第三，录用通知书只表明企业愿意以一定条件接纳应聘者为企业工作的意向，它和正式的劳动合同还是有区别的。因此，企业一旦决定录用员工，应尽快签订劳动合同，依据劳动合同来规范双方的权利、义务，以避免企业承担不利的法律责任。

本章小结

员工招聘是指在企业总体发展战略规划的指导下，制定相应的职位空缺计划，采取一些科学的方法，寻找、吸引具备资格的个人到企业来应聘，从中选出适宜人员予以录用的管理过程。招聘活动的目的是吸引人员参加应聘，并从这些人中挑选合适的人进行录用。招聘流程是指从组织内出现空缺到应聘者正式进入组织工作的整个过程，主要包括招聘准备、招聘实施和招聘评估三个阶段。

员工招聘的过程就是通过各种方法尽可能多地吸引应聘者前来应聘的过程，渠道主要有内部招聘和外部招聘两大类。内部招聘的方法主要有企业数据库、布告法、晋升和岗位轮换等；外部招聘的方法主要有发布广告、借助中介、校园招聘、网络招聘等。人员甄选是指通过运用一定的工具和手段对已经招募到的应聘者进行鉴别和考察，区分他们的人格特点与知识技能水平，预测他们的未来工作绩效，最终挑选出企业所需要的、恰当的职位空缺填补者。人员甄选的方法主要有简历筛选、笔试、面试、心理测试、评价中心法。企业通过人员甄选，做出初步录用决定后，要对这些入选者进行背景调查、健康检查，合格者与企业签订试用协议。招聘评估是通过对整个招聘过程及结果进行评价，来改进招聘的甄选方法，降低招聘成本，从而提高招聘工作绩效，提高新聘员工的质量。招聘评估包括对招聘工作的定性评估、定量评估和信度与效度评估。

本章导学图

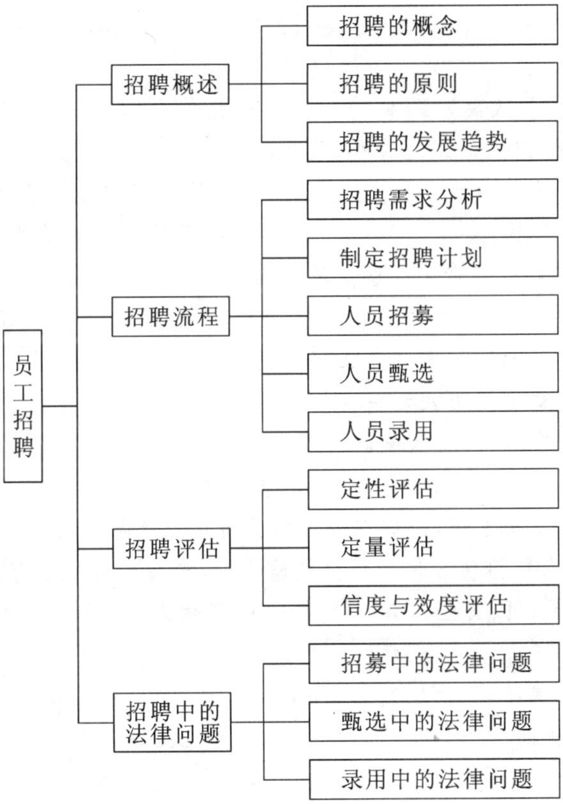

知识巩固训练

一、单项选择题

1. 企业在招聘过程中，被录用人的能力和录用岗位的要求相适应，体现了员工招聘的(　　)原则。

A.竞争原则　　B.全面考核原则　　C.能级对应原则　　D.效率优先原则

2. 招聘的首要环节是(　　)。

A.制定招聘计划　　B.发布招聘信息　　C.员工选拔　　D.组织审定

3. 面试时，按照事先拟好的面试框架和问题清单逐步向应聘者提问，应聘者针对问题进行逐项回答的面试，称为(　　)。

A.模拟操作面试　　B.非结构化面试
C.压力面试　　D.结构化面试

4. 企业对招聘效果进行评估时，要计算应聘比，其计算公式是(　　)。

A.应聘人数÷录用人数　　B.应聘人数÷计划招聘人数
C.实际录用人数÷应聘总人数　　D.实际录用人数÷计划招聘人数

5. (　　)的招聘方式适合招聘高层管理人员和尖端人才。

A.就业服务机构　　B.校园招聘　　C.招聘洽谈会　　D.猎头公司

6. (　　)是指将应试者置于一种紧张的气氛中，让应试者回答挑衅性的、敌意的，或是具有攻击性的意想不到的问题。

A.结构化面试　　B.非结构化面试　　C.压力面试　　D.无领导小组讨论

7. 进行招聘成本评估时，(　　)成本是指因招聘方式或程序错误致使招聘失败而重新招聘所发生的费用。

A.安置成本　　B.离职成本　　C.选拔成本　　D.重置成本

8. 企业进行招聘评估时，录用比越小，说明(　　)。

A.企业可供选择的人数越少　　B.实际录用者的素质可能越高
C.招聘信息发布得不适当　　D.招聘员工的数量越不足

9. (　　)的优点是对应聘者的了解比较准确。

A.校园招聘　　B.就业中介机构　　C.猎头公司　　D.熟人推荐

10. 关于发布招聘广告，下列描述不正确的是(　　)。

A.广告是内部招募最常用方法之一
B.有广泛的宣传效果，可以展示单位实力
C.发布广告要注重广告媒体的选择和广告内容的设计
D.工作空缺的信息发布迅速，能够在一天内就传达给外界

11. 如果一家公司需要招聘8位初级机械操作工，那么最好的招聘来源是(　　)。

A.职业学校　　B.失业人员　　C.退休人员　　D.学院和大学

二、多项选择题

1. 内部招聘的优点有(　　　)。

A.风险小，可靠性较高　　B.为企业注入新鲜的“血液”
C.对企业目标认同感强　　D.节约时间和费用
E.选择的范围比较广

2. 员工档案可以帮助企业了解员工的(　　　)。

A.教育　　B.培训　　C.经验　　D.技能　　E.绩效

3. 评价中心法主要用来招聘管理人员，常用的方式主要有(　　　)。

A.公文处理法　　B.无领导小组讨论　　C.角色扮演
D.性格测验　　E.管理游戏

4. 外部招聘存在的不足包括(　　　)。

A.进入角色慢　　B.筛选难度大、时间长　　C.招募成本高
D.影响内部员工积极性　　E.决策风险小

5. 按照面试的组织方式,可以将面试分为(　　　　)。

A.一对一面试　　B.陪审团面试　　C.结构化面试

D.集体面试　　E.非结构化面试

6. (　　　　)属于内部招募方法。

A.推荐法　　B.校园招聘　　C.档案法

D.网络招聘　　E.布告法

7. 人力资源供小于求时,平衡的方法有(　　　　)。

A.外部招聘　　B.超时工作　　C.提前退休　　D.工作外包

8. 下列对笔试的描述正确的有(　　　　)。

A.成绩评定比较主观

B.可以对大规模的应聘者同时进行筛选,花较少的时间达到较高的效率

C.由于考试题目较多,可以提高对知识、技能和能力的考察信度与效度

D.不能全面考察应聘者的态度、品德、管理能力、口头表达能力和操作能力

E.笔试往往作为应聘者的初次竞争,成绩合格者才能继续参加面试或下一轮的竞争

9. 在面试过程中,面试官根据应聘者的反应考察其(　　　　)。

A.相关知识的掌握程度　　B.判断、分析问题的应变能力

C.衣着外貌、风度气质　　D.应聘者现场的应变能力

E.是否符合岗位的要求

10. (　　　　)是对招聘过程中使用方法的正确性和有效性的检验。

A.信度评估　　B.效度评估　　C.成本评估

D.质量评估　　E.效率评估

三、判断题

1. 猎头公司是一种专门为雇主"猎取"普通员工的职业中介机构。(　　)

2. 员工推荐的优点是招聘成本低、可靠性高。(　　)

3. 招聘表面上看是企业主动选择应聘者的过程,实际上是一种企业与应聘者个人之间双向选择和匹配的动态过程。(　　)

4. 稳定系数是指对同一应聘者使用两种对等的、内容相当的测试题,所得结果之间的一致性程度。(　　)

5. 角色扮演是一种以完成某项"实际任务"为基础的团队模拟活动,通常采用小组形式进行。(　　)

6. 公开原则是指对所有报考者一视同仁,为应聘者提供平等竞争的机会。(　　)

7. 压力面试适用于招聘行政管理人员。(　　)

8. 个人简历与申请表内容既有重合,又有区别。(　　)

9. 招聘中高层管理人员或公司所需的特殊人才时,招聘小组一般由总经理、人力资源部经理、外部聘请的专家组成。(　　)

10. 内部招聘可以避免企业内部相互竞争所造成的紧张气氛。(　　)

四、简答题

1. 什么是招聘? 它在人力资源管理中的作用是什么?

2. 招聘的基本流程是什么?

3. 内部招聘和外部招聘各有什么优缺点?

4. 简述面试的类型。

5. 如何进行招聘评估？

五、案例分析题

留下谁更适合？

某公司随着产品经营规模的迅速扩大，急需提高企业的营销能力，扩充销售员的队伍。通过考试，7月份录取了王明、张军、李青、赵强等4人到销售科进行为期3个月的销售业务实习。月前，他们的实习期将满，销售科肖科长考虑从他们中选拔出2个合适的人选，正式留在销售科工作。肖科长根据平时对他们的观察和厂领导、同事及用户对他们的评价，对上述四位候选人的个人素质和工作状况进行了初步的总结，作为留任的依据。

1. 个人素质情况

王明：20岁，高中毕业，精力旺盛，工作肯吃苦；但平时大大咧咧，办事粗心大意，说话总带有“火药味”。

张军：34岁，为人热情，善于交往，本人强烈要求做销售工作。

李青：25岁，经济管理专业的大学生，她工作认真、稳重文静；但平时沉默寡言，特别是在陌生人面前。

赵强：29岁，公共关系专业的大学生，他为人热情、善于交往、头脑灵活；但对销售工作缺乏经验。

2. 实际工作情况

王明：工作主动大胆，能打开局面；但好几次把用户订购的产品规格搞错，尽管肖科长多次向他指出，他仍然时常出错；用户有意见找他，他还发火。

张军：工作效率很高，经常超额完成任务，并在销售过程中与用户建立了较紧密的关系；但常常借工作关系办私事，如要求用户帮助自己购买物品等；他平时工作纪律性差，常迟到早退，同事对此颇有微词；他曾找领导说情，希望留在销售科工作。

李青：负责广东省内的产品推销工作，她师傅曾带她接触过所有主要用户，并与用户建立了一定的联系，但她很少主动独立地联系业务。有一次，她师傅不在，恰巧有个用户要求增加订货量，她因师傅没有交代而拒绝了这一笔业务。

赵强：负责河北省的产品推销工作，他经常超额完成推销任务，并在推销过程中注意向用户介绍产品的性能、特色，而且十分重视售后服务工作。有一次，一个用户来信提出产品有质量问题，他专程登门调换了产品，用户为此非常感动。尽管如此，但他时常难以完成货款回收率指标，致使有些货款一时收不回来，影响企业经济效益指标的实现。

思考题：请从上述案例中的4位应聘者选出2位留在销售科任职销售员，并说明理由。

职业能力训练

项目一：结构化面试设计

目的：理解结构化面试的含义，掌握组织进行结构化面试的技能。

资料：PS公司是一家专门从事软件开发、电子商务、系统集成和计算机产品代理销售的IT高新企业。最近，PS公司准备招聘客户经理，主要从事网络产品的推广，工作中需要与客户进行电话沟通。该公司准备采用面试方法对应聘者进行选拔，面试分为两轮进行。第一轮初试，由一位 HR 招聘专员对应聘者进行面试，每人面试时间大约 10～15 分钟，测评指标为：仪表良好、言谈举止、亲和力、普通话标准、性格开朗、对岗位了解、逻辑条理清晰；第二轮复试，采用结构化面试方法，面试官根据应聘者的应答表现，对其相关胜任素质做出相应的评价。人力资源专家通过对现有客户经理绩优者的素质分析，得到客户经理的胜任素质模型，见下表。

客户经理的胜任素质模型

能力指标	指标说明
沟通能力	口头语言准确，能简洁地表达自己的思想；能根据表述内容和沟通对象的特点采取适当的表达方式；在人际交往中，能通过各种途径和线索准确地把握和理解对方的意图，并使对方接纳自己的建议和想法
应变能力	在有压力的情况下(如发生没有预料到的不利于目标实现的事件)，能够随机应变，及时做出正确的判断和处理
影响力	能够通过引导、劝诱、说服等方式影响他人，赢得他人的支持
成就动机	富有挑战精神，能够为自己树立新的目标，并坚持不懈地采取一定的行动去实现目标

要求：以小组为单位进行充分讨论，根据上述资料，为 PS 公司的复试设计一套结构化面试题目，并在班上进行交流。

成果：提交电子版的一套结构化面试题目，包括面试问题(一个指标一个问题)和评分标准。

项目二：招聘评估训练

目的：了解和掌握定量的几种招聘评估指标。

资料：某公司开展招聘活动，准备招聘副总经理 1 人、生产部经理 1 人、销售部经理 1 人。

1. 人数统计：副总经理应聘者 38 人，参加招聘测试 25 人，送企业候选 3 人，录用 0 人；生产部经理应聘者 19 人，参加招聘测试 14 人，送企业候选 3 人，录用 1 人；销售部经理应聘者 35 人，参加招聘测试 29 人，送企业候选 3 人，录用 1 人。

2. 招聘经费：广告费 20 000 元，招聘测试费 15 000 元，体检费 2000 元，应聘者纪念品 1000 元，招待费 3000 元，杂费 3500 元，录用人员家属安置费 5000 元。

要求：请计算上述公司招聘总成本效用、招聘录用比、招聘完成比、应聘比。

成果：提交作业。

拓展阅读

第5章 员工培训与开发

学习目标

(1) 理解和掌握员工培训与开发的基本概念。
(2) 了解和掌握员工培训与开发的基本理论。
(3) 了解和掌握员工培训与开发的流程。
(4) 了解和掌握培训开发流程的内容。
(5) 了解最新的培训前沿理论。
(6) 了解员工培训与开发面临的新挑战。

本章关键词

培训(train)、开发(develop)、培训需求(training needs)、培训目标(training target)、效果评估(effect evaluation)、在职培训(on-the-job training)、脱产培训(off-job training)

引导案例

5.1 员工培训与开发概述

5.1.1 员工培训与开发的概念

从传统意义上讲,培训与开发在概念上很难划分,因为二者实质是一样的,都是要通过改善员工的工作业绩来提高企业的整体绩效,只是二者的侧重点略有不同。

培训更多的是侧重短期目标的行为,是向新员工或现有员工传授其完成本职工作所必需的基本技能的过程。培训的目的是使员工掌握目前所需要的知识和技能,并迅速地将这些知识和技能运用到本职工作中,在更短的时间内为企业带来经济价值。

开发往往是一种侧重长期目标的行为,主要是指管理开发,指一切通过传授知识、转变观念或提高技能来改善当前及未来管理工作绩效的活动。开发的目的是使员工掌握将来所需要的知识和技能,以应对未来工作中可能会出现的问题。

对企业而言,培训与开发是注重员工个人与组织当前和未来发展需要相匹配的、重要的人力资源开发工作,都是企业为了使员工获得与工作有关的知识和技能,或改变员工工作动机、态度和行为,提高员工的绩效,所做的有计划、有系统的工作。因此,本书认为,员工培训与开发是组织为了使员工获得或改进知识、能力、态度和行为，提高员工工作绩效，实现员工和企业共同发展的目的，有计划地进行的系统化的教育训练与开发活动。

HR视野

培训与开发对生产力、工作生活质量和利润的影响

调查表明，不同类型的培训会有如下投资回报(ROI)：行为模仿5∶1，客户服务4.8∶1，团队培训13.7∶1，经理角色15∶1。在一般水平上，培训相关文献表明，尽管组织良好的培训会产生实质性的回报，但所实施的培训方法和内容领域的有效性之间会有相当大的变异。正如我们所看到的那样，认真计划(通过需求分析)以及随后的项目评价对实现回报而言是必需的。由于现代社会变化的节奏和技术，再培训对个体和组织赢得竞争而言也是必不可少的。例如，在招聘和保留劳动力方面，Wetfeet公司的研究报告显示，培训和职业发展机会是应聘者所要求的最重要的因素。因此，在员工培训和开发上持续投资是必要的，因为这对组织的生产力和组织成员的工作生活质量有直接影响。

资料来源：韦恩·F.卡肖.人力资源管理[M].刘善仕，等，译.8版.北京：机械工业出版社，2013.

5.1.2　员工培训与开发的分类

1. 按培训对象分类

按照培训对象不同，可以将培训与开发划分为新员工培训与在职员工培训。

新员工培训是指对刚刚进入企业的员工进行培训，在职员工培训是指对已经在企业中工作的员工进行培训。由于新员工与在职员工所处的工作阶段以及对所在岗位的工作认知不同，因此这两类培训之间存在较大的差别。新员工培训相对简单，多为一些基础性质的培训；在职员工培训则相对复杂一些，通常所讲的“培训与开发”往往是针对后者进行的。

按照员工所处的层次不同，在职员工培训又可以划分为基层员工培训、中层员工培训和高层员工培训。由于这三类员工在企业中所处的位置、承担的职责、发挥的作用都不同，因此对他们的培训要区别对待。基层员工培训侧重于一般性的技术知识和方法；中层员工培训可以适当增加有关理论课程；高层员工培训应侧重于学习新理论、新观念、新方法。

2. 按培训内容分类

按照培训内容不同，可以将培训与开发划分为知识性培训、技能性培训和态度性培训。

知识性培训是指以学习各种有用知识并运用知识进行脑力活动为主要内容的培训，例如，与本职工作相关的理论、专业知识等；技能性培训是指以工作技术和工作能力为主要内容的培训，例如，操作技能、处理人际关系的技能、谈判技能等；态度性培训是指以工作态度为主要内容的培训，它主要涉及对员工的价值观、行为规范，以及个人行为活动方式等内容的教育与培训，例如，员工对组织的忠诚度、组织观念和团队意识等。

3. 按培训与工作关系分类

按照培训与工作关系不同，可以将培训与开发划分为在职培训、脱产培训和半脱产培训。

在职培训也称不脱产培训，指员工不离开工作岗位，在实际工作中接受培训。这种培训方式经济实用且不影响工作与生产，能够最大限度地为企业节约成本，但在组织性和规范性上有所欠缺。脱产培训指员工离开工作岗位，专门通过培训机构或相关院校进行培训，这种培训的优点是员工的时间和精力集中，没有工作压力，知识和技能水平提高比较快，但在针对性、实践应用性等方面往往有所欠缺，且培训成本较高。半脱产培训是介于在职培训与脱产培训之间的一种培训，这种培训方式可以在一定程度上克服二者的缺点，取长补短，较好地兼顾培训的质量、效率与成本等因素。

5.1.3 员工培训与开发的模式

国内外培训机构根据成人学习的特点，通过弹性教学、开发式课堂等方式和手段，不断探寻适宜企业员工的培训模式。目前国内外比较有影响力的培训模式主要有下列几种。

1. 基于人力资本模型的培训方案

基于人力资本模型的培训方案，是以20世纪60年代美国经济学家西奥多·舒尔茨(T.W. Schultz)和加里·贝克尔(Garys Becker)创立的人力资本理论为指导的，该方案服务于企业人力资源发展战略，满足企业和员工个人对培训的需求，是适合现代企业发展的一套员工培训方案。在实践中，它又可以细分为员工培训需求分析和筛选、员工培训项目的设计和实施、培训效果评价和培训能力发挥机制构建四个模块，这四个模块是互为基础、互相联系和互相促进的。

2. 基于需求分析模型的培训方案

基于需求分析模型的培训方案是对上述人力资本模型培训方案中"培训需求分析"部分的强化和深入。需求分析模型是20世纪60年代由麦克基西(Mc Gehee)和索耶尔(Thayer)等人提出的，是一种通过系统评价确定培训需求、培训内容及其相互关系的方法。确定培训需求是指了解对员工培训的必要性及其培训程度，确定哪些员工需要培训以及需要参加何种培训的过程。需求主要包括两个方面：一是指组织需求；二是指员工本身需求，这两者应该紧密有效地结合。需求分析具有很强的指导性，它既是确定培训目标、设计培训方案的前提条件，也是进行培训质量效果评估的基础。其重要作用表现为：确认差距、前瞻性分析、保证人力资源开发系统的有效性、提供多种解决问题的方法、分析培训的价值与成本、获取内部与外部的多方支持。

基于需求分析模型的培训方案，在具体实践中又包括葛史丹(Goldstein)模型、培训需求差距分析模型、前瞻性培训需求分析模型等。

3. 能力素质模型

哈佛大学心理学系主任大卫·麦克利兰教授(David C.McClelland)于1973年提出了能力素质模型(competency model)概念。能力素质模型是培训需求评价的新趋势之一，现在，已经有许多跨国公司采用该模型来分析员工的培训与发展需求。能力素质是指能将某一工作、组织或文化中表现优异者与表现平平者区分开来的个人表层特征与深层特征，主要包括知识、技能、社会角色、自我概念、特质和动机。能力素质模型则是指担任某一特定的任务角色所需要具备的胜任特征的总和。胜任特征分析不仅可以用来分析组织、任务或人员的某一个层面，同时也强调需求分析和培训结果应能增强员工对职务的胜任特征。能力素质的表层特征包括技能、知识、社会角色、自我形象等；深层特征则相对比较复杂，如动机等，它决定着人们的行为表现。

4. CBET模型

CBET模型是英文"competency based education and training"的缩写，意为以能力为核心的教育和培训。CBET模型广泛应用于加拿大、美国等北美国家的职业教育和培训。该模型的特点是以职业能力分析的结果为基础，来确定权威性国家能力标准体系，然后通过与这些标准相比较，再来具体确定员工的等级水平。

5. 六步操作模式

六步操作模式是中国石化集团公司在借鉴国内外各种培训模式的基础上，结合石化行业员工的实际情况，自行开发的一种适用于石化企业员工培训的系统化的培训模式，它具体包括需求分析、课程开发、教学设计、教学实施、考试与考核、监督与反馈六个部分。

5.1.4 培训体系

1. 培训体系的定义

培训体系是以培训为基础，以管理培训活动为目标，为确保企业培训工作的有序进行而建立的确保培训效果的一个系统机制。完整的企业培训体系既包括纵向的企业各层次员工培训（从总经理到一线岗位员工），又包括横向的各领域员工培训（各个职能部门的培训）；既应该在内容上进行通用的管理基础知识与专业技术知识培训、操作技能培训、素质类培训、制度培训、企业文化培训、管理技能培训、员工职业规划培训，又应该在形式上采用灵活多样的培训方式和方法，如行业交流、出国考察、岗位轮换、外部拓展训练等；既应该建立完善的培训实施保障体系，又应该建立完善的培训需求分析、培训效果评估机制等重要环节。这样才能形成一个严谨的培训体系，才能为企业培养出组织发展所需要的各种人才。

2. 有效培训体系的基本特征

建立有效的培训体系是充分发挥培训对于企业经营积极作用的前提条件。判断培训体系是否有效的标准，是看其培训体系是否能够增强企业的市场竞争力，是否有助于企业实现其战略目标。

(1) 以企业战略为导向。有效的企业员工培训体系应以企业战略为导向，融入企业的发展战略和人力资源战略体系之中，并根据企业的发展战略规划，紧密结合企业的人力资源发展战略，量身定制为实现企业战略目标服务的高效培训体系。

(2) 着眼于企业发展的需求。有效的培训体系应着眼于企业的未来发展，不能做成“头痛医头，脚痛医脚”的救火工程。有效的培训体系必须依据企业的核心需求，满足企业持续发展对人力资源的需要。

(3) 多层次、全方位。企业培训是一种成人教育，因此，有效的培训体系要充分考虑员工（成人）教育的特殊性来开发课程，运用与成人教育特点相应的训练方法，采用多种多样的培训方式。在追求效益最大化的前提下，构建多层次、全方位的培训体系，提升员工工作技能的同时帮助员工实现职业发展，达到企业全员参与、共享培训成果的效果。

(4) 充分考虑员工自我发展的需求。按照马斯洛的需求层次理论：人的需求是多方面的，而自我发展和自我实现是人的最高需求。按照员工自身需求来计划和组织培训，是对员工自我发展需求的肯定和满足。为企业的战略服务是企业培训的最终目标，与此同时，企业培训与员工个人职业生涯的发展也是紧密相连的。有效的培训体系必然要将员工的个人发展纳入到企业发展的轨道，使员工在服务企业的同时，也能实现个体的发展，获取个人的成就。

3. 有效培训体系的基本原则

构建有效的企业培训体系是人力资源开发的一个重要手段。员工培训体系直接关系到企业人才的培养与开发，在很大程度上决定着企业的生存与发展，必须要认真规划和实施。有效的培训体系必须严格遵循以下几项基本原则。

(1) 服务于企业发展战略的原则。企业的发展战略是企业一切工作的总指导性纲领，员工培训体系作为人力资源管理活动的一部分，必须服务、服从于企业发展战略。首先，必须根据企业人才战略来确定培训需求、培训计划和实施方案；其次，培训体系是实现企业发展战略的有效途径和有力保证，有效培训体系既要满足企业当前的经营需要，又要着眼于企业的长远发展战略需要；最后，要把培训体系对实现企业发展战略目标所发挥的作用，作为评价员工培训质量和培训实施效果的标准。

(2) 坚持理论与实践相结合的原则。任何工作必须强调理论与实践相统一，员工培训工作更是如此，否则它将失去现实意义。在企业员工培训体系建设中，要应用理论进行全面规划，做到学用一致、学用结合，需要采用演示法、实践法和案例分析等各种培训方法。有效的培训体系既要强调理论指导，又要注重实践和应用。

(3) 与企业文化相统一的原则。为了有效地挖掘员工的工作潜能，在培训基础理论知识和专业技能的同时，更要注重职业道德、理想、信念、价值观和企业文化等方面的培训，使员工的技能、行为和态度符合企业经营发展的需要，而且要使员工的工作思想与企业文化相融合，达到高度一致。

(4) 全员培训的原则。有效的培训体系应覆盖企业全员，全员培训与重点培训要有效结合。培训体系首先要保证全员性，在提高全体员工素质、水平和能力的基础上，使培训向关键的职位或岗位进一步倾斜，加强重点人才、关键岗位的培训，提高员工的业务能力和水平，同时，增强员工对企业的归属感，并且起到激励优秀员工以及鞭策后进员工的作用。

由此可见，企业建立有效的培训体系，不但可以增强企业的市场竞争力，还可以增强企业员工的凝聚力，而且有助于企业战略目标的实现，进而营造和谐的人力资源开发环境。

5.1.5 员工培训与开发的新思想

1. 胜任素质模型

1) 胜任素质模型简介

胜任素质模型在本书第二章第四节已经做了详细介绍，基于胜任素质模型的员工培训就是在胜任素质分析的基础上，发现企业培训需求，进行培训规划、课程设计、组织培训实施以及培训效果评估等工作。

2) 基于胜任素质模型的员工培训

素质导向的员工培训，与传统技能导向的培训不同(见表 5-1)。素质导向是通过对员工素质的评估，找出员工绩效差距产生的真正原因，从而确定培训的具体需求和实施培训的关键，可以使培训工作的效率大幅度提高，并尽可能确保员工学到技能，而且这些技能在实际工作中能够真正发挥作用。培训的目的与要求就是帮助员工弥补不足，从而达到岗位的要求。

表 5-1 素质导向与传统技能导向培训的对比

传统技能导向	素质导向
销售技巧培训	认识销售性质和所需的素质，改变自我行为
管理技能培训	领导力训练，认识领导力素质，自我改变
研究技能和方法培训	清晰、创新的思维方式和特质，改变自我认识和动机

与传统基于岗位的培训体系不同，基于胜任素质模型的员工培训体系是以培训对象和特定职位所需的关键胜任素质，即将高绩效者比普通绩效者表现突出的特征(胜任素质)作为培训的重点内容。基于胜任素质模型的员工培训的目的是增强员工取得高绩效的能力、适应未来环境的能力和胜任素质发展的潜能。基于胜任素质模型的培训与基于岗位的培训的主要区别如表 5-2 所示。

表5-2　基于胜任素质模型的培训与基于岗位的培训的主要区别

	基于岗位的培训特点	基于胜任素质模型的培训特点
培训需求分析	1. 以岗位分析为基础，范围比较窄，局限在知识、技能层面； 2. 没有将组织的产出和培训相联系，没有明确组织、岗位、个人之间培训需求的相互联系； 3. 没有将组织战略放在分析的重要位置	1. 从分析优秀业绩者的特征出发，范围比较广，包括自我认知、个性特质、动机等更深的层面； 2. 在培训需求分析时通过绩效考核来确定胜任力的差距，从而提出培训需求； 3. 在设定预期绩效的同时考虑组织和岗位的潜在需求，将培训与整个组织的产出和绩效改进挂钩； 4. 通过组织环境、组织变量与优秀员工的关键特征来确定岗位的培训需求，趋向未来是一种战略导向的分析方法
培训内容设计	1. 内容和课程设计主要针对的是技能和知识层面，欠缺隐性胜任素质层面的培训内容和课程设计； 2. 培训方法多以传递外显知识的方法为重，无论是课堂教学还是会议讨论，针对获得内隐胜任素质的培训方法较少； 3. 较难针对具体个人能力和发展计划制定不同的培训计划	1. 不仅关注外显知识、技能的培训内容和课程，而且更加关注内隐性胜任素质层面的培训内容和课程设计； 2. 以员工为中心，注重个体体验参与，针对外显技术、技能以及内隐胜任素质采用不同的培训方法； 3. 针对具体个人能力和发展计划制定不同的培训计划
培训效果评估	多数集中在所授予的知识和技能层面考核，很少涉及员工的工作行为及态度的改变、能力的提高、工作绩效的改善和为企业带来的效益等层次上来，即评估工作多停留在初级层次，不够全面	1. 从内容上讲，主要集中在员工掌握情况及企业绩效改善两个方面； 2. 从评估参照标准上讲，主要以胜任素质模型及培训需求分析中的人员分析结果为依据，评估员工学习和掌握的情况； 3. 从评估设计上讲，与以往的培训效果评估设计没有区别，主要是通过前测与后测、增加对照组、随机取样等方法减少非培训因素的影响
受训者的参与	员工参与度低，整个培训过程主要是培训主管部门来操作	员工参与到培训需求分析、培训内容设计、培训实施、培训效果评估整个过程中，全员参与、共同分享培训成果，使得培训方法和内容适合被受训者

2. 任职资格

1) 任职资格简介

任职资格是指员工从事某一岗位工作必须具备的知识、经验、技能、素质与行为的总和。从广义上讲，任职资格是随着组织职能的不同而变化的客观存在的岗位标准，它与组织战略紧密联系，并且根据职位角色层级的不同具有明显的层次性和差异性。

任取资格体系源于英国NVQ(national vocational qualification)体系，即国家职业资格体系。当时英国政府为了给国内公务员管理制定一套行之有效的标准，开发了NVQ体系，NVQ体系主要考核实际工作表现，涵盖了11个职业领域，约1000个职业。其中，每个NVQ分为5个难度等级，从工作性质方面划分为重复性的熟练操作岗位标准、企业管理岗位标准、技术管理岗位标准、技术操作岗位标准和科学研究岗位标准等。

任职资格体系强调了工作的输出(绩效),而不是单一的看知识,引导管理者和员工正确看待输入(知识、技能、素质和经验等)与输出的关系。建立任职资格体系主要包括职业资格体系分类分层、任职资格标准和测评标准的开发、任职资格应用体系的开发三个主要方面,即先分类别和层级,再定标准,最后与薪酬、培训、招聘、绩效等模块进行对接,以确保整个体系的动态运行。

任职资格标准和能力素质的结合能够将员工胜任岗位所需的知识、技能和素质完整地涵盖,为培训标准的梳理和培训课程体系的建立提供完整的依据。

2)基于任职资格的员工培训

基于任职资格的员工培训是以任职资格为中心,建立与任职资格发展通道和任职资格标准相匹配的培训通道和体系,是提高培训针对性和有效性的重要方式。

基于任职资格的员工培训强调培训必须改变"散打"的状况,即不能完全基于培训需求来开展培训,业务部门提一个培训需求或员工提一个培训需求就开设一个培训课。培训应该由单一的培训向系统的培训进行转变,不是缺什么就补什么,而应该从人才培养的角度进行规划和设计,从而实现培训的系统性、连贯性。

当任职资格标准建立后,培训课程的设置可以与任职资格标准对应(见图5-1),每级培训课程的内容均来自任职资格标准。任职资格标准中的知识、技能、素质等都可以转化为相关课程,从而使培训内容与员工的职业发展紧密衔接。员工想达到某一级任职标准,就可以通过这一级培训课程帮助他们更快地达到胜任标准。

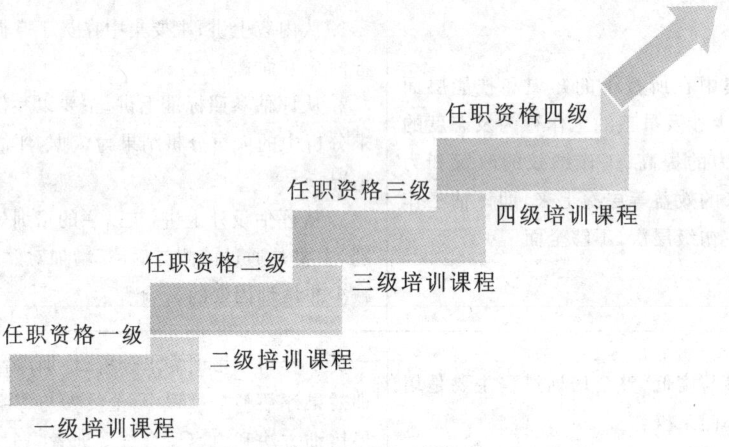

图5-1 任职资格标准与培训课程的对应关系

3)学习地图的绘制

学习地图也叫学习路径图(learning road/path map),是以员工职业发展为核心而设计的具有连贯性、层递性和系统性的一系列学习活动,能够直接体现员工在组织内的学习成长过程。通过学习地图,组织的新成员可以知道自己从进入组织开始,直至成为组织内该岗位序列最高层级的学习发展路径。

学习地图的绘制以企业职业发展通道为依托,根据专业类别的不同设立不同的学习地图,如管理人员学习地图、技术人员学习地图、销售人员学习地图等。员工可以只根据一个专业的学习地图发展,也可以同时应用多个学习地图。学习地图除了让员工看到清晰的职业发展路径,同时也能够通过职业晋升引导员工成长,作为员工学习成长的重要动力机制,保证培训动态化运作。

学习地图的绘制流程共包括四个步骤：工作任务分析、学习任务分析、课程学习方案以及地图绘制。这四个步骤是紧密联系在一起的，每一个步骤都会对后面的步骤起到一定的铺垫作用。

传统零散的培训和基于学习地图的培训有非常明显的差别，具体情况如表5-3所示。

表5-3　传统零散培训与基于学习地图培训的对比

传统零散的培训情况	学习地图情况
围绕各部门需求确定培训方案	围绕岗位所需的核心知识、技能和素质确定培训方案
培训内容较零碎，全盘引进流行课程	培训内容系统，课程设置合理
培训评估形式化较严重	关注员工行为的改变和能力的提高，最终达到提升个人和组织绩效的目的
员工被动接受培训，积极性不高	员工主动参与培训，积极性较高
较少关注员工的职业发展	员工有职业发展方向的选择

3. 绩效技术

1）绩效技术简介

绩效技术（performance technology，PT），又称为人力绩效技术（human performance technology，HPT）或人力绩效改进（human performance improvement，HPI），是一种以组织总体目标为导向，在分析绩效差距的基础上制定最佳成本效益的综合性问题解决方案的整体性、系统化的工具和方法。它要对组织的变革结果进行评价，以便最大限度地改进个体和组织的绩效。培训对于提高员工绩效是至关重要的，但培训不是全部，不是所有的绩效问题都能通过培训来解决的。于是，绩效技术的发展将企业培训推至了一个更具战略特点的新高度。绩效技术为企业的员工培训提供了科学的方法，它是一种对项目进行选择、分析、设计、开发、实施和评价的过程，它的目的在于以最经济的成本影响员工的行为和成就。

2）基于绩效技术的员工培训

目前应用较为广泛的是国际绩效促进协会（简称"ISPI"）于1992年发布的绩效技术解决问题的操作性过程模型。之后很多绩效技术专业人员对该模型进行过修改和完善，形成了如图5-2所示的模型。

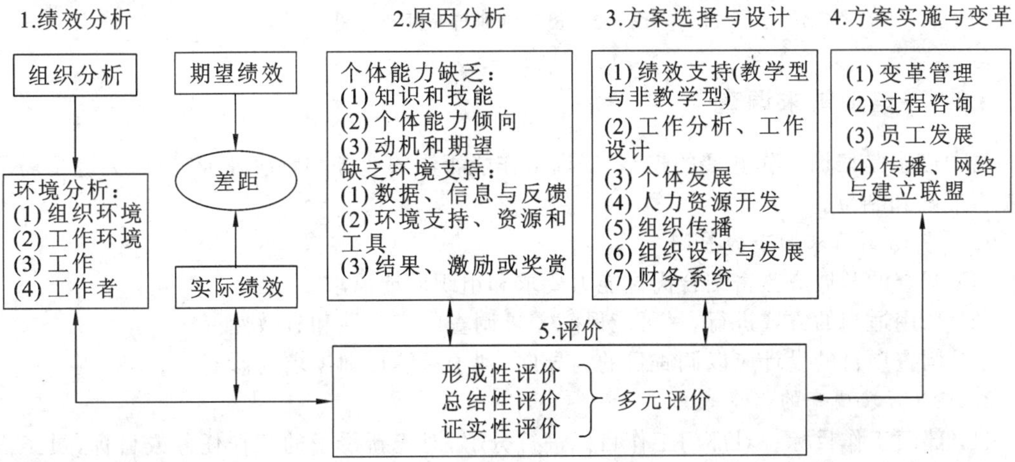

图5-2　ISPI绩效技术模型

5.2 员工培训与开发流程

员工培训与开发流程可分为培训需求调查、培训需求分析、培训计划制定、培训计划实施和培训效果评估五大步骤。培训需求调查主要调查部门工作目标、岗位能力要求、绩效考核结果、个人成长需求、其他环节反馈等内容；培训需求分析包括组织需求分析、岗位需求分析、员工需求分析等。培训需求调查和培训需求分析是培训的基础环节；培训计划制定主要指根据培训需求确定培训目标和制定培训计划；培训计划实施为培训的实践环节；培训效果评估就是在培训项目实施结束之后，根据相应的评估标准与评估方式，对培训效果进行评估和成果转化。具体流程如图 5-3 所示。

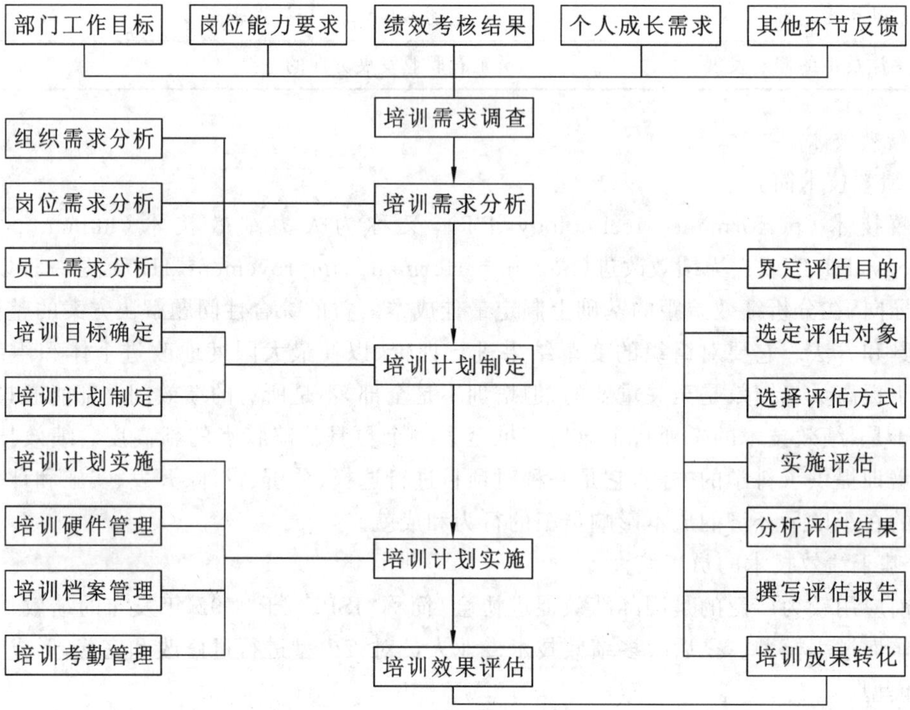

图 5-3　员工培训与开发流程图

5.2.1 培训需求调查

培训需求是培训工作开展的根基，培训工作能否深入业务和解决业务需求，关键是需求的把握是否准确和到位。

1. 开展培训需求调查的原则

(1) 调查的开展应紧密结合岗位能力要求和组织职能需求。

(2) 采用适当的方式进行，尽可能保障需求调查的完整性和有效性。

(3) 调查项目的设计应以调查目的为导向，利于后续培训需求的诊断。

2. 培训需求调查的信息来源

(1) 部门工作目标。对部门工作目标进行分解，对于新授予的工作任务或目标，员工需要学习相应的知识和技能，均可以考虑作为培训需求的来源。

(2) 岗位能力要求。对员工进行岗位能力评定，若不能达到合格或相应的要求，则可以考虑通过培训来补充或提高。

(3) 绩效考核结果。对员工进行年度绩效考核，分析未达到理想绩效的原因，如因知识或能力不足导致则可以考虑通过培训来改变。

(4) 个人成长需求。对员工需求进行具体调查，员工因部门工作或个人成长的考虑，提出对某些知识和技能方面的学习需求，在符合组织需求的基础上可考虑提供相应的培训。

(5) 其他环节反馈。对员工的相关工作部门进行调查，员工的日常工作与上下游工作部门有直接或间接的关系，因此可以通过对相关工作部门的调查，了解员工在知识、技能及态度方面的不足，从而确定可以考虑开展的培训。

3. 培训需求调查的方法

(1) 自上而下法，包括两种方式：由人力资源部对公司的战略和人力资源规划进行分析，提取与培训相关的信息，同时对公司高层管理人员进行访谈，了解公司未来的战略方向、业务重点和管理需求，从中识别组织层面的培训需求；各部门先对部门负责人访谈，并通过信息法调查汇总信息，然后在此基础上设计、实施问卷，最后用座谈法召集管理人员、培训师及核心员工代表讨论确定大致的培训需求、目标、对象及相关内容。

(2) 自下而上法：部门先使用问卷法和信息法调查、汇总信息，然后将汇总的信息与部门负责人进行访谈，最后再用座谈法召集管理人员、培训师及核心员工代表讨论确定大致的培训需求、目标、对象及相关内容。

5.2.2　培训需求分析

培训需求分析就是根据组织的发展战略和员工实际的工作绩效表现，运用科学的方法解决为什么需要培训、谁需要培训、培训什么等问题，是由人力资源部门或培训部门组织开展的。关于培训需求分析，最有代表性的观点是麦吉(Mc Gehee)和塞耶(Thayer)提出的通过组织分析、任务分析和人员分析三种方法来确定培训的需求。一般而言，培训需求分析包括组织需求分析、岗位需求分析、员工需求分析等三个层次，具体分析内容和意义如表 5-4 所示。

表 5-4　培训需求分析的内容和意义

分析层次	分析关注点	对培训的意义
组织需求分析	员工知识技能水平及培训现状	对培训需求形成大致的判断，为培训经费的预算以及培训重点的确定提供依据
	组织氛围(缺勤率、劳动生产率、满意度)	针对存在的问题帮助管理者确定改进的方向与环节
	机制变革与新技术的引进(人力资源、技术改进)	新理念、新技术、新方法的宣传与推广是培训工作的主要内容
岗位需求分析	工作说明书	工作说明书中对该工作/职位任职资格条件的描述是培训目标确定的依据
	任职资格标准	通过培训提升知识、技能水平，改变行为方式与思维习惯，获得任职资格的提升
	业务运营分析(质量问题、配送与交货问题)	除了各个工作之外，从流程的角度分析存在的问题及节点，通过培训进行修复或避免再次发生

续表

分析层次	分析关注点	对培训的意义
员工需求分析	现场观察与实地访谈	培训需求的来源真实、贴切，培训计划的制定更符合实际工作的要求，易赢得学员的好感
	满意度问卷调查	了解员工关注的问题、动机与相关评价，为开发培训课程、选择培训方法提供依据
	关键/突发事件的处理	了解并总结员工处理关键/突发事件的经验与教训，通过培训的方式与全体员工分享

1. 组织需求分析

组织需求分析是从整个组织层面的需求来分析，通过对组织的目标需求、组织效率与质量期望、资源、工作重点、业务流程、人事接续计划、职能定位、核心业务、核心能力及生存环境的分析，准确发现组织存在的问题及其原因，以确定通过员工培训解决这些问题的方法。组织分析主要包括战略分析和人力资源分析，培训最终是为企业战略与经营目标的实现服务，系统的培训规划要基于企业战略和人力资源规划来制定，从人力资源数量和质量的需求状况进行分析，确定适应企业发展需要的员工能力。不同经营战略与员工培训的关系见表 5-5。

表 5-5 不同经营战略与员工培训的关系

战略	经营重点	实现途径	关键点	培训重点
集中战略	1. 增加市场份额 2. 降低运营成本 3. 建立和维护市场地位	1. 改善产品质量 2. 提高生产率 3. 生产流程创新 4. 产品客户化	1. 技能先进性 2. 现有员工队伍开发	1. 团队建设培训 2. 跨职能培训 3. 专业化培训计划 4. 人际关系培训
差异化战略	1. 新市场开发 2. 新产品开发 3. 创新 4. 合资	1. 现有产品营销 2. 增加分销渠道 3. 全球市场拓展 4. 现有产品修正 5. 创造新产品 6. 合资扩张	1. 创造背后的工作和任务 2. 创新	1. 支持或促进高质量产品价值沟通 2. 文化培训 3. 帮助建立和鼓励创造思考的文化 4. 工作技术能力 5. 管理者沟通、反馈、谈判方面的培训
成长战略	1. 横向一体化 2. 纵向一体化 3. 集中多元化	1. 兼并在产品链条上与公司处于相同阶段企业 2. 兼并能够为公司提供原料或购买产品的企业 3. 兼并其他企业	1. 一体化 2. 人员富余 3. 重组	1. 确定被兼并公司员工的能力 2. 培训系统的一体化 3. 合并后公司中的办事方法与程序 4. 团队培训

续表

战　略	经营重点	实现途径	关键点	培训重点
收缩战略	1. 精简规模 2. 转向 3. 剥离 4. 清算	1. 降低成本 2. 减少资产规模 3. 获取收入 4. 重新确定目标	效率	1. 激励、目标设定、时间管理、压力管理培训 2. 领导能力培训 3. 人际沟通培训 4. 重新求职的帮助 5. 工作搜寻技巧培训

资料来源:雷蒙德·诺伊,等.人力资源管理:赢得竞争优势[M].刘昕,译.北京:中国人民大学出版社,2005.

2. 岗位需求分析

岗位需求分析是根据胜任素质模型的要求或成功完成某项任务的要求来分析,分析如何培训让员工掌握岗位高绩效所需要的知识和技能。岗位分析能够帮助员工了解某一项工作的最低素质要求是什么,只有满足最低素质要求才能上岗,否则就需要培训。岗位需求分析的目的在于了解与绩效问题有关的工作的详细内容、标准,以及工作所应具备的知识、技能和态度。岗位需求分析的结果是设计和编制相关培训内容的重要依据。

3. 员工需求分析

员工需求分析可帮助培训者确定谁需要培训,即通过分析员工的目前工作绩效水平与预期工作绩效水平来判断是否有进行培训的必要。员工需要分析包括:对员工个人的绩效做出评价,找出存在的问题并分析原因,以确定解决当前问题的培训需求;根据员工的职位变动计划,比较员工现有状况与未来职位要求的差异,以确定解决问题的培训需求。员工需求分析可从两个方面进行。

(1) 基于员工的绩效考核来进行。这需要首先设定绩效考核的标准,然后将员工目前的工作绩效和设定的目标或者以前的绩效进行比较,当绩效水平下降或者低于标准时就形成了培训需求的"压力点"。不过,这个"压力点"并不意味着就必须对员工进行培训,企业还要对员工绩效不佳的原因进行分析,以提炼出现实的培训要求。

按照诺伊等人的观点,影响员工绩效的因素主要有五个方面:个人特征、工作输入、工作输出、工作结果和工作反馈,如图5-4所示。

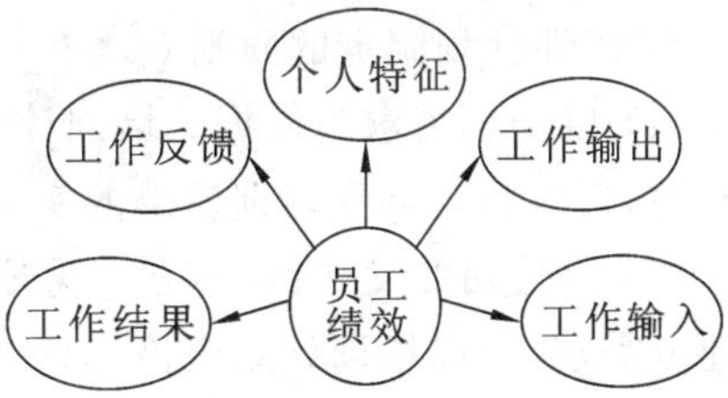

图5-4　影响员工绩效的因素

(2) 基于员工的职位变动计划来进行。按照人力资源规划,员工将来可能会被调配到其他职位,由于不同职位工作任务的不同,所要求的知识、技能和态度也不同,即使员工在当前的职位上不需要培训,但是为了适应将来调配的职位,也可能需要接受培训。首先,要确定哪些员工在未来的一段时间内会进行职位的变动;然后,把员工目前所具备的知识、技能和态度与将来职位的要求进行比较,由此确定培训的需求。

HR实务

基于能力的培训需求分析

"基于能力的培训"是企业围绕实现战略目标所需的能力而开展的丰富多样的培训、学习活动，帮助员工获得或改进与工作有关的知识、技能、态度和行为，提高员工和企业的绩效水平。培训是为了实现企业战略所需的关键竞争能力，所以定义培训体系首先要从定义企业的竞争能力开始；用清晰的相关行为、任务来定义能力，有助于明确培训的内容，提高培训的针对性；因为明确了需要改进的行为/任务，培训的方式可以比以往更加多元化。

能力需要与岗位进行匹配，以明确各个岗位所需的能力，与岗位标准所匹配的能力级别是指在岗位上发挥正常绩效所需要的能力级别。不同级别的岗位胜任模型为各项能力设立不同等级，形成能力素质标准，通过能力素质标准对员工进行能力素质测评，考核员工任职资格。胜任模型及任职资格为培训提供了方向，一方面，从岗位要求出发，根据员工的任职资格条件组织有关培训，新任职者的任职知识、能力等某一方面不足以满足岗位要求时就产生了培训需求，以加强人才培养的针对性和有效性；另一方面，树立有效培训和自我学习的标杆，以资格职业化标准不断牵引员工长期学习，不断提升任职能力，保持企业的持续性发展。

5.2.3 培训计划制定

1. 培训目标确定

培训目标一般可以分成三大类。

(1) 提高员工的角色意识。通过培训和学习，让新进员工和新晋升人员尽快熟悉企业对他们的要求并及时转变角色，对新角色有更准确的认知。例如，新员工培训之心态类课程、新晋管理者课程，都会帮助新岗位员工及时适应岗位角色，以良好的角色意识开始工作。

(2) 使员工获得新知识和技能。通过培训，帮助员工掌握岗位工作所需要的知识和技能，确保岗位工作的正常开展。例如，公司的规章制度、行为规范等基础知识，专业知识和技能、领导与管理技能、人际沟通与交往技能等课程都能帮助员工获得新知识和技能。

(3) 使员工的态度、动机发生转变。通过培训，可提高员工对岗位工作的认识，更为充分地理解本职工作的意义，从而改变工作态度，形成良性的工作动机，提升员工的企业认同感与归属感，推动绩效改进和能力提升。例如，心态素质类课程、价值观、企业文化、团队合作类课程。

2. 培训计划制定

1) 培训计划制定的原则

(1) 以培训需求为依据。培训计划的制定需要紧紧围绕培训需求展开，如果培训计划没有针对性，最终将影响到培训效果的实现。

(2) 以公司的发展、业务方向为依据。培训计划的开展归根到底需要满足公司经营各环节的业务需求，所以培训计划应该体现公司的战略和重点业务方向。

(3) 以部门的业务计划、业务重点为依据。对于部门的工作重点、在工作开展中识别出的不足点和需要进行的提升改善，都应该在培训计划中体现。

(4) 以可支配的资源为依据。可支配的资源是实施培训计划的基础和保证，可支配资源包括资金、人员、物质、培训师等。

2) 培训计划制定的流程

(1) 部门需求确定与培训计划制定。由部门负责人与培训组织者结合培训需求调查的分析结果，确定需要开展的培训项目，确定部门内的年度培训计划。

(2) 人力资源部经过与公司各部门负责人、高层管理人员进行访谈及需求分析，汇总公司发展需求、共性需求，制定符合公司发展需求的培训计划。

（3）人力资源部汇总各部门培训计划，对共性需求进行适度的总结与提炼，编制年度培训计划书。

（4）提交公司进行审批，由总经理进行意见签署。

（5）正式的公司年度培训计划书分派给各个部门，开展实施。

3）培训计划书的内容

一份完整的培训计划书，应该包括以下几个内容。

（1）导读、内容摘要。简要阐述年度培训计划的整体规划、重点方向、突破点等。

（2）培训需求调研的过程和结果概述。

（3）详细的年度各类培训项目。包括培训单位、培训目标、培训对象、培训内容、培训方式、培训时间等内容。

（4）整体培训预算。

（5）培训效果保障措施。

HR实务

50种培训项目

目前在企业中最流行的50种培训项目如下：新进员工定向培训、领导技能、业绩评估、人际关系技能、培训培训师、团队建设、倾听技能、个人电脑实务、招聘与选择、时间管理、解决问题技能、决策技能、新设备操作、开会技能、信息沟通、授权、防止性骚扰、管理变化、安全常识、产品知识、全面质量管理、公共演讲技能、演示技能、压力管理、目标管理、信息管理系统、计算机编程、多元化管理、激励员工、书写技能、谈判技巧、计划、战略管理、市场营销、开发创造力、财务管理、防止浪费、戒烟、职业道德、退休计划、采购流程、阅读技巧、企业再造、外语、推销技能、组织发展、人力资源管理、生产管理、大众心理学、追求卓越心态。

资料来源：郑晓明.人力资源管理导论[M].3版.北京：机械工业出版社，2011.

5.2.4 培训计划实施

1. 培训计划实施

1）选择受训人员

培训是紧密结合公司或部门未来发展对人力资源的需求，结合个人实际工作的需求进行培训，故受训人员应选择：

（1）符合公司/部门人力资源规划要求的员工；

（2）经需求分析确定的员工，包括工作与培训内容有直接关系的员工，回到工作岗位能马上应用所学知识、技能和态度的员工，以及能够基本完成培训目标的员工（达不到要求需要进行预培训或者实习培训）。

2）确定培训时间

根据公司或者部门的培训计划，安排培训师和受训人员的合适时间，以及适应培训室的条件等，选择合理的培训时间进行培训。

3）确定培训师

员工培训的成功与否与培训师有很大的关系。企业应选择那些有教学愿望、表达能力强，有广博的理论知识、丰富的实践经验、扎实的培训技能，热情且受人尊敬的人力培训师。培训师选择的原则是“能者为师”，培训师的来源一般有两个渠道：一是外部渠道，二是内部渠道。从这两个渠道选择培训师各有利弊，见表 5-6。

表 5-6　两种渠道选择培训师的优缺点比较

	外部渠道	内部渠道
优点	● 选择范围大，可获得高质量的培训师资源 ● 带来全新的理念 ● 对培训对象有较大吸引力 ● 可提高层次，引起企业重视 ● 容易酿造气氛，促进培训效果	● 对各方面了解，培训有针对性，容易增强培训效果 ● 与培训对象熟悉，培训中交流顺畅 ● 培训过程相对易于控制 ● 成本低
缺点	● 对企业缺乏了解，增加了培训风险 ● 对企业和培训对象缺乏了解，可能使培训适用性降低 ● 可能缺乏实际工作经验，“纸上谈兵” ● 成本高	● 不易在培训对象中树立威望，可能影响培训对象在培训中的参与态度 ● 内部选择范围较小，不易开发高质量的讲师队伍 ● 内部讲师看待问题容易受环境影响，不易上升到新的高度
适用范围	中小型企业，较深的专业理论方面问题或前沿技术问题的培训项目	处于成熟期的企业，一些需要定期开展的培训项目

由于依靠任何一种渠道选择培训师都存在一定的问题，因此企业应当根据培训内容、培训对象等具体情况，选择恰当的培训师。一般来说，通用性的培训可以从外部选择培训师，而专业性的培训则要从内部选择培训师。

4）确定培训课程

把培训分解成若干模块，按照培训内容编制逻辑进行，形成培训师的授课提纲。

5）安排培训场地

合适的培训场地是培训成功的重要因素之一，根据受训的人数、培训需要的环境选择大小合适的培训室和安排合理的座位分布。

6）准备培训器材

根据培训的内容和方式，选择好黑板或白板、幻灯机、活动挂图、投影、录像带和其他教学需要的工具。

7）编制培训讲义

培训讲义分为讲师讲义和学员讲义两种。讲师讲义一般包含课程整体教学的章节详细内容、教学过程中使用的案例素材、整体教学进度安排等；学员讲义一般为讲师讲义的简版，一般只有概括性的培训内容，并且考虑成人学员的特点和学习规律，讲义还包含部分与学员互动的内容，如适当的填空和思考题目，引导学员边学、边记、边思考，进行参与式学习。

8）试点培训

对重要的或者第一次进行的培训，最好预先在小范围内进行模拟培训，以检验培训效果，找出培训的缺陷或者可能发生的意外。

2. 培训硬件管理

培训项目的有效实施和培训工作的正常开展，需要一定的硬件支持。日常的培训硬件包括培训室、培训多媒体设备等。一般来说，为了规范培训管理和合理使用培训场地及相关设备，及时提供满足培训需求的良好条件和环境，达到培训预期效果和保证培训设施的可用、完整和安全，企业需要建立相应的培训硬件管理制度，明确培训硬件设备设施的管理部门和使用规范。

3. 培训档案管理

1）培训档案的分类

培训档案作为培训过程中学员学习成果的有效记录，需要进行科学的管理，以沉淀企业有价值的知识。培训档案的形式有书面资料、电子资料、音像资料。培训档案一般根据需要，进行二级分类：第一级以部门进行分类；第二级以年度和月份进行分类。

2）培训档案的内容

(1) 培训课程。记录培训课程实施过程及评价的文档资料，相关资料包括培训需求确认记录、培训讲义、评价统计分析表、内训评价统计分析表、培训现场跟踪记录、培训效果跟踪表。

(2) 培训师。记录培训师个人信息的文档资料，相关资料包括讲师简历、备课认证和分析表、培训师推荐表、培训师资格现场评定表、内部聘用证书等。

(3) 培训学员。记录培训学员培训过程的表现、成绩和培训效果总结，或填写的相关文档资料，相关资料包括员工培训评分量化表、考核试卷、学习心得报告等。

(4) 其他培训管理方面的资料。除了以上类别的文档资料，相关资料还包括外部机构简介、内/外训申请书、年度培训计划书、年度培训计划表月度版、月度培训计划变动记录、培训工作月度总结报告、培训工作年度总结报告、培训工作年度评优材料、培训用具/培训室使用情况登记表、培训需求调查表、培训需求调查总结报告。

针对以上的培训档案，人力资源部需要界定不同材料的交档及存档期限，做好归档管理和建立培训档案的检索目录，便于内部查阅、借阅和管理。

4. 培训考勤管理

为了规范培训管理，使参加培训的员工在规定的时间接受培训，企业均会对各类培训的参培员工进行学习考勤。除了传统的手动签到记录外，不少企业运用考勤管理系统，将培训考勤和学习记录维护进行关联管理，还有企业使用扫二维码签到的方式，及时记录员工参加培训的情况。

5.2.5　培训效果评估

1. 界定评估目的

培训效果评估就是为了检验培训的效果和培训的支出是否合理。目前培训效果评估较为普遍的方法是柯氏四级培训效果评估法，即反应评估、学习评估、行为评估和结果评估。一般而言，培训评估应该在培训前根据员工的情况和培训项目的进程提前设计，其目的是为了判断员工反应如何，员工学会多少，员工应用程度或者成果与影响结果如何。

培训的最终目的就是为企业创造价值。由于培训需求呈增长的趋势，因而实施培训的直接费用和间接费用也在持续攀升，因此不一定在所有的培训结束后都要进行评估。一般来说，会针对以下情况进行评估：

(1) 新开发的课程，着重于培训需求、培训设计、应用效果等方面；

(2) 培训新员工的课程，着重于教学方法、质量等综合能力方面；

(3) 新的培训方式运用，着重于课程组织、教材和课程设计、应用效果等方面；

(4) 外请机构进行的培训，着重于课程设计、成本核算、应用效果等方面；

(5) 解决投诉问题的培训，针对投诉问题的妥善处理。

2. 选定评估对象

根据培训目的，确认是全部参培员工都进行评估，还是根据培训项目对重点关注岗位的员工的特殊要求进行评估。在此基础上企业才可以有效地针对具体的评估对象开发和选择合适的评估方式，最后，根据以上目的和对象，确定评估的层级。

3. 选择评估方式

以评估目的为基础选择适合的评估方式。为了充分准确地评估培训项目，企业通常会运用多种方式和多种评估指标来综合评估培训。具体的方式有问卷调查、知识技能考核、学习报告等。

4. 实施评估

选择合适的评估方式后，培训项目的组织者需要与培训师进行评估实施的确认，即选择什么时候开展评估。一级评估一般在培训结束时进行，及时检验员工对课程内容、讲师和培训组织的评价；二级评估可在培训结束当天或者培训结束两周内进行，以及时检验员工对知识技能的掌握情况；三级评估需要检验学员的行为改变，一般在培训结束后1～3个月内进行评估和效果跟进。

实施评估时，还需要确定评估协助人员，可选择培训师、参培员工或员工的上级管理人员协助评估开展。

5. 分析评估结果及撰写评估报告

人力资源部将各类评估资料整理并汇总为报告的形式。评估的报告应及时反馈给培训师和管理人员，以便知晓和掌握培训实施的效果。必要的重点培训评估，如有针对员工个人的评估结果，应反馈员工或集中进行评估说明。

要保证评估的有效性，必须具备以下四个条件：

(1) 完整的评估结果或相关报告；

(2) 按时汇报和反馈评估结果；

(3) 对评估结果的反馈意见；

(4) 符合要求的数量和质量。

6. 培训成果转化

培训与开发的目的就是要改善员工的工作绩效并最终提高企业的整体绩效，因此，员工在培训中所学到的内容必须要运用到实际的工作中去，这样培训才具有现实意义，否则培训的投资对企业来说就是一种浪费。培训成果转化就是员工将在培训中所学到的知识、技能和行为应用到实际工作中的过程。如图5-5所示，培训成果的转化受转化气氛、管理者的支持、同事的支持、运用所学能力的机会、技术支持以及自我管理技能等因素的影响。

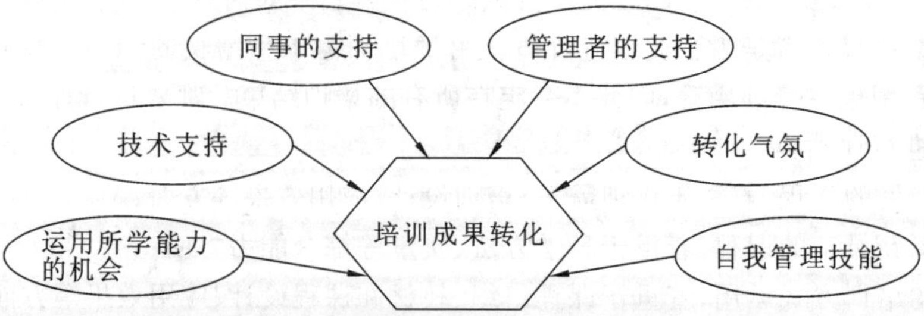

图5-5　影响培训成果转化的因素

HR实例

麦当劳的员工培训——四个层次的评估

在企业的培训中，衡量培训的结果与企业的实际工作有没有结合，是一个关键。麦当劳有很好的培训需求分析，针对需求培训的部分去设计，同时必须要评估培训的成果能否满足组织所需。以下是麦当劳四个层次的评估。

一是"反应"，就是在上课结束后，大家对课程的反应是什么。评估表是收集反应的一种评估方法，可以根据大家的反应进行调整，以符合学员的需求。

二是讲师的评估，每一位讲师的引导技巧都会影响学员的学习，所以在每一次课程结束后，都会针对讲师的讲解技能来做评估。这方面，汉堡大学也有考试，上课前会有入学考试，课程进行中也会有考试，主要是测试大家通过这些培训，究竟学习了多少知识，以了解培训的内容是否符合组织所要传递的要求。除此之外，汉堡大学非常重视学员的参与，会把学员的参与度量化为一个评估方法。当学员发言或者和大家互动分享时，我们可以知道他的知识程度，并且调整每天的课程，以符合学员的学习需求。

三是"行为"，主要评估在课程中学到的知识能否改变学员的行为，达到更好的绩效。在麦当劳有一个双向的调查，上课前会先针对学员的职能做一些评估，再请他的老板或直属主管做一个评估，然后经过三个月培训之后，再做一次评估；因为学员必须回到岗位应用他所学的技能，所以麦当劳会把培训前后职能行为的改变做一个比较，以衡量培训的成果。这个部分在企业对员工的培训方面非常重要，这也是现在一般企业比较少做到的，因为它所花的成本较大，而且分析起来比较困难，汉堡大学在很努力地推动这个部分。

四是"绩效"，课后行动计划的执行成果和绩效有一定的关系，每一次上完课，学员都必须设定出他的行动计划，回去之后必须执行，执行之后会由他的主管来为他做鉴定，以确保培训与绩效结合。

5.3　员工培训与开发的主要方法

5.3.1　直接传授培训法

直接传授培训法指培训者直接通过一定途径向培训对象发送培训中的信息。这种方法的主要特征就是信息交流的单向性和培训对象的被动性。直接传授培训法的分类如下。

1. 讲授法

讲授法即培训师按照准备好的讲稿系统地向学员传授知识，它是最基础的培训方法，适用于各类学员对学科知识、前沿理论的系统了解。主要有灌输式讲授、启发式讲授、画龙点睛式讲授三种方式，培训师是讲授法成败的关键因素。

1）适用范围

适用于各类学员对学科知识、前沿理论的系统了解及受训人员较多的情况。

2）分类

（1）灌输式讲授：培训师在讲台上按照讲稿进行讲解，学员听讲、记笔记，信息完全从培训师一方传播，学员只是被动地接受。

(2) 启发式讲授：培训师不像灌输式讲授那样一开始就知道问题，分析、结论等全盘托出，而是事先有所保留，将保留部分的问题提出，让学员思考和回答，然后进行总结。培训师常用的提问方式有两种，第一种是提出问题让学员得出结论，"是什么"；第二种是提供结论让学员分析和论证，即"为什么"。

(3) 画龙点睛式讲授：培训用的讲义、辅导材料通通都发给学员，讲课前让学员有充分的时间预习，上课时培训师只针对重点、难点进行讲解，并回答学员的问题。

3) 优点

(1) 传授内容多，知识比较系统、全面，有利于大范围培训。

(2) 对培训环境要求不高，易于操作，一般讲授内容确定后，只需根据培训的内容确定相应的主讲人，找到一间合适的教室，选定培训时间，召集需进行培训的学员即可进行，学员可多可少。

(3) 有利于培训师的发挥，培训师在课堂上对受训者进行知识讲解、能力训练、思维启迪、方法示范，培训师在培训中起主导作用。

(4) 可利用教室环境相互沟通，学员能够向培训师请教疑难问题。

(5) 员工平均培训费用较低，可以对大量学员进行培训，可以在较短时间内使学员系统地学习、掌握有关的知识。

4) 局限性

(1) 传授内容学员难以吸收、消化。

(2) 单向传授不利于教学双方互动，讲授法的培训过程是由培训师控制的，讲授内容、进度取决于培训师，学员基本处于被动接受状态，培训师与学员之间缺乏必要的交流和反馈，学员间缺乏相互作用和信息交流；单纯或过多地采用讲授法，不仅会助长学员学习的被动和抵触情绪，而且不利于培训内容的消化和记忆；培训师水平直接影响培训效果，容易导致理论与实践脱节。

(3) 传授方式较为枯燥单一，不适合成人学习。缺乏实际的直观体验，讲授法仅是利用语言从理论上传授知识和技能，不能给学员提供相关的感性认识，可能给知识的理解和运用带来困难。

(4) 培训的针对性不强，讲授法主要针对学员的普遍性问题确定讲授内容，采用统一资料、同一方法进行培训，难以顾及每个学员的具体特点和个别问题。

5) 注意事项

讲授法作为最基础的培训方法，应用范围广，但也存在明显的缺点。要使讲授法能充分发挥作用，增强培训效果，操作中应该注意以下几个因素：

(1) 培训内容应该根据具体的对象和目标确定。

(2) 培训师是讲授法成败的关键因素，讲授法对培训师的要求主要有三个。第一，知识要求，培训师应该对所讲授的知识了如指掌，并有深入的研究或丰富的经验；第二，授课技巧，引出主题的方式，引起学员的听课兴趣，可以采取开门见山直入主题，以社会热点问题、以幽默的方式引出主题等；第三，讲课时的要点，注意保持讲述的条理性，听觉与视觉相结合，除一般的讲解外，可适当利用其他视听手段，注意肢体语言的运用。

(3) 与其他方法结合使用。讲授法作为员工培训与开发最基本的方法，可以与研讨法、角色扮演等多种方式相结合，取得更好的培训效果。

2. 专题讲座法

专题讲座法形式上和讲授法基本相同，但在内容上有所差异。讲授法一般是系统知识的传授，每节课涉及一个专题，接连多次授课；专题讲座是针对某一个专题知识，一般只安排一次培训。

(1) 关键因素：培训师的能力和水平。

(2) 适用范围：适用于人员和技术人员了解专业技术发展方向或当前热点问题等方面的知识。

(3) 优点：培训不占用大量的时间，形式比较灵活；可随时满足员工某一方面的培训需求；讲授内容集中于某一专题，易于培训对象加深理解。

(4) 缺点：讲座中传授的知识相对集中，内容可能不具备较强的系统性。

3. 研讨法

研讨法是指在培训师引导下，学员围绕某一个或几个主题进行交流，然后相互启发的培训方法。

(1) 研讨法的类型有以下两种。

以培训师或学员为中心的研讨。以培训师为中心的研讨从头至尾由培训师组织，培训师提出问题，引导学员做出回答。讨论的问题除主题本身外，有时也包括学员的回答引出的问题；也可以采用培训师先指定阅读材料，围绕材料提出问题，并要求学员回答；研讨结束后，培训师进行总结。以学员为中心的研讨常常采用分组讨论的形式，主要有两种方法：一是由培训师提出问题和任务，学员独立提出解决方法；二是不规定研讨的任务，学员就某议题进行自由讨论，相互启发。

以任务或过程为取向的研讨。任务取向的研讨着眼于达到某种目标，这个目标是事先确定的，即通过讨论弄清某一个或几个问题，或者得出某个结论，组织这样的研讨需要设计能够引起讨论者兴趣、具有探索价值的题目。过程取向的研讨着眼于讨论过程中成员之间的相互影响，重点是既能相互启发，进行信息交换，增进了解、加深感情，又能达到相互影响的目的，这需要对讨论进行精心的组织。例如，先分成小组讨论，小组内进行充分的交流，意见达成一致；然后小组推举一人在全体学员的讨论会上发言。

(2) 优点：多向式信息交流，有利于学员取长补短，开阔思路，促进能力的提高。要求学员积极参与，有利于培养学员的综合能力；加深学员对知识的理解；形式多样，适应性强，可针对不同的培训目的选择适当的方法。

(3) 难点：对研讨题目、内容的准备要十分充分，对培训师的要求较高。

(4) 注意事项：研讨的题目应具有代表性、启发性，题目难度要适当；研讨题目应事先提供给学员，以便其做好研讨准备。

5.3.2 实践性员工培训法

实践性培训法是通过让学员在实际的工作岗位和真实的工作环境中亲身操作体验，掌握工作所需的知识、技能的培训方法，该方法在员工培训中应用最为普遍。实践性培训法包括工作指导法、工作轮换法、特别任务法、个别指导法。

1. 工作指导法

(1) 基本概念：工作指导法也称教练法、实习法，这种方法是由一位有经验的员工或直接主管人员在工作岗位上对学员进行培训。负责指导的员工应教学员如何做，提出如何做好的建议，并对学员进行激励。

(2) 适用范围：广泛，既可用于基层生产工人的培训，又可用于各级管理人员的培训。

(3) 特点：培训计划缺乏系统性、完整性。

(4) 注意事项：关键工作环节的要求，把握工作的原则和技巧；须避免、防止工作中的错误。

(5) 优点：学员在指导者的培训指导下开始工作，可以避免盲目搜索；学员可以从指导者身上学习丰富的经验。

(6) 缺点：为防止新员工对自己构成威胁，指导者可能会有意保留自己的经验、技术，从而使培训流于形式；指导者本身水平对学员的学习效果有极大影响；指导者不良的工作习惯会影响学员；不利于学员的工作创新。

2. 工作轮换法

(1) 基本概念：让学员在一定时期内变换工作岗位，使其获得不同岗位的工作经验。

(2) 适用范围：多用于企业对基层管理者的培训，如让学员有计划地到各个部门学习，在每个部门工作几个月，实际参与所在部门的工作，以便了解所在部门的业务，扩大学员对整个企业各环节工作的了解。现在很多大型跨国企业实行的管理培训生计划多是采用这种方式。

(3) 优点：能丰富学员的工作经验，增加对企业工作的了解；使学员明确自己的长处和弱点，找到自己适合的位置；加强部门间的合作，使管理者能更好地认识相互间的问题。

(4) 缺点：此法鼓励“通才化”，特别适合一般直线管理人员的培训，而对职能管理人员的工作轮换时间不适合太长。

(5) 注意事项：工作轮换计划须根据每个学员的具体情况制定，应将企业的需求与学员的兴趣、能力倾向和职业爱好相结合，学员在某一个部门工作时间的长短，应视其学习进度而定；配备有经验的指导者，学员在每个岗位工作时，由富有经验的指导者进行指导，最好是经过专门训练的指导者，负责为学员安排任务，并对其工作进行总结、评价。

3. 特别任务法

(1) 基本概念：企业通过为某些员工分派特别任务对其进行培训，此法常用于管理培训。

(2) 具体形式：

委员会或初级董事会：这是为有发展前途的中层管理人员提供的，培养员工分析公司问题的能力，提高员工分析、决策能力的培训方法。一般初级董事会由10～12名员工组成，员工来自各个部门，他们针对高层次的管理问题，如组织结构、经营管理人员的报酬、部门间的冲突等提出建议，并将这些建议提交给正式的董事会。通过这种方法为这些管理人员提供分析公司高层次问题的机会。

行动学习：让员工将全部时间用于分析解决其他部门而非本部门问题的一种课题研究法。将4～5名员工组成一个小组，定期开会，就研究进展和结果进行讨论。这种方法为员工提供了解决实际问题的真实经验，可提高他们分析、解决问题以及制定计划的能力。

4. 个别指导法

(1) 概念：个别指导法和我国以前的“师傅带徒弟”或“学徒制度”非常类似，目前我国仍有很多企业在实行这种“传帮带”式的培训方式，主要是通过资历较深的员工进行指导，使新员工能够迅速掌握工作技能。

(2) 优点：新员工在师傅指导下开始工作，可以避免盲目摸索；有利于新员工尽快融入团队；可以消除刚从高校毕业的新员工开始工作时的紧张感；有利于企业传统优良工作作风的传递；新员工可从指导者身上获取丰富的经验。

(3) 缺点：为防止新员工对自己构成威胁，指导者可能会有意保留自己的经验、技术，从而使培训浮于形式；指导者本身水平对新员工的学习效果有极大影响；指导者不良的工作习惯会影响新员工；不利于新员工的工作创新。

5.3.3　体验式员工培训法

体验式员工培训法是调动培训对象积极性，让其在与培训者和其他培训对象的互动中学习的方法。这类方法的主要特征是每个培训对象能积极参与培训活动，从参与中获得知识、技能和正确的行为方式，开拓思维、转变观念。体验式员工培训的方法如下所述。

1. 案例分析法

（1）基本概念：案例分析法又称个案分析法，它是围绕一定的培训目的，把实际中真实的场景加以典型化处理，形成供学员思考分析和决断的案例，通过独立研究和相互讨论的方式，来提高学员分析及解决问题的能力的一种培训方法。

（2）优点：参与性强，使学员由被动接受变为主动参与；将学员解决问题能力的提高融入知识传授中；教学方式生动具体，直观易学；学员之间能够通过案例分析达到交流的目的。

（3）缺点：案例准备的时间较长且要求高；案例法需要较多的培训时间，同时对学员能力有一定的要求；对培训师的能力要求高；无效的案例会浪费学员的时间和精力。

（4）类型：描述评价型，描述解决某种问题的全过程，包括其实际结果，不论其结果是成功还是失败，留给学员的分析任务是对案例中的做法进行事后分析，以及提出"亡羊补牢"性的建议；分析决策型，只介绍某一待解决的问题，由学员去分析并提出对策，本方法能有效地培养学员分析、决策、解决问题的能力。

（5）实施：准备阶段，讨论要解决的问题，设计讨论进程，预计讨论中可能出现的问题及相应的应对措施，准备总结发言；过程阶段，说明培训目的、要求，介绍案例分析法；学员相互熟悉，分发案例资料；培训师接受学员咨询；分组讨论，找出问题关键点；找出解决问题的策略；休息；各组代表陈述本组观点，各组相互质询；得出结论，培训师总结。

（6）注意事项：培训师在展示完案例后应对案例资料进行解释说明；在小组讨论中，培训师应注意是否出现偏离主题现象，若出现要及时纠正；在小组讨论中，培训师发现各组提出的对策缺乏新意，应给予提示引导；在讨论和质询过程中，要注意时间的控制；培训师在进行总结时，既要总结案例和解决方案，又要对各组方案做出总结点评。

2. 头脑风暴法

（1）基本概念：头脑风暴法（brain storming，BS 法）又称智力激荡法，是由美国创造学家 A. F.奥斯本提出，用于激发创造性思维的方法。头脑风暴法以会议的形式进行，让所有学员在轻松愉快的气氛中畅所欲言，自由交流自己的观点与构想，并以此激发别人的创意和灵感，产生出更多的创意。通过充分发挥每个人的想象力，利用集体的智慧和创造性思维，最终找到解决问题的办法。

（2）培训目标：培训对象相互启迪思想、激发创造性思维，它能最大限度地发挥每个参与者的创造能力，提供解决问题的更多更佳的方案。

（3）优点：培训过程中为企业解决了实际问题，大大提高了培训的收益；可以帮助学员解决工作中遇到的实际困难；培训中学员参与性强；小组讨论有利于加深学员对问题理解的程度；集中了集体的智慧，达到了相互启发的目的。

（4）缺点：对培训师要求高，如果不善于引导讨论，可能会使讨论漫无边际；培训师主要扮演引导的角色，讲授的机会较少；研究的主题能否得到解决也受培训对象水平的限制；主题的挑选难度大，不是所有的主题都适合用来讨论。

（5）BS法原则：禁止评论他人的构想，想法越新奇越好，追求构想的数量。

（6）关键：培训师要熟练掌握BS法的原理、实施原则和实施要点，具有良好的现场控制、引导能力。

3. 模拟训练法

（1）基本概念：模拟训练法是以工作中的实际情况为基础，将实际工作中的可利用资源、约束条件和工作过程模型化，学员在假定的工作情境中参与活动，学习从事特定工作的行为和技能，提高其处理问题的能力。

（2）基本形式：由人和机器共同参与模拟活动；人工模拟。

（3）优点：模拟训练法借助机器模拟和人工模拟的方式，对实际工作内容和过程进行模拟，与讲授法、研讨法相比，与实际工作的联系更直接、紧密，学习过程更直观、真实，对学习内容的理解和记忆更深刻，可及时获得关于学习结果的反馈；通过在模拟的工作情境中参与活动，能激发学员学习的兴趣，提高其在培训中的参与意识；与实践法相比，特别是对于一些风险大、培训成本较高的岗位培训，模拟训练法的成本比较低。

（4）缺点：模拟情境人为性强；模拟训练法只能有限地反映实际的工作情况，降低了情境的真实性。

4. 敏感性训练法

（1）基本概念：敏感性训练法（sensitivity training，ST）又称T小组法，要求学员在小组中就彼此的个人情感、态度及行为进行坦率、公正的评论，相互交流对各自行为的看法，并说明其引起的情绪反应。

（2）培训目标：提高学员的人际关系敏感性，促进团体的合作。

（3）适用范围：组织发展训练、晋升前的人际关系培训、中青年管理人员的人格塑造训练、新进人员的集体组织训练以及外派工作人员的异国文化训练等。

（4）培训方法：常采用集体住宿训练，采用小组讨论、个别交流等活动方式。

（5）实施：确定培训师，培训师应是经验丰富的心理学方面的专业人员，能确保学员严格遵守人际关系训练的心理准则；学员人数10～15人，称为T组，每组安排1～2名培训师。培训安排，具体训练日程由培训师安排，内容可包括问题讨论、案例研究等；讨论中，每个学员充分暴露自己的态度和行为，并从小组成员那里获得对自己行为的真实反馈，承受他人给自己提出的意见，同时了解自己的行为如何影响他人，从而改善自己的态度和行为。

（6）注意事项：把学员放在一个相对封闭的环境中，小组成员来自不同部门并以不相识为好；分组时，应注意学员在性格、知识等方面的合理搭配，保持适当的差异性；学员在小组中有充分的自主空间，在没有指定讨论议题的情况下，小组成员可自行决定讨论方式，并以发生在小组内的所有事件作为学习素材；培训师进行必要的指导、组织。

5. 管理者训练法

（1）基本概念：管理者训练法（manager training plan，MTP），是产业界使用最为普遍的对管理人员的培训方法。这种方法旨在使学员系统地学习、深刻地理解管理的基本原理和认识，从而提高他们的管理能力。

（2）培训对象：适用于培训中、低层管理人员掌握管理的基本原理、知识，提高管理的能力。

(3) 培训方式:一般采用专家授课、学员间研讨等综合培训方式,企业可进行大型的集中培训,以脱产方式进行。

(4) 培训内容:管理者训练根据内容可分为六个部分。管理基础:管理的基本概念、管理的思想、企业的组织原则、组织的重新设计等;工作改善:改善工作组织、改进工作方法、改进工作质量、开发创造力等;工作管理:工作计划、命令的贯彻执行,管理与生产的统一等;下属的培养:培养下属的能力、培养组织能力等;人际关系:了解下属的行为,启发下属良好的态度、激发士气、处理人的问题;管理的方式:主要包括领导艺术等。

(5) 注意事项:管理者训练对于培训师的要求较高,培训师的能力决定了这种培训方式的成败,所以一般由外聘专家或企业内部曾接受过此法训练的高级管理人员担任培训师。

6. 自学

(1) 适用范围:自学适用于知识、技能、观念、思维、心态等多方面的学习,自学既适用于岗前培训,又适用于在岗培训,而且新员工和老员工都可以通过自学掌握必备的知识和技能。

(2) 优点:费用低,不影响工作,学习者自主性强,可体现学习的个体差异,有利于培养员工的自学能力。

(3) 缺点:学习的内容受到限制,学习效果可能存在很大差异,学习中遇到疑问和难题往往得不到解答,容易使自学者感到单调乏味。

(4) 组织方式:从培训的角度来看,自学并不是放任自由,它是实现培训计划的一种方式。因此有必要对自学进行有效的组织,自学的组织形式有以下几种。指定学习资料,规定学习完成的时间和具体要求,员工反馈学习结果;电视教育,企业创建自己的闭路电视经验系统课程,投入大;网上学习,企业在互联网上建立网页,开设网上课程,员工无论何时何地,只要打开网页就可以学习,不受时间和空间的限制、费用低是网上学习的最大优势。

5.3.4　行为调整和心理训练培训法

行为调整和心理训练培训法主要包括角色扮演法、行为模仿法和拓展训练法。

1. 角色扮演法

角色扮演法是在一个模拟真实的工作情境中,让参加者身处模拟的日常工作环境之中,并按照他在实际工作中应有的权责来担当与实际工作类似的角色,模拟性地处理工作事务,从而提高处理各种问题的能力。这种方法的精髓在于"以动作和行为作为练习的内容来进行设想"。

(1) 适用范围:适宜对各类员工开展以有效开发角色的行为能力为目标的训练。

(2) 培训目标:使员工的行为符合各种特定职业、岗位的行为规范要求,提高其行为能力。

(3) 培训内容:培训内容根据具体的培训对象确定,如客户关系处理、销售技术、业务会谈等行为能力的学习和提高。

(4) 优点:学员参与性强,学员与培训师之间的互动交流充分,可以提高学员参加培训的积极性;特定的模拟环境和主题有利于增强培训效果;通过观察其他学员的扮演行为,可以学习各种交流技能,通过模拟后的指导,可以及时认识到自身存在的问题并进行改正;在提高学员业务能力的同时,也加强了其反应能力和心理素质。

(5) 缺点:情境的人为性降低了培训的实际效果,如果设计者没有精湛的设计能力,设计出来的情境可能会过于简单,使学员得不到真正角色锻炼、能力提高的机会;模拟环境不能体现现实工作环境的多变性；扮演中的问题分析限于个人，不具有普遍性，有时学员由于自身原因，参与意识不强，角色表现漫不经心，影响培训效果。

2. 行为模仿法

行为模仿法是通过向学员展示特定行为的范本，并由培训师对其行为提供反馈的训练方法。

(1) 适用范围：适宜对中层管理人员、基层管理人员、一般员工的培训。

(2) 培训目标：根据培训的具体对象确定培训内容，如基层主管指导新员工，纠正其不良工作习惯，使学员的行为符合其职业、岗位的行为要求，提高学员的行为能力，使学员能更好地处理工作环境中的人际关系。

3. 拓展训练法

拓展训练法起源于第二次世界大战中的海员学校，旨在训练海员的意志和生存能力，后被应用于管理训练和心理训练等方面，用于增强人的自信心，培养把握机遇、抵御风险的心理素质，保持积极进取的态度，培养团队精神等。它以外化型体能训练为主，学员被置于各种艰难的情境中，在面对挑战、克服困难和解决问题的过程中，使人的心理素质得到改善。拓展训练法包括场地拓展训练和野外拓展训练两种形式。

(1) 场地拓展训练：需要利用人工设施(固定基地)的训练活动，包括高空断桥、空中单杠、缅甸桥等高空项目和扎筏泅渡、合力过河等水上项目等。

场地拓展训练的特点包括有限的空间、无限的可能，如训练场地的几根绳索，却是能否生存的关键，几块木板，变成了通往成功的桥梁；有形的游戏，锻炼的却是无形的思维，在培训师的引导下，利用简单的道具，整个团队进入模拟真实的训练情境，团队和个人的优点得以凸显，问题也不同程度地暴露出来，在反复的交流沟通中，也许会找到某些想要的答案，为今后问题的解决提供了思路；简便、容易实施，场地拓展训练可以在会议厅里进行，也可以在室外的操场上进行，因此它既可以作为一次单独的完整的团队培训项目来开展，又能很好地和会议、酒会、其他培训相结合，使团队加强合作。

(2) 野外拓展训练：在自然地域，通过模拟探险活动进行的情景体验式心理训练。基本原理是通过野外探险活动中的情景设置，使学员体验所经历的各种情绪，从而了解自身(或团队)面临某一外界刺激时的心理反应及其后果，以实现提升学员能力的培训目标。野外拓展训练包括远足、登山、攀岩和漂流等项目，这些活动是学员培训的一种媒介，使他们可以了解自身和同伴的力量、局限和潜力。

5.3.5 科技时代员工培训法

随着现代社会信息技术的发展，大量的信息技术被引进培训领域，新兴的培训方式不断涌现，如在线学习、虚拟培训等培训方式在很多公司受到欢迎。科技时代员工培训法分为以下几类。

1. 在线学习

(1) 基本概念：在线学习(E-learning)又称为基于网络的培训，是指通过企业的局域网、互联网对学员进行培训。在网上培训，培训师将培训课程上传在培训网站上，分布在世界各地的学员利用网络浏览器进入网站接受培训。

(2) 分类：根据培训进程的不同，在线学习有同步培训与非同步培训两种类型。

(3) 优点:无须将学员从各地召集到一起,大大节省了培训费用;网络上的内容容易修改,且修改培训内容时,无须重新准备教材或其他教学工具,可及时、低成本地更新培训内容;可充分利用网络上大量的声音、图片和影音文件等资源,增强课堂教学的趣味性,从而提高学员的学习效率;培训进度的安排比较灵活,学员可以充分利用空闲时间进行培训,而不用中断工作。

(4) 缺点:课程内容不能根据学员状况做出相应的调整,不够灵活;某些培训内容不适用于网上培训方式,如关于人际交流的技能培训;培训过程难以控制;学员学习要完全靠自我控制,较难坚持。

随着互联网技术的发展及个人计算机的普及,在线学习的成本逐渐降低,正以其无可比拟的优越性受到越来越多的企业青睐。

2. 虚拟培训

(1) 基本概念:虚拟培训是指利用虚拟现实技术生成实时的、具有三维信息的人工虚拟环境,培训学员通过运用某些设备接受和响应该环境的各种感官刺激而进入其中,并可根据需要通过多种交互设备来驾驭该环境以及操作物体,从而达到增加培训学员各种技能或知识的目的。

(2) 优点:虚拟培训的优点在于它的仿真性、超时空性、自主性。在培训中,学员不仅能够自主地选择或组合虚拟培训场地或设施,而且可以在重复中不断增强自己的训练效果;更重要的是这种虚拟环境使学员摆脱了现实环境培训中的风险,并能从虚拟培训中获得感性知识和实践经验。

3. ABC 管理法

(1) 基本概念:ABC 管理法又称巴雷托分析法、主次因分析法、ABC 分析法、分类管理法、重点管理法等。它是指根据事物在经济、技术等方面的主要特征,运用数理统计方法,进行统计、排列和分析,抓住主要矛盾,分清重点与一般,从而有区别地采取管理方式的一种定量的管理方法。它以某一具体事项为对象,进行数量分析,以该对象各个组成部分与总体的比重为依据,按比重大小的顺序排列,并根据一定的比重或累计比重标准,将各组成部分分为 A、B、C 三类,A 类是管理的重点,B 类是次重点,C 类是一般管理部分。ABC 管理法的原理是按巴雷托曲线所示意的主次关系进行分类管理,广泛应用于工业、商业、物资、人口及社会学等领域,以及物资管理、质量管理、价值分析、成本管理、资金管理、生产管理等方面。

(2) 特点:既能集中精力抓住重点问题进行管理,又能兼顾一般问题,从而用最少的人力、物力、财力实现最高的经济效益。

(3) 适用范围:ABC 管理法适用于企业存货管理、客户管理、员工管理等领域。通过信息收集、信息处理、编制 ABC 分析表,根据分析表确定分类等级,并由此描绘 ABC 分析图以帮助使用者分清事物质量和价值等级;能够突出资源利用效率、成本、利润的控制;尽量减少不必要的损失与浪费,最大限度地降低成本、提高效率。

(4) 应用分析:ABC 管理法的基本原理是处理任何事情都要分清主次、轻重,区别关键的少数和次要的多数,根据不同的情况进行管理,它可以帮助人们正确地观察并做出决策。对于企业员工培训与开发工作而言,ABC 管理法的应用价值就在于它能够根据企业实际情况与发展需要,以组成部分占总体的比重为依据分级,按比重大小的顺序排列;再按照一定的比重或累计比重标准分段,有针对性地将培训对象及培训内容区分为 A、B、C 三类;最终确定哪些组成部分是企业员工培训与开发管理的重点项目(A 类),哪些是次要项目(B 类),哪些是一般项目(C 类)。

ABC管理法强调企业管理人员要按照培训开发工作的重要程度、目的的不同，把员工培训与开发要做的事情分为A、B、C三类，A类事情是影响全局而又紧急的工作，因而是最重要的工作，B类次之，C类则可以放一放。这样就便于企业管理人员采取不同的管理对策，以取得更高的培训开发工作效率和良好的培训开发效果。

5.4 培训中的法律风险

企业为了提高自身效益，往往对员工进行各类技术、技能培训，使其符合岗位要求。对员工进行培训，既有管理问题，也有法律问题。培训中隐藏着不少法律问题，比如培训的范围、培训的费用、培训费用与服务期限的关联性、脱产培训期间员工的工资福利如何约定、员工什么情况下解除服务协议需要支付违约金、违约金如何计算等，这些方面的法律法规，具体如下：

依据《劳动合同法》第二十二条规定，用人单位为劳动者提供专项培训费用，对其进行专业技术培训的，可以与该劳动者签订协议，约定服务期。

劳动者违反服务期约定的，应当按照约定向用人单位支付违约金。违约金的数额不得超过用人单位提供的培训费用。用人单位要求劳动者支付的违约金不得超过服务期尚未履行部分所应分摊的培训费用。

依据《劳动合同法实施条例》第二十六条规定，用人单位与劳动者约定了服务期，劳动者依照《劳动合同法》第三十八条规定解除劳动合同的，不属于违反服务期的约定，用人单位不得要求劳动者支付违约金。

有下列情形之一，用人单位与劳动者解除约定服务期的劳动合同的，劳动者应当按照合同的约定向用人单位支付违约金：

(1) 劳动者严重违反用人单位的规章制度的；

(2) 劳动者严重失职，营私舞弊，给用人单位造成重大损害的；

(3) 劳动者同时与其他用人单位建立劳动关系，对完成本单位的工作任务造成严重影响，或者经用人单位提出，拒不改正的；

(4) 劳动者以欺诈、胁迫的手段或者乘人之危，使用人单位在违背真实意思的情况下订立或者变更劳动合同的；

(5) 劳动者被依法追究刑事责任的。

以上法律法规表明，企业出资对员工进行培训的，可与员工签订培训服务协议，依法约定双方的权利、义务。面对提高员工素质和人才流失方面的问题，企业需要在培训管理中充分运用培训服务协议，力求降低员工的流失率以及降低员工流失带来的法律风险。主要做法有：

- 出资培训前签订培训服务协议；
- 制定培训费用的具体范围及支付方式；
- 约定培训期间的工资福利待遇标准(通常是用于脱产培训)；
- 约定服务期限；
- 约定员工培训后的绩效目标；
- 约定合法的解除条件；
- 约定违约责任及违约金的计算方式；
- 培训结束后，员工应书面提交培训总结，履行财务报销手续，书面确认实际的培训费用，以便企业为日后诉讼保全证据，提供证据支持；

● 培训结束后，根据员工的实际能力，依法调整其岗位及薪酬待遇，以降低员工离职意向且间接降低企业的法律风险。

HR实务

派至海外总部工作，是否属于法律上的专业技术培训

2012年9月，张某由A公司派至德国母公司接受日常培训，以学习国外先进、科学的工作经验和管理理念，双方签订了培训服务协议。在工作期间，公司委派一名资深员工定期对张某进行咨询和辅导；除了工作之外，张某还会定期参加研讨会，与其他同事、领导等相互交流学习，通过工作交流来积累经验。张某完成此次海外工作后，公司提升了其职位。另外，在海外工作期间的工资、差旅费用、房租，A公司直接予以支付，各项费用共计人民币20万元。根据培训服务约定，张某回国后的服务期应当为2014年9月1日至2018年8月31日，如果在服务期内张某解除合同，对于未履行的月数，张某应按比例偿还培训费用给A公司。张某于2017年8月8日因个人原因离职，其是否应当承担违约责任，按未履约月数比例返还培训费用？

(上海某法院)经办法官认为，本案焦点于张某在海外总部工作两年是否属于法律上的专业技术培训。法官认为，培训是用人单位提高劳动者素质、能力、工作绩效等实施的有计划、系统的培养和训练活动，目的在于改善和提高劳动者的知识、技能、工作方法、工作态度以及工作的价值观等。因此，培训的形式并不局限于课堂教育，还包括具体岗位上的能力培养。本案中的在职培训项目，其目标就是培训具有国际经验的未来销售和营销经理，旨在通过理论培训以及在岗经验提供有意义的职业发展。张某参加的项目并非是单纯的工作，而是专业技术培训，应当按照约定履行自己的义务。根据《劳动合同法》的规定，劳动者违反服务期约定的，应当按照约定向用人单位支付违约金。违约金的数额不得超过服务期尚未履行部分所应分摊的培训费用。最终，法院依法判决张某按时间比例返还A公司相关培训费用。

员工被派出海外总部参加工作是否属于法律上的专业培训技术，一直存在争议。站在企业预防风险的角度，我们建议，企业的培训制度和双方的培训服务协议最好提前明确此次行为是否属于专业技术培训。

本章小结

员工培训与开发是人力资本投资的重要形式，是企业的人力资源管理和开发中非常重要的一个环节。在新环境、新形势下，做好员工的培训开发工作，是提高企业核心竞争力和绩效的有效途径。培训的流程主要包括培训需求分析、培训设计和实施、培训评估三个阶段，每个阶段都影响着培训效果的好坏。

培训方法有直接传授培训法、实践性员工培训法、体验式员工培训法、行为调整和心理训练培训法、科技时代员工培训法等五大类型，不同类型的方法又有不同的具体培训方法，不同方法有不同的特点，适合于不同对象、不同内容的培训，所以，培训要根据培训对象、培训内容、培训目标选择合适的培训方法。

本章导学图

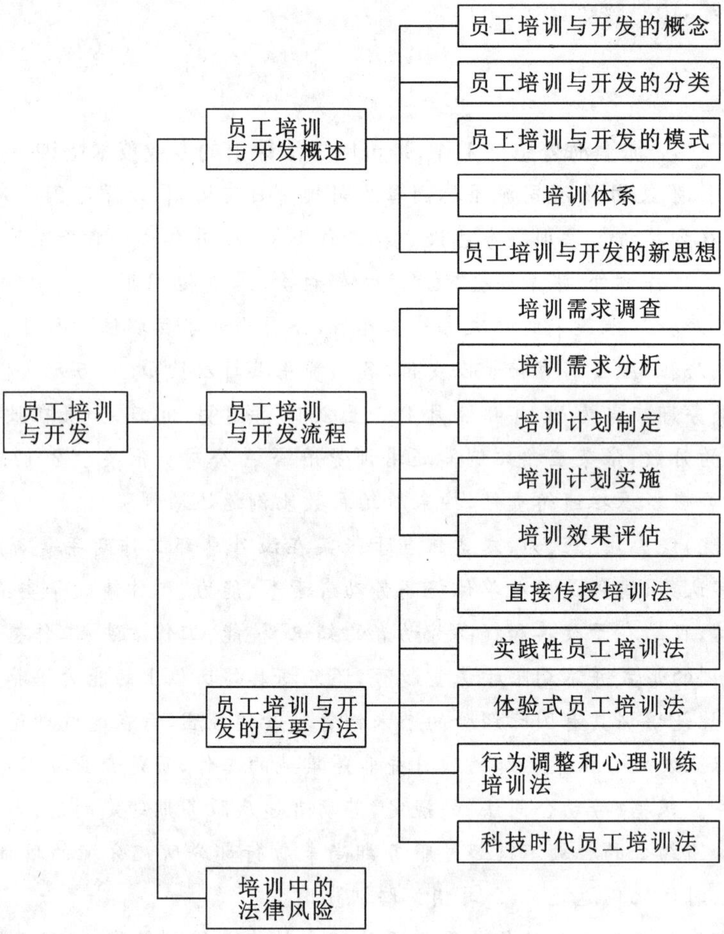

知识巩固训练

一、单项选择题

1.（　　）是指培训师按照准备好的讲稿系统地向学员传授知识的方法。

A.讲授法　　B.专题讲座法　　C.研讨法　　D.案例分析法

2. 以下关于以任务或过程为取向的研讨说法错误的是（　　）。

A.前者着眼于达到某种事先确定的目标

B.前者需要设计具有探索价值的题目

C.后者着眼于讨论成员之间的相互影响

D.后者重点是发现学员的优缺点

3. 运用研讨法实施培训时，选择研讨题目的注意事项不包括（　　）。

A.具有代表性　　B.具有启发性

C.难度要适当　　D.不提前发放

4. 在案例分析法中，解决问题的过程包括以下7个环节：①找问题；②查原因；③分主次；④

提方案；⑤权衡；⑥实施；⑦决策。排序正确的是(　　)。

A.①②③④⑤⑥⑦　　B.①③②④⑤⑦⑥

C. ①②④⑤③⑦⑥　　D.①③②⑤④⑥⑦

5.(　　)又称T小组法，简称ST法。

A.头脑风暴法　　B.管理者训练　　C.模拟训练法　　D.敏感性训练法

6. 有关培训考核评估制度说法错误的是(　　)。

A.目的是在于检验培训的最终效果　　B.为培训奖惩制度的确立提供依据

C.是规范培训人员行为的重要途径　　D.抽样选择员工进行培训考核评估

7.(　　)不属于案例分析法。

A.案例分析　　B.个案分析　　C.工作指导法　　D.事件处理法

8. 企业培训制度的基本内容不包括(　　)。

A.制定员工培训制度的依据　　B.实施员工培训的目的或宗旨

C.员工培训制度的实施周期　　D.企业培训制度的制定与施行

二、多项选择题

1. 培训需求分析是(　　　)的前提。

A.确定培训目标　　B.进行培训测试　　C.设计培训计划

D.预算培训经费　　E.有效实施培训

2. 讲授法的局限性在于(　　　)。

A.不能满足学员的个性需求　　B.传授的方式较为枯燥单一

C.内容不具备较好的系统性　　D.培训师水平直接影响培训的效果

E.单向传授不利于教学双方互动

3. 体验式员工培训法使学员在与其他培训对象的互动中学习，具体包括(　　　)。

A.案例分析法　　B.特别任务法　　C.头脑风暴法

D.个别指导法　　E.模拟训练法

4. 与技能培训相适应的培训方法包括(　　　)。

A.头脑风暴法　　B.研讨法　　C.工作指导法

D.模拟训练法　　E.个别指导法

5. 进行培训课程的前期准备工作包括(　　　)。

A.确认培训学员　　B.培训后勤准备　　C.确认培训时间

D.准备相关资料　　E.确认培训师

6. 进行培训需求分析时需评估员工的实际绩效，评估依据有(　　　)。

A.员工同事的评价　　B.员工主管的书面评价

C.员工的技能测试成绩　　D.员工绩效考核的记录

E.员工个人填写的培训需求调查问卷

7. 下列各项属于内部培训资源的有(　　　)。

A.商学院校　　B.标准化培训产品　　C.经理人

D.咨询公司　　E.员工互助学习小组

8. 培训的有效性信息包括(　　　)方面的信息。

A.培训时间的安排　　B.受训群体选择　　C.培训场地选择

D.培训形式选择　　E.培训师的选择

三、判断题

1. 培训通常侧重于提高员工当前的工作绩效，所以，员工培训具有一定的强制性。（　　）

2. 从培训的对象看，培训有管理人员培训、专业技术人员培训、基层员工培训及新员工培训。（　　）

3. 从培训的时间看，培训有全脱产培训、半脱产培训和业余培训。（　　）

4. 培训需求分析对是否需要进行培训来说非常重要的，它包括目标分析、任务分析与结果分析三项内容。（　　）

5. 选择和准备培训场所应以员工舒适度为目的。（　　）

6. 培训结果可划分为五种类型，即认知结果、技能结果、情感结果、效果以及投资净收益。（　　）

7. 对培训效果的评估要考虑评估的时效性，有些培训的效果是及时性的，有些培训的效果要通过一段时间才能表现出来。（　　）

8. 培训费用包括直接费用和间接费用，聘请培训师的费用属于间接费用。（　　）

9. 培训目标是指培训活动的目的和预期效果，培训目标要有一定的难度。（　　）

10. 对一线新员工培训可以聘请外部知名专家来进行培训。（　　）

四、简答题

1. 简答培训效果的评估方法及评估指标。

2. 简答企业培训计划的基本内容。

3. 简答研讨法的优点、难点及注意事项。

4. 简答个别指导法的优缺点。

五、案例分析题

安岩公司一些新来的会计在结算每天的账目时遇到了一些技术问题，于是公司请某高校财会系的吴教授开发了一门培训课程。该课程设计良好，而且完全适合该公司的近三分之一需要在这方面提高技能的财会人员，公司总经理对此很满意，于是他决定，“既然有如此好的培训课程，那就让财务部所有人员参加，这对他们没有坏处。”但是培训主管却反对这一决定，他说：“即使是简单培训也需要详尽的计划。”在听完培训主管的详细陈述后，总经理要求培训主管尽快制定出公司的培训计划。

请结合本案例，回答以下问题：

（1）一项培训计划主要包括哪些内容？

（2）如果你是安岩公司的培训主管，如何制定培训计划？

职业能力训练

项目：拟定一份新员工入职培训计划。

目的：了解和掌握新员工入职培训流程，掌握入职培训计划的具体内容和拟定入职培训计划的基本原则，能够独立拟定一份完整的入职培训计划。

要求：实训开始前，获得某家企业的背景资料，了解该企业入职办理流程及入职培训要求。

实训开始后，进行分组讨论，每组3～5人，每人充分发表个人意见和观点，为选定的企业拟定一份初步的入职培训计划。

实训结束后，每组修改并完善劳动合同书，填写实训报告。实训报告要求语言流畅、文字简练、条理清晰。实训报告内容主要包括报告封面(实训日期,实训人姓名、专业、班级等信息)、实训项目名称、实训目的、实训内容、实训资料、实训过程(实训采用的方法、步骤等)、实训结果或结论、收获与体会、实训指导教师评价意见等。

成果:每组形成一份实训报告。

拓展阅读

第6章　绩效管理

学习目标

(1) 理解绩效与绩效管理的概念。
(2) 了解影响员工绩效的因素。
(3) 明白绩效管理与其他人力资源管理环节的关系。
(4) 掌握绩效管理流程。
(5) 掌握绩效考核方案的设计技巧。
(6) 掌握绩效考核结果的应用。

本章关键词

绩效管理(performance management)、绩效流程(performance process)、绩效方法(performance method)、绩效结果(performance results)、绩效应用(performance application)

引导案例

6.1　绩效管理概述

6.1.1　绩效概述

1. 绩效的定义

贝茨(Bates)和霍尔顿(Holton)在1995年指出,绩效是一个多维结构,测量的方法不同,其结果也会不同。一般而言,绩效包括组织、团体、个体三个层面,层面不同,绩效所包含的内容、影响因素及其测量方法也不同。在绩效管理中主要通过员工个体绩效的管理来达到团体绩效和组织绩效的管理目标,因此我们主要研究个体层面的绩效。对于什么是个体层面的绩效,人们尚未达成共识,目前主要有三种观点:第一种观点认为绩效是结果,第二种观点认为绩效是行为,第三种观点认为绩效包括行为和结果。

1)“绩效是结果”的观点

伯纳丁(Bemadin,1995)等认为,绩效应该定义为工作的结果,因为这些工作结果与组织的战略目标、顾客满意度及所投资金的关系最为密切;卡恩(Kane,1996)指出,绩效是一个人留下的东西,这种东西与目的相对独立存在。总之,“绩效是结果”的观点认为,绩效是工作所达到的结果，是一个人工作成绩的记录。表示绩效结果的相关概念有：职责、结果、责任、任务与事务、目的、目标、生产量、关键结果领域、关键成功因素等。

2)“绩效是行为”的观点

现在，人们对绩效是结果、工作成绩、目标实现、生产量的观点提出了挑战，提出了“绩效是行为”的观点。墨菲(Murphy，1990)认为，绩效是与一个人在其中工作的组织或组织单元的目标有关的一组行为；坎贝尔(Campbell，1990)指出，绩效是行为，应该与结果区分开，因为结果会受系统因素的影响。坎贝尔(1993)给绩效下的定义：绩效是行为的同义词，它是人们实际的行为表现并能观察到；就定义而言，它只包括与组织目标有关的行动或行为，能够用个人的熟练程度(即贡献水平)来定等级(测量)；绩效是组织雇人来做并需做好的事情；绩效不是行为后果或结果，而是行为本身；绩效由个体控制下的与目标相关的行为组成，不论这些行为是认知的、生理的、心智活动的或人际的。伯曼和莫特维多(Borman & Motowidlo，1993)则提出了绩效的二维模型，认为行为绩效包括任务绩效和关联绩效两个方面。其中，任务绩效指所规定的行为或与特定的工作熟练有关的行为；关联绩效指自发的行为或与非特定的工作熟练有关的行为。

3)“绩效包括行为和结果”的观点

在绩效管理的具体实践中，人们普遍倾向于采用较为宽泛的绩效概念，即绩效包括行为和结果两个方面，行为是达到绩效结果的条件之一。布鲁姆布里奇(Brumbrach，1988)指出，绩效指行为和结果，行为由从事工作的人表现出来，将工作任务付诸实施，行为不仅仅是结果的工具，行为本身也是结果，是为完成工作任务所付出的脑力和体力的结果，并且能与结果分开进行判断。也就是说，当对个体的绩效进行管理时，既要考虑投入(行为)，也要考虑产出(结果)，绩效包括“应该做什么”和“如何做”两个方面。

综合上述观点，我们认为在实际的绩效管理过程中，绩效应该包括行为和结果两个方面。绩效是组织中的个体在一定时间与条件下的可描述的工作行为和可测量的工作结果，结果是通过行为取得的。绩效包括绩效指标和绩效标准，所谓绩效指标是指对员工绩效产出进行衡量或评估的方面，可以分为量化指标和非量化指标，是绩效管理的重要组成部分；绩效标准则是指按照各个岗位的工作性质和工作内容制定的衡量绩效指标的水平基准，可以分为绝对标准和相对标准。

2. 绩效的分类

1) 按照绩效实施的主体进行分类

按照绩效实施的主体可以将绩效划分为组织绩效、部门绩效和个人绩效。

(1) 组织绩效：在一定时期内整个组织所取得的绩效。20世纪60、70年代，人们大多从财务的角度界定组织绩效；到了80年代，逐渐形成了一套以财务指标为主、非财务指标为辅的组织绩效评价体系；到了90年代，非财务指标受到了更多关注，尤其是平衡记分卡的使用，为组织绩效的评价提供了一个全面的框架。

(2) 部门绩效：在组织实现其战略目标的过程中，部门或者团队往往是基本的战略业务单位，部门绩效目标的实现是组织战略目标实现的保证。部门绩效包括部门的任务目标实现情况，以及部门之间的服务、支持、协调、配合、沟通等方面的行为表现。

(3) 个人绩效：在完成工作目标与任务的过程中所体现的个人业绩。个人绩效主要考察的是员工达成目标的行为是否达到职业化行为的标准，是否按照职业化工作程序做正确的事情。部门是由个人组成的，只有充分激发了部门内每一个员工的积极性和创造性，才能有效地实现部门的绩效目标。

2）根据评价的角度进行分类

根据评价的角度不同，可以将绩效分为任务绩效、周边绩效和管理绩效。

（1）任务绩效：与工作产出直接相关的，能够直接对其工作结果进行评价的这部分绩效指标。它是与具体职务的工作内容密切相关的，同时也和个体的能力、完成任务的熟练程度和工作知识密切相关的绩效。换言之，任务绩效是组织成员对组织的贡献，或对组织所具有的价值。在企业中，员工绩效具体表现为完成工作的数量、质量、成本费用以及为企业做出的其他贡献等。任务绩效应该是绩效考核最基本的组成部分，对任务绩效的考核通常可以用质量、数量、时效、成本、他人的反应等指标来进行考量评估。

（2）周边绩效：又称关系绩效，是指与周边行为有关的绩效。当员工主动帮助工作中有困难的同事，努力保持与同事的良好工作关系，或者通过额外的努力准时完成某项任务时，他们的表现被视为周边绩效。周边绩效对组织的技术核心没有直接贡献，但它构成了组织的社会、心理背景，能够促进组织内的沟通，对人际或部门沟通起润滑作用。周边绩效可以营造良好的组织氛围，对工作任务的完成有促进和催化作用，利于员工任务绩效的完成以及整个团队和组织绩效的提高。

（3）管理绩效：主要是针对行政管理类人员，考核其对部门或下属人员管理的情况。例如，管理人员为下属制定具有挑战性的工作目标，工作过程中及时跟踪检查、监督与指导，解决下属工作中的困难，及时提供工作结果的反馈信息，充分激发下属的工作积极性，协调各种人际关系，化解矛盾和冲突，提高团队的凝聚力和向心力，所有这些表现都构成了管理人员的管理绩效。

综上可知，依据不同的标准可以将绩效划分为不同的类型，本书不过多地涉及对所有绩效类型的研究，就本书的目的而言，员工个人的任务绩效是研究的重点，因此，下文中提到的绩效都是指员工个人的任务绩效。

3. 绩效的特点

（1）绩效的多因性：影响个体绩效优劣的并非是单一因素，而是受主客观多种因素的影响。具体包括员工的激励、技能、环境与机会，其中前两项是员工自身的主观因素，后两项是客观因素。

（2）绩效的多维性：绩效需要沿多个维度或方面去分析和考核。绩效既包括员工的工作行为，也包括工作结果。例如，考核一名员工的绩效除了考虑产量指标完成情况外，质量、原材料消耗率、能耗、出勤、团队精神、组织纪律等各方面的表现都需要综合考虑、逐一评估，只是考核权重和考核重点会不同。

（3）绩效的动态性：员工的绩效会随着内、外部环境及自身情况的变化而发生变化。因此，有效的绩效管理可把低绩效的员工转化为高绩效的员工，而无效的绩效管理会把员工的高绩效转变成低绩效。

4. 影响绩效的因素

员工绩效受很多因素的影响。最早对绩效影响因素进行研究的是弗鲁姆（Vroom，1964），他认为绩效是由能力和激励这两个因素决定的，即绩效＝f（能力，激励）。布鲁姆伯格和普林格尔（Blumberg & Pringle，1982）在弗鲁姆绩效公式的基础上增加了“机会”这个变量。“机会”变量包含的范围很广，主要包括获得工具和信息等资源，以及工作条件、领导者行为、工作规则和工作流程。美国管理学家麦克利兰（McClelland，1973）论证了行为品质和特征比潜能更能有效地决定人们工作绩效的高低，其研究表明，绩效出众者具有较强的判断能力，能够更有效地发现问题，并采取适当的行动加以解决，而且会设定富有挑战性的目标，而这些行为相对独立于知识、个人技能水平和工作经验等。因豪伦和豪佳斯(Einhor & Hogarth,1983)提出了绩效公式 p=f(s,m,o,e),即绩效(performance)是技能(skill)、激励(motivation)、机会(opportunity)、环境(environment)等变量的函数。也就是说,影响员工工作绩效的因素主要有四种:技能、激励、机会与环境,其中前两项属于员工自身的、主观性影响因素,后两项则是客观性的影响因素。

现代管理学和心理学的研究表明,影响员工工作绩效的因素主要有三个方面:个人(individual)、组织(organization)和工作(task),如图 6-1 所示。

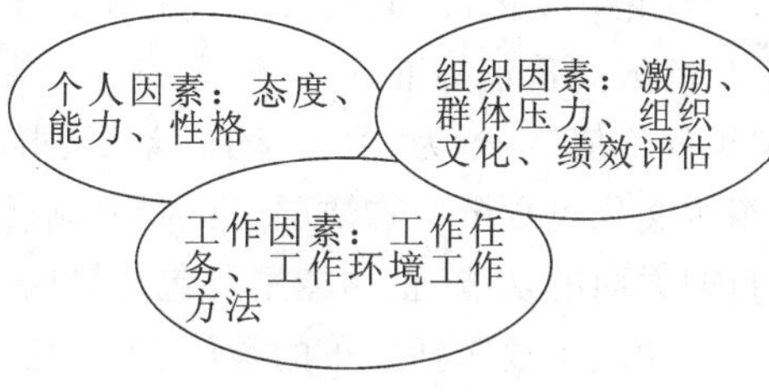

图 6-1　影响员工绩效的因素

1）个人因素

员工个人方面的因素主要包括员工的工作态度、能力及性格。

(1) 态度:员工对工作所持有的评价与行为倾向,包括工作的认真度、责任度、努力程度等。态度决定一切,员工的工作态度直接关系到工作绩效的高低。一般而言,积极的工作态度对工作的知觉、判断、学习、忍耐等都能发挥积极的影响,因而能提高工作效率,取得良好的工作绩效。学者们认为与出色的工作绩效有关的三种因素分别是工作满意度、组织承诺和工作参与。

(2) 能力:人们顺利完成某一活动所必备的个性心理特征。能力通常可分为一般能力和特殊能力,一般能力又称智力,是在很多基本活动中表现出来的能力,它适用于广泛的活动范围,如观察力、记忆力、注意力、语言能力、操作能力、想象力、抽象思维能力等;特殊能力是指表现在某些专业活动中的能力,它只适用于某种狭窄的活动范围,如管理能力、社交能力、色彩鉴别能力、表演能力、飞行能力等。员工的能力与工作业绩呈密切的正相关关系,一般而言,能力较强的员工也具有较高的工作业绩。

(3) 性格:《辞海》对性格的解释是人对现实的态度和行为方式中较稳定的个性心理特征。性格是个性的核心部分,最能表现个别差异,性格具有态度特征、意志特征、情绪特征、理智特征。心理学家以个人对社会的适应性为主要参考系把人的性格分为摩擦型、平常型、平稳型、领导型、逃避型。性格决定着职业的长远发展,员工事业的成功与否,与性格和职业的匹配程度密切相关。个人的性格与职业之间的适配和对应是职业满意度、职业稳定性与职业成就的基础。

2）组织因素

(1) 激励:激发人的行为的心理过程。管理中的激励是指激发员工的工作动机,即运用各种有效的方法调动员工的积极性和创造性,使员工努力完成任务,实现组织目标的过程。激励可分为物质激励与精神激励、正激励与负激励、内在激励与外在激励等类型。美国哈佛大学的威廉·詹姆斯(W. James)教授在对员工激励的研究中发现,按时计酬的分配制度仅能让员工发挥 20%~30%的能力,如果受到充分激励的话,员工的能力可以发挥出 80%~90%,两种情况之间 60%的差距就是有效激励的结果。

(2) 群体压力:群体对其成员的一种影响力。当群体成员的思想或行为与群体意见或规范发生冲突时,成员为了保持与群体的关系而遵守群体意见或规范时所感受到的一种无形的心理压力,这种压力使成员倾向于做出为群体所接受的或认可的反应。从众行为就是群体压力的一种表现,所谓从众行为是指个人在群体中,因受到群体的影响和压力,在知觉、判断及行为上倾向于与群体中多数人一致的现象。

群体压力对员工的工作绩效会产生正、负两方面的影响。关于工作群体压力对企业员工绩效的影响,梅奥的霍桑实验就是一个很好的例证。个体由于对人际关系的需要,会屈从于群体的压力,遵从工作群体的规范,在工作表现上与其他成员保持一致。当一个员工的工作绩效远远高于或低于群体中大多数员工的绩效时,他就会感受到群体压力,从而通过降低或提高工作绩效来消除群体压力。

(3) 组织文化:组织在长期的生存和发展中所形成的为组织所特有的且为组织多数成员共同遵从的最高价值标准、基本信念和行为规范等的总和及其在组织中的反映。组织文化主要包括组织的价值观、行为、习惯、团队意识、群体意识、思维方式、工作作风、心理预期、组织归属感等,组织文化可划分为物质层、行为层、制度层和精神层等四个层次。对组织而言,组织文化具有正、负两方面的功能,正功能主要包括导向功能、约束功能、凝聚功能、激励功能、辐射功能、调适功能;负功能主要包括变革的障碍、多样化的障碍、兼并和收购的障碍等。

(4) 绩效评估:组织根据自身的战略目标,制定一定的指标和标准,对组织成员的个性、能力、态度、工作行为及工作业绩进行考核的过程。美国著名组织行为专家约翰·伊凡斯维奇认为,绩效评估可达到以下八个目的:晋升、离职及调职的决定;组织对员工的绩效评估的反馈;个人以及整个组织在达到较高层组织目标方面相对贡献的评估;报酬的决定,包括绩效加薪以及其他报酬;评估甄选以及工作分配,决定效能的标准,包括在其决定上所用信息的关联性;了解并判断组织中个别成员以及整个组织的培训与发展的需要;评估培训与发展决定成效的标准;工作计划、预算编制以及人力资源规划可依据的信息。

3) 工作因素

(1) 工作任务:完成某一项工作所从事的活动。任务对员工绩效具有一定的影响,任务目标的明确性、任务的艰巨性、任务的时效性、任务的成熟性等因素都会影响员工的工作绩效。

(2) 工作环境:能够影响组织成员心理、行为、态度及工作效率的各种因素的总称,包括工作的硬环境和软环境。硬环境通常包括工作场所的物质条件、设施,室内空气、阳光、噪声,办公室布置等外在物质环境;软环境包括工作氛围、人际关系、工作人员的个人素质、团队凝聚力、领导者风格等社会环境。组织能够为成员提供较好的工作环境,员工在较舒适的环境下工作就能提高工作积极性,减轻工作疲劳,减少工作事故,提高劳动生产率。工作环境是实现员工高绩效的物质前提条件。

(3) 工作方法:员工在工作过程中为达到工作目的和工作效果所采取的办法与手段,主要包括设计工作流程、使用工具、工作协调等内容。工作方法对员工的工作绩效具有直接和广泛的影响,员工在工作中使用正确的方法会取得事半功倍的效果。

6.1.2 绩效考核的内涵

1. 绩效考核的概念

绩效考核是指针对企业中每个员工所承担的工作,根据工作说明书,应用科学的定性和定量方法,对员工的工作业绩,包括工作行为和工作效果,进行全面考察与评估的过程。绩效考核是绩效管理的一种手段,绩效考核的最终目的并不是单纯地进行利益分配,而是促进企业与员工的共同成长。

2. 绩效考核的特点

(1) 绩效考核不是孤立的,它与企业的发展战略、组织结构、人力资源管理、经营管理息息相关。

(2) 绩效考核具有指向性,它的出发点和终点都是企业的整体绩效,是为了使企业发展得更好。

(3) 绩效考核具有层次性和针对性，不同的岗位、不同的部门和不同的行业，绩效考核的标准、方式和内容是不同的。

(4) 绩效考核具有时效性，它要求在一段时间内，对考核做出明确的结论。考核既可以按照月度、季度、年度定期进行，也可以不定期进行。

(5) 在实际管理过程中，对员工的绩效考核可以是正式的，也可以是非正式的。现代企业中，正式的绩效考核是必不可少的，非正式的考核评价也很重要。

根据企业实际情况，建立以绩效考核为中心的管理体系，企业需采用科学规范的绩效考核程序，选择最适合自身情况的考核制度、考核方法。有效的绩效考核会给企业日常管理工作带来巨大的好处，绩效考核如果运用得当，对企业每个员工都能提供有益的帮助。

6.1.3　绩效管理

1. 绩效管理的概念

绩效管理是组织赢得竞争优势的中心环节。学术界对绩效管理的概念还未能达成一致的意见。安德烈·A.德瓦尔认为，绩效管理是一套为公司持续创造价值做出可见贡献的程序，绩效管理程序包括战略开发、制定预算、确定目标、绩效测量、绩效评价和激励性报酬等子程序。英国特许公认会计师公会(ACCA)认为，绩效管理涉及利用绩效评估信息确定新的计划或采取控制措施来改进企业未来业绩等内容。雷蒙德·A.诺伊等人认为，绩效管理是管理人员确保雇员的工作活动以及工作产出能够与组织的目标保持一致的过程。赵曙明认为，绩效管理就是为了更有效地实现组织目标，由专门的绩效管理人员运用人力资源管理知识、技术和方法与员工一道进行绩效计划制定、绩效沟通、绩效评价、绩效诊断与提高的持续改进组织绩效的过程。

我们认为，所谓绩效管理就是指组织为了有效地达到组织目标，由专门的绩效管理人员运用人力资源管理的理论、技术和方法与员工共同制定绩效计划，通过绩效辅导沟通实施绩效计划，依据绩效评估来检测绩效计划实施的效果，根据绩效评估结果提出绩效改进计划，以使个人、部门和组织的绩效不断改善和提升的持续循环过程。

一般而言，绩效管理可划分为个人绩效管理、部门绩效管理和组织绩效管理，但是由于部门绩效、组织绩效都与组织成员个人绩效密切相关，所以绩效管理的直接目的是提升个人绩效水平，间接目的和最终目的是提高组织绩效。因此，通常情况下，绩效管理主要是指个人绩效管理，即员工绩效管理。

2. 绩效管理的内容

绩效管理，人们往往把它等同于绩效考核，认为绩效管理就是绩效考核，二者并没有什么区别。其实，绩效考核只是绩效管理的一个组成部分，最多只是一个核心的组成部分而已，代表不了绩效管理的全部内容。绩效管理是一个完整的系统，绩效管理过程通常被看作一个循环过程，这个循环通常分为四个步骤，如图 6-2 所示。

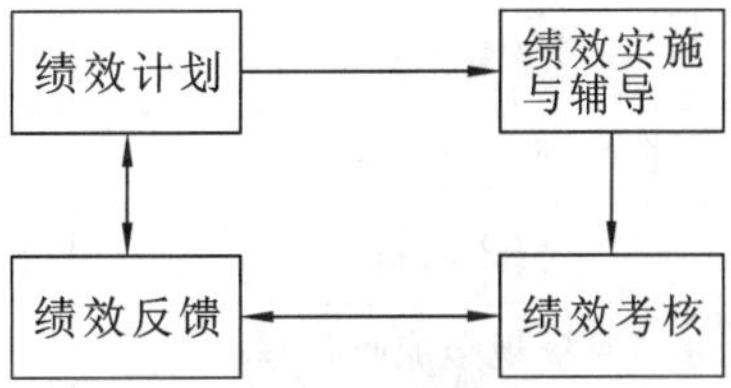

图 6-2　绩效管理过程

3. 绩效管理与绩效考核的关系

(1) 绩效管理与绩效考核的区别，绩效管理与绩效考核相比，有着明显的区别，具体如表 6-1 所示。

表 6-1 绩效管理与绩效考核的区别

绩效管理	绩效考核
一个完整的绩效管理过程	管理过程中的局部环节和手段
具有前瞻性,能有效规划组织和员工的未来发展	回顾和评估过去一个阶段的成果
贯穿于日常工作之中,循环往复进行	只出现在特定时期
注重双向的交流、沟通、监督和评估,全程控制	注重事后的评估和控制
侧重日常绩效的提高和改善	专注对绩效结果的评估
注重个人素质能力的全面提升及绩效提高	注重员工的评估成绩及绩效结果的应用
绩效管理人员与员工之间的合作伙伴关系	绩效考核人员与员工站在对立的两面

(2) 绩效管理与绩效考核的联系,绩效管理和绩效考核是紧密联系的两个概念。绩效管理概念的提出本身就源自绩效考核的片面性和孤立性,是从一种孤立的手段发展到系统的管理过程。因此,绩效考核始终是绩效管理过程中的一个十分重要的环节,也是代表绩效管理水平的核心技术。当然,绩效考核的顺序开展不仅取决于评估本身,在很大程度上还依赖于与评估相关的整个绩效管理过程。二者是相互依存、相辅相成的关系。

6.1.4 绩效管理的作用

1. 绩效管理有利于提高员工工作绩效

绩效管理的各个环节都是为提高工作绩效这个目的服务的,绩效管理的目的不是把员工的绩效分出高低,或仅仅为奖惩措施寻找依据,而是针对员工工作过程中存在的问题,采取恰当的措施来提高员工的绩效,从而保证组织目标的实现。由此可见,绩效管理是提高员工绩效的有力工具。

2. 绩效管理有利于提升企业绩效

企业绩效是以员工个人绩效为基础而形成的,有效的绩效管理系统可以改善员工的工作绩效,进而有助于提高企业的整体绩效。在西方发达国家,很多企业纷纷强化员工绩效管理,把它作为增强公司竞争力的重要途径。汉威特咨询公司(Hewit)对美国所有上市公司的调查发现,具有绩效管理系统的公司在企业绩效的各个方面明显优于没有绩效管理系统的公司,表 6-2 是该项调查的结果。

表 6-2 绩效管理对企业绩效的影响

指　标	无绩效管理系统的企业	有绩效管理系统的企业
股东收益率	0	7.9%
股票收益率	4.4%	10.2%
资产收益率	4.6%	8.0%
投资现金流收益率	4.7%	6.6%
销售实际增长	1.1%	2.2%
人均销售额	126 100 美元	169 900 美元

3. 绩效管理有利于保证员工努力方向和企业目标一致

企业绩效的实现有赖于员工的努力工作,人们对此早已形成共识,但是近年来的研究表明企业绩效与员工努力的关系并不像人们想象的那么简单，而是非常复杂的，具体如图 6-3 所示。

努力方向与企业目标的一致程度		员工努力程度：高	员工努力程度：低
	高	企业绩效大幅度提高	企业绩效有所提高
	低	企业绩效降低	企业绩效无明显变化

图 6-3　企业绩效与员工努力程度的关系

从图 6-3 中可以看出，企业的绩效和员工的努力之间有一个关键的中间变量，即努力方向与企业目标的一致性。如果员工的努力程度较高，但是方向与企业的目标相反，则不仅不会增加企业的绩效，相反还会产生副作用。

保证员工努力方向与企业目标一致的一个重要途径就是借助绩效管理。由于绩效考核指标对员工的行为具有导向作用，通过设定与企业目标一致的考核指标，就可以将员工的努力方向引导到企业目标上来。

4. 绩效管理有利于促进员工能力开发

通过绩效沟通和绩效评价，不仅可以发现员工工作过程中存在的问题，如知识和能力方面的不足，可以通过有针对性的培训措施及时加以弥补。更为重要的是，通过绩效管理还可以了解员工的潜力，从而为人事调整及员工的职业发展提供依据，以达到把最合适的人放到最合适的岗位上的目的。

5. 绩效管理有利于提高员工的满意度

员工的满意度与员工的需求是联系在一起的，按照马斯洛的需求层次理论，每个员工都有内在的获得尊重和自我实现的需求。绩效管理可以从两个方面满足这种需求，从而提高员工的满意度。首先，通过有效的绩效管理，员工的工作绩效能够不断提高，这可以提高他们的成就感，从而满足自我实现的需求；其次，通过完善的绩效管理，员工不仅可以参与到管理过程中，而且可以得到绩效的反馈信息，这能够使他们感到自己在企业中受到了重视，从而可以满足获得尊重的需求。由此可见，绩效管理有利于提高员工的满意度。

6.2　绩效管理的基本流程

完整的绩效管理是一个循环过程，是由绩效计划、绩效实施与辅导、绩效考核和绩效反馈这四个环节构成的一个首尾相连的循环过程，该过程如图 6-4 所示。

6.2.1　绩效计划

绩效计划是整个绩效管理过程的开始，这一阶段主要是要完成制定绩效计划的任务，也就是说要通过上级和员工的共同讨论，确定员工的绩效考核目标和绩效考核周期。

1. 绩效计划的制定

(1) 准备阶段，管理人员需要了解组织的战略发展目标和计划、企业年度经营计划、部门年度工作重点、员工所在职位的基本情况、员工上一绩效周期的绩效考核结果等信息。同时，管理人员还需要决定采用什么样的方式来进行绩效计划的沟通。

(2) 沟通阶段，管理人员与员工主要通过对环境的界定和对员工能力的分析，确定有效目

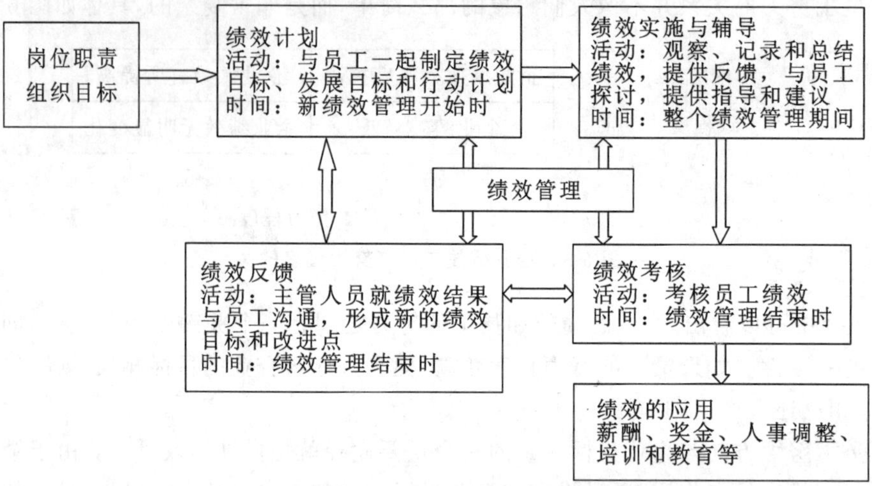

图 6-4　绩效管理的流程图

标，制定绩效计划，并就资源的分配、协调和使用权限等可能遇到的问题进行讨论。一般情况下，绩效计划沟通时应该回答以下四个问题：该完成什么工作？按照怎样的程序完成工作？何时完成工作？需要哪些资源与支持？在沟通时气氛要尽可能轻松，不要给员工太大的压力，把焦点集中在沟通的原因和目标上。

(3) 审定与确认阶段，管理人员需要与员工进一步确认绩效计划，形成书面的绩效合同，并且管理人员和员工都需要在该合同上签字确认。需要补充的是，在实际工作中，绩效计划订立后并不是不可改变的，环境总是在不断发生变化，在计划的实施过程中往往需要根据实际情况及时对绩效计划进行调整。

HR实例

某公司员工个人绩效计划

姓名：秦某　　　　所在部门：人力资源部　　　　职位：招聘专员

一、公司目标、部门目标和个人目标

1. 公司目标：本公司经过5年的发展，已经到了快速发展期。公司决定在全国比较大的5个省份建立35个分店。

2. 部门目标：沈阳分公司人力资源部需要补充7个人，包括客服人员和基础工作人员等。

3. 个人目标：出色地完成招聘专员的各项职责，改进上个考核期的不足之处，出色地完成人力资源主管布置的任务。

二、本人岗位的职责描述(略)

三、上期考核结果与不足

1. 试用期员工考核不合格率。上一考核期的试用期员工考核不合格率没有达到考核要求，不合格率需在10%以下。在公司以及部门的支持下，本人打算在业余时间对试用期员工进行工作相关的培训，使他们不断进步，尽快改进工作的不足，达到考核标准。

2. 用人部门对应聘者的满意度。上一考核期的用人部门对应聘者的满意度没有达到考核要求，满意度需在80%以上。与各部门经理进行了沟通，特别是对应聘者的筛选标准进行了沟通并达成一致，希望尽快改进工作的不足，达到考核标准。

四、个人绩效计划

序号	目标	目标来源	实现目标的措施	达成标准	完成时间	协调部门及所需支持	目标权重
1	招聘适合人员入职	岗位职责	统计招聘需求	准确完成	每月第一个工作日	各直线经理	30%
			制定下周计划	准确完成	每周五24点前		
			日总结	准确完成	每日24点前		
			筛选简历	准确完成	周计划及招聘需求		
			联系候选人	及时完成	周计划及招聘需求		
			初试	及时完成	周计划及招聘需求	人力资源部	
			组织复试	及时完成	周计划及招聘需求	参与复试各直线经理	
			跟催复试结果	及时完成	复试后两日	各直线经理	
			发放录用通知	及时完成	一个工作日内		
			面试技巧培训	及时完成	每半年	各直线经理	
2	新聘人员试用期跟踪	岗位职责	试用期员工访谈，提交动态报告	准确完成	每月每人一次，每月20日前		10%
3	建立测评题库	岗位职责	岗位测评题	恰当、实用	面试前准备	人力资源部经理	5%
4	入职手续办理	岗位职责	入职办理	完成	试用员工报到日	各直线经理、财务部	5%
5	统计报表	岗位职责	招聘工作统计表	准确完成	每月25日	人力资源经理	5%
6	招聘渠道开发维护	岗位职责	开拓维护招聘渠道	经常维护	日常	网站、职介所、猎头	10%
7	建立补充档案	岗位职责	整理档案	完成	日常		5%
8	临时性工作完成	组织目标	临时分配任务	完成	临时		5%
9	紧急岗位到岗及时率	组织目标	加班、抓紧完成任务	达到80%	临时	直线经理	5%
10	试用期员工考核不合格率	上级考核	参加培训、改进招聘流程	控制在10%以下	晚上	公司支持	10%
11	用人部门对候选人满意度	上级考核	多与各部门经理沟通	满意度80%以上		各直线经理	10%

目标设定日期：2018-06-30　　　　员工签名

直接上级签名：赵某　　　　总经理签字：李某

对于工作业绩，设定指标时一般要从数量、质量、成本和时间这四个方面进行考虑；对于工作能力和工作态度，则要具体情况具体对待，根据各个职位不同的工作内容来设定不同的指标。绩效指标的确定，有助于保证绩效考核的客观性。

确定绩效指标时，企业应遵从SMART原则，即绩效指标应该是具体的(specific)、可衡量的(measurable)、可达成的(attainable)、相关的(relevant)和时限性的(time-bound)，符合这些原则的指标就是一个有效的指标；否则，绩效指标不明确，就会因不同的解释而造成误导，使考核工作的效果大打折扣。

2. 绩效标准

设定了绩效指标之后，就要确定绩效指标达成的标准。绩效标准是对员工工作要求的进一步明确，即对员工绩效内容做出明确的界定：员工应当怎样做以及做到怎样的程度。例如，“产品的合格率达到90%”“接到投诉后两天内给客户以满意的答复”等，绩效标准的确定有助于保证绩效考核的公正性，否则就无法确定员工的绩效到底是好还是不好。表6-3为某公司管理人员部分绩效指标的评价标准。

表6-3 绩效标准示例

指　标	评 价 标 准	评价分值	评　分
工作责任心	对任何事情都有强烈的责任心，并积极付诸行动	5	
	责任心强，能清楚地知道自己的责任，并勇于负责	4	
	有一定责任心，并对自己的工作负责，知错就改	2～3	
	有时责任心强，但多数情况下缺乏责任心	1	
	消极被动，不负责任	0	
工作主动性	工作主动性高，积极主动承担工作，从不推诿和懈怠，有主人翁精神	5	
	工作主动性较高，经常主动承担工作，并认真负责完成	4	
	能够愉悦地接受分配的工作，并认真负责地完成	2～3	
	工作主动性较差，较少主动承担工作，对分配的工作时有推诿和懈怠	1	
	工作主动性差，从不主动承担工作，对分配的工作经常推诿，工作懈怠	0	
工作质量	……		
……	……		

3. 绩效考核的周期

绩效考核周期也叫绩效考核期限，就是指多长时间对员工进行一次绩效考核。由于绩效考核需要耗费一定的人力和物力，因此考核周期过短会增加企业的管理成本。但是，绩效考核周期过长又会降低绩效考核的准确性，不利于员工工作绩效的提高，从而影响到绩效管理的效果。因此，在准备阶段，还应当确定出恰当的绩效考核周期。一般企业的考核周期为月度或季度。

6.2.2 绩效实施与辅导

绩效管理的根本目的是通过改善员工的绩效来提高企业的整体绩效，只有每个员工都实现了各自的绩效目标，企业的整体目标才能实现。因此在确定了绩效目标后，管理人员还应当帮助员工实现这一目标。

绩效实施与辅导是指在制定绩效计划以后，在工作过程中，管理人员要对员工的工作进行指导和监督，及时解决所发现的问题，并根据实际情况及时对绩效计划进行调整。在绩效实施与辅导阶段，管理人员需要与员工持续沟通，进行绩效辅导并收集绩效信息。

1. 与员工持续沟通

在绩效实施与辅导的过程中，沟通是绩效辅导工作的主要内容，绩效辅导就是通过管理人员与员工的绩效沟通来实现的。因此，无论从员工的角度还是从管理人员的角度，都需要在绩效实施与辅导的过程中进行持续不断的沟通。

(1) 沟通的目的：对绩效计划进行调整；向员工提供进一步的信息，为员工绩效计划的完成奠定基础；让管理人员了解相关信息，以便日后对员工的绩效进行客观的评估，同时也在绩效计划执行发生偏差的时候及时了解相关信息，并采取相应的调整措施。

(2) 沟通的方式：一般来说，管理人员与员工的持续沟通可以通过正式的沟通与非正式的沟通来完成。正式的沟通方式有：书面报告(工作日志、周报、月报、季报和年报等)、会议沟通和正式面谈。非正式的沟通方式多种多样，常用的非正式沟通方式有：走动式管理、开放式办公室、休息时间的沟通和非正式的会议。与正式的沟通相比，非正式的沟通更容易让员工真实地表达自己的想法，沟通的氛围也更加轻松。作为管理人员，应该充分利用各种各样的非正式沟通方式。

2. 绩效辅导

在绩效实施与辅导阶段，辅导主要是管理人员通过持续的沟通，帮助员工改善个体知识、技能和态度。好的辅导具有这样的特征：辅导是一个学习过程，而不是一个教育过程。管理人员应对学习过程给予支持。

(1) 辅导的目的：及时帮助员工了解自己工作的进展情况，确定哪些工作需要改善，需要学习哪些知识和掌握哪些技能；必要时指导员工完成特定的工作任务，使工作过程变成一个学习过程。

(2) 辅导的具体过程：确定员工胜任工作所需要学习的知识和技能，提供持续学习发展的机会，掌握可迁移的技能；确保员工理解和接受学习要求；与员工讨论应该学习的内容和最好的学习方法；让员工知道如何管理自己的学习，并确定在哪个环节上需要帮助；鼓励员工完成自我学习计划；在员工需要时，提供具体指导；就如何监控和评估员工的进步达成一致。

3. 收集绩效信息

在绩效实施与辅导阶段，管理人员还需要观察和记录员工的绩效表现，收集必要的信息。这些记录和收集到的信息，一方面可以为绩效考核提供客观的事实依据，有助于对员工的绩效进行更客观的评价；另一方面可以发现员工需要进一步改进的地方，不断提升员工的能力水平。

6.2.3 绩效考核

在绩效管理周期结束的时候，根据事先制定的绩效计划，对员工的绩效目标实际完成情况进行评价，这是绩效考核阶段的主要工作。

绩效考核的依据是在绩效计划阶段由管理人员和员工共同制定的关键绩效指标。同时，在绩效辅导期间所收集的能够说明员工绩效表现的事实和数据，可作为判断员工是否达到关键绩效指标的事实依据。绩效考核的时间安排可根据具体情况和实际需要进行月考核、季考核、半年考核和年度考核。

6.2.4 绩效反馈

绩效反馈阶段是绩效管理流程中不可或缺的部分。绩效考核结束后，管理人员需要与员工进行一次甚至多次面对面的交谈。通过绩效反馈的面谈，使员工了解管理人员对自己的期望，了解自己的绩效，认识自己有待改进之处。而且员工也可以提出自己在完成绩效目标中遇到的困难，请求上级的指导或帮助。在员工和管理人员对绩效考核结果和改进点达成一致后，管理人员和员工需要确定下一个绩效管理周期的绩效目标和改进点，从而开始新一轮的绩效管理周期。

1. 准备工作

为了确保绩效反馈达到预期的目的，管理人员和员工都需要做好充分的准备工作。对于管理人员来说，应做好以下几方面的准备：第一，选择适当的面谈主持者；第二，选择适当的面谈时间和地点；第三，熟悉面谈者的相关资料；第四，计划好面谈的流程和进度。通过这些准备工作，提高反馈面谈的质量和效果。对于员工来说，也应该做好相应的准备：首先，重新回顾自己在绩效管理周期内的行为态度与业绩，收集和准备好相关绩效的证明数据材料；其次，对自己的职业发展有一个初步的规划，正视自己的优缺点；最后，总结并准备好在工作过程中遇到的疑难问题，反馈给管理人员，请求组织的理解和帮助。

2. 内容

绩效反馈的内容应围绕员工上一个绩效管理周期的工作开展，主要讨论员工工作目标的完成情况，并帮助其分析工作成功与失败的原因及下一步的努力方向，同时提出解决问题的意见和建议，争取员工的认可和接受。面谈中应注意倾听员工的心声，并对涉及的客观因素表示理解和同情，对敏感问题的讨论应集中在缺点上，而不应集中在个人上，要最大限度地维护员工的自尊，使员工保持积极的情绪，从而使面谈达到增进信任、促进工作的目的。

为了将面谈结果有效地运用到员工的工作实践当中，在面谈结束后，要对面谈信息进行全面的汇总记录，如实地反映员工的情况，同时绘制出员工发展进步表，帮助员工全面了解自己的发展情况，从而制定员工教育、培养和发展计划，真正地帮助员工找到提高绩效的对策。

3. 应注意的问题

(1) 绩效反馈应当及时。在绩效考核结束后，上级应当立即就绩效考核的结果向员工进行反馈。绩效管理的目的是指出员工在工作中存在的问题，从而有利于他们在以后的工作中加以改进，如果反馈滞后，员工在下一个考核周期内还会出现同样的问题，那就达不到绩效管理的目的。

(2) 绩效反馈要指出具体的问题。绩效反馈是为了让员工知道自己到底什么地方存在不足，因此反馈时不能只告诉员工绩效考核的结果，而是应当指出具体的问题。例如，反馈时不能只告诉员工"你的工作态度不好"，而应该告诉员工到底怎么不好，比如说"你的工作态度很不好，在这一个月内你迟到了10次，上周开会时讨论的材料你没有提前阅读"。

(3) 绩效反馈要指出问题出现的原因。除了要指出员工的问题外，绩效反馈还应当和员工一起找出造成这些问题的原因，并有针对性地制定改进计划，帮助员工确定目标，并且提出实现这些目标的措施和建议。

(4) 绩效反馈不能针对员工本人。在反馈过程中，针对的只能是员工的工作绩效而不能是员工本人，因为这样容易伤害员工，造成抵触情绪，影响反馈的效果。例如，不能出现"你怎么这么笨""别人都能完成，你怎么不行"之类的话。

(5) 注意绩效反馈时说话的技巧。由于绩效反馈是面谈，因此说话的技巧会影响到反馈的效果。在进行反馈时，首先，要消除员工的紧张情绪，营造融洽的谈话气氛；其次，在反馈过程中，应该以正面鼓励为主，不指责、不批评、不评价员工的个性与习惯，同时语气要平和，不能引起员工的反感；再次，要给员工说话的机会，允许他们解释，绩效反馈是一种沟通，不是在指责员工；最后，控制好面谈的时间，一般控制在20～40分钟为宜，该结束的时候要结束，否则就是浪费时间。

6.3　绩效考核的方法

6.3.1　绩效考核方法的分类

在设计和选择绩效考核方法和指标时，可以根据被考核对象的性质和特点，分别采用特征性、行为性和结果性三大类指标，对考核对象进行全面的考核。由于采用的指标不同，从绩效管理的考核内容上看，绩效考核可以分为品质主导型、行为主导型和结果主导型三种类型，三者的区别见表 6-4。

表 6-4　不同绩效考核类型的区别

类　　型	着　眼　点	指 标 维 度	考　察　点	应　　用
品质主导型	这个人怎么样？	性格、兴趣、能力、价值观	潜在能力和基本素质	招聘面试、晋升选拔、管理人员绩效考核
行为主导型	做什么？ 如何去做的？	勤奋、严谨、认真	工作过程中的态度	科研部门、服务部门等
结果主导型	做得怎么样？	产量、质量、生产率	实际产出结果	实际生产部门

1. 品质主导型

品质主导型的绩效考核，采用特征性指标，以考核员工的潜质为主，着眼于“这个人怎么样”，重点是考查员工是具有何种潜质（如心理品质和能力素质）的人。

品质主导型的考核涉及员工信念、价值观、动机、忠诚度、诚信度，以及一系列能力素质，如领导能力、人际沟通能力、组织协调能力、理解能力、判断能力、创新能力、改善能力、策划能力、研究能力和计划能力等。

2. 行为主导型

行为主导型的绩效考核，采用行为性指标，以考核员工的工作行为为主，着眼于“做什么”“如何去做”，重点考查员工的工作方式和工作行为。由于行为主导型的考核重在工作过程而非工作结果，考核的标准较容易确定，操作性较强。行为主导型的绩效考核适合于对管理性、事务性工作进行考核，对人际接触和交往频繁的工作岗位尤其重要。例如，商业大厦的服务员应保持愉悦的笑容和友善的态度，其日常工作行为对公司影响很大，因此，公司要重点考核其日常行为表现。表 6-5 是某类作业人员行为主导型考核表。

表 6-5　某类作业人员行为主导型考核表

	考 核 指 标	考 核 标 准	分　　数	
职位行动	安全操作	是否准确拟定了检查项目	0	1
		按正确方法检查炉内温度	0	1
		是否配备了灭火器	0	1
		材料放置是否正确	0	1
		是否做了准备活动	0	1
		是否上油	0	1

续表

考核指标		考核标准	分数	
职位行动	个人防护	是否戴了安全帽	0	1
		是否穿了安全鞋	0	1
		是否正确穿了安全服	0	1

3. 结果主导型

结果主导型的绩效考核，采用结果性指标，以考核员工或组织工作效果为主，着眼于“做得怎么样”，重点考查“员工提供了何种服务，完成了哪些工作任务或生产了哪些产品”。由于结果主导型的考核注重的是员工或团队的产出和贡献，即工作业绩，而不关心员工和组织的行为和工作过程，所以考核的标准容易确定，操作性很强，目标管理法就属于结果主导型的考核方法。结果主导型的考核方法具有滞后性、短期性和表现性等特点，它更适合考核生产性、操作性以及工作成果可以计量的工作岗位，不太适合对事务性工作岗位人员的考核。

一般来说，结果主导型的绩效考核，首先是为员工设定一个衡量工作成果的标准，然后再将员工的工作结果与标准对照。工作标准是计量检验工作成果的关键，一般应包括工作内容和工作质量两方面的指标。表 6-6 是某公司销售人员结果主导型考核表。

表 6-6　某公司销售人员结果主导型考核表

考核指标	考核标准	考核结果
销售计划	及时全部完成	
销售费用	控制在 1%	
回款率	100%	
市场占有率	每年增加 1%	
已有主要客户	每年的流失率低于 1%	
新客户	每年增加 15%	
客户满意度	不低于 98%	
销售总结报告	及时上交，质量高	

在实践中，由于品质主导型的考核需要使用忠诚、可靠、主动、创造性、自信心以及合作精神等定性的形容词，所以很难具体掌握，并且考核操作性及信度和效度较差，故企业多采用行为主导型、结果主导型以及综合型的绩效考核方法，绩效考核方法的分类如图 6-5 所示。

6.3.2　行为主导型的主观考核方法

行为主导型的主观考核方法是在对员工进行相互比较的基础上对员工进行排序，提供一个员工工作优劣的评价结果。排序的主要方法包括简单排序法、交替排序法、配对比较法、强制分布法和结构式叙述法。

1. 简单排序法

简单排序法也称排列法，是绩效考核中比较简单易行的一种综合比较的方法，通常由上级主管根据员工工作的整体表现按照优劣顺序依次排列。有时为了提高其准确度，也可以将工作内容进行适当分解，分项按照优劣的顺序排列，作为绩效考核的最后结果。

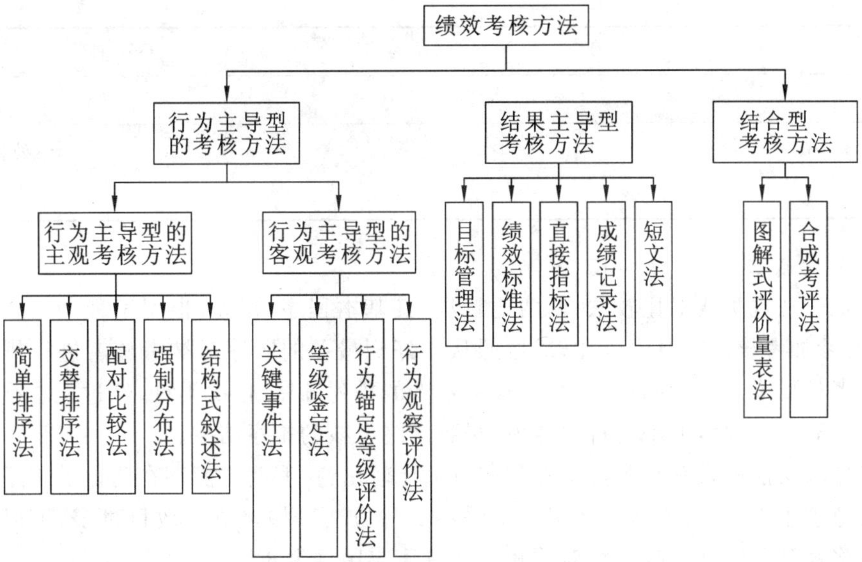

图 6-5　绩效考核方法的分类

简单排序法的优点是简单易行、花费时间少，适合员工数量比较少的考核，在员工数量比较多的情况下，就需要选择其他的排序方法。另外，由于排序法是对比性的方法，考核是在员工之间进行主观比较，不是用员工工作的表现和结果与客观标准相比较，因此具有一定的局限性，不能用于比较不同部门的员工，也不能使员工得到关于自己优缺点的反馈。

2. 交替排序法

交替排序法是简单排序法的一种变形，这种方法利用的是人们容易发现极端情况、不容易发现中间情况的心理。在所有员工中，先挑出最好的员工，然后挑出最差的员工，将他们作为第一名和最后一名，接着在剩下的员工中再选择出最好的和最差的，分别排列在第二名和倒数第二名，依次类推，最终将所有员工按照优劣的先后顺序全部排列完毕。表 6-7 是交替排序法操作样表。

表 6-7　交替排序法操作样表

交替排序法的工作绩效评价等级	
评价所依据的要素：	
说明： 针对评价所依据的要素，将所有员工的姓名都列出来，将绩效评价最高的员工姓名列在第 1 格中，将绩效评价最低的员工姓名列在第 10 格中；然后将次最好的员工姓名排列在第 2 格中，将次最差的员工姓名排列在第 9 格中；依次交替进行，直到所有的员工都被列出	
绩效评价最高的员工	
1	6
2	7
3	8

续表

4	9
5	10

绩效评价最低的员工

3. 配对比较法

配对比较法也称成对比较法、两两比较法，其基本程序：首先，根据某种考核要素，如工作质量，将所有参加考核的人员逐一比较，按照从最好到最差的顺序对被考核者进行排序；然后再根据下一个考核要素进行两两比较，得出被考核者的排列顺序；依次类推，经过汇总整理，最后求出被考核者所有考核要素的平均排序数值，得到最终考核的排序结果。

配对比较法能够发现每个员工在哪些方面比较出色，哪些方面存在明显的不足和差距，在涉及的人员范围不大、数目不多的情况下宜采用此种方法。如果员工数目过多，不但费时费力，考核质量也将受到制约和影响。配对比较法的具体应用见表 6-8。

表 6-8 配对比较法应用示例

对比 姓名	A	B	C	D	E	“+”的个数
A		−	−	+	+	2
B	+		+	+	+	4
C	+	−		+	+	3
D	−	−	−		−	0
E	−	−	−			1

4. 强制分布法

强制分布法可以有效地避免由于考核者的个人因素而产生的考核误差。比如同一公司内部，不同部门负责人对员工进行考核过程中考核程度不一，最终可能导致人为的不公平。这时，就需要强制分布法进行校正。强制分布法一般就是按照一种提前确定的比例将被考核者分布到每一个工作绩效等级上去。

表 6-9 偏重于评出绝对的等级，有些应用偏重于排出顺序，有些应用侧重于消除考核者人为因素的影响。实际上，在选用这些绩效考核方法的时候，切忌生搬硬套，而应该根据企业的实际情况进行取舍。强制分布法通常要与其他考核方法相结合。

表 6-9 强制分布法应用示例

等级	对应绩效情况	比例分布
A	绩效最高	15%
B	绩效较高	20%
C	绩效一般	30%
D	绩效低于要求水平	20%
E	绩效很低	15%

5. 结构式叙述法

结构式叙述法是采用一种预先设计的结构式表格，由考核者按照各个项目的要求，以文字对员工的行为做出描述的考核方法。采用该方法，考核者能描述出员工的特点、长处和不足，并根据自己的观察、分析和判断，对其提出建设性的改进意见和建议。结构式叙述法的示例见表6-10。

表 6-10　结构式叙述法应用示例

被考核者姓名		岗位名称		岗位编号	
举例说明员工的有效行为：					
举例说明员工的无效行为：					
为了改变员工的无效行为，应采取哪些具体措施：					
工作说明书有无需要修改之处，如需修改，请说明原因：					
上级主管评语： 签字：　日期：					
被考核者自述（可对考核结果提出申诉）： 签字：　日期：					
双方面谈纪要（对上下级所达成的共识与尚未统一的意见做出说明）： 考核者签字：　日期：　被考核者签字：　日期：					

结构式叙述法简便易行，特别是有被考核者的参与，使其准确性有所提高。但由于受到考核者的文字叙述水平、实际参与考核时间和精力的限制，该法的可靠性和准确性会大打折扣。

综上所述，行为主导型的主观评价方法是将所有员工的个体工作绩效，通过一个共同的标准，即整体绩效进行衡量。整体绩效作为一个全面的绩效考核指标，它是单一的缺乏量化的没有客观依据的一种考核标准，因而考核结果会受到考核者主观因素的制约和影响。

6.3.3　行为主导型的客观考核方法

行为主导型的客观考核方法是指根据客观标准对员工的行为进行评价的方法，包括关键事件法、等级鉴定法、行为锚定等级评价法和行为观察评价法。大多数方法的实质都是对员工的行为按照评价的标准给出一个量化的分数或程度判断，然后再对员工在各个方面的得分进行汇总，得到一个员工绩效的综合评价结果。

1. 关键事件法

关键事件法也称为重要事件法，是客观评价方法中最简单的方法。在某些工作领域，员工在完成工作任务的过程中，有效的工作行为助推了事业的成功，无效的工作行为导致了失败。关键事件法的设计者将这些有效或者无效的工作行为称为"关键事件"，考核者要记录和观察这些关键事件，因为这些事件描述了员工的行为以及行为发生的具体背景条件，这样在评价一个员工的工作行为时，就可以利用关键事件作为衡量的尺度。如果考核者能够长期观察员工的工作行为，对员工的工作情况十分了解，同时也很公正和坦率的话，那么，这种方法是很有效的。

关键事件法对事不对人，以事件为依据，考核者不仅要注重对行为本身的评价，还要考虑行为的情境，可以用来向员工提供明确的信息，使员工知道自己在哪些方面做得比较好，在哪些方面做得不好。这种方法评价的内容是员工特定的行为，而不是他的品质个性特征，如忠诚度、亲和力、果断性和依赖性等。表 6-11 是某公司客户经理关键事件法应用示例。

表 6-11　某公司客户经理关键事件法应用示例

对客户经理进行评估，客户经理的一项关键绩效指标是获得客户的满意，针对这项关键绩效指标，他的管理人员记录了两件关键事件	
好的关键事件	客户经理王倩耐心地倾听客户的抱怨、回答客户的问题，认真地检查客户退回的关键事件产品，有礼貌地向客户做出解释和道歉，并立即给客户签署了退货单
坏的关键事件	在业务最繁忙的时期，客户经理王倩在休息时间过后，迟到了 30 分钟才回到办公室。她错过了 4 个来自客户的电话，并且已经有 3 位客户焦急地等在会客室中，他们是按照和王倩约好的时间来访的

由于关键事件法强调的是选择具有代表性行为表现的典型和关键性活动事件作为评价的内容和标准，因此，采用此种方法有较大的时间跨度，可与年度、季度计划的制定与贯彻实施紧密地结合在一起。关键事件法的优点是：为考核者提供了客观的事实依据；考核的内容不是员工的短期表现，而是长时间的整体表现，具有较大的时间跨度，可以贯穿考核周期的始终；以事实为根据，保存了动态的关键事件记录，可以全面了解员工是如何改进绩效、如何提高绩效的。关键事件法的缺点是：关键事件的记录和观察费时费力；能做定性分析，不能做定量分析；不能具体区分工作行为的重要程度，很难使用该方法对员工进行比较。

2. 等级鉴定法

等级鉴定法是一种应用比较广泛的员工绩效考核方法。在应用这种方法时，考核者先确定绩效考核的标准，然后对于每个评价项目列出几种行为程度供考核者选择。

等级鉴定法能够发现问题出现的领域，发现需要改进的员工行为或工作结果的部分信息，因此在一定程度上适合用来对员工提供建议反馈和辅导。这种评价方法虽然可以得出员工之间相互比较的量化分数，但是在员工提出异议的情况下，考核者很难为自己的结论提出有力的证据，因此该方法在为奖金的分配提供依据等方面发挥的作用比较有限。另外，虽然这种评价方法的指标在形式上非常明确，但是由于指标定义方面的欠缺和执行中考核者的不同理解，都可能产生评价误差。表 6-12 为等级鉴定法样表。

表 6-12　等级鉴定法样表

员工姓名：　　工作部门：　　考核者：　　日期：

评价标准	权重/(%)	优秀 5 分	良好 4 分	满意 3 分	尚可 2 分	不满 1 分
工作质量	25					
评语						
工作知识	15					
评语						

续表

合作精神	20					
评语						
可靠性	15					
评语						
创造性	15					
评语						
工作记录	10					
评语						
总得分						

3. 行为锚定等级评价法

行为锚定等级评价法是由等级鉴定法演变而来的，其最大的优点是明确定义每一个评价项目，同时使用关键事件法对不同项目的工作要求进行描述。因此，这种方法为考核者提供了明确而客观的评价标准。该方法的主要缺点是设计和实施成本较高，图6-6为行为锚定等级评价法应用示例。

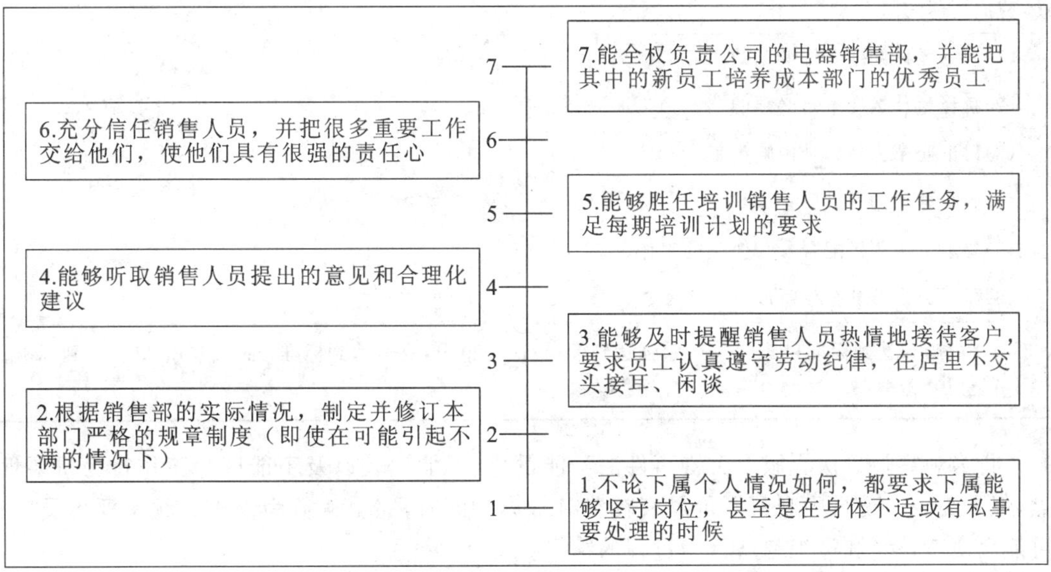

图6-6　行为锚定等级评价法应用示例(销售部经理管理绩效考核)

行为锚定等级评价法的实施步骤是：第一，考核者确定工作所包含的活动类别或者绩效指标；第二，考核者为各种绩效指标描写一组关键事件；第三，由一组处于中间立场的考核者为每一个绩效指标选择关键事件，并确定每一个绩效指标与关键事件的对应关系；第四，将每个绩效指标中包含的关键事件从好到坏进行排列，建立行为锚定等级法评价体系。

行为锚定等级评价法能够明确指出导致问题出现的行为欠缺，并可以得出在员工之间相互比较的量化分数，在员工提出异议的情况下，考核者能够明确地依据员工的行为提出有力的证据，因此适合为奖金的分配提供依据。但是，行为锚定等级评价法的设计成本很高，费时费力。

4. 行为观察评价法

行为观察评价法也称行为观察法、行为观察量表法、行为观察量表评价法，是在关键事件法的基础上发展起来的，与行为锚定等级评价法大体接近，只是在量表的结构上有所不同。这种方法不是首先确定工作行为处于何种水平，而是确认员工某种行为出现的概率，它要求考核者根据某一工作行为发生频率或次数的多少来对被考核者打分。它既可以由不同工作行为的评定分数相加得到一个总分数，也可以按照对工作绩效的重要性程度赋予工作行为不同的权重，经加权后再相加得到总分，总分可以作为不同员工之间进行比较的依据。发生频率过高或过低的工作行为不能选为评价项目。表 6-13 是行为观察评价法应用示例

表 6-13　行为观察评价法应用示例

评定管理人员的行为，用 5～1 和 NA 代表下列各种行为出现的频率，评定后填在括号内
5 表示 95％～100％都能观察到这一行为 4 表示 85％～94％都能观察到这一行为 3 表示 75％～84％都能观察到这一行为 2 表示 65％～74％都能观察到这一行为 1 表示 0～64％都能观察到这一行为 NA 表示从来没有观察到这一行为
克服变革的阻力
(1)向下级详细地介绍变革的内容(　　) (2)解释为什么变革是必须的(　　) (3)讨论变革为什么会影响员工(　　) (4)倾听员工的意见(　　) (5)要求员工积极配合参与变革的工作(　　) (6)需要经常召开会议听取员工的反映(　　)
6～10 分：未达到标准；11～15 分：勉强达到标准；16～20 分：完全达到标准；21～25 分：出色达到标准；26～30 分：最优秀

行为观察评价法克服了关键事件法不能量化、不能比较以及不能区分工作行为重要性的缺点，但是编制一份行为观察评价量表较费时费力。同时，完全从行为发生的频率评价员工行为，可能会使考核者和员工忽略行为过程的结果。

6.3.4　结果主导型的考核方法

结果主导型的考核方法是以实际产出为基础，考核的重点是员工工作的成效和劳动的结果。一般来说，主要有五种不同的考核方法。

1. 目标管理法

目标管理法是由员工与主管共同协商制定个人目标，个人目标依据企业的战略目标及相应的部门目标而确定，并与它们尽可能一致。目标管理法用可观察、可量化的工作结果作为衡量员工工作绩效的标准，以制定的目标作为对员工考核的依据，从而使员工个人的努力方向与组织目标保持一致，减少管理人员将精力放到与组织目标无关的考核工作上的可能性。

目标管理法的评价标准直接反映员工的工作内容,结果易于观测,所以很少出现评价失误,也适合对员工提出建议,进行反馈和辅导。目标管理法是员工共同参与的过程,因此,员工工作积极性大为提高,增强了责任心和事业心。但是,目标管理法没有在不同部门、不同员工之间设立目标,难以对员工之间和不同部门之间的工作绩效作横向比较,不能为以后的晋升决策提供依据。

2. 绩效标准法

绩效标准法与目标管理法基本接近,它采用更直接的工作绩效衡量指标,通常适用于非管理岗位员工,采用的指标要具体、合理和明确,要有时间、空间或数量、质量的限制,要规定完成目标的先后顺序,保证员工目标与组织目标的一致性。

绩效标准法比目标管理法具有更多的评价标准,而且标准更加详细具体。依照标准逐一评价,然后按照各标准的重要性及所确定的分数,进行评价分数汇总。

由于被考核者具有多样性,个人品质存在明显差异,有时某一方面的突出绩效和另一方面的较差表现有共生性,而采用这种方法可以克服此类问题,能对员工进行全面的评价。绩效标准法为员工提供了清晰准确的努力方向,对员工具有更加明确的导向和激励作用。本方法的局限性是需要占用较多的人力、物力和财力,需要较高的管理成本。

3. 直接指标法

直接指标法在员工的衡量方式上,采用可监测、可核算的指标构成若干评价要素,作为对员工的工作表现进行评价的主要依据。如对于非管理人员,可以衡量其生产率、工作数量和工作质量等,工作数量的衡量指标有:工时利用率、月度营业额和销售量等;工作质量的衡量指标有:顾客不满意率、废品率、产品包装缺损率、顾客投诉率和不合格返修率等。对管理人员的评价可以通过对其所管理的下属,如员工的缺勤率和流动率的统计得以实现。

直接指标法简单易行,节省人力、物力和管理成本。运用该方法时,需要加强企业基础管理,建立健全各种原始记录,特别是一线员工的统计工作。

4. 成绩记录法

成绩记录法是新开发出来的一种方法,比较适合考核从事科研教学工作的人员,如大学教师、律师等,因为他们每天的工作内容是不同的,无法用完全固化的衡量指标进行考核。这种方法的步骤是:先由被考核者把自己与工作职责有关的成绩写在一张成绩记录表上;然后由其上级主管来验证成绩的真实性和准确性;最后由外部专家评价这些资料,决定个人绩效的大小。

目前,我国许多高校为了加强对教职员工的绩效管理,采用了成绩记录法对教职员工进行季度或年度考核,取得了令人满意的效果。专家们普遍认为,该方法具有很强的适用性和有效性,特别是与行为量表等考核方法结合在一起使用时,考核的效果会更好。

5. 短文法

短文法是绩效考核法中结果主导型的考核方法。该方法又叫书面短文法或描述法,有两种解释。第一种解释:短文法是由被考核者在考核期结束后撰写一篇短文,对考核期内所取得的重要的突出业绩做出描述,作为上级主管考核的重要依据。第二种解释:短文法是由考核者写一篇短文以描述员工绩效,并特别列举表现员工突出长处和短处的事实。无论由谁来撰写绩效总结报告,其内容和形式都具有一定的相同之处。

由考核者撰写绩效总结报告,会迫使考核者讨论绩效的特别事例,减少了考核的偏见和晕轮效应。考核者以事例说明员工表现,而不是使用评级量表,降低了考核的趋中和较大的评价误差。同时,其最大问题是:由考核者为每位员工撰写绩效总结报告,花费的时间和精力多,在员工众多的情况下该方法无法推行。另外，该方法适用范围很小，仅适用于激发员工的表现、开发其技能，不能用于员工之间的比较，以及重要的人事决策。由被考核者自己撰写总结报告，虽然节省了考核者的时间，但又受个人写作水平的限制，水平低的人往往写不出要领，表述不清；水平高的人又容易夸大其词。由此可见，该方法有较大的局限性。

6.3.5 综合型考核方法

1. 图解式评价量表法

图解式评价量表法也称图表评估尺度法、尺度评价法、图尺度评价法或业绩评定表法。此量表法由美国斯科特公司设计，曾在美国工商企业中广泛使用。图解式评价量表法的设计步骤如下。

首先，根据岗位工作的性质和特点，选择与绩效有关的若干评价因素。个体方面的因素，如判断能力、适应性和积极性等；与工作成果有关的因素，如工作质量和数量等；与行为有关的因素，如合作程度、工作态度等。

其次，以这些评价因素为基础，确定出具体的考核项目(指标)，每个项目分成5～9个等级，用数字或文字表示，如最优、良好、一般、较差、极差或1、2、3、4、5，并对各个等级的含义做出具体说明。

最后，制成专用的考核量表。在应用的过程中，考核者根据对员工工作的观察和了解，只需在量表的每个项目等级评估尺度上做出记号，待全部项目考核完成后，将各个项目所得的分数相加，即可得到考核的总结果。

由于图解式评价量表法所采用的考核指标涉及范围较大，可以涵盖员工个人的品质特征、行为表现和工作结果，因而具有广泛适应性，同时该方法具有简单易行和汇总快捷等优点。但考核的信度和效度取决于考核指标及项目的完整性和代表性，以及考核者评分的准确性和公正性。在考核因素选择有误以及考核者存在不公正问题的情况下，图解式评价量表法极容易产生晕轮效应或集中趋势等偏差。图解式评价量表法应用示例见表6-14至表6-16。

表6-14 图解式评价量表法应用示例1

<table>
<tr><td>被考核者姓名</td><td></td><td>所在部门</td><td></td><td>职务名称</td><td></td></tr>
<tr><td>绩效考核期限</td><td colspan="3">从 年 月 日到 年 月 日</td><td>考核者</td><td></td></tr>
<tr><td colspan="6">1代表未达到要求；2代表基本达到要求；3代表全面达到要求；4代表很好达到要求；5代表超过要求</td></tr>
<tr><td colspan="6">被评价岗位：市场部经理</td></tr>
<tr><td colspan="5">A.工作责任心(权重：10%)</td><td>评价等级 1 2 3 4 5</td></tr>
<tr><td colspan="5">服从上级的指示与安排，以组织的利益为核心，有积极进取的工作态度和较高的工作热情</td><td>评述：</td></tr>
<tr><td colspan="5">B.市场洞察力(权重：20%)</td><td>评价等级 1 2 3 4 5</td></tr>
<tr><td colspan="5">对市场各方面情况进行分析，制定新的工作目标增加销售渠道的来源；预测销售环节中可能存在的风险，并准备相应的应对措施；对重要客户要定期进行拜访；提高产品的市场占有率</td><td>评述：</td></tr>
<tr><td colspan="5">C.销售任务(权重：25%)</td><td>评价等级 1 2 3 4 5</td></tr>
</table>

续表

根据公司下达的销售任务，结合市场调研，制定出相应的销售计划和销售政策，将销售指标合理地分配给每个销售人员，定期提交销售情况及回款进度的评述报告，最终完成公司下达的任务指标	评述：
D.工作计划与组织实施(权重：15%)	评价等级 1 2 3 4 5
根据公司的发展战略制定详细的工作计划和销售方案等，将制定的实施方案与下属沟通，了解下属的工作任务和目标，当市场环境发生变化时，能积极做出合理的调整	评述：
E.团队合作(权重：15%)	评价等级 1 2 3 4 5
与协作部门保持良好的合作，积极参与支持团队工作，为后续工作或人员提供最大程度的便利，愿意与他人分享工作或经验，促进共同成长	评述：
F.内部管理(权重：15%)	评价等级 1 2 3 4 5
制定和完善销售管理制度和本岗位职责，根据销售计划及促销计划，配以合理的促销费用并加以监控，严格执行预算。根据销售管理制度和绩效考核成果对下属进行激励、选拔，合理进行人员配置	评述：
考核者总评述： 总评分： 考核者签字： 日期：	
被考核者自述： 被考核者签字： 日期：	
上下级双方所达成的共识，异议与其他需补充说明的问题： 主管签字： 下属签字：	
审核者意见： 审核者签字： 日期：	

表6-15 图解式评价量表法应用示例2

考核对象： 部门： 考核者： 评价日期：

评价要素	评价尺度	权重	得分	事实依据及评语
计划能力：对即将开展的培训工作制定切实有效、完整系统的计划	30 24 18 12 6 s a b c d	30%		

续表

评价要素	评价尺度	权　重	得　分	事实依据及评语
执行能力：能将各项活动按照计划有条不紊地开展	25　20　15　10　5 s　a　b　c　d	25%		
管理技能：合理配置和利用所拥有的人力、物力、财力等资源以保证培训活动顺利展开	10　8　6　4　2 s　a　b　c　d	10%		
人际沟通能力：与培训中所涉及的各方建立友好关系	15　12　9　6　3 s　a　b　c　d	15%		
沟通表达能力：通过各种沟通方式，能清晰明确地表达自己的思想、观点或事实	20　16　12　8　4 s　a　b　c　d	20%		
最终档次	S　A　B　C　D	最终得分		

备注：S：极优，A：优，B：良，C：中，D：差

S：80 分以上，A：65～79 分，B：49～64 分，C：33～48 分，D：16～32 分

表 6-16　员工转正图解式评价量表

姓名：　　　　　　　　岗位名称：　　　　　　　　评价日期：

评价标准					
不合格 2 分	合格 4 分	一般 6 分	良好 8 分	优秀 10 分	得分
1.工作质量——主要考察工作的准确性、全面性以及技巧性					
经常犯错误，工作表现让人难以接受	一般情况下，工作成果勉强合格	有监督时工作表现良好	工作表现高于同级别职位其他员工的表现	准确完成工作，一般情况下无须监督	
2.工作数量——考察工作完成的数量以及完成所需时间					
不能完成所分派的工作，低于最低要求	有时需要别人的帮忙才能完成任务	通常能按时完成所分派的任务	工作定额通常能超额完成	工作定额总能超额完成，效率非常高，能独立解决一些难题	

续表

3.工作态度——考察工作热情、勤奋、积极、责任心、学习力和表现持久性等方面					
工作态度恶劣，做事只做最少，对工作漠不关心，逃避职责，勉强接受指示	工作主动性欠缺，接受某些任务犹豫不决，需要一定的指导监督，但能听从指派，基本可以完成本职工作	通常有一定的工作积极性，能尽力履行职责、积极完成本职工作，有一定的敬业精神及责任心	工作表现积极热忱，有较强的敬业精神及责任心，学习能力较强，愿意承担额外职责，并有效执行工作任务	工作态度一贯积极上进，有很强的敬业精神及责任心，乐意承担所有职责，做事完全主动，勇于创新，关心公司利益	
4.出勤情况——考察工作期间迟到早退、请假、旷工等出勤情况					
违反公司考勤管理制度，请假及旷工天数超出规定范围，经常迟到	工作期间请假及旷工天数不超出考勤制度规定范围，时有迟到	请假天数在五天以内，偶有迟到，无矿工情况	请假天数在五天以内，无迟到早退和旷工情况	100%出勤率，上班早到、下班晚走，从无请假旷工记录	
5.专业知识技能应用——考察完成工作所需的知识和技能					
不具备完成工作所需的知识	对一些知识和技能缺乏理解	具有完成任务所需具备的知识和技能	能很好地理解工作任务，有较全面的工作知识和技能	具有相关的全面知识，有很强的工作技能	
6.团队协作——考察沟通协作能力和团队精神					
不合作，与人共事时常发生摩擦，拒绝超时工作，不参与团队工作，行为恶劣，不受同事欢迎	需要要求才会与人合作，要敦促才超时工作，偶尔会帮助人，往往会与同事有小争执	参与团队工作或与上司相处尚佳，普遍地被同事喜欢或接纳	热心帮助同事，愿意接受工作指示，有需要时亦参与公司活动	常常尽力帮助他人，具有极佳的团队精神，机智得体，维护公司利益，积极参与公司活动	
7.表达能力——考察其表达思想和意见的能力(口头/书面)					
思想和意见经常表述不清，令人误解	表达思想和意见的能力符合工作岗位的要求	良好的表达思想和意见的能力	有较强的口头及书面表达能力，书面表达能力高于同级别职位人员的表达能力	突出地运用清晰和简洁的方式来表达思想和意见，书面表达能力极强	
8.安全意识、工作环境维护——考察其安全意识、工作环境维护能力					
易出事故，漠视安全规则，工作地点不整洁，乱丢垃圾	偶尔会不遵守安全规则，有时需要提醒关于保持良好工作环境及遵守安全的要求	遵守安全规则，视维护工作环境为正常要求	高度重视安全，时常保持工作环境的整洁	高度关注安全和安全措施，非常尽责地防止机器损坏或人身伤害，时常维持整洁的工作环境	

续表

总评及建议：
合计得分(总分80分)：
部门负责人签字：　　　　　　　　　　日期：

2. 合成考评法

合成考评法是将几种比较有效的绩效考核方法综合在一起，对组织进行考核的一种方法。合成考评法具有以下几个特点：第一，它考核的是一个团队而不是某个员工；第二，考核的侧重点具有双重性，既考虑岗位职责和现实任务，又考虑团队员工个人潜能的分析与开发；第三，表格简单，便于填写；第四，考核量表采用三个等级，即很好、满意、不满意。表6-17是合成考评法的应用示例。

表6-17　合成考评法应用示例

<table>
<tr><th colspan="4">团队成员绩效考核记录表</th></tr>
<tr><td rowspan="2">1.岗位职责
团队成员在完成岗位工作任务方面，是否按照标准进行操作，按质按量按时完成任务？</td><td>很好</td><td>满意</td><td>不满意</td></tr>
<tr><td colspan="3">评述：</td></tr>
<tr><td rowspan="2">2.合作精神
团队成员如何与同事、上级和顾客相处？在工作中是否乐于帮助同事？上级指令下达后是否认真贯彻执行？是否礼貌待人，热情地为顾客提供各种服务？</td><td>很好</td><td>满意</td><td>不满意</td></tr>
<tr><td colspan="3">评述：</td></tr>
<tr><td rowspan="2">3.工作情况
团队成员每天完成的工作任务量有多大？工时利用率是否提高？工作效率和服务质量如何？</td><td>很好</td><td>满意</td><td>不满意</td></tr>
<tr><td colspan="3">评述：</td></tr>
<tr><td rowspan="2">4.创新性
团队成员在工作中有何新思路、新方法、新创意、新发现和新发明，产生了什么样的实际效果？</td><td>很好</td><td>满意</td><td>不满意</td></tr>
<tr><td colspan="3">评述：</td></tr>
<tr><td rowspan="2">5.个人仪表
(略)</td><td>很好</td><td>满意</td><td>不满意</td></tr>
<tr><td colspan="3">评述：</td></tr>
<tr><td rowspan="2">6.其他方面
(略)</td><td>很好</td><td>满意</td><td>不满意</td></tr>
<tr><td colspan="3">评述：</td></tr>
</table>

续表

考核者总评： 考核者签字：　　　　　　日期：
被考核者： 被考核者签字：　　　　　　日期：

合成考评法的开发与应用表明，由于企业的主客观环境和条件不同，企业完全可以因地制宜、因人制宜、因时制宜，设计更加适用可行的绩效考核方法。此外，还有一些企业根据管理人员的特点，采用一定的表格形式，在对各评价因素做出明确描述和界定的基础上，将考核与绩效改进计划有效地结合在一起，通过管理绩效考核，找出存在的问题和不足，并提出改进措施和办法。合成考评法虽不能进行人员的横向比较，但对管理人员来说，具有更强的针对性和适用性，从而有助于提高绩效管理水平。

HR实务

名企的绩效管理高招

一、海尔集团

(1) 目标制定程序规范，将目标细化到每位员工每天的工作中，形成OEC日清体系，使员工和管理人员对工作清楚了解，及时纠正错误和推广优秀的做法，养成即时改善的习惯。

(2) PDCA管理方法保证工作得到迅速执行，有海尔特色的横向月度激励和纵向日度激励体系直接与绩效指标挂钩。

(3) 兼顾结果和过程，设定主项指标和辅项指标，如果主项指标不理想，管理人员就会从针对过程控制的辅项指标上找原因或采取纠偏措施。

二、联想集团

(1) 通过静态的职责分解和动态的目标分解，形成每一个岗位的"岗位责任书"和"目标责任书"，建立目标与职责一致的岗位考核体系。

(2) 对员工和业务的管理采用定期检查评议的方式，并注重业绩核实，用制度保证预期目标的实现。

(3) 在"能量化的量化，不能量化的细化"的思想指导下，用多种方式综合评价部门业绩和员工业绩，全面周到，考核结果公正合理。

三、方正电脑

(1) 绩效管理体系逐步完善，提高了有效性，降低了风险。

(2) 单独设置"工作表现考核表"，宣扬公司核心价值观，引导员工的行为。

(3) 注重对工作期望、未来发展方向等方面的持续沟通和激励。

四、广东省高速公路发展公司

(1) 以人为本，注重能力的开发和绩效的提升，实行"一岗一表"绩效管理模式。

(2) 对所有职位设置进行分析,整合优化,确定不同工作岗位的工作说明书,明确职责和行为规范等;能够区分实际能力绩效的高低,有利于引导员工努力的方向;开发相应能力绩效考核管理信息系统,简化了考核操作程序。

(3) 对德、能、勤以及关键事件进行等级控制,消除了评比中的趋中现象。

6.3.6 绩效考核常见的问题与对策

1. 绩效考核常见的问题

(1) 考核标准不明确。考核标准不明确是造成绩效考核工具失效的常见问题之一。假设某考核的等级分为"优""良""中",不同的考核者对"优""良""中"的考核标准可能有不同的理解,对评价项目诸如"工作质量""决策能力"等的理解,不同的考核者也可能不同。

(2) 晕轮效应。晕轮效应意味着如果考核者对某个员工某方面的绩效要素考核很高,他对该员工其他方面的绩效要素可能形成一种偏见,认为也是较高的。当考核者与被考核者的关系较好时,容易出现这种问题。

(3) 趋中现象。许多考核者的考核结果很容易出现趋中现象。比如,考核等级为"优""良""中",结果大部分员工的绩效考核结果集中在"良"和"中"的等级上,这种过于集中的考核结果,会使工作绩效考核失效,从而不能对企业的管理工作发挥应有的作用,失去了它原有的意义。

(4) 偏紧与偏松。考核者既可以对员工做出偏高的评价,也可以对员工做出偏低的评价。而一旦要求考核者必须对员工的工作绩效进行排序时,他们会对员工的绩效排列进行合理分布,因此,在等级鉴定法或强制分布法中,工作绩效的考核标准掌握得偏松或偏紧的倾向就不成问题了。

(5) 偏见效应。被考核者之间的个人差异,如年龄、种族、性别等,有时候会影响考核者对他们的评价。一项研究表明,高绩效的男性员工得到的绩效评分明显高于高绩效的女性员工的得分;老年员工在"工作完成能力"和"发展潜力"方面的评分明显低于年轻员工的评分。另外,员工过去的绩效状况也会影响他们当前所得到的考核结果。考核者有可能会全面地高估一位低绩效者的绩效改善状况,也可能会将一位高绩效员工的绩效下滑看得过于严重。在实际的绩效考核过程中,必须努力避免因受员工过去的绩效、年龄、性别或种族等情况的影响,对他们的绩效做出不恰当的考核。

2. 对策

上述几种问题是绩效考核中最经常出现的问题,要想避免其产生严重的后果,考核者要从以下六个方面做出努力。

(1) 考核者与员工进行持续的绩效沟通,即管理人员和员工共同工作,以分享有关信息。这些信息包括工作进展情况、潜在的障碍和问题、可能的解决措施,以及管理人员如何才能帮助员工等。

(2) 确保考核者已经了解上述几种绩效考核过程中易出现的问题。因为弄清楚问题,有助于考核者避免这些问题的产生,并有针对性地预防。

(3) 考核者应事前准备,了解被考核者的工作内容,对其工作随时观察、记录,详细阅读已有记录资料,有完整的记录才不会受到员工短期绩效或考核者主观感情的影响。

(4) 尽量使用客观的、量化的衡量标准，减少主观因素的影响。

(5) 选择正确的绩效考核工具，不论是关键事件法还是等级排序法，都分别有其优点和不足。比如，等级排序法能避免趋中现象，但是在所有员工的绩效确实应评为"优"的情况下，这种考核方法会引起员工的不良感受。必要的时候，可以综合使用几种方法形成互补来对员工进行考核。

(6) 对考核者进行如何避免晕轮效应、偏松/偏紧倾向以及趋中现象等问题的培训，有助于减少上述问题的出现。用计算机辅助进行的工作绩效考核培训，有助于提高管理人员与员工展开绩效考核讨论和沟通的能力。

但是，对考核者培训并非是减少各种绩效考核错误和改善绩效考核结果的万能手段。绩效考核精确度的改善不仅仅取决于对考核者的培训力度，而且还要努力减少上级压力和时间约束这样一些外在因素对绩效考核工作所带来的限制。

6.4　绩效考核的应用

绩效考核的应用包括两个层次的内容：一是直接根据绩效考核的结果做出相应的奖惩决策；二是对绩效考核的结果进行分析，从而为人力资源管理其他职能的实现提供指导或依据。企业应当根据员工绩效考核结果给予他们相应的奖励或惩罚。具体来说，可以应用在以下几个方面。

1. 绩效改进计划

绩效考核给员工带来的信息会使员工真正认识到自己的缺点和优势，从而积极主动地改进工作。所以，绩效改进工作的成功与否，是绩效考核是否发挥效用的关键。

2. 人力资源规划

绩效考核的结果可以为组织提供总体人力资源质量优劣的准确情况，获得所有员工晋升和发展潜力的数据，以便为组织的未来发展制定人力资源规划。

3. 薪酬管理

(1) 确定绩效工资。绩效工资的确定是以绩效考核结果为依据计算的，通过对员工绩效成绩的强制分布，使员工的绩效成绩纳入一定的评价等级，每个等级都与一定的考核系数挂钩。绩效工资的计算公式为：

个人年度绩效工资＝单位绩效工资×个人绩效调整系数×个人绩效考核系数

(2) 工资调整。绩效考核应用于工资调整主要表现在两个方面：一是用于年度工资额的调整，即对考核结果较差的员工，出现负向的绩效，下调其下一年度的工资，如扣减其下一年度工资额的5%等；二是工资的定期调级，即依据年度的考核结果，决定工资是否调级以及调级的幅度，如年度考核为A等，则下一年起加一等工资。

4. 晋升调配

连续的考核结果记录为职务晋升和干部选拔提供了依据，通过对员工在一定时期的连续绩效的分析，选择连续绩效比较好且稳定的人员纳入调配或晋升名单。通过分析考核结果的记录，也可以发现员工工作表现与其职位要求的不匹配问题，查找原因并及时进行调配，真正做到职位匹配。

HR实例

是"辞退"还是"保留"

某公司的一名业务员因为年终绩效考核不合格,按绩效管理制度规定应予以辞退。人事主管向公司高层多次提交方案,希望公司高层能按公司规章制度将该员工辞退,却迟迟不见高层有所行动。于是,人事主管从其他渠道打听,终于了解到原来高层对辞退该员工有顾虑,因为他工作年限较长,相对新人而言人际网更大,一旦予以辞退可能带走一些客户资源,令公司蒙受损失。

关于这个案例,一般有两个选择:一个是辞退,另一个是保留。前者往往认为,既然有绩效考核,就应该严格按照考核结果执行,如果网开一面就会动摇人心,让其他员工不服;如果将应辞退的员工留下,会伤及部门的威严和绩效考核的严肃性,今后的工作也无法开展,甚至还会影响其他员工在下一年的工作表现。而后者认为,公司高层的顾虑有一定的道理,辞去该员工的确很有可能失去一些客户,因此应该留下他,人力资源部门也不该让公司高层为难;如果经查明该名业务员的绩效考核差的确是由他主观因素引起的,比如工作态度不端正等,而且考核制度本身也没有不妥之处,那么对绩效考核差者,则应坚决辞退。

其实对于辞退员工会失去客户的顾虑,可以通过其他途径予以解决,比如加强与客户的联系、申明公司能提供该员工无法提供的资源、提供更好的客户服务,相信明智的客户一定会重新建立与公司的直接联系。而对于绩效考核结果的应用则不能有任何折扣,否则就无法对员工进行绩效管理,无法引导员工达成企业的目标,这对企业的影响才是更加深远的。

5. 培训教育

通过分析考核结果,发现员工群体或个体与组织要求的差距,从而及时组织相关的培训活动。工作态度上落后的员工,须参加公司适应性再培训;能力不足的员工,可组织有针对性的知识和技能培训,提高其工作能力。

6. 个人发展计划

通过绩效考核,可以了解员工的能力和潜力,据此做出发展计划。对公司来说,可以促进人才的合理流动和配置,并储备领导人的后备力量;对管理人员而言,有助于找到理想的助手,也可以管理好和发展好员工;对员工而言,在组织目标的引导下,员工不断提高工作能力,开发自身潜能,有助于个人职业目标的实现,有助于个人职业生涯的发展。

本章小结

绩效是一个多维结构,测量的方法不同,其结果也会不同。一般而言,绩效包括组织、团体、个体三个层面,层面不同,绩效所包含的内容、影响因素及其测量方法也不同。目前主要有三种观点:第一种观点认为绩效是结果;第二种观点认为绩效是行为:第三种观点认为绩效包括结果和行为。绩效管理是人力资源管理的核心职能,与人力资源管理其他职能密不可分且重要性尤为突出。绩效管理系统的设计既要遵循组织宏观的目标进行设计,又要把握微观角度对部门和员工绩效评估活动进行具体设计。计划制定、绩效标准、考核周期、考核结果的运用一定要进行事前调研,既能符合组织的总体战略要求,又能立足实际。绩效结果的应用需要好的绩效面谈沟通能力,优秀的绩效考核结果可以为组织提供总体人力资源质量优劣的准确情况,获得所有员工晋升和发展潜力的数据,更好地协助组织制定未来发展的人力资源规划。

本章导学图

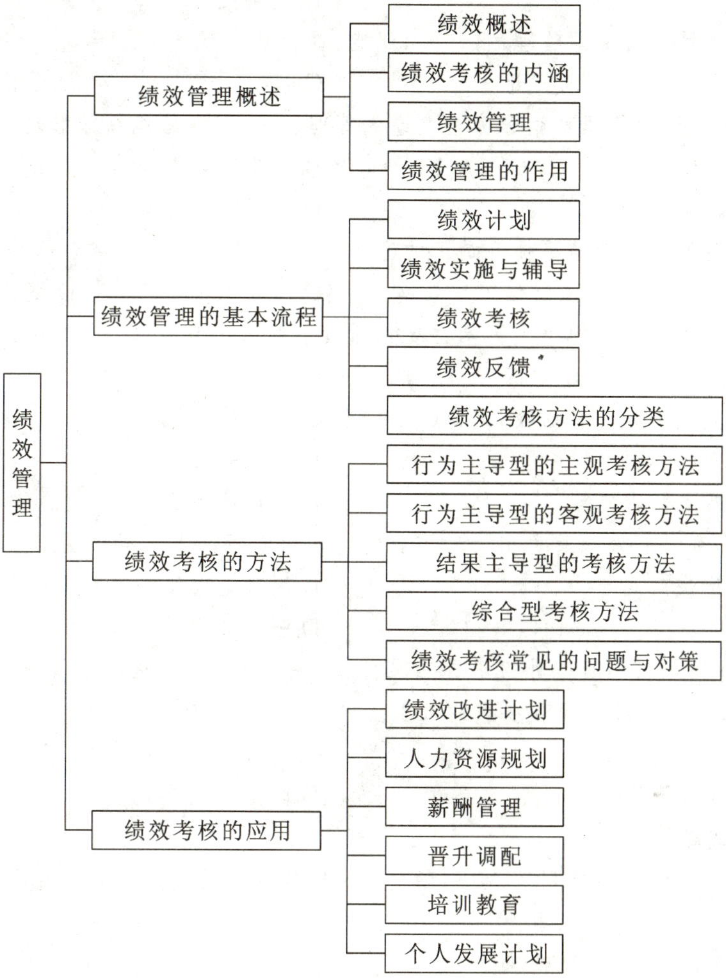

知识巩固训练

一、单项选择题

1. 绩效评估是组织根据自身(　　)制定的一定的指标和标准，对组织成员进行相关考核的过程。

A.战略目标　　B.人资目标　　C.发展目标　　D.营销目标

2. (　　)认为员工的业绩水平遵从正态分布，因此可以将所有员工划分为优秀、高于一般、一般、低于一般和不合格五种情况。

A.交替排序法　　B.强制分布法　　C.配对比较法　　D.结构式叙述法

3. (　　)是指绩效考核周期结束时上级和员工进行面谈，由上级将考核结果告诉员工，指出员工在工作中存在的不足，并和员工一起制定绩效改进计划。

A.绩效计划　　B.绩效辅导　　C.绩效考核　　D.绩效反馈

4. 绩效反馈的主要目的是(　　)。

A.改进绩效　　B.指出员工的不足

C.激励员工　　D.提供更好的工作方法

5. 绩效管理是人力资源管理的(　　)职能。

A.公平　　B.公开　　C.核心　　D.考核

6. 一般而言,绩效管理可划分为个人绩效管理、(　　)和组织绩效管理。

A.部门绩效管理　　B.行业绩效管理

C.岗位绩效管理　　D.上级绩效管理

7. 绩效管理的目的就是要提升员工的(　　)。

A.劳动积极性　　B.岗位工作效率　　C.绩效水平　　D.绩效深度

8. 影响员工工作绩效的个人因素主要包括员工的工作态度、(　　)及性格。

A.兴趣　　B.爱好　　C.能力　　D.心态

9. 由于绩效反馈是一种面谈,因此(　　)会影响到反馈的效果。

A.面谈时间的长短　　B.说话的技巧

C.说话的态度和礼貌　　D.面谈的氛围

10.(　　)可以有效地避免由于考核者的个人因素而产生的考核误差。

A.图解评价法　　B.配对比较法

C.排序评价法　　D.强制分布法

11. 绩效管理可以不断提升组织员工(　　)水平,组织可根据绩效管理的目标制定(　　)的标准,以招到符合组织绩效管理要求的员工。

A.招聘　人选优配　　B.招聘　人员甄选

C.配置　人员选拔　　D.配置　人员甄选

二、多项选择题

1. 现代管理学和心理学研究表明,影响员工工作绩效的因素主要有(　　)。

A.工作　　B.事业　　C.个人

D.组织　　E.情感

2. 以培训和人才开发为导向的绩效考核,应由(　　)对员工进行考核。

A.上级　　B.客户　　C.同事

D.自己　　E.下级

3. 下面哪些是绩效考核的方法?(　　)

A.排序评价法　　B.平行对比法　　C.360度绩效考核法　D.图解式评价法

4.(　　)属于行为导向型考核方法。

A.行为观察法　　B.配对比较法　　C.选择排列法

D.强制分布法　　E.关键事件法

5. 绩效管理的内容包括(　　)。

A.绩效计划　　B.绩效辅导　　C.绩效考核

D.绩效反馈　　E.薪酬设计

6. 在绩效实施与辅导阶段,管理人员需要做到(　　)。

A.计划制定　　B.绩效辅导　　C.收集绩效信息

D.目标确定　　E.与员工持续沟通

7. 绩效的性质包含(　　　　)。

A.绩效的多因性　　B.绩效的多维性　　C.绩效的合法性

D.绩效的合理性　　E.绩效的动态性

8. 绩效标准法的特点有(　　　　)。

A.适合于非管理岗位的员工　　B.需要较多的人力、物力和财力

C.管理成本较高　　D.管理成本较低

E.适合于管理岗位的员工

9. 绩效评估阶段是绩效管理的重点也是难点,科学的绩效评估需要注意(　　　　)。

A.评估的准确性　　B.评估的公正性　　C.评估结果的反馈方式

D.评估使用表格的再检验　　E.评估方法的再审核

三、判断题

1. 工作之外的行为和结果也属于绩效考核的范围。　　(　　)

2. 个人绩效是指个人在完成工作目标与任务的过程中所体现出的个人业绩。　　(　　)

3. 周边绩效可以营造良好的组织氛围,对工作任务的完成有促进和催化作用。　　(　　)

4. 绩效的多维性是指员工绩效的优劣不是取决于单一的因素,而要受到主客观因素的影响。　　(　　)

5. 绩效考核的最终目的是单纯地进行利益分配。　　(　　)

6. 绩效管理与绩效考核本身并没有实质性区别。　　(　　)

7. 绩效考核是绩效管理的一个重要组成部分。　　(　　)

8. 行为主导型的绩效考核方法,着眼于考查员工具有何种潜质。　　(　　)

9. 简单排序法的优点是简单易行、花费时间少,适用于员工数量比较少的评价需求。　　(　　)

10. 行为锚定等级评价法的缺点是设计和实施成本较高。　　(　　)

四、简答题

1. 绩效考核的应用有哪些?

2. 什么是绩效?什么是绩效管理?

3. 绩效管理包括哪些流程?绩效管理与其他人力资源管理职能之间有何关系?

4. 绩效考核的方法有哪些?

5. 绩效考核的具体方法有哪些?各有什么优缺点?

6. 绩效考核中常见的问题有哪些?如何解决?

7. 绩效反馈应注意的问题有哪些?

五、案例分析题

新星公司所面临的员工考核问题

新星公司是一家小型公司。创业初期,降低成本、提高销售额成为公司的总目标。由于业务繁忙,公司没有时间制定一套正式完整的绩效考核制度,公司老总王某兼任人力资源部门总监,采取了一些补救措施。如:不定期对工作业务好的员工提出表扬,并予以物质奖励;对态度不积极的员工提出批评;员工销售业绩连续下降,他会找员工谈心,找缺陷、补不足,鼓励员工积极进取。

现在公司规模大了,由最初的十几个人发展到上百人。随着规模的不断扩大,管理人员和销售人员增加,问题也出现了:员工的流失率一直居高不下,员工的士气也不高。王某不得不考虑

建立绩效考核的正式制度，以及如何管理人员考核等问题。

结合本案例请思考以下几个问题。

1. 你认为该企业建立正式的绩效考核制度是否有必要？请说明具体原因。

2. 员工的流失率居高不下、士气不高的原因在哪里？

3. 对公司老总王某兼任人力资源部门总监有何看法？提出你的建议和方案。

4. 对该公司建立绩效考核制度提出自己的几点建议。

职业能力训练

项目：为自己最熟悉的班级中一位班委成员设计一份工作绩效考核方案。

目的：了解和掌握绩效管理有关内容，如绩效管理的概念、绩效考核方案的设计、绩效管理的流程和绩效考核的应用。

要求：实训开始前，了解该班委成员的工作岗位职责和日常工作状态，获得该班委平时开展工作的真实资料。

实训开始后，进行分组讨论，每组3人，每人充分发表个人意见和观点，为选定的人选拟定一份工作绩效考核方案。

实训结束后，每组修改并完善绩效考核方案，填写实训报告。实训报告要求语言流畅、文字简练、条理清晰。实训报告主要包括实训报告封面（实训日期，实训人姓名、专业、班级等信息）、实训项目名称、实训目的、实训内容、实训资料、实训过程（实训采用的方法、步骤等）、实训结果或结论、收获与体会、实训指导教师评价意见等。

成果：每组为选定的班委成员拟定的工作绩效考核方案。

拓展阅读

第7章 薪酬管理

学习目标 ……

(1)了解薪酬的功能、影响薪酬管理的因素、薪酬管理的意义、福利的特点等。
(2)理解薪酬的基本形式、薪酬管理的内容、工资制度的类型。
(3)掌握薪酬的概念和构成、薪酬设计的流程、福利的概念和形式。

本章关键词 ……

薪酬(salary)、薪酬管理(salary management)、福利(welfare)、薪酬体系(salary system)、薪酬设计(salary design)

引导案例

7.1 薪酬管理概述

7.1.1 薪酬的概念

1. 薪酬

薪酬含有劳动补偿和等价交换的意思,是指组织对员工所做的贡献,包括他们实现的绩效,付出的努力、时间、学识、技能和经验等所付给的相应酬劳或回报,其实质是一种公平交换。薪酬的概念有广义和狭义之分。

1) 广义的薪酬

广义的薪酬也称整体薪酬或报酬,是指员工从企业那里获得的作为个人贡献回报的各种东西。薪酬一般分为经济性薪酬和非经济性薪酬两大类,具体构成如图7-1所示。

(1) 经济性薪酬,是指能够直接或间接地以货币形式表现和衡量的各种报酬,如工资、津贴、奖金和各种福利等。经济性薪酬又包括直接薪酬和间接薪酬。

直接薪酬:又称货币性薪酬,是指组织对员工占据组织工作岗位并为组织做出贡献的现实所支付的货币性或实物性薪酬,如工资、绩效奖金、股票期权、利润分红等。直接薪酬又可分为基本薪酬和可变薪酬。基本薪酬是指以员工劳动熟练程度、复杂程度、责任以及劳动强度为基准,按照员工实际完成的劳动额度、工作时间或劳动消耗而支付的劳动报酬,如基本工资和职务工资等;可变薪酬是薪酬系统中与绩效直接挂钩的经济性报酬,有时也被称为浮动薪酬或奖金,可变

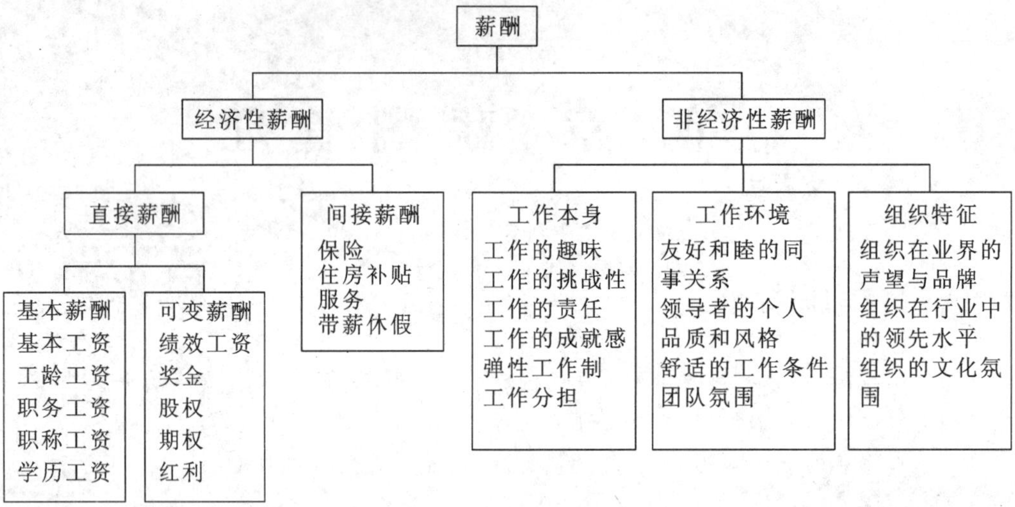

图 7-1 薪酬的构成

薪酬是根据绩效来支付的，这里的绩效包括个体绩效、群体绩效（团队、部门绩效）以及组织绩效，所以可变薪酬也可以当作以绩效为条件的薪酬，如绩效工资、奖金和红利等。

间接薪酬：又称福利薪酬，是指员工作为企业成员所享有的、企业为员工将来的退休生活及一些可能发生的不测事件（如疾病、事故）所提供的经济保障，其费用部分或全部由企业承担，如保险、带薪休假、住房补贴等各种福利。间接薪酬的支付与员工个人的工作和绩效并没有直接的关系，往往具有普遍性，通俗地讲就是“人人都有份”。

（2）非经济性薪酬，通常是指员工从工作中所获得的心理满足和心理效用。非经济性薪酬包括工作本身、工作环境和组织特征带来的效用三个部分。

工作本身带来的心理效用包括决策的参与、工作的自主权、工作的趣味、工作的挑战性、工作的成就感和活动的多元化等。工作环境带来的心理效用包括友好的同事关系、领导者的个人品质和风格、舒适的工作条件、良好的团队氛围等。组织特征带来的心理效用包括组织在业界的声望和品牌、组织在行业中的地位、组织高速成长带来的机会与前景等。

之所以把这些非经济性的心理效用也计入薪酬的组成部分，是因为这些非经济性的心理效用也是影响人们进行工作选择和职业选择的重要因素，并成为企业吸引人才和保留人才的重要手段和工具。

广义的薪酬是指企业可以为雇员提供的货币薪酬、非货币薪酬和非经济性薪酬，虽然非经济性薪酬是总体薪酬的重要组成部分，但是在研究薪酬与薪酬管理的时候，依然将注意力集中在企业的经济性薪酬上，即狭义的薪酬，这也是本章所要研究和讨论的主题。

HR实例

“海底捞”的秘密武器

海底捞是近些年来在中国迅速走红的一家企业，这家以经营川味火锅为主，融汇各地火锅特色于一体的大型跨省直营餐饮民营企业，公司自成立之日起，始终奉行“服务至上，顾客至上”的理念，以贴心、周到、优质的服务，赢得顾客和社会的广泛赞誉。

几乎每一位第一次来海底捞就餐的顾客都会对在这家火锅店的消费体验称奇，可以说，这家火锅店的每个环节（停车、等位、点菜、中途上洗手间、结账）都洋溢着服务的热情。

关爱员工，让员工满意——倡双手改变命运之理，树公司公平公正之风。

“包丹袋”：防止顾客手机被溅湿的塑封袋是一名叫包丹的员工提出的创意，这个袋子在海底捞就被命名为包丹袋。这种命名方式既能实现员工个人的价值，又是对员工的一种尊重。

较高的薪酬福利水平：海底捞服务员的月平均工资在同行中属于中等偏上，而福利也比一般的餐饮企业要好。

关爱员工的子女和父母：海底捞在四川简阳建了一所私立寄宿制学校，员工的孩子可以免费上学，只需要交书本费。海底捞领班以上干部的父母，更是每月都会收到公司直接寄给的几百元补助，同时，公司还每年组织优秀员工的家长去海南等地旅游。

公平公正的发展空间：海底捞的管理层都是从服务员、传菜员等最基层的岗位做起的，他们都有切身的体会，了解下属的心理需求，这样他们才能发自内心地关爱下属，给予下属工作与生活上的支持和帮助，同时也能得到下属的认可。对于新招聘的员工，海底捞有一套独特的培训方法。在海底捞，最常采用的培训方式是核心员工的言传身教。

以顾客和员工为核心的绩效考核制度：海底捞考核一个店长或区域经理的总体标准主要有两个，顾客满意度和员工满意度。它对干部的考核非常严格，考核分成多个项目，除业务方面的内容之外，还有创新、员工激情、顾客满意度、后备干部的培养，每项内容都必须达到规定的标准。

2）狭义的薪酬

狭义的薪酬仅指经济性薪酬，也就是直接薪酬和间接薪酬的总和。狭义的薪酬是指员工因为雇用关系的存在而从企业获得各种形式的经济收入、有形服务和福利，它作为企业支付给员工劳动的一部分报酬，是劳动者应得劳动报酬。

具体来讲，狭义的薪酬是具体工资、福利与服务之和。这里所讲的工资是指用人单位以工资、薪水、奖金、佣金、红利或股票等名义或形式支付给员工的直接和间接货币薪酬部分。

2. 薪酬的相关概念

1）工资

与薪酬概念相近的另一个概念就是工资，多年来，人们一直认为工资就是薪酬，经常将二者混为一谈。事实上，工资与薪酬是有一定区别的。《关于贯彻执行〈中华人民共和国劳动法〉若干问题的意见》中提到，《劳动法》中的“工资”是指用人单位依据国家有关规定和劳动合同的约定，以货币形式直接支付给本单位劳动者的劳动报酬，一般包括计时工资、计件工资、奖金、津贴和补贴、延长工作时间的工资报酬以及特殊情况下支付的工资等。工资是依据国家有关规定和合同要求，以货币形式直接支付的报酬形式，其内涵小于薪酬，工资仅是薪酬的一个组成部分。

2）薪金

薪金又称薪水，工资与薪金的划分纯属习惯上的考虑，二者之间没有本质区别。一般而言，劳心者的收入称为薪金，劳力者的收入称为工资。在实际生活中，人们一般把按日和时等计付的劳动报酬称为工资，将按年和月计付的劳动报酬称为薪金；把脑力劳动者或者政府机关、事业单位工作人员的收入称为薪金，把企业职工的报酬称为工资。在多数情况下，工资与薪金是可以通用的。

3）薪资

薪资是比工资和薪金内涵更广的概念，它不仅包括以货币形式支付的劳动报酬，还包括以非货币形式支付的短期报酬形式，如补贴、工作津贴或物质奖励等。

4）收入

收入并不一定等同于薪酬。个人收入除薪酬外，还可能包括非职业收入，如其他动产和不动产收入，具有非固定性、隐身化甚至非法化的特点。

7.1.2 薪酬的基本形式

薪酬的基本形式是指直接以货币支付的工资和间接以货币支付的福利，包括基本工资、奖励工资、成就工资、津贴以及福利等。

1. 基本工资

基本工资是以员工劳动的熟练程度、复杂程度、劳动强度、责任大小和工作环境等为依据，并考虑员工的工龄、学历、职务和技能等因素，按照员工实际完成的劳动定额、工作时间或劳动消耗而支付的劳动报酬。基本工资是劳动者在一定组织中就业就能拿到的固定数额的劳动报酬，它多以时薪、月薪和年薪等形式出现。基本工资又分为工龄工资、技能工资和职务工资等，基本工资是员工从雇主方获得的较为稳定的货币性经济报酬，它既为员工提供了基本生活保障，又往往是其他可变薪酬计划的主要依据之一。

2. 奖励工资

奖励工资又称为可变薪酬、激励薪酬或奖金，是薪酬体系中与绩效直接挂钩的部分，即工资中随着员工工作努力程度和工作绩效的变化而变化的部分。实行奖励工资时，员工经过自己努力可以从组织中拿到相应的报酬，因而使员工的劳动积极性得到激励。

奖励工资有短期和长期之分。短期奖励工资通常建立在非常具体的、短期就能衡量的绩效目标基础上，如月奖金和季奖金。长期奖励工资则把重点放在员工多年努力的成果上，旨在把员工利益与企业的长期利益“捆在一起”，鼓励员工努力实现跨年度或多年度的长期绩效目标，如股票期权就属于长期奖励工资。

3. 成就工资

成就工资是指员工的工作卓有成效、为组织做出了重大贡献，组织以提高员工基本工资的形式付给员工的报酬。成就工资与奖励工资的相同之处在于它们都取决于员工的努力和对组织的贡献；不同之处在于成就工资是对员工过去较长一段时间内成就的“追认”，它通常表现为基本工资的增加，是永久性的，而奖励工资是一次性的。

4. 津贴

津贴是指根据员工的特殊劳动条件和工作特性，以及特定条件下的额外生活费用而支付的劳动报酬，其作用在于鼓励员工在苦、脏、累和险等特定岗位上工作。人们习惯上把属于生产性质的报酬称为津贴，属于生活性质的报酬称为补贴。津贴大体可分为工作津贴和地区性津贴两大类，其中，工作津贴主要有特殊岗位津贴、特殊劳动时间津贴和特殊职务津贴等；地区性津贴主要有艰苦偏远地区津贴和地区生活津贴。

5. 福利

福利是指用人单位为改善和提高员工生活水平、增加员工生活便利度而对员工予以免费支付的经济待遇。福利主要包括员工保险、带薪休假和服务等。福利与前面提到的奖励工资和成就工资等存在一个明显的不同点，即福利不与员工的劳动能力和贡献相关，而是一种源自员工组织成员身份的福利性报酬。从支付形式上看，传统的员工福利以非货币形式支付，但随着部分企业福利职能的社会化，一些福利也以货币形式支付，即货币化福利。

HR实例

IBM的薪酬构成

IBM作为世界一流的高科技企业，一直致力于其薪酬管理体系的完善，以增强企业吸纳、保留和激励优秀人才的能力。IBM的薪酬主要由以下几个部分构成。

(1) 基本月薪——对员工基本价值、工作表现及贡献的认同。

(2) 综合补贴——对员工生活方面基本需要的现金支持。

(3) 春节奖金——农历新年之前发放，使员工过一个富足的新年。

(4) 休假津贴——为员工报销休假期间的费用。

(5) 浮动奖金——当公司完成既定的效益目标时发出，以奖励员工的贡献。

(6) 销售奖金——销售及技术支持人员在完成销售任务后的奖励。

(7) 奖励计划——员工由于努力工作或有突出贡献时的奖励。

(8) 住房资助计划——公司拨一定数额的金钱存入员工个人账户，以资助员工购房，使员工能在尽可能短的时间内用自己的能力解决住房问题。

(9) 医疗保险计划——员工医疗及年度体检的费用由公司解决。

(10) 退休金计划——积极参加社会养老统筹计划，为员工提供晚年生活保障。

(11) 其他保险——包括人寿保险、人身意外保险和出差意外保险等多种项目，关心员工每时每刻的安全。

(12) 休假制度——鼓励员工在工作之余充分休息，除法定节假日之外，还有带薪年假、探亲假、婚假、丧假等。

(13) 员工俱乐部——公司组织各种集体活动，以加强团队合作，营造大家庭气氛，包括各种文娱、体育活动，大型晚会和集体旅游等。

7.1.3 薪酬的功能

薪酬既是组织对员工贡献的回报，同时也是组织的费用支出，它代表了企业和员工的一种利益交换关系，无论是对员工还是对企业来说，这种利益交换关系都是至关重要的。在这种交换关系中，企业承担的是劳动购买者的角色，员工承担的是劳动出卖者的角色，因此，薪酬的功能可以从员工和企业两个方面来理解。

1. 对员工的功能

1）经济保障功能

薪酬是员工以自己的付出为企业创造价值而从企业获得的回报。对于大多数员工来说，薪酬是他们的主要收入来源，薪酬对于劳动者及其家庭所起到的保障作用是其他任何收入保障手段所无法替代的。在现代经济条件下，薪酬对员工的经济保障功能并不仅仅体现在满足员工吃、穿、用、住和行等方面的基本生活需求，同时还体现在满足员工娱乐、教育和自我开发等方面的发展需求。

2）激励功能

员工对薪酬状况的感知可以影响员工的工作行为、工作态度以及工作绩效，即产生激励作用。企业员工总是期望自己获得的薪酬与其他同事具有一定程度的可比性，从而得到公平感。如果员工能够获得比其他员工更高的薪酬，他就会认为这是对自己的能力和所从事工作的价值的肯定。当员工的低层次薪酬得到满足之后，通常会产生高层次的薪酬需求，并且员工的薪酬需求往往是多层次的，因此，企业必须注意同时满足员工不同层次的薪酬需求。如果员工的薪酬需求得不到满足，则很可能产生工作效率低下、人际关系紧张、缺勤率和离职率上升、组织凝聚力和员工对组织的忠诚度下降等多种不良后果。

3）社会信号功能

薪酬可以作为一种信号很好地反映一个人在社会流动中的市场价值和社会位置，可以反映一个人在组织内部的价值和层次。可见，员工薪酬水平的高低还具有信号传递功能，实际反映了员工对于自身在社会或组织内部价值的关注。

2. 对企业的功能

1）成本控制功能

薪酬构成是企业的劳动力成本，过高的薪酬水平会提高产品的成本，进而提高产品的价格，影响产品的竞争力。尽管劳动力成本在不同行业和不同企业的经营成本中所占的比重不同，但对于任何企业来说，薪酬都是不容忽视的成本支出。而且，企业支付的薪酬水平直接影响企业在劳动力市场上的竞争力，只有那些保持相对较高薪酬水平的企业，才能够吸引和保留足够多的优秀员工。因此，企业为了吸引、获得和保留人才必须付出一定的代价，同时，为了提高产品在市场上的竞争力又必须注意对薪酬成本的控制。

2）改善经营绩效

由于薪酬决定了现有员工受到激励的程度，影响员工的工作效率、缺勤率、对组织的归属感以及对组织的承诺，从而直接影响企业的生产能力和生产效率。通过合理的薪酬设计，企业可以向员工传递企业期望的行为、态度和绩效。通过这种信号的引导，员工的工作行为、态度和最终的绩效将会朝着企业期望的方向发展，从而改善企业的经营绩效。

3）塑造和增强企业文化

薪酬影响员工的工作行为和工作态度，薪酬体系可能促进企业营造良好的文化氛围，也可能与企业现有的价值观发生冲突。薪酬的导向作用要求企业必须建立科学合理并具有激励性的薪酬体系，从而对企业文化的塑造起到积极促进作用。

7.1.4 薪酬管理的概念

薪酬管理是指企业在经营战略和发展规划的指导下，综合考虑内外部各种因素的影响，确定自身的薪酬水平、薪酬结构和薪酬形式，并进行薪酬调整和薪酬控制的整个过程。

薪酬水平是指企业内部各类职位以及企业整体平均薪酬的高低状况，它反映了企业支付薪酬的外部竞争性。薪酬结构是指企业内部各个职位薪酬之间的相互关系，它反映了企业支付薪酬的内部一致性。薪酬形式是指在员工和企业总体的薪酬中，不同类型薪酬的组合方式。薪酬调整是指企业根据内外部各种因素的变化，对薪酬水平、薪酬结构和薪酬形式进行相应的变动。薪酬控制是指企业对支付的薪酬进行计算和监控，以维持正常的薪酬成本开支，避免给企业带来过重的财务负担。由此可以看出，薪酬管理涉及一系列决策，是一项非常复杂的活动。

7.1.5 薪酬管理的内容

薪酬管理既是一个复杂的过程，也是一套严谨的管理系统。薪酬管理的内容主要包括确定薪酬管理目标、薪酬体系决策、薪酬水平定位、薪酬结构设计和薪酬控制与调整。薪酬管理的内容框架如图 7-2 所示。

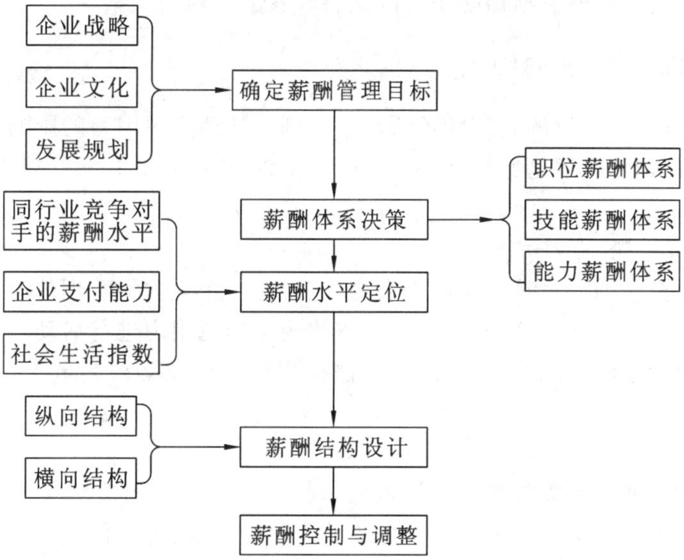

图 7-2　薪酬管理内容的框架图

1. 确定薪酬管理目标

薪酬管理目标应该根据企业战略、企业文化以及发展规划确定。薪酬管理目标具体包括三个方面：建立稳定的员工队伍，吸引高素质的人才；激发员工的工作热情，创造高绩效；努力实现组织目标和员工个人发展目标的协调。

2. 薪酬体系决策

薪酬体系决策的主要任务是确定企业的基本薪酬以什么为基础。目前国际上通行的薪酬体系有三种，即职位薪酬体系、技能薪酬体系和能力薪酬体系，三者的差别主要体现在确定薪酬的依据不同。

3. 薪酬水平定位

薪酬水平是指企业内部各类职位以及企业整体平均薪酬的高低状况，它反映了企业支付薪酬的外部竞争力。传统概念的薪酬水平关注企业整体薪酬水平，现代意义的薪酬水平更多地关注不同企业相同职位薪酬水平之间的比较。影响企业薪酬水平的因素主要有同行业竞争对手的薪酬水平、企业支付能力和社会生活指数等。

4. 薪酬结构设计

企业的薪酬有两种结构形式：一是纵向结构，是指与企业的职位等级序列相对应的工资等级结构；二是横向结构，指不同的薪酬要素之间的组合，人们习惯于将纵向结构称为薪酬结构，横向结构称为薪酬形式或薪酬构成。薪酬的纵向结构是指同一组织内部的不同职位所得到的薪酬之间的相互关系，它涉及薪酬的内部公平问题；薪酬的横向结构是指员工所得到的总薪酬的组成部分。

5. 薪酬控制与调整

薪酬控制是指为了确保既定薪酬方案顺利落实而采取的种种相关措施。对薪酬体系运行状况进行监控，其主要目的在于对之前的预期和之后的实际状况进行对比，以便采取补救措施。薪酬预算和薪酬控制应看成是一个不可分割的整体，企业的薪酬预算需要通过薪酬控制来实现，薪酬控制过程中对薪酬预算的修改则意味着新一轮薪酬预算的产生。

薪酬调整是保持薪酬关系动态平衡、实现组织薪酬目标的重要手段，是薪酬系统运行管理中的一项重要工作。薪酬调整包括薪酬水平的调整和薪酬结构的调整。

7.1.6 影响薪酬管理的因素

在市场经济条件下，企业的薪酬管理活动会受到内外部多种因素的影响，为了保证薪酬管理的有效实施，必须认识和了解这些影响因素。一般来说，影响企业薪酬管理的因素主要有三类。

1. 企业外部因素

1）国家的政策法规

政策法规对于企业的行为具有强制约束力，它规定了企业薪酬管理的最低标准。因此，企业实施薪酬管理时应当首先考虑这一因素，要在法律规定的范围内进行活动。例如，政府规定的最低工资是企业支付薪酬的下限，社会保险相关法律规定了企业必须为员工交纳一定数额的社会保险费。

2）物价水平

薪酬最基本的功能是保障员工的生活，因此对于员工来说，更有意义的是实际薪酬水平，即货币收入与物价水平的比率。当整个社会的物价水平上升时，为了保证员工的生活水平不变，支付给他们的名义薪酬也要相应地增加。

3）劳动力市场状况

按照经济学的解释，薪酬就是劳动力的价格，它取决于劳动力供给和需求的对比关系。在企业需求一定的情况下，当劳动力市场紧张造成供给减少时，企业的薪酬水平应当提高；反之，企业就可以维持甚至降低薪酬水平。

4）其他企业的薪酬状况

其他企业的薪酬状况对企业薪酬管理的影响是最为直接的，这是员工进行横向公平性比较时所要参考的一个非常重要的因素。当其他企业，尤其是竞争对手的薪酬水平提高时，为了保证外部公平性，企业也要相应地提高自己的薪酬水平，否则就会造成员工不满意甚至人员流失。

2. 企业内部因素

1）企业的经营战略

薪酬管理应当服从和服务于企业的经营战略，在不同的经营战略下，企业的薪酬管理也会不同。不同经营战略下的薪酬管理要点具体见表 7-1。

表 7-1　不同经营战略下的薪酬管理要点

经营战略	经营重点	薪酬管理要点
成本领先战略	一流的操作水平 追求成本的有效性	重点放在与竞争对手的比较上 提高薪酬体系中激励部分的比重 强调生产率 强调制度的控制性及具体的工作说明
创新战略	产品领袖 向创新型产品转移 缩短产品生命周期	奖励在产品和生产方法方面的创新 以市场为基准的工资 弹性/宽泛的工作描述
客户中心战略	紧紧贴近顾客 为顾客提供解决问题的办法 加快营销速度	以顾客满意作为奖励的基础 由顾客进行工作或技能评价

2）企业的发展阶段

企业处于不同的发展阶段时，其经营重点和面临的内外部环境是不同的，因此，在不同的发展阶段，薪酬形式也是不同的。表7-2对企业不同发展阶段的薪酬管理进行了简单的比较。

表7-2 企业不同发展阶段的薪酬管理

企业发展阶段		开创	成长	成熟	稳定	衰退	再创新
薪酬形式	基本薪酬	低	有竞争力	高	高	高	有竞争力
	激励薪酬	高	高	有竞争力	低	无	高
	间接薪酬	低	低	有竞争力	高	高	低

3）企业的财务状况

企业的财务状况会对薪酬管理产生重要的影响，它是薪酬管理各项决策得以实现的物质基础。良好的财务状况可以保证薪酬水平的竞争力和薪酬支付的及时性。

3. 员工个人因素

1）员工所处的职位

在目前主流的薪酬管理理论中，员工所处的职位是决定员工个人基本薪酬以及个人薪酬结构的重要基础，也是内部公平性的重要体现。职位对员工薪酬的影响并不完全来自职位级别，主要是职位所承担的工作职责以及对员工任职资格的要求。

2）员工的绩效表现

员工的绩效表现是决定其激励薪酬的重要基础，在企业中，激励薪酬往往与员工的绩效联系在一起，具有正相关关系。总的来说，员工的绩效越好，其激励薪酬就会越高。此外，员工的绩效表现还会影响其绩效加薪，进而影响基本薪酬的变化。

3）员工的工作年限

工作年限主要有工龄和司龄两种表现形式。工龄是指员工参加工作以来的整个工作时间，司龄是指员工在本企业中的工作时间。工作年限会对员工的薪酬水平产生一定的影响，在技能薪酬体系下，这种影响更加明显。一般来说，工龄和司龄越长的员工，薪酬水平相对也会高些。

7.2 薪酬体系的设计

在人力资源管理中，企业如何确定员工应获得的薪酬，主要取决于员工的价值和贡献。这种价值和贡献可以归结为员工的业绩，但由于员工的很多业绩很难进行直接的衡量，因此，企业并不是直接从业绩来确定员工的薪酬，而是用业绩产生的投入和过程要素来确定员工的薪酬。如果以工作的完成状况为主来确定员工的薪酬，便形成以职位为基础的薪酬体系；如果以员工的知识、技能和能力为主来确定员工的薪酬，便形成以能力为基础的薪酬体系；如果直接按照业绩付酬，则形成以绩效为基础的薪酬体系。前两种薪酬体系是最为基本的薪酬体系，其他的薪酬体系往往依附于前两种薪酬体系进行使用。

7.2.1 薪酬设计概述

1. 薪酬设计的原则

薪酬设计的目的是建立科学合理的薪酬体系，既能够吸引高素质的人才，又能留住优秀的人力资源，激励其为组织更好地工作，同时实现个人的职业目标。为达到这一目的，在薪酬设计时应始终坚持以下几个原则。

1）公平原则

员工拿到用劳动换来的薪酬时，产生两种感觉会激励他们更加努力地工作：一种是满足感，另一种是公平感。公平感会影响满足感，会决定员工在日后工作中的努力程度和工作态度。

公平原则主要指外部公平、内部公平和员工个人公平。外部公平是指员工所获得薪酬必须高于或等于劳动力市场上类似岗位的平均薪酬水平；内部公平是指员工所获得的薪酬必须正比于该岗位在企业整个岗位体系中的相对价值；员工个人公平是指当岗位相同时，员工所获得的薪酬要正比于个人的业绩。

2）竞争原则

对于大多数人来说，高薪具有不可抵抗的诱惑力，企业在人力资源市场上提出较高的薪酬无疑会增加对人才的吸引力。在进行薪酬设计时，要根据企业的人才战略和发展阶段，确定有竞争力的薪酬体系。

3）经济原则

薪酬设计的目的是吸引和留住企业需要的员工，在企业可以承受的范围内，设计高薪无可非议。但员工薪酬是企业成本的重要组成部分，应该计算人力成本投入产出比率，把人力成本控制在一个经济合理的范围内。

4）激励原则

激励原则包括两方面的含义，第一，能够体现不同技能、不同知识水平、不同能力、不同绩效水平的员工在薪酬上的差异，员工可能被激励；第二，组织要了解员工的真正需求，利用薪酬的多样化组合来满足员工，达到激励的目的。

5）战略原则

在薪酬设计过程中，要时刻注意本组织的战略目标要求，要通过薪酬设计来体现组织的长远目标和近期规划，能反映组织支持和鼓励的重点，实现组织战略和薪酬激励的充分结合。

6）合法原则

组织在设计薪酬体系时，应遵循国家和地区的相关法律法规，这是最根本的要求，尤其是国家政策中一些强制性的规定，如最低工资、加班工资、劳动保护和社会保障等条款，企业必须遵守。

2. 薪酬设计的决定因素

在人力资源管理中，薪酬设计是建立现代薪酬管理制度的前提和重要组成部分，也是实现企业对员工激励和约束的主要手段之一，它对提高企业的竞争力有着不容忽视的作用。因此，每个企业都应根据各自的组织战略设计一套适合于本组织并具有公平性及竞争力的薪酬体系。在进行薪酬设计时需要考虑的影响因素有很多，但下列因素对薪酬设计起着重要的作用，这些因素是：组织、劳动力市场、工作和员工。

1）组织

组织是员工薪酬的制定者和实施者，因而是薪酬设计的主要因素。对于组织来说，薪酬既是费用又是资产，从劳动力成本的角度来看，薪酬是费用，从激励的角度来看，薪酬可以使员工尽自己最大的努力去完成工作，这时，薪酬就成为一种资产。从组织的角度来看，薪酬设计的决定因素包括组织的薪酬政策和组织的支付能力。

组织的薪酬政策在很大程度上影响着薪酬的制定，如果一个组织想吸引并留住优秀人才，往往会支付较高的薪酬；如果一个组织不必通过提高其劳动力价格就能雇用到合格的员工，而且还能保持其竞争力,那么企业就会支付市场平均的薪酬。

组织的支付能力也是一个重要因素,企业在劳动力市场中的地位、获利能力及市场目标和战略,都会对薪酬支付有很大的影响。组织在决定薪酬支付时,会因为较高的人工成本可能降低产品的市场竞争力而对员工支付较低的薪酬。雇主是否有能力增加工资,主要在于他增加营业收入或降低成本的能力,只有这样才有更多的资金来支付企业员工的劳动报酬。但是,员工的劳动报酬构成了企业成本的主要部分,大幅度增加工资将会导致企业利润的下降,劳动密集型企业中这种情况尤为明显。

2）劳动力市场

在现代社会,人力资源与其他资源的配置一样,都是通过市场实现的。劳动力市场有广义和狭义之分,从狭义上说,劳动力市场就是劳动力商品交换的场所和空间;从广义上说,劳动力市场是指劳动力商品交换的场所、空间、机制和关系的总和。从生产要素投入的角度观察,劳动力市场供求变化调节着劳动力资源配置;从收入报酬的视角观察,劳动力市场的供求变化决定着薪酬水平。

值得注意的是,不同市场中的劳动报酬会有很大的不同,同一职位在大城市中与小城镇中的劳动报酬会有很大的差距。薪酬调查可以帮助组织获取特定劳动力市场上其他公司就具体工作或工作等级所支付的薪酬的数据,这些信息有助于组织在相关劳动力市场上判断空缺职位的经济价值,进而决定求职者的薪酬水平。

3）工作

影响薪酬设计的决定因素与工作特性及状况有关。一般认为,工作内容是影响薪酬水平的主要因素,工作内容包括工作责任、工作时间、劳动条件、在组织中的地位等,组织需要根据工作内容来确定付给员工的薪酬。通常情况下,职位高的人,责任较重,薪酬也应该较高,因而组织必须支付与其责任相称的薪酬;有些工作具有危险性或者在较差的工作环境中工作,需要支付较高的薪酬补偿。工作分析和岗位评价是确定岗位相关价值并进一步确定薪酬给付的管理技术。

4）员工

从20世纪80年代开始,相对于工作内容来说,个人贡献得到了越来越多的重视。这样,一些与员工相关的因素,诸如工作表现、工作技能、绩效水平等,对薪酬设计的作用就显得非常必要。

3. 薪酬设计的流程

科学的薪酬设计需要遵循一定的流程,一个规范的薪酬设计流程包括制定薪酬原则和策略、工作分析与评价、薪酬调查、薪酬定位、薪酬结构设计、薪酬分等及定薪以及薪酬方案的实施与调整七个基本环节,如图7-3所示。

7.2.2　职位薪酬体系

1. 职位薪酬体系的含义

所谓职位薪酬体系,就是首先对职位本身的价值做出客观的评价,然后再根据这种评价的结果来赋予承担这一职位工作的人与该职位的价值相当的薪酬的一种基本薪酬决定制度。职位薪酬体系是一种传统的确定员工基本薪酬的制度,这种制度在确定基本薪酬时主要考虑职位本身的因素,它最大的特点是员工所得的薪酬完全是由其所在的职位来决定,因此在职位没有变动的情况下,员工只能得到与当前职位对等的薪酬。

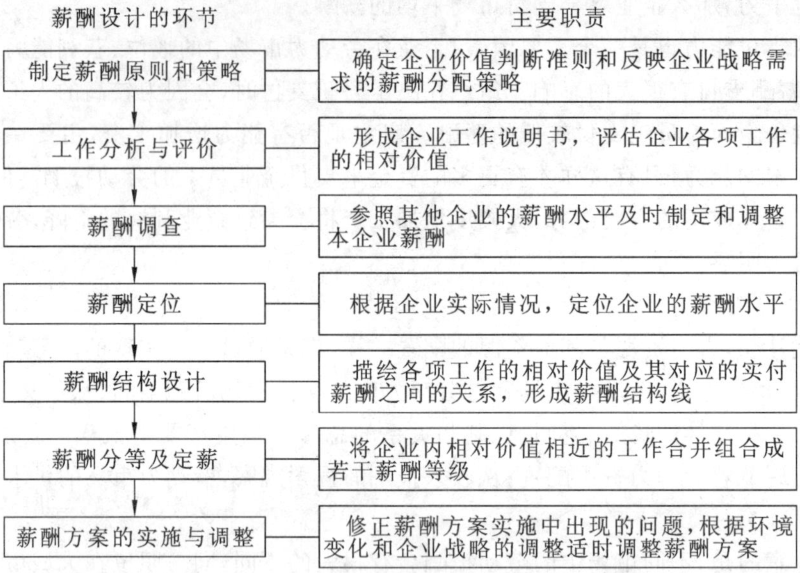

图 7-3 薪酬设计的流程

2. 职位薪酬体系的特点

(1) 职位薪酬体系的优点:实现了真正意义上的同工同酬，是一种真正的按劳分配制度;有利于按照职位系列进行薪酬管理，操作比较简单，管理成本较低;薪酬与职位之间的连带性增强了员工努力提高自身素质争取更高职位的动力。

(2) 职位薪酬体系的缺点:由于薪酬和职位的连带性，对于员工来说，无晋升则无加薪，这会导致员工的工作积极性严重受挫，甚至会出现消极怠工或者离职的现象;由于职位的相对稳定，员工的薪酬也相对稳定，这不利于企业对复杂多变的市场环境做出迅速的反应，也不利于及时地激励员工。

因此，传统上那种严格、细致的职位薪酬体系已经越来越不能适应现今多变的市场环境，但不可否认的是，对于绝大多数的企业来说，职位薪酬体系仍然具有很强的实用性，在薪酬决策中具有不可替代的作用。

3. 职位薪酬体系的设计流程

职位薪酬体系主要包括工作分析、岗位评价、薪酬调查以及薪酬确定这四大部分;其中薪酬确定又包括确定薪酬政策线、划分薪酬等级及薪酬增长率、确定薪酬幅度和薪等数目、薪酬的交叉以及确定企业最终的薪酬结构。

1) 工作分析

通过工作分析，搜集相关的工作信息，形成工作说明书，确定工作的性质、结构、主要工作职责、绩效标准、任职资格等基本因素，为岗位评价提供关于各职位的基础信息。

2) 岗位评价

(1) 岗位评价又被称为工作评价、职位评估，它是在工作描述的基础上，对岗位本身所具有的特性(如岗位对企业的影响，职责范围、任职条件、工作环境等)进行评价，以确定岗位相对价值的过程。由此可见，岗位评价的对象是岗位本身，而不是员工个人，因此体现出“对岗不对人”的原则;另外，岗位评价反映的是岗位的相对价值，而不是岗位的绝对价值。

根据工作规范和工作说明书对岗位的规定，每一个岗位在岗位体系中的相对重要程度已被确定,岗位评价的目的就是找出这种相对重要程度,以此作为薪酬管理的参考依据。

(2) 岗位评价的作用:确定岗位价值的手段,岗位价值是划分薪酬等级、福利标准、行政权限、股权分配等的依据;岗位评价解决的是薪酬的内部公平性问题,它使员工相信,每个岗位的价值反映了员工对企业的贡献;透明化的岗位评价,便于员工理解企业的价值导向是什么,员工该如何努力以获取更高的职位。

(3) 岗位评价的常用方法。在岗位评价的过程中,根据预先规定的衡量标准,对岗位的主要影响因素逐一进行测定、评比、估价,由此得出各个岗位的量值。对岗位的影响因素测定比较的不同方法形成了岗位评价的不同方法,常见的评价方法有排序法、分类法、评分法和要素比较法,其中排序法和分类法属于主观评价方法,评分法和要素比较法属于客观评价方法。

主观评价法是评价人员根据对岗位的综合判断,给出岗位的相对价值。主观评价法的优点是简单且易操作,成本较低;缺点是对评价人员的要求较高,主观成分较大,结果容易受特殊因素影响。

客观评价法中,要素比较法实际上是评分法和排序法的综合,是被广泛应用的岗位评价方法。要素比较法是先选定岗位的主要影响要素,然后将薪酬合理分解,使各影响要素与之匹配,最后再根据薪酬的多少决定岗位的高低。要素比较法的具体步骤如下所述。

第一,选择标杆岗位。选择标杆岗位是一件细致而重要的工作。标杆岗位需要满足几下条件:首先,它们必须能够通过所选定的要素来清楚地描述和分析;其次,它们要代表不同等级,并充分表示出每个要素的重要程度;最后,当标杆岗位的等级被用作确定整个薪酬结构时,这些标杆岗位的等级必须得到大多数人的认可。

第二,根据要素来排列标杆岗位。

第三,给要素分配货币值。标杆岗位排列完成后,对每个标杆岗位赋予用货币单位表示的薪酬。每个标杆岗位的薪酬被分成几个部分,分别按一定比例分配给每个要素,这些比例表示不同要素在以薪酬标准形式表现的总价格中所起的作用。例如,如果“工具制造”作为一个标杆岗位,它的薪酬标准是20个货币单位,其分配情况可能为:技术获得9个单位,智力要求获得5个单位,体力要求获得2个单位,责任获得3个单位,工作环境获得1个单位。

第四,排列其他岗位。对企业中的其他岗位,根据工作规范和工作说明书的要求,分解成与标杆岗位相同的要素;把这些要素与标杆岗位的要素对比,确定其货币单位;将各要素的货币单位加总后就得到该岗位的总薪酬水平。

作为一种定量方法,要素比较法的优点比较突出,如简单易行、工作量小以及结果富有弹性等;当然它也有一定的缺点,如相对价值百分比判定的主观成分大,标杆岗位薪酬为过去或现行标准,难以适应将来的发展变化。

3) 薪酬调查

(1) 薪酬调查:从某一特定的地区或特定的行业中,收集有关所选定组织的薪酬政策、惯例和方法等信息。工作分析和岗位评价只是解决薪酬设计的内部一致性的问题,要使薪酬设计具有外部竞争性,就需要进行劳动力市场的薪酬调查。在岗位评价的基础上,结合劳动力市场的薪酬调查,确定组织的岗位薪酬等级。

薪酬调查的目的是了解处于特定行业、地理区域或职能类别的职位的外部薪酬水平。在有些情况下,薪酬调查所发挥的作用比组织内部进行的岗位评价更大,尤其是稀缺人才的薪酬水平可能远远偏离它在组织内部相应的位置。

(2) 薪酬调查的过程包括五个步骤。

第一,选取薪酬调查的关键职位。进行薪酬调查的第一步就是选取需要进行调查的关键职位，然后从市场调查中获取这些关键职位的薪酬信息。之所以要选取关键职位进行调查，一方面是因为一些职位是企业所独有的，要得到这些职位的数据是不可能的，或者需要付出很大的代价；另一方面是因为职位具有相似性，只要对这类职位的一个代表职位进行调查，其他类似职位就可以参照这个标准做出薪酬决策。

关键职位的选取往往基于几个标准：一是必须能够代表组织中职位的所有范围（即职位结构中最高、中等和最低等级的职位）；二是在调查对象的组织中应该是普遍存在的，而非该企业所独有的；三是应该容易进行界定；四是应该有相对稳定的职位内容，否则这一职位的价值就可能不稳定，因此调查该职位就没有太大的价值和意义；五是应该为薪酬结构提供良好的关于职位价值各方面因素的参考点数，也就是要求它们在各项岗位评价的维度上（如职责大小、教育程度、经验和其他薪酬要素）的表现应该多样化；六是在关键职位上，不同企业应该存在着人才的竞争，否则便没有建立薪酬外部竞争性的必要；七是组织中存在问题的职位往往不能作为关键职位。

第二，确定薪酬调查的渠道、方式和对象。薪酬调查的渠道一般有三种：第一种是企业自己展开薪酬调查；第二种是聘请专业咨询公司为本企业进行专门的薪酬调查；第三种是直接购买专业调查机构（如咨询公司、网站等）的薪酬数据库或调研报告。企业自己进行薪酬调查，往往面临着成本高昂的问题，而如果购买专业调查机构的薪酬数据库或者调研报告，则存在难以与本企业的薪酬实践和职位特点相匹配的缺点。

薪酬调查的方式有很多，最为典型的方式有：问卷调查、访谈调查、电话调查和网络调查。随着网络的发展，网络调查越来越成为一种流行的调查方式，其保密性大幅度提高了调查结果的可靠性，因此正受到越来越多企业的青睐。

薪酬调查的对象是指企业要对哪些企业进行薪酬调查，这个问题可以归结为相关劳动力市场的界定。米尔科维奇将相关劳动力市场的界定标准分为三种：第一种是与本企业竞争从事相同职业或者相同技术的员工的企业；第二种是与本企业在同一地域范围内竞争员工的企业；第三种是与本企业在同一产品或服务的市场展开竞争的企业。

第三，设计薪酬调查表并展开薪酬调查。不管采用何种薪酬调查方式，都需要采用一个薪酬调查表来收集和记录所获得的信息。薪酬调查表往往包括以下内容：调查对象的组织信息，包括组织规模、所处行业、企业性质等；调查岗位的基本信息，包括岗位名称、岗位描述和基本工作特征等；调查岗位的薪酬构成和薪酬水平；调查对象的个人信息，包括年龄、性别、学历和工龄等。

第四，薪酬调查数据的筛选和修正。薪酬调查完成后，就要对薪酬数据进行检验分析，核对岗位匹配程度，判断调查对象的岗位职责是否与本公司的相匹配。如果岗位职责差别太大，即使岗位名称相同，也应当作无效样本剔除。

第五，薪酬调查结果及应用。通过对薪酬调查数据的筛选和修正，我们可以得到所需的薪酬调查数据，根据这些数据可以绘出市场薪酬线。市场薪酬线是各岗位的市场薪酬水平和内部岗位等级之间的关系线，其中横坐标代表内部岗位评价分数，纵坐标代表市场中该岗位的平均薪酬水平（如图 7-4 所示）。

4）薪酬确定

（1）薪酬政策线。根据市场薪酬线，结合企业的薪酬策略，可以绘制薪酬政策线。薪酬政策线是用于指导企业薪酬设计的重要工具，薪酬政策线反映企业薪酬水平政策和薪酬结构政策两个方面的内容。根据不同的薪酬策略，我们画出 a、b、c、d 四条薪酬政策线，如图 7-5 所示。

a 线和 b 线与市场薪酬线是平行的，表明 a 线和 b 线薪酬政策和市场是一致的，不同岗位层级之间的薪酬差距和市场一致。但 a 线反映的薪酬水平高于市场平均值，是竞争性薪酬策略，而

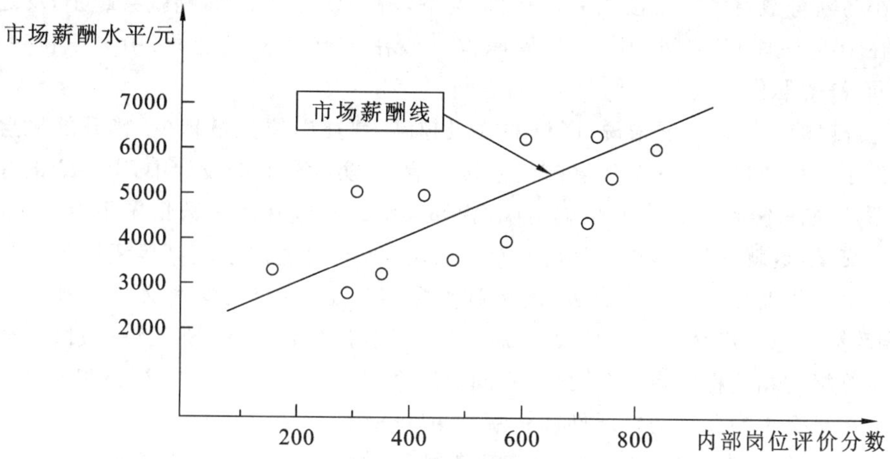

图 7-4　市场薪酬线

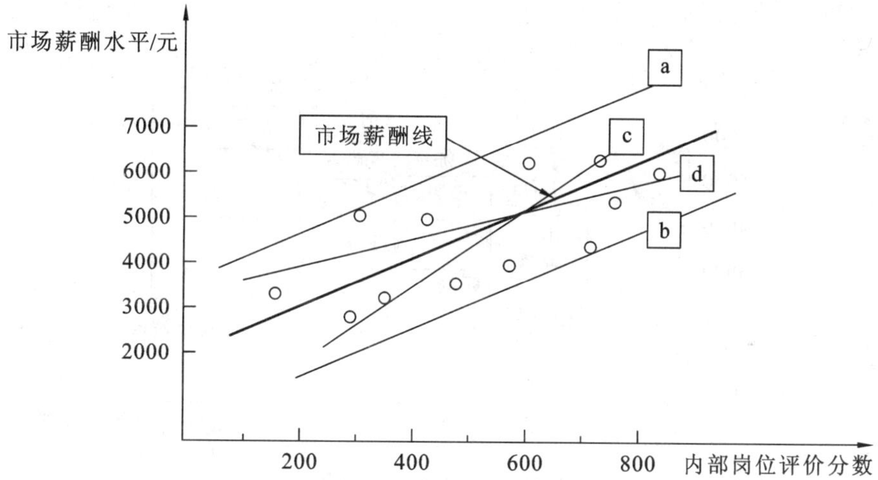

图 7-5　薪酬政策线

b 线反映的薪酬水平低于市场平均值，薪酬缺乏竞争力。

c 线和 d 线反映的整体薪酬水平与市场的是一致的，但薪酬结构不一样。c 线斜率更大一些，反映不同职位之间的薪酬差距大于市场平均水平，而 d 线斜率更小一些，反映不同职位之间的薪酬差距小于市场平均水平。

（2）划分薪酬等级及薪酬增长率。根据薪酬政策线，我们需要进一步确定薪酬的等级，薪酬等级简称薪等，是按照岗位评价结果，将评价分值相近的工作岗位进行合并而形成的。

薪酬等级确定后，根据薪酬政策线，可以确定薪等之间薪酬的中位值。实际上，可以根据关键职位市场薪酬数据，并结合岗位评价分数以及企业薪酬策略，得出每个薪等的中位值。薪等中位值确定后，薪等的薪酬增长率就可以计算出来了。薪等的薪酬增长率等于两个相邻薪等中位值差额除以较低等级的薪等中位值。

一般情况下，各薪等薪酬增长率应大致相等，如果差别较大，应对薪等薪酬中位值数据进行调整，使各薪等薪酬增长率大致相同，体现内部公平特征。

（3）确定薪酬幅度和薪等数目。薪酬幅度简称薪幅，又称“带宽”，即一个薪酬等级内薪酬变化的范围，其下限一般称为起薪点，上限称为顶薪点，薪酬政策线穿过的地方为中点（见图 7-6）。

薪幅大小与薪等数目多少直接相关，一般情况下，薪等数目越多，薪幅就会越小，反之就越大。薪幅一般在10%～120%之间，其中，初等职位一般在10%～35%之间；中等职位一般在35%～60%之间；高等职位一般在60%～120%之间。

(4) 薪幅的交叉。一般来说，岗位的等级越高，往往岗位数量越少，晋升的机会也越少。为了减少由于岗位数量少而对员工薪酬的直接影响，在实际薪幅的设计中，上一级的起薪点与下一级的顶薪点往往不会刚好相等，也就是说，相邻等级的薪幅在大多数情况下有一定的重叠，称之为薪幅的交叉，这就意味着较低等级岗位的薪酬水平有可能高于较高等级岗位的薪酬水平。薪幅之间的交叉程度与薪幅大小有关，薪幅越大越容易交叉；交叉程度又与薪酬政策线的斜率有关，薪酬政策线越平坦交叉程度越大。薪幅的交叉程度应该适中，交叉程度过大，会使得薪酬水平与职位等级的相关程度降低，薪酬在不同等级之间拉不开距离会造成"提职不增薪"的问题；交叉程度太小又会影响薪酬的灵活性和薪酬的激励作用。

根据以上的薪酬设计流程，我们得到了薪酬结构设计图，如图7-6所示。

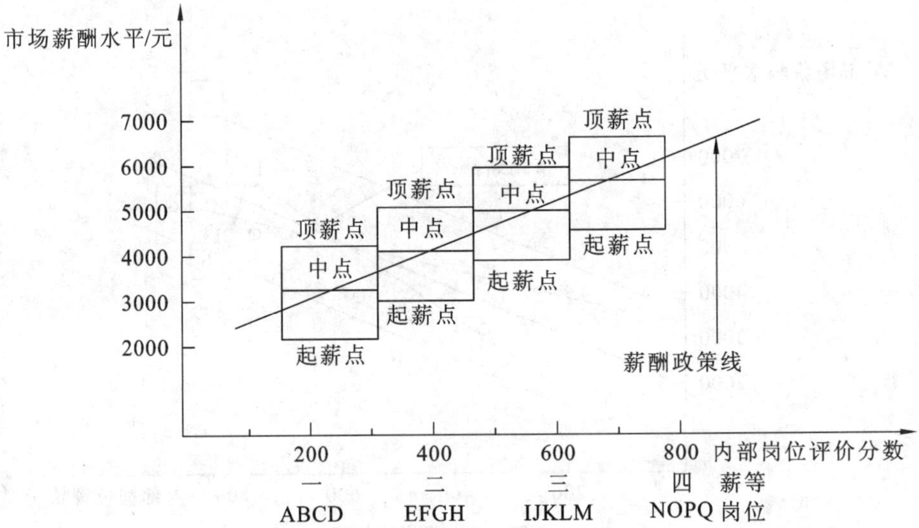

图7-6 薪酬结构设计图

7.2.3 能力薪酬体系

1. 能力的基本概念

能力薪酬体系强调的能力是一种绩效行为能力，即达成某种特定绩效或表现出某种有利于绩效达成的行为能力。能力素质可以划分为五个层次：知识和技能、自我认知、社会角色、特质、动机；把人的能力素质形象地描述为漂浮在海面上的冰山，其中知识和技能属于海平面以上的浅层次部分，而自我认知、社会角色、特质、动机属于潜伏在海平面以下的深层次部分，研究表明，真正能够把优秀员工与一般员工区分开的是深层次部分。

2. 能力薪酬体系的设计流程

第一，确定哪些是支持企业战略、为组织创造价值的能力，从而应当获得报酬。这要求组织界定自己准备支付报酬的能力到底是哪些，因为在不同的战略导向和文化价值观，以及在不同的行业中，作为企业支付报酬的能力组合很可能存在差异。

第二，确定所选的能力可以由哪些品质、特性和行为组合表现出来，即具备何种品质、特性及行为的员工最有可能是绩效优秀者。企业需要通过观察和直接询问绩效优秀者是如何完成工作和解决问题的，来确定达成优秀绩效的行为特征有哪些，或者说哪些行为表明员工具备达成优秀绩效的能力。

第三，检验所选能力是否真的能提高员工的绩效，只有那些真正有价值的能力和行为才能被包括在内。

HR视野

丰田的能力薪酬制

丰田汽车公司为加强内部人才培养，提高组织运行效率，以适应国内市场饱和、业务全球化等挑战，开展了以“培养能在多领域发挥创造性作用的人才”为主题的“挑战计划”活动。为了配合该计划的实施，公司引入了能力薪酬制。

丰田公司原来实行的是支持终身雇用制的年功序列薪酬制，它规定职员薪酬随其年龄增长和参加工作年限的延长而增加。公司引入能力薪酬制后，薪酬的构成发生了变化。公司按照人员的职务分工将他们分为事务职员和业务职员两种，前者属于管理部门和间接部门，后者属于生产部门和技术部门。

对事务职员，新薪酬制度下工资总额的60%由基本薪酬构成，再加入40%的能力薪酬。其能力薪酬主要由以下五个要素组成：创造力，占能力薪酬的20%；决策贯彻能力，占能力薪酬的30%；组织能力，占能力薪酬的20%；人力利用能力，占能力薪酬的20%；声望，占能力薪酬的10%。对业务职员，新薪酬制度下薪酬总额的80%由基本薪酬构成，再加入20%的能力薪酬。其能力薪酬中50%由其专业知识与能力决定，余下的50%与事务职员的考核指标相同，只需进行等比例缩小即可(如下图所示)。

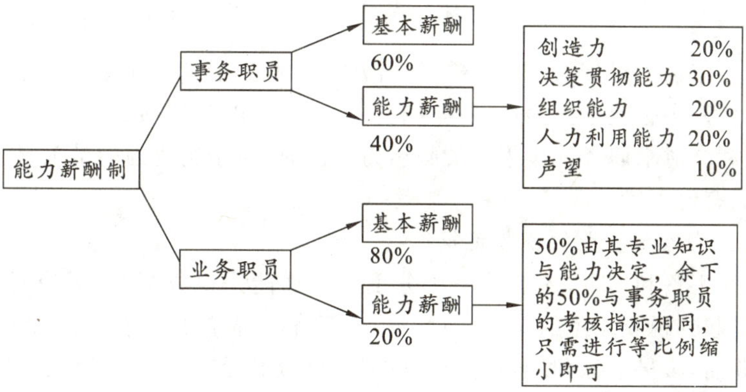

7.2.4 绩效薪酬体系

绩效薪酬体系属于高激励薪酬体系，薪酬数额会随着绩效目标的完成情况而变化。员工工作绩效具体表现为完成工作的数量、质量、利润额以及对企业的其他贡献。绩效薪酬体系将员工个人或者团体的业绩与薪酬相连，根据绩效水平确定薪酬，使薪酬的支付更具有客观性和公平性，同时有利于企业提高生产率、改善产品质量、增强员工的积极主动性等。

绩效薪酬体系在现实运作中也有不少缺点：对员工行为和成果难以进行准确的衡量，在绩效考核指标设置不合理的情况下，容易使绩效薪酬流于形式，可能导致更大的不公平；若绩效薪酬体系设计不合理，绩效薪酬会演变为一种固定薪酬，人人有份；绩效薪酬体系多以个人绩效为基础，这种以个人为中心来获得奖励的薪酬制度不利于团队合作，而与团队绩效挂钩的薪酬体系也只适用于人数较少、强调合作的组织。

绩效薪酬体系连接了人力资源管理中的两个非常敏感、至关重要的部分——薪酬管理和绩效管理。绩效管理中的绩效评估体系和绩效评估结果对绩效薪酬具有决定作用，绩效薪酬体系的核心内容在于绩效评估。绩效评估是一个系统工程，包括评估内容、评估标准、模式选择、结果运用等。工作分析和岗位评价、薪酬管理、绩效管理都是人力资源管理系统的重要组成部分，彼此联系，相互支撑。绩效薪酬体系的设计程序如同职位薪酬体系的设计过程，只不过它是以工作绩效为分析、评价对象，根据绩效目标的完成情况决定薪酬的高低。在绩效薪酬体系设计之前，要充分考虑企业的性质和特征、发展阶段、企业文化和员工需求等要素，以使绩效薪酬体系与企业战略、内外部环境相协调。

7.3 福　　利

7.3.1 福利的概念

福利是指企业为了满足劳动者的正常生活需要，向员工本人及其家属提供的除工资收入和奖金之外的货币、服务、各种保障计划及实物报酬。福利是薪酬的间接组成部分，与工资和奖金不同的是，福利通常与员工个人业绩没有直接关系，也很少以现金形式表现。在现代企业中，福利在薪酬中的比重已经越来越大，对企业的发展具有许多重要的意义。

7.3.2 福利的作用

1. 吸引和保留人才

随着劳动力市场上对于人才的竞争日趋激烈，企业为了吸引优秀的人才，就必须在薪酬上具有一定的优势。许多企业选择为员工提供有很大吸引力的福利项目，在其他条件相同的情况下，企业提供的福利会对求职者产生很大的吸引力。同时，对于企业内的员工，优厚的福利项目是保留、激励员工的有效手段。

2. 减少员工个人和企业的税收负担

福利相对于工资和奖金，还有一个十分重要的功能是税收减免，无论对于企业还是对于员工，福利都可以起到税收减免的作用。对于员工而言，以福利形式获得的收入往往无须缴纳个人所得税；对企业而言，员工福利计划的税收待遇往往要比货币薪酬的税收待遇优惠，用来采购或支付员工福利的大多数成本是可以享受免税待遇的。这样，企业将一定的收入以福利形式而不是以现金形式提供给员工更具有成本方面的优势。

3. 传递企业文化，培养员工忠诚度

现代企业越来越重视员工对企业文化和价值观的认同。得到员工普遍认同的企业文化，将对企业的运营效率产生十分重要的影响。福利是体现企业管理特色、传递企业对员工的关怀、创造一个大家庭式的工作氛围和组织环境的重要手段，因此，福利对于企业文化的传递和员工忠诚度的培养具有重要作用。

4. 改善员工的生活条件

福利能满足员工的衣食住行和孩子教育等方面的部分需要，减少其后顾之忧，使员工从繁重的家务劳动中解脱出来。同时,福利为员工提供了娱乐和学习科学文化知识的条件,从而提高了员工的生活质量。

HR实例

祥鹏航空公司员工可互赠假期

云南祥鹏航空有限责任公司(简称“祥鹏航空”)自 2016 年 11 月 1 日起开始执行新休假政策,员工可互赠年假。根据此次下发的新休假政策规定,祥鹏航空员工之间可以相互赠送年假,已经用完个人假期的员工可以从另一名员工那里“得到”其赠送的假期,这是互赠年假制度首次在云南地区的企业中出现。

制定新休假政策的目的是让员工更好地兼顾家庭。祥鹏航空一直致力于为员工提供形式多样的福利政策,让有需要的员工在其他同事的帮助下,既有时间忙自己的私事,又不因此影响收入,实现工作、生活同时兼顾的“双赢”局面。祥鹏航空员工从进入公司的第三年即可享受 10 天的带薪休假,除法定年休假之外,还享有带薪公司奖励假、探亲假、女工经期假、献血假、疗养假、怀孕待岗假等极具人性化的假种。

相关负责人介绍,祥鹏航空一直倡导“工作很重要,家人和生活也很重要”的理念——“希望每个祥鹏人下班后能带着笑容回到家,第二天能把生活的快乐和智慧带回到工作中”。公司通过各种福利政策的制定和施行,潜移默化地引导员工提升自我认知能力和感知能力,营造良好的工作氛围。同时,员工将自己的幸福力灌注于企业成长发展的大池子里,汇聚成企业的幸福力,并将这种幸福力传递到服务过程中,为广大乘客提供更真诚、更优质的服务。

7.3.3　福利的主要形式

在不同的企业中,福利的内容各不相同,存在非常大的差异。一般来说,可以将福利划分为两个部分:一部分为国家法定福利,一部分是企业自主福利。福利的构成如图 7-7 所示。

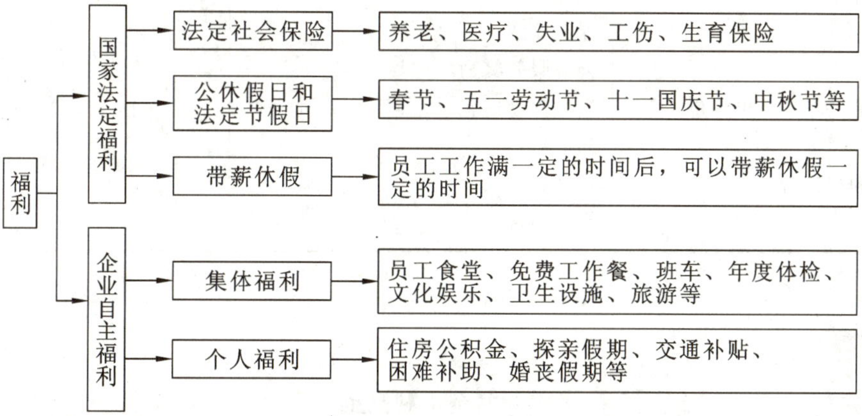

图 7-7　福利的构成

1. 国家法定福利

国家法定福利是根据国家的政策、法律和法规,企业必须为员工提供的各种福利,具有强制性。从我国目前的情况看,法定福利主要包括以下几项内容。

(1) 法定社会保险，包括养老保险、医疗保险、失业保险、工伤保险和生育保险，企业必须按照员工工资的一定比例为员工缴纳保险费。例如我国《失业保险条例》规定，城镇企业事业单位要按照本单位工资总额的2%缴纳失业保险费。

(2) 公休假日和法定节假日，目前，我国实行每周双休日制度，同时规定了元旦、春节、国际劳动节、国庆节等为法定节假日。在双休日和法定节假日加班的员工应享受相当于基本薪酬双倍或三倍的津贴补助。

(3) 带薪休假，是指员工工作满一定的时间后，可以带薪休假一定的时间。我国《劳动法》第四十五条规定，国家实行带薪年休假制度，劳动者连续工作一年以上的，享受带薪年休假。

2. 企业自主福利

企业自主福利是企业根据自身的管理特色和员工的内在需求，自主向员工提供的福利包括集体福利和个人福利。比如除了法定节假日之外为员工另外提供的各种假期、休假，为员工及其家属提供的各种服务项目（如儿童看护、老年人护理），以及灵活多样的员工退休福利等。企业自主福利与国家法定福利本质上的不同之处在于：企业自主福利不具有任何的强制性，具体的项目也没有一定的标准，企业可以根据自身的情况灵活决定。表7-3所示是某企业的自主福利项目。

表7-3 某企业的自主福利项目

保　险	医疗保健	退　休
企业与员工告别费	医疗保健	退休前咨询服务
失业保险	牙齿保健	退休员工保健计划
家庭事务：儿童护理、老人照顾、财政帮助	处方用药	个人退休金账户
	心理咨询	残疾人退休福利
人寿保险	保健计划	午餐和工间休息
法律诉讼保险	企业的补充医疗保险	丧亲假
残疾保险	社会与娱乐活动	家庭事假和病假
员工持股计划	网球场	
财务咨询	保龄球队	
信用合作	公益服务奖励	
企业提供的轿车和支出账户	提供资助的活动（体育性或社会性的活动）	
教育辅导		
工作调动和搬迁帮助	自助餐	
	娱乐项目	

HR实例

名企福利高招

Cisco公司：提供紧急医疗救助

Cisco公司有一项非常特别的福利项目，就是提供紧急医疗救助，由一家医疗服务机构提供24小时的紧急服务，保证员工可以在全球范围内享受全天的安全保障。服务内容甚至超出了医疗保险的范围，包括疾病、社会不安因素、人身意外等构成的危险，员工遇到任何的问题都能够通过打企业付费电话获得帮助。

上海贝尔:满足员工最迫切的需要

上海贝尔的特色福利是满足员工最迫切的需要。例如,在上海房价居高不下的情况下,上海贝尔及时推出了无息购房贷款的福利项目,助员工一臂之力;在员工工作满规定期限后,此项贷款还可以减半偿还。当公司了解到部分员工通过其他手段已经解决了住房问题,有意购置私家车时,又为这部分员工推出了购车无息专项贷款。如此一来,公司既替年轻员工解了燃眉之急,又使那些为企业服务了多年的资深员工得到了回报。

星巴克:福利惠及员工家人

与同行相比,星巴克员工的福利是十分优厚的。董事长舒尔兹给那些每周工作超过20小时的员工提供卫生福利、员工扶助方案和伤残保险。这种独特的福利计划使星巴克尽可能地照顾到员工的家庭,对员工家里的长辈、小孩在不同状况下都有不同的补贴方法。钱虽然不是很多,但会让员工感到公司对他们非常关心。那些享受到福利的员工对此心存感激,对顾客的服务也会更加周到。

ASP公司:开办免费瑜伽班

在ASP公司,医疗、牙科和人寿保险每一样都不缺,多余的带薪病假还可转成现金作为奖励。在瑜伽运动盛行时,ASP公司及时开办了免费的瑜伽班,让员工闲暇时能够开开心心地玩。公司相信,只要善待员工,就可以提升企业总体服务水平。

7.3.4 弹性福利

1. 弹性福利的概念

弹性福利,也叫自助餐式的福利,就是员工可以从企业所提供的一系列有各种福利项目的菜单中自由选择所需的福利。弹性福利强调让员工依照自己的需求,从企业所提供的福利项目中选择组合自己的一套福利套餐,每一个员工都有自己专属的福利组合,弹性福利强调员工参与的过程。实施弹性福利的企业,并不会让员工毫无限制地挑选福利项目,通常都会根据员工的薪水、年资或家庭背景等因素来设定每一个员工的福利限额,在福利清单上所列出的福利项目都会附上一个金额,员工只能在自己的限额内认购所需的福利。

2. 弹性福利的类型

1) 附加型

附加型弹性福利是最普遍的一种形式。所谓附加,就是指在现有的福利计划外,再提供其他不同的福利项目或扩大原有福利项目的范围,让员工自己去选择。根据薪资水平、服务年限、职务高低和家庭情况等因素,给每个员工发放数目不等的福利限额,员工再以分配到的限额去认购所需要的附加福利。有些企业甚至还规定,员工如果未用完自己的福利限额,余额可折返现金。

2) 核心加选择型

核心加选择型弹性福利由核心福利加上弹性选择福利所组成。核心福利是每个员工都享有的基本福利,不能自由选择,可以自由选择的福利项目全部放在弹性选择福利中,这部分福利项目都附有价格,可以让员工选购。员工所获得的福利限额通常是未实施弹性选择福利制度前所享有的福利,如果总值超过了其所拥有的限额,差额可以折返现金。

3) 弹性支用账户

弹性支用账户是一种比较特殊的弹性福利制度。员工每一年可以从税前收入中拨出一定数额的款项作为自己的“支用户”,并以此账户去选择购买雇主所提供的各种福利项目。支用账户的金额不用缴纳个人所得税，不过账户的金额如未能在年度内用完，余额就归企业所有，既不可在下一年度中使用，也不能以现金的方式发放。各种福利项目的认购款项如经确定，就不能挪用。这种福利制度可以使福利账户的款项免于纳税，相当于增加净收入，所以对员工具有吸引力，但行政手续过于烦琐。

4）福利套餐型

福利套餐型是由企业同时推出不同的福利组合，每一个组合所包含的福利项目或优惠水平都不一样，员工只能选择其中的一种。就好像餐厅中推出的各类套餐一样，顾客只能选择其中一个，而不能要求更换套餐里的内容。在规划这种弹性福利时，企业可根据员工的背景(婚姻状况、年龄、有无住宅需求等)来设计。

5）选高择低型

选高择低型福利是指提供几种项目不等、程度不一的福利组合供员工选择，以组织现有的固定福利计划为基础，再据此规划多种不同的福利组合。这种组合的价值和原有的固定福利相比，有的高，有的低。如果员工看中了一个价值较固定福利项目更高的福利组合，那么就需要从薪酬中扣除一定的金额来支付其间的差价；如果员工选择了价值较低的组合，则可以要求企业返还其间的差额。

HR实例

雾霾补贴

2014年3月12日，日本电子巨头松下集团在劳资交涉中宣布，将向外派中国的员工发放污染津贴，这一津贴以中国部分城市的PM2.5值作为依据，以补偿严重的空气污染对员工身体造成的伤害。事实上，国外大型公司将员工派往海外(特别是发展中国家)时，向员工发放困难津贴是常见的做法。同时，在空气污染问题上，许多企业都在悄悄提高驻华外籍员工的福利，或者粉饰成“发展中国家津贴”。而如此大张旗鼓地因为空气污染问题正式宣布发放补助的国际公司，松下是第一家。不过，松下公司发言人拒绝透露详细的补贴金额，也不愿透露在中国到底有多少名外籍职员，不过他明确表示中国籍员工不在补贴范围内。

松下集团这一举措有源可溯，据公开报道，2013年12月5日，考虑到北京空气污染问题日趋严重，日本外务省开始研究从2014年起增加在北京工作的日本驻华大使馆职员的补贴金额。早在2013年4月，东芝公司就开始向常驻北京、上海两地的日本籍员工支付“危险补贴”。东芝总部称：“我们总是关注全球的劳动环境变化，并非因为是中国才采取特别的措施。”它同时声明：“是否扩大支付范围，现在尚不确定”。建设、产业机器综合技术大企业小松制作所，在中国的PM2.5问题凸显后，马上给常驻中国的日籍职员发放能够防御雾霾的口罩。小松宣传部说：“虽然公司现在没有支付特别的补贴，但今后会视具体情况采取措施”。

虽然松下集团宣布发放污染津贴，但是这一津贴的覆盖范围并不包括中国籍员工，中国员工也不得申请这一额外补贴。相关舆论认为，对于在同样空气质量的环境中劳动，松下此举区别对待，有对中国员工歧视之嫌。2013年5月，一份由清华大学、北京大学、美国麻省理工大学和以色列希伯来大学共同研究的调查报告显示，长期暴露于污染的空气中，总悬浮颗粒物(TSP)每上升100微克每立方米，死亡率将上升14%，平均预期寿命将缩短3年，死亡率的上升几乎都是由心肺疾病导致的。

雾霾对身体健康的影响是一个长期、缓慢的过程。松下率先宣布补偿派往中国的日本员工，但却无法在此福利上对中国和日本的员工做到一视同仁。

对于很多跨国公司而言，中国市场在他们的全球战略中日益重要，需要企业中最资深的管理、技术人才坐镇于此，但是屡屡爆表的空气污染让许多外籍人员因担心健康问题而拒绝前往中国或者选择离开中国。当然，中国市场机遇之大令企业和投资者难以轻言放弃，即使是频频有大动作的日本，据调查也并没有日本外交官因雾霾而离开中国。

但是，中国的空气质量问题确实导致在华投资成本增加。英国猎头公司 ANTAL 国际中国公司负责资讯工作招聘的普莱斯告诉记者，最近四五个月以来，一些外国人在和雇主商议续签合同时，会要求公司额外支付"危险补贴"作为继续留在北京工作的前提。"这个津贴通常是公司派遣员工到安哥拉、尼日利亚等政治不稳定、可能会有人身安全威胁的地区才会提供的。"普莱斯介绍，一般危险津贴占薪酬总额的 1/10。据他了解，某外企支付给雇员在北京工作的危险津贴高达 15 万元。美国一个非政府组织在调查了 365 家外企之后指出，2014 年，高达 48%的企业因中国空气质量问题在招聘高管人才来华时遇到困难，这一数据在 2008 年只有 19%。

思考题：

1. 松下集团向派驻中国的员工发放雾霾补贴合理吗？对中国员工不适用此项福利的规定合理吗？为什么？

2. 中国企业应该在雾霾天气给员工发放雾霾补贴吗？为什么？

7.4　特殊薪酬问题

在劳动力市场上，不同类型人力资源的稀缺程度不尽相同，企业内部不同类型员工的工作特点也不一样。因此，在薪酬设计中应充分考虑不同类型员工群体的特征，设计不同的薪酬体系。

7.4.1　管理人员的薪酬设计

管理人员是指在一个机构、经营实体及事业单位中处于谋划、组织、指挥、引导、领导岗位上的人员；还包括对某些具体事项、项目进行计划、管理、控制、联络、反馈信息等岗位上的人员。他们是企业各项事业发展的骨干，是人力资源的重要组成部分。他们在工作中往往表现出两方面的特点：工作中扮演双重角色、工作的变动性和不连续性。

通常情况下，我们可以将管理人员分为三个层级：高层管理人员、中层管理人员、基层管理人员，各个层级都有明确的分工。这三个层级的管理人员在企业中所处的位置、起到的作用是不同的，工作内容也不同，详见表 7-4。

表 7-4　各层级管理人员的工作对比

	高层管理人员	中层管理人员	基层管理人员
主要关心的问题	采取什么行动、什么时候采取行动	怎样采取行动	怎样落实好所采取的行动
时间幅度	3～5 年	1～2 年	每周、每月
所考虑问题的范围	宽广	中等	狭窄
信息来源	外部为主，内部为辅	内部为主，外部为辅	内部

1. 高层管理人员的薪酬设计

(1) 工作特点：从长远视角看待企业问题，为企业制定卓越的目标，带领全企业员工共同努力。

(2) 薪酬的需求特征:他们希望薪酬水平能与绩效联系得更为紧密,对福利和津贴的需求具有特殊性。从激励方面看,他们往往更关注长期激励,绝大多数倾向于年薪制的薪酬模式。

(3) 影响高层管理人员薪酬水平的因素:内部因素和外部因素,如图 7-8 所示。对高层管理人员的薪酬产生影响的因素有很多,在对高层管理人员进行薪酬设计时,要综合考虑多方面的因素,而且要随着形势的不断变化而变化,使薪酬结构发挥良好的激励作用。

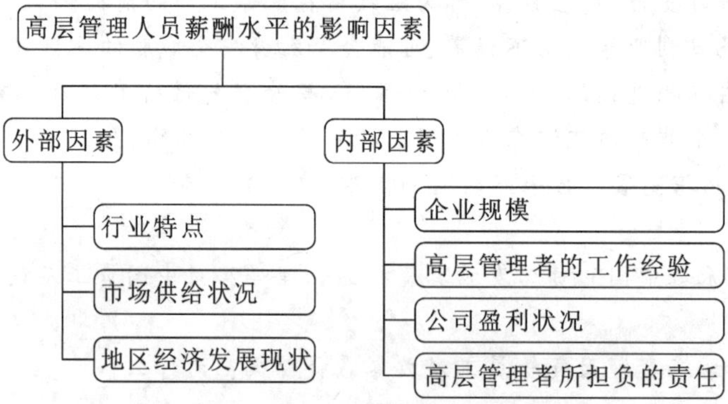

图 7-8　高层管理人员薪酬水平的影响因素

(4) 薪酬设计:考虑到影响高层管理人员薪酬水平的因素,结合高层管理人员的工作特点和他们对薪酬的特殊需求,将他们的薪酬结构设计为:薪酬=基本薪酬+奖金+福利+长期激励(股权)。

2. 中层管理人员的薪酬设计

(1) 工作特点:中层管理人员是企业战略的执行者,是企业战术决策的制定者,中层管理人员是高层管理人员和基层管理人员进行沟通的桥梁。

(2) 薪酬的需求特征:他们希望基本薪酬的水平要高于普通员工,奖金能与绩效挂钩,他们对福利有特殊的需求。

(3) 影响中层管理人员薪酬水平的因素:主要包括内外两个方面,如图 7-9 所示。对企业中层管理人员的薪酬产生影响的因素大体上与高层管理人员薪酬水平的影响因素比较相似,但也由于中层管理人员自身工作特点有着独特之处,在对其进行薪酬设计时要综合考虑内外部因素,发挥薪酬的激励作用。

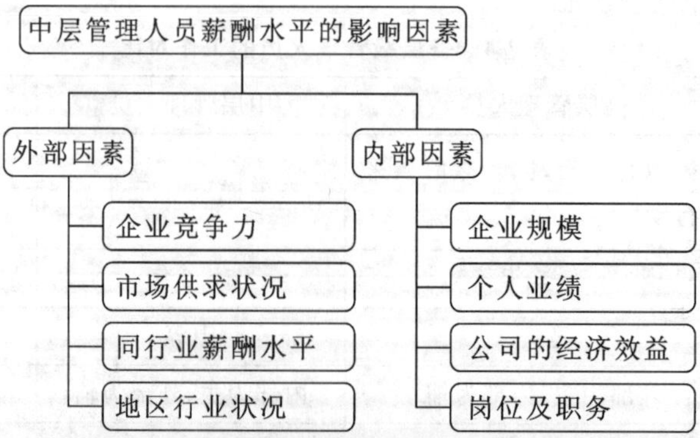

图 7-9　中层管理人员薪酬水平的影响因素

（4）薪酬设计：依据当前企业薪酬体系调整的趋势和经验，考虑到中层管理人员的工作特点和他们对薪酬的特殊需求，他们的薪酬结构设计为：薪酬＝基本薪酬＋奖金＋福利。

3. 基层管理人员的薪酬设计

（1）工作特点：基层管理人员是公司业务的主要执行者，是公司战略的落实者，基层管理人员是普通员工的直接主管，是公司上层意见的传达者。

（2）薪酬的需求特征：他们对奖金的需求很特殊，往往更注重团队性；他们希望奖励周期要适度，在福利设计上能充分体现基层工作的特点。

（3）影响基层管理人员薪酬水平的因素：包括内部和外部两方面的因素，如图 7-10 所示。基层管理人员的薪酬体系不仅影响到他们自己的工作，也关系到其下属的工作态度、积极性和工作的执行情况，因此在制定、设计基层管理人员的薪酬模式时，通常要考虑多种因素。

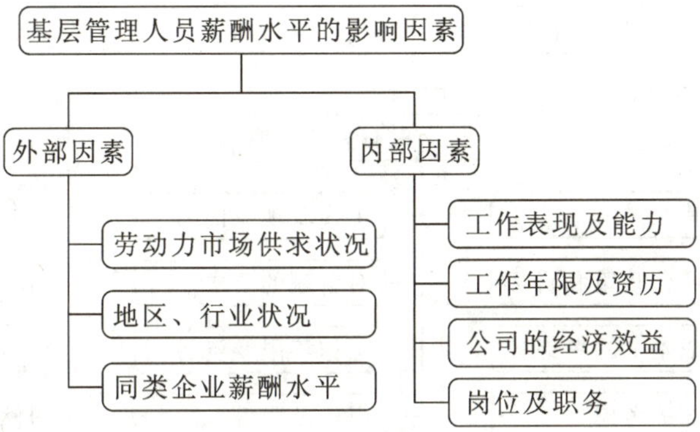

图 7-10　基层管理人员薪酬水平的影响因素

（4）薪酬设计：基层管理人员薪酬设计的重点要放在如何通过薪酬的发放，改善其工作绩效、提高其管理职能上。他们的薪酬由三部分构成：基本薪酬、奖金、福利，三者在基层管理人员整体薪酬中所占的比例没有统一的标准，随行业、地区、企业发展的不同情况而有所差别。结合影响基层管理人员薪酬水平的因素，以及他们的工作特点和对薪酬的特殊需求，基层管理人员的薪酬结构是：薪酬＝基本薪酬＋奖金＋福利。

4. 设计中应注意的问题

对管理人员除了要注重物质方面的激励，建立新型的激励与约束机制，也要重视对管理人员的精神激励，主要体现在几个方面：建立健全完整的激励体系，调动管理人员的工作积极性；取消自上而下的任命制，对管理人员实行任期制；加强各层管理人员之间的沟通。

7.4.2　销售人员的薪酬设计

1. 销售人员概述

销售人员作为企业与客户之间的纽带，为达成销售目标而与一位或多位客户进行接触。他们所从事的工作是最具有刺激性和成就感的职业之一。

销售人员代表了企业的形象，他们是连接客户与企业的一个最重要的桥梁，所以说一个好的销售队伍，可以给企业树立良好的形象，为企业带来长期的发展，获得更多的利润，带来更高的顾客满意度。相反，一个差的销售队伍会给企业形象带来很大的损坏，影响企业的长期发展。

销售人员在工作中需要确认潜在客户的需求，解释、说明本公司的产品和服务特色以及为什么能够满足客户的需求，最后完成销售任务并让客户满意。

2. 销售人员的工作特点

销售人员的工作相对于组织内的其他工作来说，具有独特的性质，主要表现在几个方面：主动接触性、工作监督的困难性、业绩指标明确性、回报高风险性、服务性。

3. 薪酬的需求特征

销售人员需要薪酬能充分与绩效挂钩，希望可供选择的薪酬组合方式多样，对福利形式的要求很灵活，希望薪酬水平具有外部竞争性。

4. 影响销售人员薪酬水平的因素

在制定、设计销售人员薪酬模式时，通常要考虑几个方面的因素，具体如图 7-11 所示。

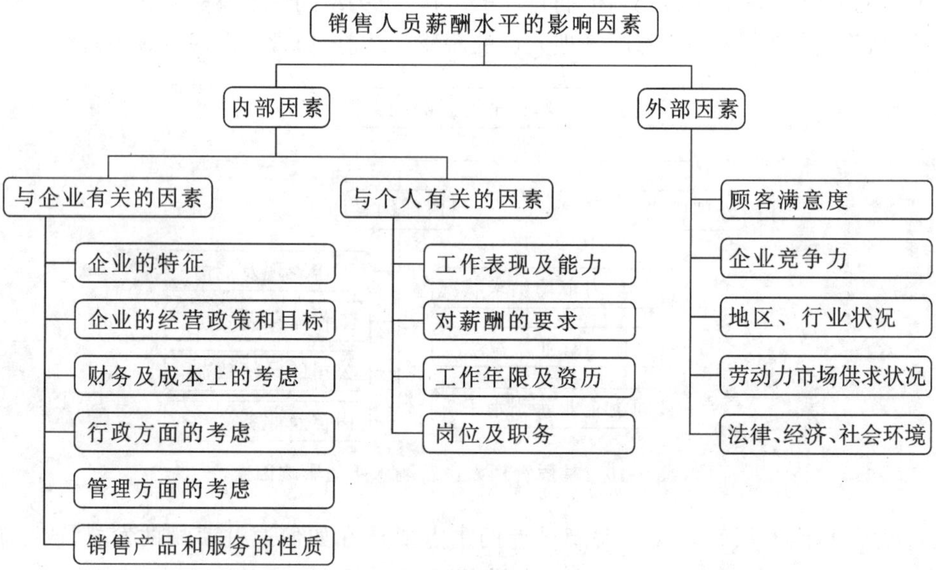

图 7-11　销售人员薪酬水平的影响因素

5. 薪酬设计

对销售人员的薪酬设计关键点在于基本薪酬、佣金及奖金的薪酬组合方式的选择，目前主要有几种常用的薪酬结构：纯基薪制度、纯佣金制度、基本薪酬＋佣金制度、基本薪酬＋奖金制度和基本薪酬＋佣金＋奖金制度。

1）纯基薪制度

定义：纯基薪制度是一种“一视同仁”的薪酬模式，是指在同一个公司内，每个销售人员的收入是固定的，不会随着销售业绩的增长和对企业贡献的不同而有所变化。

纯基薪制度的优缺点，见表 7-5。

表 7-5　纯基薪制度的优缺点

优　点	缺　点
➢ 管理简便，透明度高 ➢ 薪酬收入稳定性高 ➢ 员工关系融洽，内部不易出现纷争 ➢ 没有收入风险，有安全感	➢ 激励性差，难以激发员工的工作热情 ➢ 容易形成“大锅饭”现象和平均主义倾向 ➢ 缺乏对销售人员的绩效评估，不能形成有效竞争机制 ➢ 不利于吸引和留住能力强的销售人员 ➢ 在销售收入下降时，企业成本增加

适用范围：适合以团队形式的销售工作，销售周期很长或者科技含量高的产品；刚从事销售工作的员工，非物质需求高于物质需求。

2）纯佣金制度

定义：纯佣金制度是指企业设置好一个佣金标准，该佣金是以实际绩效的一定比率为标准的，销售人员的全部薪酬收入都来自于佣金，没有基本薪酬。通常佣金是以销售额的一定百分比来提取的，每位销售人员的佣金收入高低取决于员工本人销售绩效的好坏。

纯佣金制度的优缺点，见表 7-6。

表 7-6　纯佣金制度的优缺点

优　　点	缺　　点
➢ 薪酬收入与绩效直接挂钩，激励性好 ➢ 佣金的计算较为简单，便于管理 ➢ 对销售人员的监控成本低，且易于控制销售人员的工资总成本 ➢ 能够吸引优秀的销售人员实现更高的绩效 ➢ 短期利益收效明显	➢ 销售人员的收入不稳定，员工缺少安全感 ➢ 过分重视经济利益，影响团队协作 ➢ 同事间薪酬差距较大，内部竞争过度 ➢ 销售人员只重视销售绩效，忽视企业整体和长期发展 ➢ 员工归属感、忠诚度低

适用范围：产品标准化程度较高，推销难度不是很大的行业，如化妆品、营养品等行业；销售人员的绩效可以精确计算的行业，且绩效可以由销售人员本人很好掌控的销售工作，佣金比率容易计算；企业不愿对销售人员进行培训，且销售人员流动性很高的企业。

计算方法，见表 7-7。

表 7-7　纯佣金制度的计算方法

薪 酬 构 成	佣金计算方法	
基本薪酬：无 目标佣金：6 万元/年，每月根据实际销售绩效浮动计发 目标薪酬：6 万元/年，上不封顶	没有实际完成销售目标的百分比	佣金占销售额的百分比
	0～100%	5%
	超过 100%以上	8%

3）基本薪酬＋佣金制度

定义：这是一种将纯基薪制度和纯佣金制度相结合的薪酬组合方式。销售人员每月领取一定数量的基本薪酬，然后再按其绩效领取一定数量的佣金。这种混合的薪酬模式既注重了对销售人员的激励，使销售人员的绩效与佣金相挂钩，又稳定了销售人员的收入，增加其安全感和对企业的忠诚度。

优缺点及适用范围：该制度结合了前两种制度的优点，既保证了销售人员的收入相对稳定，又强调了薪酬对销售人员的激励作用；缺点表现在不易管理，计算较复杂，支付成本较高等。“基本薪酬＋佣金”的薪酬结构是目前较为普遍的一种销售人员的薪酬体系。

计算方法：佣金部分可按照直接佣金和点数佣金两种方式计算。基本薪酬＋直接佣金计算法，见表 7-8；基本薪酬＋点数佣金计算法，见表 7-9。

表 7-8 基本薪酬＋直接佣金制度的计算方法

薪酬构成	佣金计算方法			
基本薪酬:3 万元/年 目标佣金:3 万元/年,每月根据实际销售绩效浮动计发 目标薪酬:6 万元/年,上不封顶	实际完成销售目标的百分比	佣金占销售额的百分比		
		产品 A	产品 B	产品 C
	0～100％	3％	5％	8％
	超过 100％以上	5％	9％	12％

表 7-9 基本薪酬＋点数佣金制度的计算方法

薪酬构成	佣金计算方法	
基本薪酬:4.2 万元/年 目标佣金:1.8 万元/年,每月根据实际销售绩效浮动计发 目标薪酬:6 万元/年,上不封顶	产品类型	单位产品的点值
	A	2
	B	5
	C	8
	D	10
	E	6
		每个点值等于 2 元钱

4）基本薪酬＋奖金制度

定义:这种薪酬模式与基本薪酬＋佣金制度是比较相似的,但也有一定区别。两者的区别是:佣金是与销售绩效直接挂钩的,而奖金与绩效的关系却是间接的,通常情况是销售人员的绩效只有超过了某一销售额,才能获得一定数量的奖金,而且随着目标和定额的不断提高,奖励比率也会不断提高。

优缺点,见表 7-10。

表 7-10 基本薪酬＋奖金制度的优缺点

优　点	缺　点
➢ 不仅关注销售量的实现,还可以全面考查销售人员其他方面的表现 ➢ 更关注企业的长期发展 ➢ 风险性较小,可以通过控制奖金节省成本	➢ 销售人员工作完成情况难以计量,管理难度大 ➢ 奖金的设计难度大 ➢ 过多强调销售人员的长期行为,容易忽视短期绩效

适用范围:企业不仅仅关注短期销售量,而且倾向于打开市场。扩大知名度时,可以采用这种薪酬组合方式。例如一个化妆品代理商一年内化妆品销量超过 200 万,年底就可以得到一笔 2 万元的额外奖金。

计算方法,我们举两个例子来说明这种薪酬结构的计算方法。

(1) 见表 7-11 销售人员薪酬结构:基本薪酬＋奖金①

表 7-11　基本薪酬＋奖金①计算方法

薪酬构成	奖金计算方法	
	实际完成销售目标的百分比/(%)	每月目标奖金的百分比/(%)
基本薪酬:4.2 万元/年 目标佣金:1.8 万元/年,每月根据实际销售绩效浮动计发 目标薪酬:6 万元/年,上限封顶,最高不超过 7.08 万元/年	70	0
	80	50
	90	75
	100	100
	110	120
	120	140
	130	160

(2) 见表 7-12 销售人员薪酬结构:基本薪酬＋奖金②

表 7-12　基本薪酬＋奖金②计算方法

薪酬构成	奖金计算方法	
	绩效评级等级	奖金比例(相当于目标奖金的比例)/(%)
基本薪酬:2.4 万元/年 目标佣金:1.8 万元/年,每月根据实际销售绩效浮动计发 目标薪酬:4.2 万元/年,上限封顶,最高不超过 4.92 万元/年	S	140
	A	120
	B	100
	C	50
	D	0

5) 基本薪酬＋佣金＋奖金制度

定义:这是一种综合型的薪酬结构,将基本薪酬、佣金、奖金三者结合起来,是一种比较灵活的薪酬结构。其中,销售人员不论工作完成好坏都获得一样的基本薪酬;超额完成的,将按一定比例获得佣金;同时根据部门总体完成情况,整个部门若超额完成,将会得到一定数额的部门奖金,部门再将该奖金按照个人完成销售情况分发给各个销售人员,即奖金部分。可用公式表示如下:

销售人员薪酬＝基本薪酬＋佣金＋奖金

＝基本薪酬＋超出定额部分销售额×佣金率＋部门奖金额×个人完成的销售任务占部门的份额

基本薪酬＋佣金＋奖金制度的优缺点,见表 7-13。

表 7-13　基本薪酬＋佣金＋奖金制度的优缺点

优　点	缺　点
➢ 充分调动了销售人员的积极性 ➢ 兼顾了基本薪酬、佣金、奖金三种支付方式的特点 ➢ 运用灵活	➢ 公司销售成本很高 ➢ 操作难度大 ➢ 薪酬指标的设定存在一定难度 ➢ 支付管理复杂

适用范围:公司处在一个成熟的市场中或公司处在高速发展时期。但如果公司薪酬管理能

力不强，这种薪酬结构是要谨慎使用的。表 7-14 是一种最简单的基本薪酬＋佣金＋奖金制度的计算方式：

表 7-14　基本薪酬＋佣金＋奖金制度最简单的计算方式

薪 酬 构 成	基本薪酬：4.2 万元/年 佣金：按月发放，佣金比率为销售额的 6% 奖金：年末发放，相当于佣金的 10% 目标薪酬：6 万元/年，上不封顶

津贴及福利：在对销售人员的津贴和福利设计上，要充分体现销售人员工作的特点。具体措施为：设置特殊奖励制度，增加一些特殊的福利项目，根据工作环境的不同设置不同的津贴项目。

设计中应注意的问题：销售人员的薪酬应与企业的战略目标相协调，确定销售人员的范围，考虑到新老产品销售的平衡问题，对新销售人员的薪酬设计应采取特殊方式。

7.4.3　研发人员的薪酬设计

1. 研发人员概述

研发人员是指企业中具有专业知识或有专业技术职称，并在相关岗位上从事产品开发、研究、市场研究等工作的专门人员。他们主要从事脑力工作，负责企业的技术研究开发方面的工作，工作重点是开发新产品或服务，或者对现有产品或服务进行更新等。工作的技术含量很高，创新性强，对企业的技术竞争优势产生重要影响。

研发人员对企业非常重要，尤其是对高科技企业。主要体现在几个方面：研发人员自身科研水平的提高推动着产品附加值的提高和资源耗费的降低；研发人员的绝大多数研究成果享有知识产权，知识产权的存在加速了企业成功与失败的演化进程；高新技术企业经济效益的增长、市场销售能力的提高、产品制造能力的增强都在一定程度上依赖于企业的研发活动，从事研发活动的人员是企业的核心资源，是企业创新的源泉和发展的关键，研发人员的工作状况能够反映企业创新的综合能力；研发人员的数量、素质、研究活动的组织及激励是一个企业研发规模、研发实力的具体体现，是企业进行创新活动成败的关键。

2. 研发人员的工作特点

研发人员的工作相对于组织内其他工作来说，具有独特的性质，主要表现在几个方面：工作周期长，绩效难以衡量；工作时间难以估算；工作压力很大；工作方式的独特性要求研发工作常以项目团队的方式开展；研发人员的人力资本特征；研发成果具有巨大的外溢性。

3. 薪酬的需求特征

研发人员希望薪酬水平能依照教育程度、专业技术及资历等来制定。最常用的方法是成熟曲线，如图 7-12 所示。

研发人员不希望薪酬与绩效挂钩，也不适用短期激励的方式；更强调奖金、分享利润以及认购公司的股票；对福利的需求具有特殊性；希望有可供选择的双重职业发展通道，如图 7-13 所示。通过双重职业发展通道，可以给研发人员提供更大的晋升机会和发展空间，当他们的职业发展到某一阶段时，就会考虑哪条通道更适合自己、应该朝哪条通道发展，这无疑给研发人员提供了更多选择机会。

4. 影响研发人员薪酬水平的因素

研发人员是企业创新的骨干力量，是一种稀缺资源，是企业争夺的焦点，因此我们要考虑影响研发人员薪酬水平的因素，设计出有效的薪酬体系，从而降低、转化研发人员的流失风险，尤其

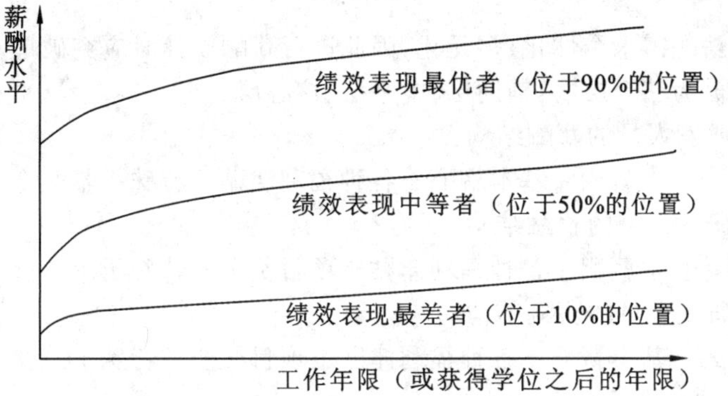

图 7-12　成熟曲线

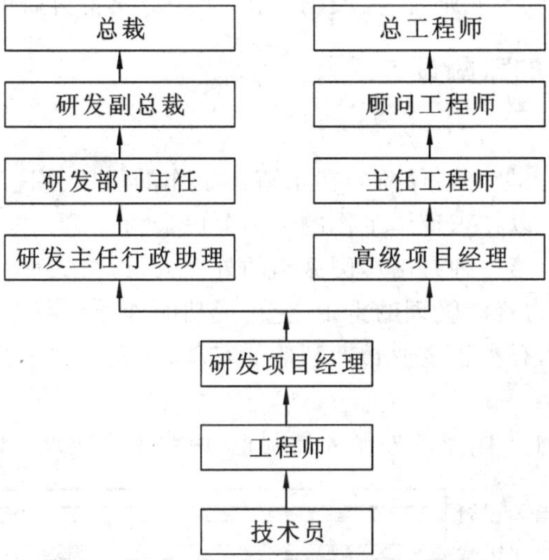

图 7-13　研发人员的双重职业发展通道

对高新技术企业来说,这是非常必要的。影响研发人员薪酬水平的因素如图 7-14 所示。

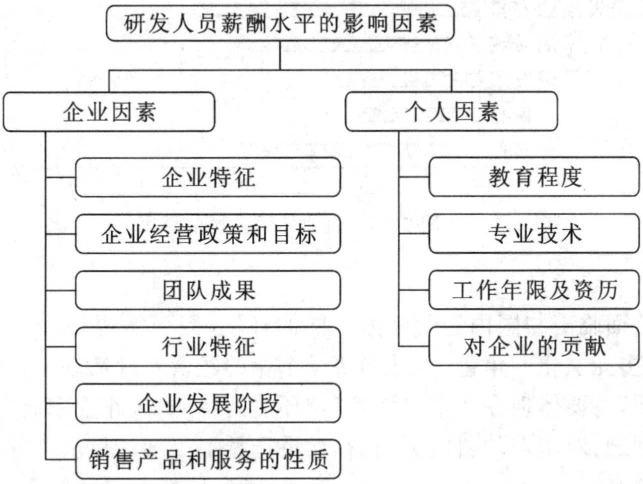

图 7-14　研发人员薪酬水平的影响因素

5. 薪酬设计

研发人员的薪酬需求个性化、多元化,因此进行薪酬设计时应突破单一的现金形式。在这里我们将研发人员分为三个层次:辅助层、中坚层、核心层。

(1) 辅助层研发人员的薪酬结构:

薪酬=基本薪酬+各种福利津贴+特殊贡献奖金

(2) 中坚层研发人员的薪酬结构:

薪酬=基本薪酬+各种福利津贴+项目奖金+特殊贡献奖金+技术股份

(3) 核心层研发人员的薪酬结构:

薪酬=基本薪酬+各种福利津贴+项目奖金+特殊贡献奖金+股权

6. 设计中应注意的问题

注重对研发人员的非货币性激励,注重研发人员薪酬体系的多样性与灵活性,制定科学合理的绩效考核标准。企业应该鼓励冒险、鼓励创新,小企业对待科研创新工作要谨慎。

7.4.4 外派人员的薪酬设计

1. 外派人员概述

外派人员通常是指由母公司任命的在东道国工作的母国公民和第三国公民,还包括在母公司工作的外国公民,其中以在东道国工作的母国公民最为普遍。根据员工的来源地不同,外派人员可以由两部分人构成:第一种是由母国派出的外派人员,第二种是由第三国派出的外派人员。

外派人员是国际人力资源管理的重中之重,成功的外派有利于企业拓展海外业务,有助于企业国际战略目标的实现,有利于企业长期利益的实现,并且有利于企业的全球化发展和国际人力资源战略的实施。

图 7-15 所示是对 44 个国家的外派人员调查,说明了企业外派的原因所在。

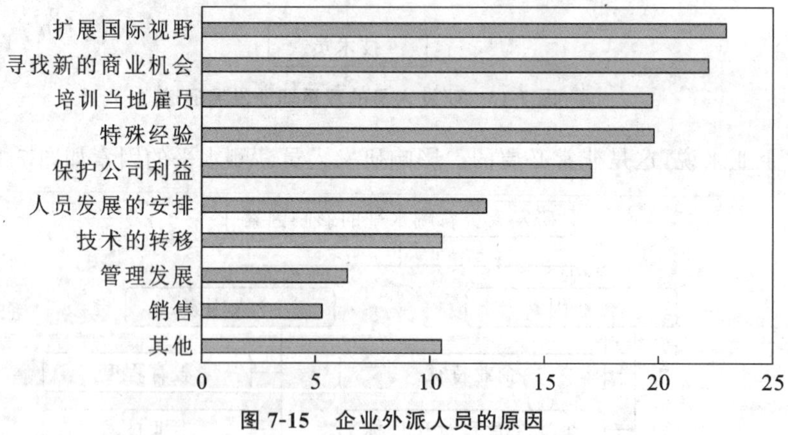

图 7-15　企业外派人员的原因

2. 外派人员工作的特点

由于跨国经营面临着与国内经营极为不同的环境,因而需要外派人员在不同的文化背景和环境下,扮演一个多元文化的角色,指导和协调企业的经营管理活动。这给外派人员的工作提出了许多特殊的要求,主要体现在几个方面:工作环境的特殊;工作受家庭方面的影响较大;归国后涉及人员的安置问题;对培训的要求更高;在人员选派上更加注重员工的个体特征。

3. 薪酬的需求特征

外派人员的薪酬水平需要高于国内的薪酬水平,他们对福利的需求具有特殊性,更加重视津贴，更关注长期激励，特别在乎精神方面的激励。

4. 影响外派人员薪酬水平的因素

由于外派人员工作的特殊性，在设计外派人员薪酬时，除考虑员工自身的实际情况外，通常还要考虑东道国的政治、经济、文化等因素，在此基础上设计合理的薪酬体系，具体影响因素如图7-16所示。

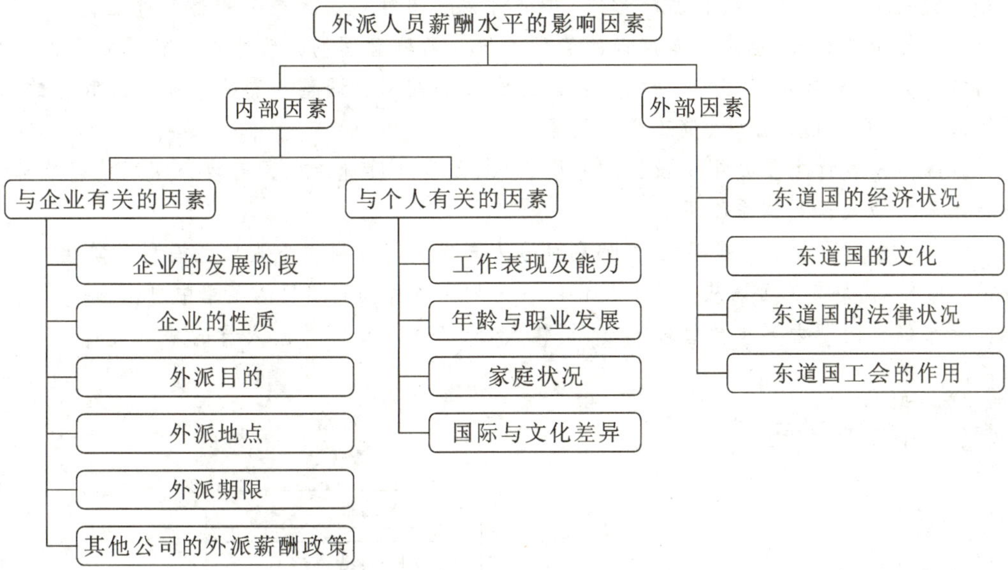

图7-16　外派人员薪酬水平的影响因素

5. 薪酬设计

(1) 薪酬结构：薪酬＝基本薪酬＋津贴＋奖金＋福利。

(2) 支付方法：平衡表法、谈判法、一次性支付法、当地定价法、自助餐法。

6. 设计中应注意的问题

全球化的薪酬管理目标，外派人员薪酬政策的全球化问题，区域化薪酬体系的发展。

7.4.5　不同员工群体的薪酬平衡

1. 薪酬平衡的特点

薪酬体系要实现在不同员工群体之间的平衡，至少应该具备三个特征：第一，完成工作所需要的知识和技能越多，得到的报酬也越多；第二，从事工作时所处的环境越差，得到的报酬也应该越多；第三，关注员工个人绩效，按绩效分配，工作对实现组织整体目标的贡献越大，得到的报酬也应该越多。

2. 影响薪酬平衡的主要因素

主观因素过重，平均主义现象，薪酬分配不透明。

3. 薪酬平衡的有效措施

建立合理的公平观，进行合理的工作评价；基于绩效的薪酬体系；设置不同员工群体间的薪酬差距警戒线；有效的监督机制和沟通机制。

本章小结

薪酬的概念有广义和狭义之分。所谓广义的薪酬就是指员工为组织提供劳动而获得的物质报酬和精神报酬的总和。所谓狭义的薪酬就是员工因为雇用关系,而从组织获得的各种经济性回报和有形的服务及福利。广义的薪酬可分为经济性薪酬和非经济性薪酬,经济薪酬又可分为直接薪酬和间接薪酬。薪酬的基本形式是指直接以货币支付的工资和间接以货币支付的福利,包括基本工资、奖励工资、成就工资、津贴以及福利等。薪酬的功能可以从企业和员工两个方面来分析。

薪酬管理是指企业在经营战略和发展规划的指导下,综合考虑内外部各种因素的影响,确定自身的薪酬水平、薪酬结构和薪酬形式,并进行薪酬调整和薪酬控制的整个过程。企业薪酬管理既是一个复杂的过程,也是一套严谨的管理系统。薪酬管理的内容主要包括确定薪酬管理目标、薪酬体系决策、薪酬水平定位、薪酬结构设计和薪酬控制与调整。影响企业薪酬管理的因素有企业外部因素、企业内部因素、员工个人因素。

薪酬体系设计主要介绍了设计的原则、影响因素和设计流程。着重介绍职位薪酬体系、能力薪酬体系和绩效薪酬体系的设计。

依据是否由国家立法强制执行,福利可分为国家法定福利和企业自主福利。弹性福利,也叫自助餐式福利,就是员工可以从企业所提供的一系列有各种福利项目的菜单中自由选择所需的福利。

特殊薪酬问题主要包括管理人员、销售人员、研发人员和外派人员的薪酬设计问题。

本章导学图

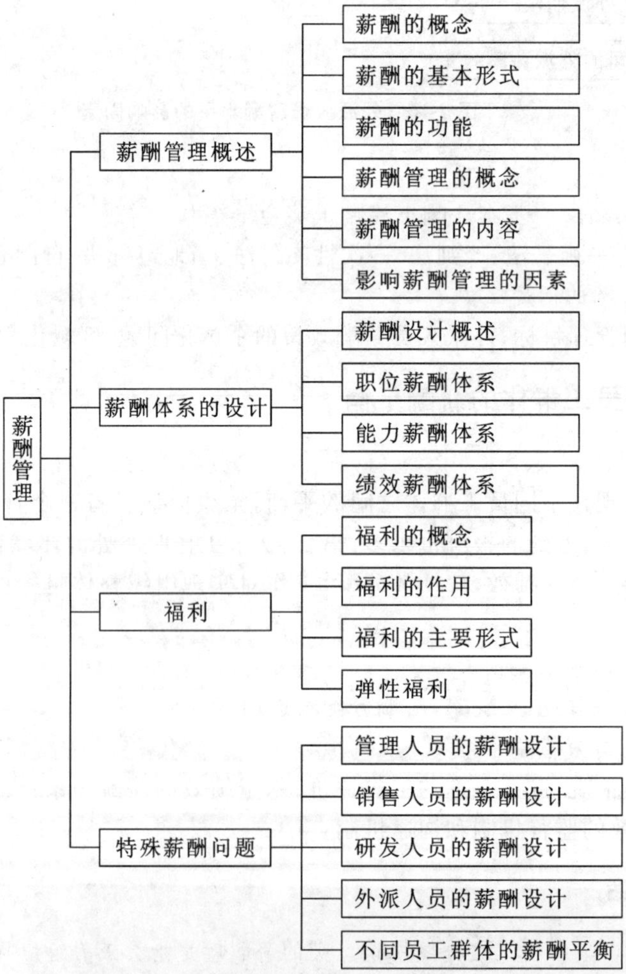

知识巩固训练

一、单项选择题

1.(　　)是指以员工劳动熟练程度、复杂程度、责任以及劳动强度为基准而支付的劳动报酬。

A.基本薪酬　　B.可变薪酬　　C.直接薪酬　　D.间接薪酬

2.(　　)通常是指员工由工作本身所获得的心理满足和心理效用。

A.经济性薪酬　　B.非经济性薪酬　　C.直接薪酬　　D.间接薪酬

3.下列选项中,(　　)属于间接薪酬。

A.基础工资　　B.绩效工资　　C.养老保险　　D.工作责任感

4.下列选项中,(　　)属于直接薪酬。

A.带薪休假　　B.工作趣味　　C.奖金　　D.医疗保险

5.通常情况下,人们习惯把劳力者的收入称为(　　)。

A.薪金　　B.工资　　C.薪资　　D.收入

6.(　　)是薪酬体系中与绩效直接挂钩的部分,即薪酬中随着员工工作努力程度和工作绩效的变化而变化的部分。

A.基本工资　　B.奖励工资　　C.成就工资　　D.津贴

7.(　　)是指根据员工的特殊劳动条件和工作特性以及特定条件下的额外生活费用而支付的劳动报酬。

A.基本工资　　B.奖励工资　　C.成就工资　　D.津贴

8.(　　)是指企业内部各类职位以及企业整体平均薪酬的高低状况,它反映了企业支付薪酬的外部竞争性。

A.薪酬水平　　B.薪酬结构　　C.薪酬调整　　D.薪酬控制

9.(　　)是根据国家的政策、法律和法规,企业必须为员工提供的各种福利。

A.企业自主福利　　B.国家法定福利　　C.企业弹性福利　　D.非经济性福利

二、多项选择题

1.下列选项中,属于间接薪酬的是(　　　)。

A.工龄工资　　B.医疗保险　　C.免费午餐

D.股权　　E.带薪休假

2.下列选项中,属于可变薪酬的是(　　　)。

A.职称工资　　B.股票期权　　C.红利

D.绩效工资　　E.工龄工资

3.下列选项中,属于非经济性薪酬的是(　　　)。

A.工作自主权　　B.私人秘书　　C.动听的头衔

D.组织声望　　E.领导的信任

4.薪酬的功能主要有(　　　)。

A.经济保障功能　　B.激励功能　　C.成本控制功能

D.社会信号功能　　E.塑造企业文化功能

5. 影响薪酬的内部因素有(　　)。
A.企业经营战略　B.企业财务状况　C.员工所处职位
D.员工绩效表现　E.劳动力市场状况

6. 下列选项中,属于国家法定福利的有(　　)。
A.法定节假日　B.失业保险　C.带薪休假
D.员工食堂　E.年度体检

7. 下列选项中,属于企业自主福利的有(　　)。
A.带薪休假　B.商业保险　C.心理咨询
D.儿童护理　E.搬迁帮助

三、判断题

1. 经济性薪酬包括直接薪酬和可变薪酬。(　　)
2. 间接薪酬与员工个人的工作和绩效并没有直接的关系,具有普遍性。(　　)
3. 带薪休假属于非经济性薪酬。(　　)
4. 可变薪酬往往与绩效直接挂钩,有时也被称为浮动薪酬或奖金。(　　)
5. 一般来说,劳心者的收入称为薪金,劳力者的收入称为工资。(　　)
6. 薪酬的内部公平是指企业的薪酬与同行业或同一地区或同等规模的不同企业中类似岗位的薪酬达到基本一致。(　　)
7. 薪酬的奖励性调整是当企业效益佳、盈利多时,对全体员工薪酬进行的普遍调高。(　　)
8. 带薪休假属于企业自主福利。(　　)
9. 津贴是员工特殊劳动的报酬,是补偿他们的特殊体力消耗、额外劳动支出的报酬。(　　)

四、简答题

1. 什么是薪酬?薪酬对于组织和员工的意义何在?
2. 人力资源管理职能怎样才能适应战略性薪酬管理要求?
3. 结合中国企业的实际情况,讨论以职位为基础的薪酬体系设计和以能力为基础的薪酬体系设计的适用性。
4. 什么是弹性福利?弹性福利的内容有哪些?

五、案例分析题

某公司由于发展受阻,员工工作积极性不高,于是决定对技术人员和中层管理人员实行额外津贴制度以激励骨干人员的工作热情,标准为:一定级别的管理干部享受一定的津贴,技术人员按照20%的比例享受一定的津贴。此政策宣布后,在公司技术人员中掀起了轩然大波,技术人员纷纷表示不满,并把矛头直指公司领导,表示若不能享受津贴,就让获得津贴的人干活。经过一段时间后,公司不得不宣布调整对技术人员的津贴政策——按助工、工程师和高级工程师三个档次发放津贴。于是,公司的津贴激励制度变成了人人有份的“大锅饭”制度,钱花了,却得不到预期效果,反而引起一连串的麻烦。

该公司的一线生产为连续性生产,有大量倒班工人,他们知道津贴制度后,都认为干部和工程师都涨工资了,他们的工资不涨,这不公平。于是,他们决定推选一些工人向公司领导集中反映意见。连续几个上午,公司总部办公楼被工人团团围住,要求增加津贴。一段时间后,公司宣布给倒班工人发放津贴。

此事才平,又起一事。公司经过政府有关部门批准,决定在市内购买数千套期房作为福利房分售给职工。此事办得极为迅速,约半个月就和房地产开发商签订合同,并交了订金。然后按照公司拟定的条件,展开了分售房行动。数千名工龄较长、职务较高的雇员获得了高值商品房。这时,一部分居住于市内的雇员也想获得此优惠房,为此决定联合起来闹事,采用此前工人采用的相同手段,同样如愿以偿。

一系列的事件使员工形成了一种印象:不管有理无理,只要找公司闹,终会得到满足。

思考题:

1.你认为公司遇到闹事麻烦的原因是什么?

2.结合本案例,你认为薪酬体系至少应包括哪些部分?

3.薪酬管理应该坚持哪些原则?

职业能力训练

项目:制定奖励计划。

目的:通过实训,了解和掌握企业奖励计划的制定原则、方法以及薪酬鼓励的注意事项,使学生得到一次制定奖励计划的实际体验。

指导:指导教师一方面要提供实训案例情境,并尽可能让每个同学熟悉情境内容和任务要求;另一方面要对各小组同学的讨论进行引导,解答同学提出的问题并在讨论后进行总结。

要求:实训开始前,要求学生已经阅读过相关书籍,并已获得企业人力资源管理的真实资料。

实训开始后,按以下步骤实施:第一步,提供案例资料;第二步,明确实训任务要求;第三步,组建团队,一般每组5～6名学生;第四步,开始制定奖励计划;第五步,全班讨论,教师评价。

实训结束后,每位学生必须提交书面收获与体会,每个小组提交一份实训报告。实训报告要求语言流畅、文字简练、条理清晰;报告内容主要包括实训报告封面(包含实训日期,小组成员姓名、专业、班级等信息)、实训项目名称、实训目的、实训内容、实训资料(实训所依据的原始资料和使用的工具、材料等)、实训过程(实训采用的方法、步骤等)、实训结果或结论、实训指导教师评价意见等。

各小组成绩的考核指标分为两个方面:奖励计划的合理性和可行性;理由陈述的条理性和完整性。

个人成绩的考核指标为个人表现(60%)和小组表现(40%)。个人表现包括发言的主动性和条理性、内容的可行性,讨论中的组织能力、合作能力和相关知识的掌握程度。个人实训成绩按优秀、良好、中等、及格和不及格五级计分法评定。

本项目实训时间以2.5小时为宜。

案例资料:YT公司是一家大型的小轿车经销商,该公司一共有600名雇员,销售22个品牌的轿车,最近该公司得到了一份令人沮丧的调查结果:公司的客户满意度已经连续9个季度出现下滑了。客户的抱怨主要集中在几个方面:他们很难通过电话从维修人员那里获得快速的反馈;销售人员经常不给他们回电话;公司的财务人员似乎“热心过头”,即经常催缴款项等;新汽车常常不能得到恰当的清洁,或者有一些小部件在刚刚购买时就需要进行维修或者调整;常常对已经完成的维修工作进行返工。

YT公司当前的薪酬体系如下表所示：

团　队	职　责	当前薪酬体系
销售人员	说服客户购买小轿车	很少的基本薪酬(最低工资)加上年佣金。每个月的销售量增加20辆，则佣金比率随之上升
财务人员	帮助完成销售过程；说服客户采用公司制定的财务计划	基本薪酬加上为公司完成1万美元的资金借贷任务而提供的奖金
细节检查员	检查从工厂中接收过来的轿车，并对车辆进行清洁，进行细微的调整	根据每天检查的车辆数量支付计件工资
维修人员	提供工厂所有承诺的服务，维护和修理小轿车	较低的小时薪酬率，加上两个方面因素支付的奖金：一是每天完成维修的车辆数；二是完成每辆汽车所用的时间比标准维修时间少用的时间
接待人员	充当客户和销售人员、财务人员以及维修人员之间的主要联络人	最低薪酬

问题：

1. 小组的薪酬计划会以何种方式对公司的客户服务问题做出自己的贡献？

2. 你会建议公司在每个团队内部采用一种团队奖励计划吗？你会建议公司采用以YT汽车公司的总体客户服务水平为基础的奖励计划吗？如果是，你将如何构建这两种计划？

3. 为了使该公司的薪酬系统有利于改善客户满意度，你会提出什么样的薪酬改善建议？

拓展阅读

第 8 章　职业生涯管理

学习目标 ……

（1）掌握职业生涯管理的概念和内容。

（2）了解职业生涯管理的意义。

（3）了解职业生涯管理的几种基本理论。

（4）掌握帕森斯的特质-因素理论、霍兰德的职业倾向理论、萨柏的职业生涯阶段理论、施恩的职业锚理论。

（5）掌握个人职业生涯规划、开发与管理的基本概念、原则、内容和步骤。

（6）掌握企业职业生涯管理的概念和内容。

本章关键词 ……

职业生涯(career)、职业生涯管理(career management)、职业锚(career anchor)、职业性向(career orientation)

引导案例

人们加入企业后，就和职业有了不解之缘，就有了自己不同于他人的职业生涯。职业生涯如何发展就成了摆在我们面前的难题。对个人而言，职业规划的自我管理能够影响职业的成功；对企业而言，做好员工的职业生涯规划与开发有利于企业目标的实现。因此，研究前人关于职业生涯规划的基本理论。了解职业生涯规划的基本知识，对做好个人和企业的职业生涯管理工作，实现个人和企业的共同成长和发展有重要的现实意义。

8.1　职业生涯管理概述

8.1.1　职业生涯管理的概念

理解职业生涯管理，我们首先需要对职业、职业生涯、职业生涯管理等概念有明确的认识。

1. 职业

“职业”一词，理论界有很多种定义，不同学者的界定角度不同。

美国社会学家赛尔兹认为，职业是一个人为了不断取得个人收入而从事的具有市场价值的特殊活动，这种活动决定着从业者的社会地位。

日本社会学家尾高邦雄认为，职业是某种一定的社会分工或社会角色的持续实现，因此职业包括工作、工作的场所和地位。他指出，职业是社会与个人或整体与个体的结合点，通过这一点的相关动态，形成人类社会共同生活的基本结构，整体目标靠个体通过职业活动来实现，个体通过职业活动对整体的存在和发展做出贡献。

美国学者泰勒在其著作《职业社会学》一书中指出，职业的社会学概念，可以解释为一套成为模式的与特殊工作经验有关的人群关系，这种成为模式的工作关系的整合，促进了职业结构的发展和职业意识形态的显现。

综合以上观点，我们可以给职业下这样一个定义：职业是参与社会分工、利用专门的知识和技能，为社会创造物质财富和精神财富，获取合理薪酬作为物质生活来源，并满足精神需求的工作。例如教师、工程师、工人、农民等都是职业。

职业是人类社会分工的结果，随着人类社会分工越来越复杂，职业的类别和内部构成、外部关系也越来越丰富。从一般意义上讲，职业具有以下三个特征：第一，社会性，职业是为社会所需要的，职业是劳动者进行的社会生产活动，劳动者参与社会分工；第二，经济性，劳动者要从他从事的职业中获取经济收入，并以此作为他的物质生活来源；第三，连续性，一般来说，劳动者连续地从事某种社会工作，或者从事某项工作相对稳定，才能称为职业。

由此可见，职业对劳动者的重要性是不言而喻的，这就要求劳动者个人要与职业相适应，即个人能力、特性要与职业的要求相协调。

2. 职业生涯

简单地说，一个人从职业学习开始到职业劳动最终结束，这一生的职业工作经历就是职业生涯。

职业生涯的概念有广义和狭义之分。狭义的职业生涯限定于直接从事职业工作的一段生命时光，上限始于入职前的职业学习和培训；广义的职业生涯是从职业能力的获得、职业兴趣的培养、选择职业、入职直至最后完全退出职业劳动的过程。

尽管考察职业生涯的角度不同，但是，职业生涯有其基本的含义：第一，职业生涯是个体的行为经历，而非群体或组织的行为经历；第二，职业生涯是一个人一生中的工作经历或历程；第三，职业生涯是一个时间概念，指职业生涯期；第四，职业生涯是一个动态的概念，不仅表示工作时间的长短，而且内含着职业发展、变更的经历过程，包括从事何种职业、职业发展的阶段、由一种职业向另一种职业的转换等内容。

综上所述，职业生涯就是指一个人一生从事职业的全部历程，整个历程可以是间断的，也可以是连续的，它包含一个人所有的工作、职业、职位的外在变更和工作态度、体验的内在变更。

3. 职业生涯管理

职业生涯管理是指组织和员工个人对职业生涯进行设计、规划、执行、评估、反馈和修正的综合性过程。通过员工和组织共同努力与合作，使每个员工的职业生涯目标与组织发展目标一致，使员工的发展与组织的发展相吻合。职业生涯管理包含两重含义：一是企业针对个人和企业发展需要所实施的职业生涯管理，称为企业职业生涯管理；二是个人为自己的职业生涯发展而实施的管理，称为个人职业生涯管理。

8.1.2 职业生涯管理的内容

职业生涯管理的内容包括个人职业生涯管理和企业职业生涯管理两个方面，两个方面相互联系、互相匹配，从而形成了职业生涯管理的内容体系。

1. 个人职业生涯管理的内容

个人职业生涯管理是由个人提出职业发展目标、制定实现目标的计划并实施的过程。这个过程包括自我定位、发展环境分析、职业目标确定、职业选择及生涯路线的确定、职业开发和职业生涯周期管理等一系列相关的活动。主要内容为：个人职业生涯规划，即确定个人职业生涯目标和制定个人职业生涯策略；个人职业生涯开发，是指为了满足职业需求，个人凭借自身努力并借助企业提供的各种手段和方式，提高自身素质、改进工作方式和方法、提高工作效率等一系列持续不断的努力过程；个人职业生涯管理，是在职业生涯发展的不同时期，个人应当根据具体的情况和条件适时地进行调整和完善职业规划。由于职业生涯主观和客观环境的不断变化，职业生涯发展不同阶段的重点也会相应地有所改变，因此，不断地根据环境和条件的变化进行调整是职业生涯管理的重要内容。

2. 企业职业生涯的管理内容

企业职业生涯管理是企业人力资源管理的重要组成部分，代表企业所进行的一种有计划的持续的努力，包括企业职业生涯规划、企业职业生涯开发、企业职业生涯心理辅导与咨询等一系列职业生涯管理活动。主要内容为：企业职业生涯规划，涉及确定企业未来发展中的人力资源需求、对员工的能力和潜力进行评估、为员工设计职业发展阶梯，通过绩效评估对不同职业生涯发展阶段的员工进行反馈，实施职业生涯管理等方面的内容；企业职业生涯开发，即通过有效招聘、职业定向计划、持续的培训、工作丰富化和工作扩大化、工作调整与转换、工作压力的化解、工作与家庭的平衡等各种有效的方法，构建有效的职业生涯开发系统，充分开发员工的潜能，实现员工职业生涯的有效开发，为企业的长远发展提供动力；企业职业生涯心理辅导与咨询，包括压力管理、工作与家庭平衡和职业生涯心理咨询等方面的内容。

8.1.3 职业生涯管理的特点

根据职业生涯管理的内容可以归纳出职业生涯管理具有如下特点。

1. 职业生涯管理是企业与员工双方的责任

职业生涯管理的目的是为了促进员工的全面发展，实现企业的发展目标。在职业生涯管理中，企业和员工必须承担一定的责任，双方共同合作才能实现职业生涯管理的目标，无论是个人还是企业都不能过分依赖对方，员工个人和企业必须按照职业生涯管理工作的具体要求做好各自的工作。从员工角度看，个人职业生涯规划必须由自己决定，要结合自己的性格、兴趣和特长等进行设计。企业的职业生涯规划应考虑的因素是组织的整体目标，以及所有企业成员的整体职业生涯发展，通过对所有员工的职业生涯管理，充分发挥企业员工的集体潜力和效能，最终实现组织的发展目标。

2. 职业生涯信息是职业生涯管理的基础工作

职业生涯管理需要组织有完备的信息管理系统，在职业生涯管理中，员工个人需要了解和掌握企业各方面的信息，如企业发展战略、经营理念、人力资源供求情况、职位空缺与晋升情况等；企业也需要全面掌握员工的情况，如员工的性格、兴趣、特长、智能、潜能、情绪及价值观等。此外，职业生涯信息总是处在变动中，企业发展、经营重点、人力资源需求、员工的能力都在变，这就要求必须对职业生涯信息不断地进行维护和更新，才能保证信息的时效性。只有做好信息管理工作，才能有效地进行职业生涯管理。

3. 职业生涯管理是一种动态管理

职业生涯管理贯穿员工职业生涯发展和组织发展的全过程。在职业生涯的不同阶段及组织发展的不同阶段,员工的发展特征、发展任务,以及应注意的问题是不同的。每一个发展阶段都有各自的特点、各自的目标和各自的发展重点,对每一个发展阶段的管理也应有所不同。随着决定职业生涯的主客观条件的变化,组织成员的职业生涯规划和发展也会发生相应的变化,因此,职业生涯管理的侧重点也应有所不同,以适应变化。

8.1.4 职业生涯管理的意义

对绝大多数人来说,职业是其生活的重要组成部分,职业不仅是个人谋生的手段,还为个人创造了实现自我价值的机会和发展空间。如今,组织和个人越来越认识到职业生涯管理的重要性。

1. 个人职业生涯管理的意义

(1) 帮助个人更好地明确职业发展目标并增强工作环境适应能力。职业生涯管理能通过认真细致地分析,使员工了解自身的长处和短处,更清醒地认识自己的职业发展需要和动机,结合外部环境分析,明确个人的职业发展目标,从而选择适当的职业发展方向和路径,获得职业生涯的成功。同时,通过对个人目标与工作环境的分析,可以使员工合理计划、分配时间和精力完成任务,有利于加强员工的环境把握和适应能力。

(2) 有利于个人处理好工作与家庭的关系。人是社会人,除了工作需要之外,还有社会生活的需要。个人职业生涯发展的每一个阶段都与家庭生活密切相关,家庭成员的行为、观念将直接影响个人的工作绩效和职业发展。有效的职业管理更能平衡职业生活与个人追求、家庭目标的关系,提高人们的工作、生活质量,避免顾此失彼、陷入两难困境。

(3) 实现自我价值的提升。自我价值的提升是职业生涯成功的最高境界。职业生涯管理可以借助各种有利条件,结合个人特长,选择最为有利的方式,最大限度地开发个人的潜力,调动个人的积极性,以满足个人当前的成长需要并产生新追求,在员工不断提升自我和超越自我的行动中,实现其自我价值的提升。

2. 企业职业生涯管理的意义

(1) 有利于人力资源的合理配置。人力资源是企业的核心资源,人力资源管理的一个基本任务就是关注员工职业生涯的发展,为员工提供发展的机会,创造发展的空间。企业所开展的人力资源招聘录用、培训开发、职业生涯规划、工作和家庭的平衡等活动都可以帮助企业更加了解自己的员工和员工的真实需求,以便有针对性地进行管理,获得高效的人力资源产出,从而形成区别于其他企业的核心竞争力。企业职业生涯管理可以实现职位配置的适宜性,做到人岗相宜和人岗匹配。

(2) 能充分调动员工积极性,实现组织与员工的共同成长。职业生涯管理可以提高员工在各个需求层次的满意度。对企业而言,如果无法满足员工的需求,就有可能会失去员工,从而导致工作停顿和组织发展缺乏活力。职业生涯管理有助于组织了解员工的个人发展愿望,帮助员工进行职业生涯规划和管理,在满足员工个人需求的同时获得源源不断的发展动力和活力,以确保企业目标的实现。在提倡企业和个人双赢的今天,职业生涯管理不仅使企业和个人找到了共同点,同时使得个人和组织形成了利益统一体、发展统一体和效益统一体。

(3) 有利于加强企业的文化建设。良好的企业文化氛围会使员工更加关心企业发展,调动其工作热情,取得良好的工作绩效,提高其对企业的忠诚度。职业生涯管理对员工来讲是一种特殊的激励形式,对企业制度的创建和员工的行为规范,以及企业核心价值观的形成都会产生积极的影响,同时还会增强员工的主人翁意识。一个企业文化比较健康的企业,一定会凝聚一大批有事业心、有能力、高素质、对企业忠诚的员工。管理好员工的职业生涯,可以保证员工队伍的相对稳定性,这也是企业文化建设所关心的问题。

8.2 职业生涯管理理论

8.2.1 职业匹配理论

人与职业相互关联,个人依据自己的价值观、职业期待、兴趣能力等,从社会现有的职业中进行挑选,个人要较好地做出职业选择,必须以个人与职业相互匹配为前提。职业匹配理论告诉我们应依据什么对个人和职业进行匹配,比较有代表性的职业匹配理论有帕森斯的特质-因素理论、罗伊的人格发展理论和霍兰德的职业性向理论。

1. 特质-因素理论

帕森斯的特质-因素理论,又称帕森斯的人职匹配理论,它是最早的职业辅导理论,1909年,美国波士顿大学教授弗兰克·帕森斯(Frank Parsons)在其《选择一个职业》一书中提出了人与职业相匹配是职业选择的焦点。他认为,个人都有自己独特的人格模式,每种人格模式都有其相适应的职业类型。所谓"特质",就是指个人的人格特征,包括能力倾向、兴趣、价值观和人格等,这些都可以通过心理测量工具来加以评估。所谓"因素",则是指在工作上要取得成功所必须具备的条件或资格,这可以通过对工作的分析来了解。

(1) 职业设计的三要素模式。帕森斯提出了职业设计的三要素模式:第一,清楚地了解自己,包括倾向、能力、兴趣、自身局限和其他特质等;第二,了解各种职业必备的条件及所需的知识,不同工作岗位的优势、不足、补偿、机会和前途;第三,上述两者的平衡。

(2) 理论前提假设。特质-因素理论的核心是人与职业的匹配,其理论的前提假设是:每个人都有一系列独特的特性,并且可以客观有效地进行测量;为了取得职业成功,不同职业需要配备不同特性的人员;选择一种职业是一个相当易行的过程,而且人职匹配是可能的;个人特性与工作要求之间配合得愈紧密,职业成功的可能性愈大。

(3) 人职匹配的类型。人职匹配分为两种类型:因素匹配("活"找人),例如,需要有专门技术和专业知识的职业与掌握该种专业技术和专业知识的择业者相匹配,或脏、累、苦劳动条件差的职业需要与吃苦耐劳、体格健壮的劳动者相匹配;特性匹配(人找"活"),例如,具有敏感、易动感情、不守常规、个性强、理想主义等人格特性的人,宜于从事审美性、自我情感表达的艺术创作类型的职业。

(4) 个体选择职业的过程。

第一步,评价个体的生理和心理特点。通过心理测评或其他测评手段,获得有关个体的身体状况、能力倾向、兴趣爱好、气质与性格等方面的资料,并通过会谈、调查等方法获得个体的家庭背景、学业成绩、工作经历等情况,并对这些资料进行评价。

第二步,分析各种职业对人的要求,寻找有关的职业信息。有关的职业信息包括:职业的性质、工资待遇、工作条件以及晋升的可能性;求职的最低条件,诸如学历要求、所需的专业训练、身体要求、年龄要求、各种能力以及其他心理特点的要求;为准备就业而设计的教育课程计划,以及这种训练的教育机构、学习年限、入学资格和费用等;就业机会。

第三步，人职匹配。在了解个体的特性和职业的各项指标的基础上，对个体和职业进行比较分析，以便选择一种适合个人特点又有可能取得成功的职业。

总体上看，特质-因素理论一方面为人们的职业生涯规划提供了最基本的原则；另一方面由于该理论具有较强的可操作性，所以被人们广泛采用。但我们也应该看到理论中的静态观点和现代社会的职业变动规律不相吻合的部分，该理论也忽视了社会因素对职业生涯规划的影响和制约作用。

2. 人格发展理论

罗伊的人格发展理论试图说明遗传因素和儿童时期的经验对于未来职业行为的影响。罗伊认为，早年经验会增强或减弱个人高层次的需求，进而影响人的生涯发展。他特别强调经验对个体择业行为的影响。

人格发展理论假设每一个人天生就有一种扩展心理能量的倾向，这种内在的倾向配合着个体不同的儿童时期的经验，塑造出个人需求满足的不同方式，每一种方式对于生涯选择的行为都有不同的意义。

罗伊认为，需求满足的发展与个人早期的家庭气氛及成年后的职业选择有着密切的关系。例如，在个体成长过程中，父母对他(她)是接纳的还是拒绝的、家庭气氛是温暖的还是冷淡的、父母对他(她)的行为是自由放任的还是保守严厉的，这些都会反映在个人的职业选择上。亲子关系与职业选择的关系如图 8-1 所示，罗伊的职业世界分类系统见表 8-1。

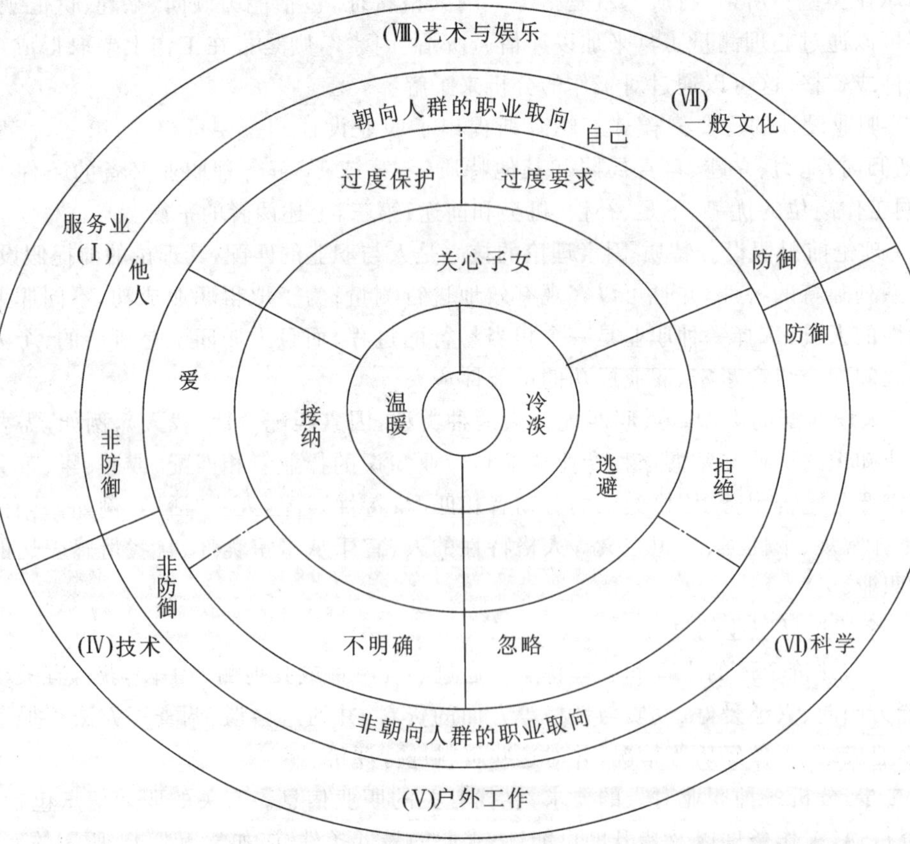

图 8-1　亲子关系与职业选择的关系(罗伊，1957)

表 8-1　罗伊的职业世界分类系统(1984)

层　次	Ⅰ 服务	Ⅱ 商业交易	Ⅲ 商业组织	Ⅳ 技术	Ⅴ 户外	Ⅵ 科学	Ⅶ 文化	Ⅷ 演艺
1.专业及管理(高级)	社会科学家、心理治疗师、社会工作督导	公司业务主管	董事长企业家	发明家、高级工程师	矿产研究员	医师、自然科学家	法官、教授	指挥家、艺术教授
2.专业及管理(一般)	社会行政人员、社工人员	人事经理、营业部经理	银行家、证券商、会计师	飞行员、工程师、厂长	动植物专家、地质学家	药剂师、兽医	新闻编辑、教师	建筑师、艺术评论员
3.半专业及管理	社会福利人员、护士	推销员、批发商、经销商	会计、秘书	制造商、飞机修理师	农场主、森林巡视员	气象员、理疗师	记者、广播员	广告、艺术、室内装潢师、摄影师
4.技术	技师、领班、警察	拍卖员、巡回推销员	资料编纂员、速记员	锁匠、木匠、水电工	矿工、油井钻探工	技术助理	一般职员	演艺人员
5.半技术	司机、厨师、消防员	小贩、售票员	出纳、邮递员、打字员	木匠(学徒)、起重机驾驶员、卡车司机	园丁、农民、矿工、助手		图书馆管理员	模特、广告绘制员
6.非技术	清洁工、门卫、侍者	送报员		助手、杂工	伐木工、农场工人	非技术性助手	送稿件人员	舞台管理员

3. 职业性向理论

美国约翰·霍普金斯大学心理学教授、著名的职业咨询师约翰·霍兰德(John Holland)于1959年提出了具有广泛社会影响的职业性向(career orientation)理论。他认为,职业性向包括价值观、动机和需要等,是决定个人选择何种职业的一个重要因素。霍兰德经测试研究,发现人大致可以划分为六种基本的人格性向,相应地也将职业划分为六种基本类型,即实际型、研究型、艺术型、社会型、企业型、常规型。霍兰德认为,职业选择取决于人格与职业的相互结合,即做到"人格—职业匹配"。

然而,大多数人都并非只有一种性向(例如,一个人的性向中很可能同时包含着社会性向、实际性向和调研性向三种)。霍兰德认为,一个人的几种性向越相似,相容性越强,则在选择职业时所面临的内在冲突和犹豫就会越少。为了帮助描述这种情况,霍兰德建议将这六种性向分别放在一个正六边形的角上,标示出六大类型的关系(见图 8-2)。

(1) 相邻关系,如 RI、IR、IA、AI、AS、SA、SE、ES、EC、CE、RC 及 CR。属于相邻关系的两种类型的个体之间共同点较多,如实际型 R 和研究型 I 的人都不太偏好人际交往,这两种职业环境中与人接触的机会也较少。

(2) 相隔关系,如 RA、RE、IC、IS、AR、AE、SI、SC、EA、ER、CI 及 CS。属于相隔关系的两种类型的个体之间共同点比属于相邻关系的个体间的共同点少。

(3) 相对关系。在六边形上处于对角位置的类型之间的关系为相对关系,如 RS、IE、AC、SR、EI 及 CA。相对关系的人格类型共同点少,因此,一个人同时对处于相对关系的两种职业都兴趣很浓的情况较为少见。

人们通常倾向于选择与自我性向类型匹配的职业环境,如具有实际型性向的人希望在实际型的职业环境中工作,可以最好地发挥个人的潜能。但职业选择中,个体并非一定能选择与自己性向完全对应的职业环境。主要原因是:一方面,个体本身常是多种性向类型的综合体,单一类型显著突出的情况不多,因此,评价个体的性向类型时常以其在六大类型中得分居前三位的类型组合而成,组合时根据分数的高低依次排列字母,构成其性向组型,如 RCA、AIS 等;另一方面,影响职业选择的因素是多方面的,不完全依据性向类型,还要参照社会的职业需求及获得职业的现实可能性。

因此,个体在职业选择时会不断妥协,寻求相邻职业环境甚至相隔职业环境的工作,在这种环境中,个体需要逐渐适应工作环境。但如果个体寻找的是相对的职业环境,意味着所进入的是与自我兴趣完全不同的职业环境,工作起来可能难以适应,或者难以在工作时感到很快乐,甚至可能会每天工作得很痛苦。

员工的工作满意度与流动倾向性取决于个体的人格特点与职业环境的匹配程度。当人格和职业相匹配时,会产生最高的满意度和最低的流动率。例如,社会型的个体应该从事社会型的工作,社会型的工作对实际型的人则可能不合适。

霍兰德的职业性向六边形模型的关键在于:个体之间在人格方面存在着本质差异;个体具有不同的类型;当职业环境与人格类型协调一致时,会产生更高的工作满意度和更低的离职可能性。

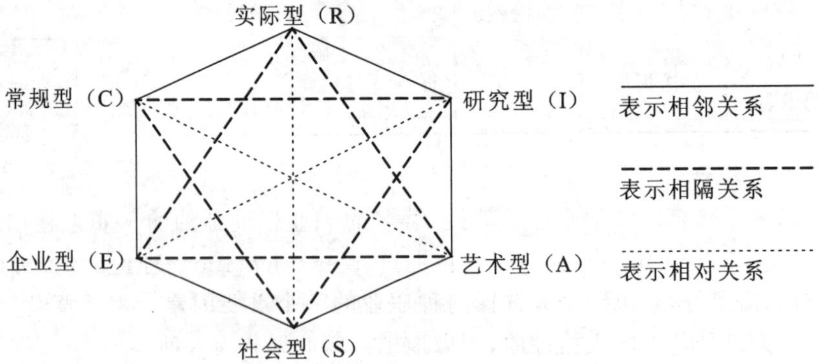

图 8-2 霍兰德职业性向六边形模型

8.2.2 职业生涯阶段理论

对人的职业生涯进行分析的一种常见方法是将职业生涯进行阶段划分,即每个人的职业生涯都要经历许多阶段,划分的基本依据是心理学和生理学对生命周期的划分。进行阶段划分的假设是人们相信在这些相同的阶段,人们会有大致相同的经历,会面临相同的任务和挑战,因此,学者根据人的生命周期,将人的职业生涯划分为不同的阶段。比较有影响的理论主要有萨柏

(Donald E.Super,1953)和格林豪斯(Greenhaus,1987)的五阶段理论,施恩(Schein,1978)的九阶段理论以及金斯柏格(Ginzberg,1951)的三阶段理论,这些理论虽然有差异,但本质上具有相似性。下面主要介绍萨柏和格林豪斯的职业生涯阶段理论。

1. 萨柏的职业生涯阶段理论

萨柏是美国具有代表性的职业管理学家之一,他以美国白人作为研究对象,把人的职业生涯划分为五个主要阶段。成长阶段(0～14 岁):这一阶段属于认知阶段,个人通过和家庭成员、朋友、老师之间的交流和认同,经历了对职业从好奇、幻想、兴趣到有意识地培养职业能力的过程,最终逐步建立起自我的概念并逐步成长。探索阶段(15～24 岁):这一阶段属于学习打基础阶段,个人通过学校学习进行自我考察、角色鉴定、职业探索、完成择业和初步就业。确立阶段(25～44 岁):这一阶段属于选择、安置阶段,这个阶段对大多数人来说是职业生涯中的重要组成部分,个人通常能够找到适合自己的职业并谋求发展。维持阶段(45～64 岁):这个阶段人们往往已经为自己确定了职业目标,是奋斗精力最旺盛的一段时间,开发新的技能,维护已经获得的成就和社会地位,维持家庭和工作两者之间的关系。衰退阶段(65 岁以上):这个阶段属于退休阶段,个人的健康状况和工作能力减退,逐步结束职业生涯和退出职业,开发为广泛的社会角色,减少权利和责任,调整自己的心态,学会接受新的角色,适应退休后的生活。

2. 格林豪斯的职业生涯阶段理论

格林豪斯按照在人生不同年龄阶段职业发展的主要任务,将职业生涯分为五个阶段。职业准备期(0～18 岁):主要任务是发展职业想象力,对职业进行评价与选择,接受必需的职业教育。进入组织期(18～25 岁):主要任务是在一个理想的组织中获得一份工作,并选择合适的、较为满意的职业。职业生涯初期(25～40 岁):主要任务是学习职业技术,提高工作能力;了解和学习组织纪律与规范,逐步适应职业工作,适应和融入组织,为未来的职业成功做好准备。职业生涯中期(40～55 岁):对早期的职业生涯重新评估,强化或改变自己的职业理想;选定职业,争取有所成就。职业生涯后期(55 岁以后直至退休):继续保持已有的职业成就,维护自尊,准备退休。

尽管从理论上可以把个人的职业生涯划分为不同的阶段,但并不是每个人的职业生涯都是一样的,每个人都会有自己的职业发展特点。

8.2.3 职业锚理论

美国教授埃德加·施恩(Edgar H. Schein)首先提出了职业锚(career anchor)的概念。1961—1963 年麻省理工学院斯隆研究院 44 名毕业生自愿组成了一个专门小组,配合和接受施恩教授开展的关于个人职业发展和组织职业管理的研究与调查。经过多年的追踪和调查,逐渐形成了关于职业定位的看法。施恩认为,随着个人职业生涯的演进,以个人职业性向为基础的关于职业态度和价值观、职业动机和需求、职业特长与技能等与职业有关的自我判断会越来越清楚,就会最终形成个人的职业生涯主线和主导价值取向,这就是所谓的职业锚。换句话说,职业锚是指一个人进行职业选择时,始终不会放弃的东西或价值观,它是人们选择和发展职业时所围绕的核心。

职业锚虽然是人们职业选择的核心,但许多人并不是一开始选择工作时就明确自己的职业锚,一个人的职业锚是在持续不断的探索过程中产生的动态结果。职业锚实际上只能由事后观察总结才能形成,是根据一个人所有的职业性向、工作经历、兴趣爱好、关键事件等信息汇集而成的一种带有规律性的职业生涯发展模式,以此告诉人们哪些是其职业生涯中最重要的东西,以作为今后职业发展的参照。

施恩根据自己对麻省理工学院毕业生的案例调查研究，提出了他认为能涵盖所有职业类型的五种基本职业锚：技术或功能型职业锚、管理型职业锚、创造型职业锚、自主与独立型职业锚和安全型职业锚。1996 年，施恩教授对职业锚进行了重新界定，增至为八种类型：技术或功能型职业锚、管理型职业锚、创造型职业锚、自主与独立型职业锚、安全型职业锚、生活型职业锚、服务型职业锚、挑战型职业锚（见表 8-2）。

表 8-2　施恩的职业锚理论

职　业　锚	具 体 表 现
技术或功能型	不喜欢一般性管理活动，所有的心思都用在技术或职能方面的发展、成长上，非常重视技术或功能的应用，希望能促进和保证在既定技术和功能领域中的不断发展
管理型	具有较强的分析能力、人际沟通能力和心理承受能力等，表现出希望成为管理者的强烈动机，其职业目标是追求更高的管理工作职位
创造型	有强烈的创造需求和欲望，意志坚定、勇于冒险，喜欢建立或创造属于自己的东西
自主与独立型	讨厌来自组织、制度或上级的限制，渴望能够按照自己的方式来安排学习、工作和生活
安全型	职业的安全与稳定性高于一切，以对组织的忠诚来回报这种稳定性，对组织具有依赖性
生活型	希望将生活的各个主要方面整合为一个整体，不会放弃对整体生活质量的提高。希望能够平衡学习、工作和生活的各个方面，从而达到整体和谐
服务型	所追求的核心价值是服务，对他们来说，能够从事帮助他人、保护人们安全、提高人们生活水平、对他人有益的活动，才是真正有价值的事情
挑战型	喜欢挑战，追求成功，喜欢解决看上去无法解决的问题，渴望战胜强硬的对手，克服无法克服的困难障碍等

HR实例

日本丰田公司的“职业锚”

日本丰田公司在运用员工的“职业锚”方面给了我们有益的借鉴。丰田公司对于岗位一线工人采用工作轮调的方式来培养和训练多功能作业员，这样既提高了工人的全面操作能力，又使一些生产骨干的经验得以传授。员工还能在此过程中发现自己的优势在哪里，从而进行准确定位，找到真正适合自己的岗位。一旦员工确立了自己的职业锚，工作起来将会更具积极性和主动性，效率也会有很大提高。

丰田公司采取 5 年调换一次岗位的方式对各级管理人员进行重点培养。每 5 年的 1 月 1 日进行组织变更，一般以本单位相关部门为调换目标，调换幅度在 5% 左右。短期来看，换岗需要有熟悉操作的适应过程，可能导致生产效率的降低，但从企业长远发展来看则是利大于弊。经常的有序换岗还能给员工带来适度的压力，促使员工不断学习，使企业始终保持一种生机勃勃的氛围。

8.2.4　职业发展主动构建理论

美国斯坦福大学教育和心理学教授约翰·克朗伯兹（John Krumboltz）1996 年从自我效能

的角度提出了职业生涯管理的主动构建理论，职业生涯的自我效能是指我们相信自己能够成功地完成生涯决策活动。克朗伯兹认为，职业生涯发展是一个了解我们自身并做出各种可能性选择的过程，过去的学习、经验以多种方式影响我们的生涯决策，个人信念与期望是职业生涯发展的一个重要组成部分，因此，职业生涯的发展不是被动的而是一个主动构建的过程。我们可以主动地寻找生活中的角色榜样和良师益友，向他们学习有关职业和生涯发展过程的知识。

上述传统的职业生涯管理理论的逻辑演进，从职业选择理论(1909)到职业发展主动构建理论(1996)，表明该理论的发展由静态转向了动态，人们在职业生涯管理的实践中由被动转向了主动。职业生涯管理理论对指导人们的职业生涯规划与实践，对企业的人力资源管理水平的提高均做出了重要贡献。一是理论具有广泛的适用性和实用价值，能为组织合理有效地利用和开发人力资源，尤其是在组织中化解和协调员工和组织之间的矛盾，促进企业的可持续发展提供理论指导；二是在个体职业管理实践层面，由理论而形成的各种具体的职业性向测评、职业规划、开发工具和各种操作模式能帮助人们避免职业生涯发展的盲目性，特别是职业锚理论和职业发展主动构建理论为人们实现自我价值、追求职业成功提供了有力的帮助。但是，随着组织环境的不断变化和以知识与信息为主导的新经济时代的到来，特别是无边界职业生涯的兴起，传统的职业生涯管理理论将面临新的挑战，如何找到适应社会发展和变迁的新理论成为职业生涯管理理论研究的前瞻性问题。

8.2.5 职业生涯发展趋势

1. 无边界职业生涯

伴随着知识经济的发展和经济全球化，组织的外部生存环境正在发生巨大的变化。大型组织的竞争优势有所削弱，富有弹性的小型组织逐渐崛起，组织间的横向协作机会增多，组织日益扁平化，组织内的职业路径在消解。

基于对变化着的环境因素的重视，1994年，亚瑟(Arthur)在《组织行为学报》(Journal of Organizational Behavior)无边界职业生涯特刊上发表的《无边界职业生涯：组织研究的新视角》一文中，首次提出了“无边界职业生涯”概念。亚瑟认为，已有的职业生涯研究都遵循了组织决定职业生涯结果的因果假设，而无边界职业生涯研究能超越这种值得怀疑的因果假设，无边界职业生涯研究强调职业生涯和组织之间的相互依存性，而不是组织决定论。

无边界职业生涯预示着个体不再是在一个组织中度过终生职业生涯，而是能够跨越组织边界，在不同的岗位、专业、职能、角色和组织之间流动，因此个体的职业胜任力显得极为重要。传统职业生涯与无边界职业生涯的比较具体见表8-3。

表8-3 传统职业生涯与无边界职业生涯的比较

比较项目	传统职业生涯	无边界职业生涯
雇用关系	用工作安全性换取忠诚	用灵活性换取工作绩效
环境边界	一两个公司	多个公司
能力	由公司确定	可转移的
如何衡量成功	报酬、提升、地位	心理上有意义的工作
职业生涯管理工作	组织	个人
培训	正式培训计划	在岗的学习培训

续表

比较项目	传统职业生涯	无边界职业生涯
里程碑	与年龄相关	与学习相关

资料来源:耶胡迪·巴鲁.职业生涯管理教程[M].陈涛,孙涛,译.北京:经济管理出版社,2004.

2. 易变性职业生涯

在动荡多变的经济环境中,任何企业都无法保证长期雇用关系的存在,所以易变性职业生涯的概念应运而生。易变性职业生涯是指由于种种原因,员工经常性地改变自己的职业。根据这种变化,易变性职业生涯描述了这样的职业生涯态度:个人应对职业生涯负责;个人的核心价值驾驭职业生涯的发展;成功的主要标准是主观的。之后 Hall 进一步综述了易变性职业生涯与传统职业生涯相比在职业成功标准、心理契约、职位移动、管理责任、形态、专业程度以及发展等方面的不同。

易变性职业生涯提出后引起了许多学者的关注,研究侧重点主要包括理论研究和运用研究两大方面,研究内容涉及个体和组织如何适应这种变化、易变性职业生涯倾向的测量及其现状研究等。

Briscoe 和 Hall(1999)发现有两个职业"元能力"使个体更具有易变性:适应性能力和自我认知能力。Kuijpers 和 Scheerens(2006)指出在知识型经济需要可雇用能力的背景下,职业生涯发展的重点应放在个人对职业发展的自我管理上,他们的研究在调查了 16 个荷兰公司的 1579 名员工后,发现六种职业生涯的自我管理能力被证明有助于职业生涯发展,即职业生涯开发能力、思考能力、思考的动机、工作探索、职业生涯控制和建立网络的能力。

Hall(2004)提出组织可以在几个方面有所作为:给予员工挑战性的工作;发展人际网络,与上司、同事、职业导师的交谈;正式的培训与教育;职业信息的沟通。Hall(2004)讨论和分析了学术职业生涯模型,并与过去和现在的企业职业契约相比较,同时还跟踪大学和企业这两种机构中员工的职业生涯模式的演变。他认为,企业的无边界职业生涯及易变性职业生涯向学术的自主的职业生涯靠近;反过来,当大学越来越以客户为中心,由业务驱动时,学术界的职业生涯也更多地向企业方向靠近,暗示企业可以借鉴学术职业生涯的某些机制,发展适合企业员工的职业生涯。传统职业生涯和易变性职业生涯的比较见表 8-4。

表 8-4 传统职业生涯和易变性职业生涯的比较

比较项目	传统职业生涯	易变性职业生涯
目标	晋升,加薪	心理成就感
心理契约	工作安全感	灵活的受聘能力
管理责任	公司承担	员工承担
变动	垂直变动	水平变动
模式	直线性、专家型	短暂性、螺旋型
发展	很大程度依赖于正式培训	依赖于人际互动与工作经验
专业知识	知道怎么做	学习怎么做

资料来源:[美]雷蒙德·A.诺伊.雇员培训与开发[M].徐芳,译.3 版.北京,中国人民大学出版社,2007.

8.3　个人职业生涯管理

8.3.1　个人职业生涯规划

1. 个人职业生涯规划的流程

个人职业生涯规划的流程包括自我评估、环境分析、职业生涯目标设定、职业生涯路线选择、职业生涯策略的制定、职业生涯规划的反馈与修正等过程，具体流程如图 8-3 所示。

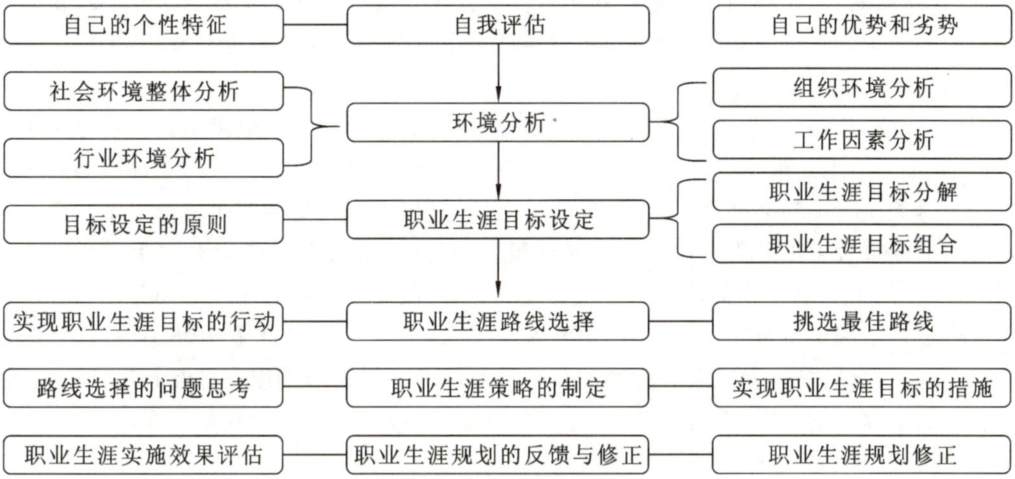

图 8-3　个人职业生涯规划的流程

资料来源：刘永安.人力资源管理：原理、技术与方法[M].北京：清华大学出版社，2016.

2. 个人职业生涯规划的内容

1）自我评估

自我评估包括两个方面的内容：一是自己的兴趣、价值观、爱好、特长、内在动机和需求等个性特征；二是自己的优势和劣势。只有综合这两个方面的因素，才能使职业目标具有吸引力和可行性。自我评估是通过对自己的性格、兴趣、特长需求等的全面分析和整体认识来了解自己，准确地为自己定位。自我评估的重点在于测评出管理能力、人际交往能力、知识水平、职业导向因素、价值观念和相对独立性等。

在自我评估的过程中，首先，要明确自己的职业价值观，知道自己最想从职业工作中获得什么，以及在职业生涯中最看重的、任何时候也不愿放弃的是什么；其次，要正面、系统地思考职业志向，职业志向往往与职业兴趣、职业能力和职业需求密切相关，因此，在思考自己的职业志向时不能将三者割裂开来分析，应整合起来去认识。

2）环境分析

环境分析主要针对外界环境中影响职业选择、职业发展的因素所做的分析，主要包括对宏观的社会环境、行业环境以及具体的工作因素等情况进行分析，可以更好地认识这些外部因素的发展趋势并寻找发展机会，为个人的职业生涯规划寻求结合点，促使个人职业生涯规划的成功实现。环境分析主要包括社会环境整体分析、行业环境分析、组织环境分析和工作因素分析。

3）职业生涯目标设定

生涯目标的设定是职业生涯规划的核心。一个人事业的成败很大程度上取决于有无正确适当的目标。只有树立了目标，才能明确奋斗的方向，犹如海洋中的灯塔，引导你避开险礁暗石，走向成功。

职业生涯目标的设定与绩效目标设定一样，要符合SMART原则，即具体的、可衡量的、可达成的、相关的、时限性。

职业生涯目标分解：根据观念、知识、能力差距将职业生涯长期的远大目标分解为有时间规定的长、中、短期分目标，直至将目标分解为某一确定日期可以采取的具体步骤。目标分解是一个将目标清晰化、具体化的过程。

职业生涯目标的确定包括人生目标、长期目标、中期目标与短期目标的确定，它们分别与人生规划、长期规划、中期规划和短期规划相对应。首先要根据个人的专业、性格气质、价值观和社会发展趋势确定人生目标和长期目标，然后再把人生目标和长期目标进行分解，根据个人的经历和所处的组织环境制定相应的中期目标和短期目标。

职业生涯目标组合是处理不同职业目标之间相互关系的一种有效措施。在对总目标进行分解后，为了更有效地处理不同子目标间的相互关系，还应对具有因果关系与互补性的目标积极地进行组合。关注目标的互补性，对各种各样的目标可以从时间、功能和全方位等不同角度进行组合。时间上的组合可以分为并进组合和连续组合两种，并进组合是指同时着手实现两个工作目标；连续组合是指一个目标实现之后再去实现下一个，最终连续而有序地实现各个目标。功能上的组合可以产生因果组合和互补组合，通常情况下，因果组合中内职业生涯是原因，外职业生涯是结果；互补组合则是把存在互补关系的目标进行组合。全方位的组合已经超出了职业范畴，涵盖了人生的全部活动，是指个人事务、职业生涯和家庭生活的均衡发展、相互促进。

4）职业生涯路线选择

职业生涯路线是指一个人选定职业后选择从什么途径去实现自己的职业目标，是向专业技术方向发展，还是向行政管理方向发展。发展方向不同，要求不同，其实现路线也不相同。

个人确定了自己的职业目标后，实现目标的路线有很多条。职业生涯路线的选择会影响个人职业发展的绩效。路线选择正确，就易于进入职业发展的快车道，否则就会浪费资源、时间、精力，延缓职业目标的达成。因此在职业目标确定后，必须对职业生涯路线进行选择，以使今后的学习和工作沿着职业生涯路线和预定的方向发展。

职业生涯路线的选择通常须考虑以下三个问题。

第一，我想往哪一路线发展？通过对自己的价值、理想、成就、动机和兴趣分析，确定自己的目标取向。

第二，我能往哪一路线发展？通过对自己的性格、特长、经历、学历以及专业的分析，确定自己的能力取向。

第三，我可以往哪一路线发展？通过对自己所处的社会、经济、政治、组织环境分析，确定自己的机会取向。

回答上述三个问题，是对“知己”“知彼”有关情况进行综合分析并加以利用的过程，以此确定自己的最佳职业生涯路线。

职业生涯路线选择通常需要考虑几个要素：个人的工作价值观、兴趣爱好、性格与职业的匹配、职业锚，以及内外部环境和个人的职业适应性等。

典型的职业生涯路线图是一个“V”形图。假如一个人22岁大学毕业参加工作，即V形图的起点是22岁。从起点向上发展，V形图的左侧是行政管理路线，右侧是专业技术路线。将路线分成若干等份，每等份表示一个年龄段，并将专业技术的等级、行政管理的等级分别标在路线图上，作为个人的职业生涯目标。V 形职业生涯路线图如图 8-4 所示。

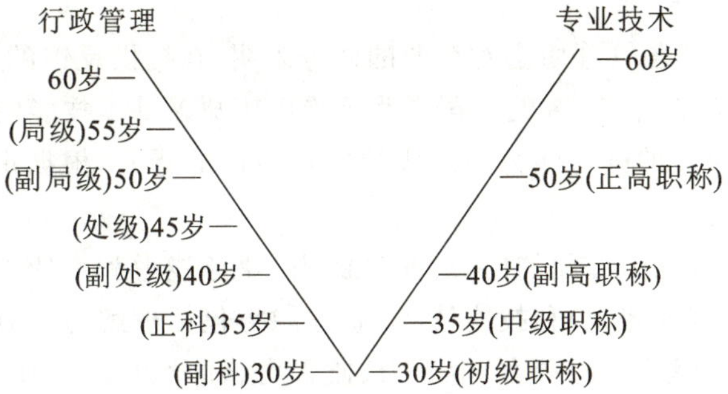

图 8-4　V 形职业生涯路线图

5）职业生涯策略制定

明确了职业生涯目标后，要实现职业生涯目标，还必须有相应的职业生涯策略做保证。职业生涯策略是指为争取职业生涯目标的实现所采取的各种行动和措施。

(1) 在个人职业生涯规划中必须明确预期自己在哪里、哪个岗位或者哪项工作上能为组织持续提供增值服务。

(2) 请求担当责任更大的工作，并努力完成工作。这种做法可以增加个人对组织价值的贡献，也可以展示个人的实际能力，为实现个人职业生涯目标创造条件。

(3) 事先设计好以何种方式获得实现未来职业生涯目标所需要的知识、技能，这是个人职业生涯规划成功的核心内容。个人职业生涯规划必须与培训开发活动相结合，通过不断调整知识结构，提高运用能力来拓展职业成功要素。例如，为了达到工作目标，你计划采取哪些措施提高效率；在业务素质方面，你计划采取哪些措施提高业务能力。

(4) 培养、提高人际交往能力，搞好组织内工作场所的人际关系。人际关系反映了员工的一种工作环境，如果处理不好，就会成为个人职业成功的障碍。因此，个人应当努力加强人际交往，建立良好的人际关系，为个人职业生涯目标的实现寻求支持与帮助，以便促进职业生涯目标的顺利实现。

另外，参加公司的培训与轮岗，构建人际关系网，业余时间参加一些课外学习，掌握额外的知识与技能等都是实现职业生涯目标的具体策略。

6）职业生涯规划的反馈与修正

在制定职业生涯规划时，由于对自身及外界环境都不是十分了解，最初确定的职业生涯目标往往是比较模糊或者抽象的，有时甚至是错误的。经过一段时间的工作以后，有意识地回顾个人在工作中的言行得失及绩效水平，可以检验个人的职业定位与职业方向是否合适。在实施职业生涯规划的过程中自觉地总结经验和教训、评估职业生涯规划可以修正个人对自我的认知，并可以通过反馈与修正，纠正分阶段职业生涯目标与最终职业生涯目标的偏差，保证职业生涯规划的准确性。同时，通过评估与修正还可以极大地增强个人实现职业生涯目标的信心。

8.3.2　个人职业生涯开发

个人职业生涯开发是指为了获得或改进个人与工作有关的知识、技能、动机、态度、行为等因素，以提高个人工作绩效、实现职业生涯目标的各种有计划、有系统的努力。

1. 个人职业生涯开发的内容

个人职业生涯开发的内容和形式多种多样，主要包括个人要素开发和社会资本开发两个方面。

1）个人要素开发

（1）能力的开发。美国管理协会对企业的调查表明，在提供反馈的公司中，有34.3%的公司对员工进行基本技能测试；有89%的公司表明拒绝雇用缺乏基本技能的求职人员；有3%左右的公司表明需根据现有雇员的读写能力测试成绩决定他们的晋升，根据求职者读写能力测试成绩决定录用或淘汰。

一般而言，能力包含三个方面的内容：基础能力、业务能力和素质能力。基础能力包括知识（基础知识、专业知识、实务知识）和技能技巧；业务能力包括理解力、判断力、决断力、应用力、规划力、开发力、表达力、交涉力、协调力、指导力、监督力、领导力等；素质能力包括智力素质、体力素质、性格个性、态度、自我观念等。

（2）态度的开发。良好的思维方式可以让个人拥有正确的处事态度，而这种态度是个人职业生涯成功的关键。

（3）职业资本的开发。职业资本是一个人选择职业、发展自我、运行金钱和创造财富等能力的总和，它是在与生俱来的先天基础上，通过后天的社会生活和教育改造而逐步形成的，主要包括职业素质、职业技能和职业阅历等多个方面。

能力的开发、职业资本的保值增值是没有终点的人生课题，提高能力和职业资本的附加值，可以从几个方面做起：努力汲取知识营养；树立效率观念，强调功效；高瞻远瞩，树立国际化观念；脚踏实地，积极参与。

2）社会资本开发

社会资本是指处于一个共同体之内的个人和企业，通过与内部、外部对象的长期交往、合作、互利形成的一系列认同关系，以及由此而积淀下来的历史传统、价值理念、信仰和行为范式。

职业社会资本开发可以从多个方面入手：得体的服饰与举止；对权力关系的把握；争取领导的注意、人际关系的妥善处理，掌握构建职场人际关系网的技巧。

在处理职业发展领域的人际关系时要注意几方面的问题：要让自己受欢迎；要表明自己的晋升愿望；要建立合理的心理契约，并坦诚地自我表现。

2.个人职业生涯开发策略和方法

个人职业生涯开发策略和方法是对职业目标实现要素的有机整合，它是个人在职业生涯规划基础上，针对职业生涯开发内容所计划采取的行动和相关措施，即个人为争取职业生涯目标的实现，从策略层面对自己的生涯活动进行安排与调控所采取的各种行动和资源配置措施。个人职业生涯开发策略和方法反映了个人实施职业生涯开发最基本的指导原则和战略意图。依据个人职业生涯目标、职业价值观、职业生涯周期、组织人力资源管理政策的不同，个人职业生涯策略和方法主要分为以下两类。

（1）个人职业生涯开发策略：工作策略，即为达到工作绩效目标，计划采取的各种改善工作效率和效果的措施；学习与培训策略，即为获得与工作相关的知识、技能而计划采取的各种措施；人际关系策略，即为获得更广泛的支持而搭建个人人际关系网络所计划采取的各种措施；工作与家庭平衡策略，即为平衡职业目标和生活目标、家庭目标等计划采取的各种措施。

（2）个人职业生涯开发方法，个人职业生涯开发的效果取决于个人职业生涯开发方法的选择。个人职业生涯开发方法是个人依据职业生涯开发内容及开发策略所采取的具体方法和相关措施。其方法主要包括职业测评法、学习培训法、社会活动法、迁移流动法、保健锻炼法和职业咨询法等。

8.3.3　个人职业生涯阶段管理

个人职业生涯阶段管理就是根据个人在职业生涯发展的不同阶段及组织的环境特点，按照职业发展面临的特征、任务和问题采取符合实际需求的对策。在对职业生涯周期划分的研究中，很多研究方法都是建立在年龄的基础上。综合我国大多数学者的看法，可将个人职业生涯周期分为职业生涯早期、职业生涯中期和职业生涯后期三个阶段。

1. 职业生涯早期阶段管理

职业生涯早期阶段是指个人从学校进入企业并在企业内逐步“企业化”，为企业所接纳的过程，这段时期一般是在 25～35 岁之间。职业生涯早期阶段是个人由学校走向社会、由学生变成雇员、由单身生活变成家庭生活的过程，一系列角色和身份的转变必然要经历一个适应的过程。

职业生涯早期阶段的个人特征是年龄正值青年时期，无论从个人生物周期、社会家庭周期还是从生命空间周期来看，这一阶段的任务都较为单纯、简单，个人的主要任务包括进入组织，适应工作；学会独立，并寻找职业锚；向成年人过渡。

这一时期，员工的心理特征多是进取心强，具有积极向上、争强好胜的心态；职业竞争力不断增强，具有做出一番轰轰烈烈事业的心理准备；开始组建家庭，逐步学习调试家庭关系的能力，承担家庭责任。对员工个人而言，自我管理的任务是要积极接受上岗引导和匹配性岗位培训；承担富有挑战性的工作；建立较为现实的未来工作展望；构建客观科学的职业生涯规划；开展以职业发展为导向的个人工作绩效评价；融入组织文化和团队活动，寻求多元化职业发展通路。

在这一阶段，个人的企业化以及个人与企业的相互接纳是个人和企业共同面临的首要的职业生涯管理任务。

个人的企业化是指应聘者接受雇用并进入组织，由一个自由人向企业人转化所经历的不断发展的过程。企业化的内容包括向所有雇员灌输企业及其所在部门所期望的主要态度、规范、价值观和行为模式。企业创造条件和氛围，使新雇员学会在该企业中如何工作，学会在工作中与他人相处，扮演好个人在企业中的角色，接受企业文化，并逐渐融入企业。

所谓相互接纳，是指企业与新雇员个人之间的相互关系。相互接纳使新雇员与企业之间的关系清晰化、明确化、确定化。企业确认了新雇员作为企业正式成员的资格，新雇员则获得了企业正式成员的身份。相互接纳是一种心理契约，新雇员与企业之间没形成书面的接纳证明，只是在思想认识、情感上以及工作行为上互相承认、互相接受。个人在这个过程中要积极主动，表现出企业所期望的行为，促使企业尽早接纳自己。

2. 职业生涯中期阶段的管理

职业生涯中期阶段的年龄跨度一般是从 35～55 岁，长达 20 多年，这个阶段富于变化，是既有可能获得职业生涯成功，甚至达到顶峰，又有可能出现职业生涯危机的一个很宽阔的职业生涯阶段。

职业生涯中期阶段的个人特征：希望得到晋升，进入更高一层的领导或技术职位；希望薪酬增加，在职业岗位上成为稳定的贡献者。

职业生涯中期作为人生最漫长、最重要的时期，其特殊的生理、心理和家庭特征使个人职业生涯发展面临着特定的问题与管理任务。该阶段的主要任务是：保持积极进取的精神和乐观的心态；职业角色选择与决策；成为一名良师，担当起言传身教的责任；维护职业工作、家庭生活和自我发展三者之间的均衡。

3. 职业生涯后期阶段的管理

从年龄上看，职业生涯后期阶段的员工一般处在55岁至退休年龄之间。员工面临的个人任务是：承认竞争力和进取心的下降，学会接受和发展新角色；接受权利、责任和中心地位的下降；回顾个人的整个职业生涯，做好退休准备。

8.4 组织职业生涯管理

8.4.1 组织职业生涯管理概述

1. 组织职业生涯管理的概念

所谓组织职业生涯管理，就是组织层面的职业生涯管理，主要是从组织上、制度上及职业生涯管理体系上对组织内的个人职业生涯管理提供相应的保障，以使员工能够不断满足组织要求，使组织了解自己资源储备的人力资源活动。

在组织中，员工既是组织职业生涯管理的对象，又是个人职业生涯管理的主体，员工的自我管理是组织职业生涯管理成败的关键。同时，个人职业生涯管理离不开组织，个人的职业发展离不开组织提供的培训、经费、时间、机会、制度保障等条件。因此，员工的职业发展应服务于组织的发展战略，组织发展应成为员工职业生涯发展的主导。组织职业生涯管理的根本就是以人为本，满足组织和员工的双重需要，就是把企业发展战略和员工自我价值有机结合起来。

2. 组织职业生涯管理的内容

从组织的角度看，职业生涯管理包括常规管理和延伸管理两个方面。

1）职业生涯常规管理

(1) 帮助员工设定职业生涯目标。职业生涯目标是指个人在选定的职业领域内想要达到的具体目标，包括短期目标、中期目标和长期目标。职业生涯目标一般都是在进行个人评估、组织评估和环境评估的基础上，由组织的部门负责人或人力资源部负责人与员工个人共同商量设定。职业生涯目标要具体明确、高低适度、留有余地，并与组织目标相一致。

(2) 帮助员工尽快适应。任何一个人从学校毕业进入一个企业，初始阶段都有一个适应期。为了帮助新人尽快适应，组织都要先做一些工作，如招聘时就把有关工作内容和工作环境描述尽可能多地呈现给应聘者；管理人员为新员工提出希望和给予信任，提供具有挑战性的初始工作，同时进行一些心理疏导等。

(3) 及时评估绩效。每个员工都希望自己的工作状况能有一个反馈，以便从中发现自己的优势和不足。对于组织来说，通过评估，可以发现员工个人工作绩效好在哪里，或者绩效差原因是什么，是态度问题还是能力问题，以便有针对性地进行反馈和调整。

(4) 轮岗与升迁。轮岗与升迁是职业生涯管理的重要内容，也是促进员工职业发展的一个主要手段。所以组织要建立和完善员工的轮岗与升迁制度，要研究开辟多种升迁渠道，如行政管理系列、技术职务系列、领导岗位等，促进员工职业生涯目标的实现，调动员工工作的积极性。

(5) 提供培训机会。随着知识经济时代的到来，终身教育已成为促进每个人职业发展的金钥匙。任何员工从一个层次上升到另一个层次，由于知识和能力要求的不同，都需要进行相应的培训。因此，从职业发展的角度来说，制定一个与职业生涯规划相配套的培训计划是一个不错的选择。

(6) 修改职业生涯规划。由于环境等各方面因素的不断变化，在职业发展过程中，员工不适应的情况也时有发生。如果遇到这种情况，组织要给员工个人提供修改职业生涯规划的机会，以选择新的发展道路。

2）职业生涯延伸管理

（1）关注员工健康。健康对于每个人来说都是非常重要的，没有健康就没有良好的工作状态。人的健康包括身体健康和心理健康，从某种程度上说，心理健康比身体健康显得更为重要。关注员工健康，首先要给员工提供有利于健康的工作环境，关心员工因心理紧张或压力所造成的各种疾病，对员工进行健康教育和心理调适。只有员工处于健康的状态时，提高其工作效率才会有一个好的基础。

（2）处理员工工作与生活的矛盾。尽管生活本身并不是工作，但生活是工作非常重要的后勤保障。一个长期对家庭生活不满意的员工，不会长久地保持对工作的专心和较高的工作效率。因此，对员工进行职业生涯管理时，也要经常了解员工的家庭生活状况，分析员工工作与家庭生活的矛盾，并进行相应的管理。同时也要制定一些政策，帮助员工及时处理家庭生活中的问题，并有计划地安排员工的家属在某些特殊日子到企业来深入了解员工工作方面的一些情况，从而使家人更加理解员工的工作，进而支持员工的工作。

（3）帮助再就业。在企业发展的过程中，总会因为各种各样的原因进行一些裁员工作。裁员并不是简单地把员工踢向社会，任何一个以职业生涯管理为导向的组织，都会重视这项工作。在员工离开单位之际，帮助其设计再就业方案，甚至向其提供再就业培训或和其他有关组织建立合作就业机制等，这往往会对有效激励在职员工起到较好的效果。

（4）员工退休管理。随着员工年龄的增长，任何一个组织都会面临员工退休的问题。从职业生涯管理的角度来看，一是要帮助员工进行退休前的准备，诸如心理适应、老年健康和联谊等；二是关注已经退休的员工，对他们给予关心和提供发挥余热的机会，或组织进行一些慰问等。

8.4.2　职业生涯通道

1. 职业生涯通道的内涵

职业生涯通道，是组织为内部员工设计的自我认知、成长和晋升的管理方案，指明了组织内部员工可能的发展方向及发展机会，组织内每一个员工可以沿着本组织的发展通道变换工作岗位。具体来说，职业生涯通道是指个体在一个组织中所经历的一系列结构化的职位。职业生涯通道通过帮助员工胜任工作，确立组织内晋升的不同条件，对员工职业生涯发展施加影响，使员工的职业生涯目标有利于满足组织的发展需要。

2. 职业生涯通道的模式

一般来说，组织有四种职业生涯通道模式：单通道模式、双通道模式、多通道模式和横向职业通道模式。职业生涯通道是组织中职业晋升和职业发展的路线，是员工获得满意工作、实现职业理想、达到职业生涯目标的路径。

1）单通道模式

单通道模式即纵向职业通道，指在组织中员工沿职位纵向发展的通道，由下到上，即由下一个职位向上一个职位进行变动，并在此过程中获得必要的技术、解决问题的能力和责任心。单通道模式为员工设置的目标是晋升，员工的个人发展很大程度上依赖经验积累和培训。这种模式包括一系列等级，这些等级是线性的。这一模式有利于促进管理人员的快速成长，对于加速培养某个领域的技术专家也十分有效。图8-5所示的就是单通道模式下技术人员和管理人员的职业生涯通道。

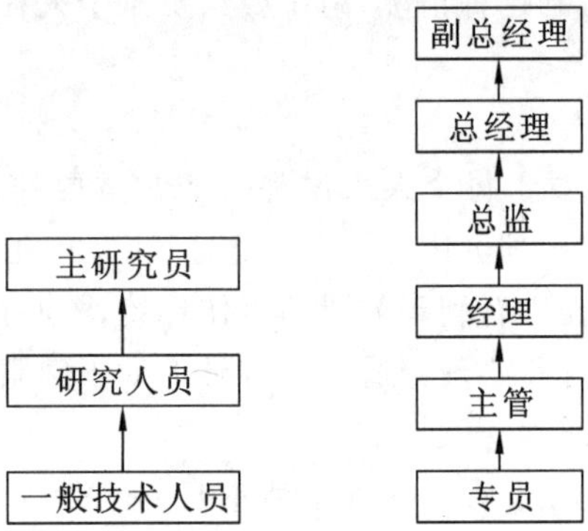

(a) 技术人员　　(b) 管理人员

图 8-5　单通道模式下技术人员和管理人员的职业生涯通道

2）双通道模式

双通道模式，是指在为普通员工进行正常的职业生涯通道设计时，为专业人员另外设计的一条职业生涯通道，从而在满足大部分员工职业发展需求的同时，满足专业人员的职业发展需求。

在单通道模式中，企业想留住专业技术人员的做法是将其提拔到管理层，这种做法有严重的弊病。管理工作可能不符合某些技术人员的职业目标，强迫他们走上管理岗位，一方面会因为没有兴趣而做不好管理工作；另一方面又脱离了技术工作，使他们多年积累的技术和经验不能发挥作用，这是人力资源的巨大浪费。

职业生涯的双通道模式有效地解决了这一问题。这种模式提供了两条或多条平行的升迁路径，包括管理路径和技术路径。多条路径的层级结构是平行的，每一个技术等级都有其对应的管理等级，不同路径中相同级别的企业地位和薪资待遇是相同的。这种模式不但解决了专业技术人员晋升的问题，而且使组织资源得到了充分利用。图 8-6 所示的是双通道模式下技术人员的职业生涯通道。

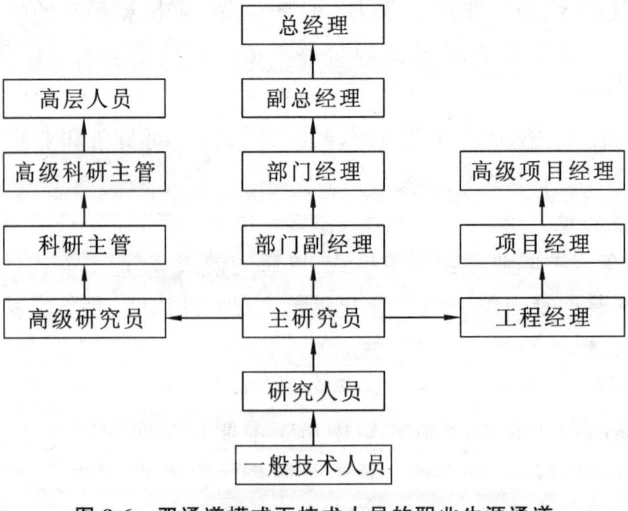

图 8-6　双通道模式下技术人员的职业生涯通道

在图 8-6 所示的双通道模式中，技术人员有机会进入三条不同的职业生涯通道：一条技术职业通道和两条管理职业通道。在三条职业发展通道中，员工的薪酬和升迁机会相差不多，员工会选择最适合他们兴趣和能力的职业生涯通道。

3）多通道模式

由于双通道模式对专业技术人员职业生涯通道的定义太狭窄，为此，将一个技术通道分成多个技术通道时，双通道模式就变成了多通道模式，这就为专业技术人员的职业发展提供了更大的空间。

多通道模式，是指将双通道模式中对专业技术人员的通道设计分成多个技术通道，为专业技术人员的职业发展提供了更大的空间。例如，某技术公司为员工设计的职业生涯通道有三种：技术人员通道，技术带头人通道、技术管理人员通道；某高新技术公司将技术人员的职业生涯通道分成六种：软件通道、系统通道、硬件通道、测试通道、工艺通道与管理通道。

多通道模式为员工提供了更多的职业发展机会，也便于员工找到与自己兴趣相符、真正适合自己的工作，既实现了自己的职业目标，也增加了组织效益。

HR实例

海尔公司的职业通道设计

海尔公司在多通道模式设计方面的探索非常值得借鉴。海尔公司对每一个新进厂的员工都进行一次个人职业生涯培训，不同类型员工的自我成功路径不尽相同。为此，海尔公司为员工设计了不同的升迁路径，使员工一进厂就知道自己该往哪个方面努力，才能获得成功。海尔公司各类员工升迁路径及职务序列一览表见下表。

海尔公司各类员工升迁路径及职务序列一览表

员工类型	区分性特征	升迁机会
科研人员	专业型	设计员→设计师→主任设计师（一、二级）→主任设计师（三级）→总设计师
营销人员	业务型	业务员→营销中心经理→营销分部部长→营销公司经理 业务员→营销中心经理→智能处→智能部部长
一般管理人员	管理型	科员→科长（车间主任）→处长（分厂厂长）→职能部长 普通科员→专业科员→主任科员（一、二级）→主任科员（三级）→事业部分部长→事业部本部长
工人	操作型	操作工→质量明星→质量明星一星→质量明星二星→质量明星三星→质量明星四星 操作工→助理技师→技师→高级技师

资料来源：杨喜梅，蔡世刚，王梅.人力资源管理[M].大连：大连理工大学出版社，2013.

4）横向职业通道模式

横向职业通道模式，是指采取工作轮换的方式，通过横向调动来使工作具有多样性，使员工焕发新的活力、迎接新的挑战。简单地说，横向职业通道模式就是组织中各平行部门之间的职务调动。例如，由工艺工程岗位转至采购和市场销售岗位等。横向职业通道模式虽然没有加薪或晋升，但员工可以提高自己对组织的价值，也使自己获得了新的工作体验。当组织内没有足够多的高层职位为每个员工提供升迁机会，而长期从事同一项工作使人倍感枯燥无味影响工作效率时，可采用此种模式。

8.4.3 组织职业生涯管理的流程

组织职业生涯管理的实施是一个系统工程，需要组织精心策划，并付诸行动。一般来说，组织中职业生涯管理的实施分为以下几个步骤。

1. 员工自我评估

员工自我评估指员工个人对自己的能力、兴趣、气质、性格以及自己对职业发展的要求等进行分析和评价，以确定自己的职业生涯目标和职业生涯发展路线。员工自我评估的目的，简单说就是要认识自己、了解自己。只有认识了自己，才能对自己的职业做出正确的选择，才能选定适合自己的职业生涯发展路线，才能为实现自己的职业生涯目标而努力奋斗。

2. 组织评估

组织评估是利用相应的信息对员工的能力和潜力做出客观公正的评估，这些相应的信息主要来自对员工的绩效评估，也包括反映该员工的受教育状况和以前工作经历等信息的人员记录。组织对员工的评估通常由人力资源管理人员和员工的直接管理者共同进行。

3. 职业信息的传递

员工要确立现实的职业生涯目标，就必须知道可以获得的职业选择和职业发展机会，并获得组织内有关职业选择、职业变动和空缺工作岗位等方面的信息。组织要及时为员工提供有关组织发展的信息，增加员工对组织的了解，包括职位升迁机会与岗位要求、工作绩效评估结果、培训机会等信息，帮助员工了解自己的职业生涯通道。

4. 职业咨询

职业咨询是指整合职业生涯管理过程中不同步骤的活动，它包括整个职业生涯发展过程中多次或连续性咨询活动。在职业生涯发展过程中，有可能出现许多员工无法预测或必须面对的难题，如职位升迁、跳槽、职能转换、人际关系等。职业咨询可以为员工解决职业发展中的困惑，为员工做出明智的选择提供参考意见和决策支持。

5. 职业生涯通道引导

职业生涯通道是指个体在一个组织中所要经历的一系列结构化的职位。在组织职业生涯管理中，组织应帮助员工制定各种职业通道发展计划。员工在组织中工作不仅是满足自身生存的需求，更重要的是满足人生价值的需求。如果组织无法满足员工个人发展的需求，就会增加员工离职的风险。因此，组织不仅要帮助员工做好职业通道发展计划，还要更多地做好职业生涯通道的引导工作。职业生涯通道引导可定义为一系列正式与非正式的教育、培训及工作体验开发活动，这些开发活动有助于员工晋升到更高一级的职位。

职业生涯通道引导指明了组织内员工可能的发展方向及发展机会，组织内每一个员工沿着本组织的职业生涯通道变换工作岗位。职业生涯通道引导一方面有利于组织吸引并留住优秀的员工；另一方面能激发员工的工作热情，挖掘员工的工作潜能。

HR实例

腾讯公司：多渠道的晋升体系

双通道的职业发展体系

腾讯职业发展体系分为员工职业发展体系与干部领导力体系。公司员工依据从事的职位，必须且只能选择对应的某一职位类作为职业生涯通道。为保证管理人员在从事管理工作的同时，不断提升专业水平，除总办领导以及 EVP 以外的所有管理人员必须同时选择市场族、技术族、专业族的某一职位类作为其专业发展通道，走双通道发展道路。

这意味着在职业发展体系的支持下，员工可以同时在领导力体系以及员工职业发展体系上发展。

职业规划及通道划分

各职业生涯通道的设置建立在职位类基础上，目前腾讯职位划分为管理族、市场族、专业族、技术族及操作族 5 个职位族，21 个职位类，各职位类下设若干职位。

管理族分为领导者、高级管理者、管理者、监督者；市场族分为产品类、销售类、客服类、销售支持类、内容类；专业族分为战略类、企管类、财务类、人力资源类、法务类、公共关系类、行政类、采购类；技术族分为软件研发类、质量管理类、设计类、技术支持类；操作族分类繁杂，不赘述。

职业生涯通道等级划分

市场族、专业族、技术族的各个职业生涯通道均由低到高划分为 6 个级别：初做者、有经验者、骨干、专家、资深专家和权威。根据管理需要，每个级别由低到高可分为基础等、普通等和职业等三个子等。基础等是指刚达到基本能力要求，尚需巩固；普通等是指完全达到本级别各项能力要求；职业等是指本级别各能力表现成为公司或部门内的标杆。

领导力职业生涯通道分为监督者、管理者、高级管理者、领导者四级。

8.4.4　组织职业生涯管理的方法

1. 举办职业生涯研讨会

职业生涯研讨会是一种有计划的学习和练习活动，一般由人力资源管理部门统一组织。组织希望通过这种活动安排，让员工主动参与，形式包括自我评估和环境评估、与成功人士进行交流和研讨、进行适当的练习活动等，从而帮助员工制定职业生涯规划，即选定职业方向、确立个人职业生涯目标、制定职业生涯发展路线。国外的很多实践都证明，企业通过举办职业生涯研讨会，可以大大提高员工对组织职业生涯管理的参与率，提高组织职业生涯管理的效率和效果，因而定期举办职业生涯研讨会是职业生涯管理的重要内容和形式。

2. 填写职业生涯规划表

填写职业生涯规划表(见表 8-5)，可以帮助员工明确职业生涯目标，选择职业通道，进一步制定行动计划。同时，也可以帮助组织明确努力方向。职业生涯规划表包含的内容一般可以分为以下三个方面。

(1) 职业。职业是典型的职业生涯规划表的内容之一，绝大多数人只选择一种职业，但也有人选择两种或两种以上的职业，从事兼职。处于探索阶段的年轻人，可以先不进行职业选择，其职业生涯规划表中可先缺失“职业”一项。

(2) 职业生涯目标。在选定的职业领域想要取得的成绩即为职业生涯目标。其中，最高的目标可以称为人生目标，在迈向人生目标的过程中可设定阶段性目标。

(3) 职业生涯通道。与职业生涯目标相适应，职业生涯通道可以分为人生通道、长期通道、中期通道和短期通道。通过职业生涯通道的填写，员工可以更加专注于未来的发展方向并为之努力。

表 8-5　职业生涯规划表

<table>
<tr><td>姓名</td><td></td><td>性别</td><td></td><td>年龄</td><td></td><td>政治面貌</td><td></td></tr>
<tr><td colspan="2" rowspan="2">现工作部门</td><td colspan="2" rowspan="2"></td><td>现任职务</td><td></td><td>到职年限</td><td></td></tr>
<tr><td>现任职称</td><td></td><td>到职年限</td><td></td></tr>
<tr><td>个人因素分析结果</td><td colspan="7"></td></tr>
<tr><td>环境因素分析结果</td><td colspan="7"></td></tr>
<tr><td>职业选择</td><td colspan="7"></td></tr>
<tr><td>职业生涯通道选择</td><td colspan="7"></td></tr>
<tr><td rowspan="3">职业生涯目标</td><td>长期目标</td><td colspan="3"></td><td>完成时间</td><td colspan="2"></td></tr>
<tr><td>中期目标</td><td colspan="3"></td><td>完成时间</td><td colspan="2"></td></tr>
<tr><td>短期目标</td><td colspan="3"></td><td>完成时间</td><td colspan="2"></td></tr>
<tr><td>完成短期目标的计划与措施</td><td colspan="7"></td></tr>
<tr><td>完成中期目标的计划与措施</td><td colspan="7"></td></tr>
<tr><td>完成长期目标的计划与措施</td><td colspan="7"></td></tr>
<tr><td>所在部门主管审核意见</td><td colspan="7"></td></tr>
<tr><td>人力资源开发部门审核意见</td><td colspan="7"></td></tr>
</table>

3. 编制职业生涯规划手册

通过职业生涯研讨会，绝大多数员工在职业生涯规划的制定中都不会有太大困难。但仍然会有部分员工可能有某些不明白的地方，此外，更常见的情况是，在职业生涯发展中，员工需要不断得到书面指导，以解决自我职业生涯发展中遇到的问题，或者反思职业生涯规划，进而修改职业生涯规划。因此，编制一本职业生涯规划与职业生涯发展参考书——职业生涯规划手册，是十分必要的。

职业生涯研讨会和职业生涯规划手册都是职业生涯管理的有效手段，二者相辅相成。职业生涯研讨会通过一定时间的集中活动，创造出一个教学环境和会议环境，从而可以使员工在短时间内感受到有关知识和方法的强烈冲击，形成特定氛围，有助于员工迅速形成职业生涯规划。职业生涯规划手册则作为常备指导工具，经常性地帮助员工进行职业生涯反思，进而能够自己解决职业生涯规划不同阶段出现的问题，对职业生涯发展中的冲突做出协调和重新设计。

4. 开展职业生涯咨询

员工在职业生涯规划和职业生涯发展过程中，会不断产生一些职业生涯方面的困惑和问题，需要管理人员或资深人员为其进行问题诊断，并提供建议。

职业生涯咨询可以是正式的也可以是非正式的，企业中的高层和较高层的经理、技术专家以及其他资深员工都可自愿对有进取心的员工的职业生涯规划提出忠告和建议，并解答员工提出的各种问题。

8.4.5　组织职业生涯阶段管理

职业生涯是一个逐渐开展的过程，在不同的阶段，员工所面临的职业生涯发展任务也不相同。因此，在实行组织职业生涯管理时，必须充分认识职业生涯不同阶段的管理重点。

1. 早期阶段

职业生涯早期阶段是指一个人由学校进入组织并在组织内逐步“组织化”、为组织所接纳的过程，这一阶段一般发生在员工20～30岁之间。此阶段组织承担的任务较重，它需要对新员工进行有效评估、培训、职业生涯规划等，通过这些举措来促使员工逐渐适应新工作。在这一阶段，组织职业生涯管理主要包括以下几个方面。

1）对新员工进行上岗引导

新员工进入组织，对其最初的上岗引导是非常重要的。上岗引导是指给新员工提供有关组织的基本背景情况，具体包括：组织发展历史、规章制度、工作职责、组织文化等。上岗引导是员工自身目标与组织目标一体化过程的开端，通过上岗引导，员工潜移默化地接受组织的使命、团队价值观、组织文化等内容，快速融入组织这个大家庭，努力工作，实现个人和组织的共同进步。

2）为新员工提供职业咨询和帮助

新员工进入组织后，为使其更快地融入组织，企业应为新员工提供职业咨询和帮助。在这一阶段，企业可以为每个新员工配备一个在组织中经验比较丰富的老员工或者新员工的直接上司作为工作导师，对新员工的工作提供咨询和帮助。目前，很多企业都实施了“顾问计划”，这种“顾问计划”的实质就是为员工安排一个工作导师，给新员工提供建议和帮助。

3）提供一个富有挑战性的最初工作

在职业生涯早期阶段，组织能做的最重要的事情之一就是争取为新员工提供一份富有挑战性的最初工作，这能对员工产生相当的吸引力。例如，在一项以美国电话电报公司年轻管理人员为对象的调研中发现，这些人在公司的第一年中所承担的工作越富有挑战性，他们往后的工作也就越有效率、越容易达到岗位要求的目标。因此，提供富有挑战性的起步工作，是帮助新员工取得职业发展的有效方法之一。

2. 中期阶段

职业生涯中期阶段是一个时间周期长、富于变化的阶段，年龄跨度一般是25～50岁，这一阶段是既有可能获得职业生涯成功，又有可能出现职业生涯危机的一个很宽阔的阶段。因此，组织要实现自身的发展目标，就必须强化其职业生涯管理任务，设计促进员工职业生涯中期发展的管理方案和措施，预防和补救职业生涯中期可能出现的危机，加强组织职业生涯管理。

1）职业生涯中期阶段容易出现的问题

（1）职业高原现象。员工在职业生涯中期可能会面临职业通道越来越窄、发展机会越来越少的困境，这种情况常常被称为职业高原现象。由于人的个性差异、所处的环境不同、家庭状况不同，这个时期，人与人之间的差异也比较大。过去的同学、同事，有的可能发展得非常好，早早地达到事业顶点；有的人，由于走了许多弯路，还在寻找自己理想的职业领域。和老同学、老同事相比，这些遇到困境的人心理压力很大，会觉得有失落感，或努力奋斗，追赶前进，或自暴自弃，得过且过。有许多人，尽管职业生涯发展得比较顺利，但越往上发展，压力越大，由于人才济济，组织所能够提供的高级职位又有限，因此同事之间竞争过于激烈。这种发展瓶颈是许多步入职业生涯中期的人要面对的现实。

（2）工作与家庭的冲突问题。在家庭方面，员工由生育、抚养、教育子女逐步过渡到子女成人、就业、成家并自立。在孩子成长的时期，家庭任务非常繁重，既要照顾孩子的饮食起居、学习生活，还要忙于自己的工作，压力比较大。这一时期，职业、家庭、生物周期相互作用比较强。生物周期是职业、家庭的能源保障，职业、家庭都要消耗大量“能源”，容易使人感到紧张、精力不济。特别是在子女读小学和中学时期，这种冲突比较严重，许多人下班回到家还要做大量的家务，照顾孩子的学习和生活。有些岗位的工作，除了上班八小时外，可能还要在家里工作，这时，便产生了冲突。工作与家庭的冲突会造成很多消极后果，这种推论性的因果关系如图8-7所示。总之，职业生涯中期是一个充满矛盾的复杂阶段，这一阶段尤其需要组织加强职业生涯管理。

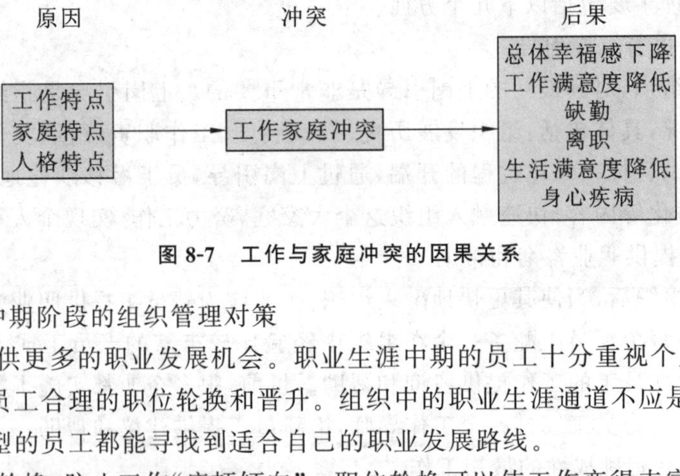

图8-7　工作与家庭冲突的因果关系

2）职业生涯中期阶段的组织管理对策

（1）为员工提供更多的职业发展机会。职业生涯中期的员工十分重视个人职业上的成长和发展，组织要保证员工合理的职位轮换和晋升。组织中的职业生涯通道不应是单一的，而应是多重的，以便不同类型的员工都能寻找到适合自己的职业发展路线。

（2）实施职位轮换，防止工作“疲顿倾向”。职位轮换可以使工作变得丰富多彩，可以提高员工对工作的兴趣。事实证明，当晋升和提薪的机会变少时，职位轮换就成为一种有效激励员工的措施。有研究表明，任何一个组织，如果人员没有流动或变化，就会像一潭死水，没有活力。美国学者库克所绘制的时间与创造力发挥程度的曲线进一步说明了职位轮换的意义，库克曲线如图8-8所示。

在库克曲线中，OA是个人工作之前的学习阶段，知识不断增长；AB为参加工作初期，进入一个新环境，第一次承担任务，极富有新鲜感、挑战性，员工成长迅速；BC为创造力发挥至顶峰、出成果的黄金时期；此后，创造力开始下降，进入CD阶段，即衰退期；而DE为稳定的衰退期，如果不改变工作环境和工作内容，创造力将在低水平上徘徊。因此，有计划地、适时地变换工作岗

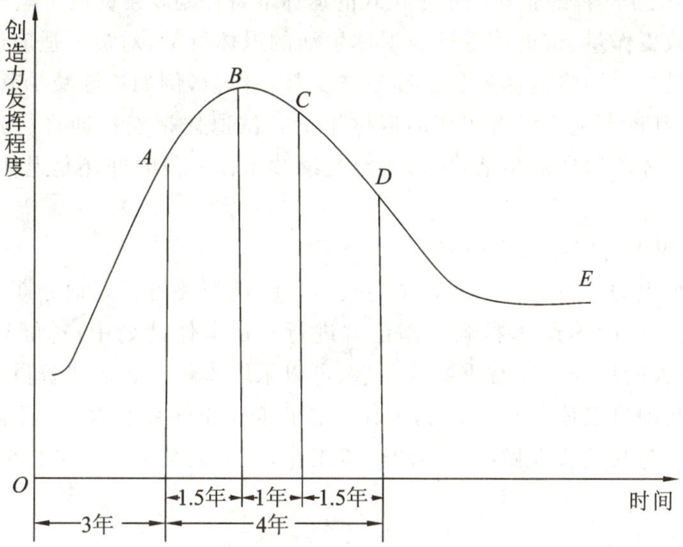

图 8-8　库克曲线

位或者更换组织，有利于激发员工的创造力。

(3) 用满足员工心理成就感的方式进行激励。心理成就感是员工希望从工作中获得的一种重要的心理感受，一个有成就感的员工往往是高工作满意度、高绩效的员工。组织通过为员工提供培训机会，让他们在工作中更加游刃有余，适时恰当地对员工的成绩予以表彰等，都可以大大提高他们的心理成就感。事实上，有许多行之有效的措施可以帮助员工摆脱由于不能得到及时晋升而带来的工作不快。

(4) 协助员工解决工作与家庭的冲突。为了帮助员工处理好工作与家庭的关系，组织可以提供一些比较灵活的工作安排。例如，弹性工作时间就是一种有效的办法，它为员工在完成工作的同时提供了处理私事的自由。此外，为员工提供子女日托等帮助也是一种解决办法，还有些公司提出了十分有创意的计划，如老人照料计划。

总之，在职业生涯中期阶段，组织应落实好内部晋升计划，促进员工职业生涯朝着顶峰发展，提供良好的教育培训计划，针对员工的职业生涯中期危机，进行有效预防、解决和补救。

3. 后期阶段

在职业生涯后期阶段，员工一般处在 50 岁至退休年龄之间，员工已进入职业生涯的最后阶段。这一阶段员工的人生需求变化很大，而职业生涯尚有 10 年左右的时间，如何发挥员工的潜能和余热，并帮助员工顺利度过这段时间，是组织义不容辞的责任。所以，在职业生涯后期，组织仍肩负着很重的职业生涯管理任务，其主要工作包括以下几个方面。

1) 帮助员工树立正确观念，坦然面对退休

员工到了职业生涯后期，结束职业生涯是不可避免的。组织有责任帮助员工认识并坦然地接受这一客观现实。组织可以通过开展退休咨询、召开退休座谈会、组织退休研讨会等，了解员工对于退休的认识和想法，讨论应如何认识和对待退休，交流退休后的打算，以及如何过好退休生活的经验等，这可以使即将退休的员工有充分的思想准备，以减轻退休所产生的迷惘和失落感。

2) 开展退休咨询，着手退休行动

退休咨询就是向即将和已经退休的人提供财务、住房、搬迁、家庭、法律和再就业等方面的咨询

和帮助。在西方，大约30%的企业制定了正式的退休准备计划以帮助员工顺利完成退休的过程。

组织开展递减工作量、试退休等适应退休生活的退休行动，对员工适应退休生活也具有重要帮助。递减工作量是对即将退休的员工逐渐减少其工作量，例如逐渐减少其日工作小时、周工作日或年工作周，使其逐渐适应没有工作的退休生活。试退休是安排即将达到退休年龄的员工离开工作一段时间去体验退休的生活，然后决定是继续工作一段时间还是退休，亲身感受并逐步适应退休生活。

3）做好退休职工的职业工作衔接

员工退休后组织的职业工作仍要正常运转，因此，组织要有计划地分期分批合理安排应当退休的员工退休，切不可因为退休影响工作正常进行。在退休计划中，选好退休员工职位的接替人，尽早进行接替人的培训是非常重要的，组织可以采取多种形式对接替员工进行岗位的培训与学习。如接替人与即将退休的员工一起工作一段时间，进行实地学习；请老员工传授工作经验等。帮助退休员工与其接替人做好具体的交接工作，使新老员工岗位更替衔接好，保证工作正常顺利的进行。

HR实例

3M公司的组织职业生涯管理

美国明尼苏达矿业及机器制造公司简称3M公司，其管理层始终尽力满足员工职业生涯发展方面的需求，强调公司需求与员工需求之间的平衡。为此，3M公司设计了员工职业生涯管理体系。

1. 职位信息系统。3M公司对员工民意进行调查，根据调查结果试行了职位信息系统。员工们反应积极，人力资源部、一线部门及员工组成了专题工作小组，进行为期数月的规划工作。

2. 绩效评估与发展过程。该过程涉及各个级别所有职能的员工。每位员工都会收到一份供明年使用的员工意见表，主要填写进取方向和期待值。员工与主管一起对这份意见表进行分析，并就工作内容、主要进取领域和期待值以及明年的发展达成一致。到第二年年底时，主管根据这份意见表进行业绩表彰。绩效评估与发展过程促进了3M公司主管与员工之间的交流。

3. 个人职业生涯管理手册。3M公司向每一位员工发放一本个人职业生涯管理手册，它概述了员工、领导和公司在员工职业生涯管理方面的责任，并明确提出公司现有员工职业生涯发展资源，同时提供一份员工职业生涯关注问题的表格。

4. 主管人员公开研讨班。举办为期一天的公开研讨班，有助于主管人员认识自己所处的复杂的职业生涯管理环境，同时提高他们的领导技巧以及对角色的理解。

5. 员工公开研讨班。提供个人职业生涯指导，强调自我评估、制定目标和行动计划，以及平级调动的好处和职位晋升的经验。

6. 一致性分析及人员接替规划。集团副总裁会见各个部门的副总经理，讨论其下属管理人员的业绩情况和潜能，然后各管理层分层召开类似会议，与此同时开展人员接替规划项目。

7. 职业生涯咨询。公司鼓励员工主动去找自己的主管人员商谈个人职业生涯问题，同时为员工提供专业的个人职业生涯咨询。

8. 职业生涯项目。员工职业生涯管理人员根据员工兴趣，印发一些职业生涯项目，并将它们在全公司发放。

9. 学费补偿。报销学费和与员工当前岗位相关的学习费用，以及取得与工作或个人职业生涯相关学位的全部费用。

10. 调职。职位撤销的员工自动进入个人职业生涯过渡公开研讨班，同时还接受具体的过渡咨询。根据管理层的要求，为解除聘用的员工提供外部新职介绍。

本章小结

职业生涯管理是指组织和个人对职业生涯进行设计、规划、执行、评估、反馈和修正的综合性过程，职业生涯管理的内容包括个人职业生涯管理和企业职业生涯管理两个方面。职业生涯管理对实现企业目标和个人目标都具有重要意义。

职业生涯管理的代表理论主要有人职匹配理论、职业生涯阶段理论、职业锚理论以及职业发展主动构建理论等。帕森斯的特质-因素理论核心是人与职业之间的匹配，其理论前提是：每个人都有一系列独特的特性，并且可以对这些特性进行客观而有效的测量；每个人的独特特质又与特定的职业相关联，为了取得成功，不同职业需要配备具有不同个性特征的人员，个人特性与工作要求之间配合得愈紧密，职业成功的可能性也就越大。霍兰德的职业性向理论将职业归纳为六种典型的工作环境，相应地根据劳动者的心理素质和择业倾向，将劳动者划分出实际性向、研究性向、艺术性向、社会性向、企业性向、常规性向六种基本类型，劳动者的职业性向与职业类型适应，其才能与积极性才能得以发挥。萨柏把人的职业生涯划分为成长、探索、确立、维持、衰退五个主要阶段。施恩的职业锚理论认为，当一个人不得不做出选择的时候，他无论如何都不会放弃的职业中的那种至关重要的东西或价值观便是职业锚，他提出了八种职业锚：技术或功能型职业锚、管理型职业锚、创造型职业锚、自主与独立型职业锚、安全型职业锚、生活型职业锚、服务型职业锚和挑战型职业锚，职业锚实际上就是人们选择和发展自己的职业时所围绕的核心。

个人职业生涯管理是指个人根据对主观因素和客观环境的分析，确立自己的职业生涯目标，选择实现这一目标的职业，以及制定相应的工作、培训和教育计划，并按照一定的时间安排，采取必要的行动实现职业生涯目标的过程。个人职业生涯规划的内容包括：自我评估、环境分析、职业生涯目标设定、职业生涯路线选择、职业生涯策略制定、反馈与修正。个人职业生涯开发的内容主要包括个人要素开发和社会资本开发两个方面。个人职业生涯开发策略分为工作策略、学习与培训策略、人际关系策略、工作与家庭平衡策略。个人职业生涯周期管理就是根据个人在职业生涯发展的不同阶段及组织的环境特点，按照职业发展面临的特征、任务和问题采取符合实际需求的对策。职业生涯周期主要分为职业生涯早期、职业生涯中期和职业生涯后期三个阶段，了解不同阶段的特点和面临的任务是实现职业成功的重要保证。

组织职业生涯管理是从组织的角度出发，为了使员工能够不断地满足企业的要求，为员工提供企业的职业需求信息及职业升迁路线或策略，了解组织的人力资源储备，并有针对性地开发企业内部人力资源的活动。职业生涯通道是指企业为内部员工设计的自我认知、成长和晋升的管理方案。职业生涯通道模式有单通道模式、双通道模式、多通道模式、横向职业通道模式。组织职业生涯阶段包括职业生涯早期阶段、职业生涯中期阶段、职业生涯后期阶段，不同阶段有不同的管理措施和管理方法。组织职业生涯管理的实施步骤包括员工自我评估、组织评估、职业信息的传递、职业咨询、职业生涯通道引导。组织的职业生涯管理方法有：举办职业生涯研讨会、填写职业生涯规划表、编制职业生涯规划手册、开展职业生涯咨询。

21世纪，企业的变迁和发展呈现出新特点，职业生涯管理面临新的挑战，也将对企业和员工的职业生涯管理产生重要影响。

本章导学图

知识巩固训练

一、名词解释

1. 职业生涯管理　2. 职业锚　3. 个人职业生涯管理　4. 组织职业生涯管理　5. 职业生涯通道

二、单项选择题

1. 职业生涯管理将贯穿员工职业生涯发展和企业发展的全过程，是职业生涯管理的(　　)。

A. 动态性　　B. 责任性　　C. 信息性　　D. 基础性

2. 企业职业生涯管理的意义是(　　)。

A. 有利于人力资源的合理配置　　B. 有利于个人处理好工作与家庭的关系

C. 能充分调动员工积极性，实现企业成长　　D. 有利于加强企业的文化建设

3. 核心是人与职业之间的匹配的职业生涯管理理论是(　　)。

A. 人格发展理论　　B. 霍兰德的职业性向理论

C. 特质-因素理论　　D. 职业锚理论

4. 个人社会资本的开发是指(　　)。

A.人际关系的处理　　B.能力的开发

C.态度的开发　　D.职业资本的开发

5. 为达到工作绩效目标,计划采取的各种改善工作效率和效果的措施是个人职业生涯开发的(　　)。

A.学习与培训策略　　B.工作策略

C.人际关系策略　　D.工作与家庭平衡策略

6. 组织职业生涯管理实施步骤的第一步是(　　)。

A.制定较完备的人力资源规划　　B.对员工进行分析和定位

C.职务分析　　D.制定完整有序的职业生涯管理制度与方法

7. 在职业生涯发展中,员工需要得到不断的书面指导,以解决许多自我职业生涯发展中遇到的问题,组织应(　　)。

A.举办职业生涯研讨会　　B.填写职业生涯规划表

C.开展职业生涯咨询　　D.编制职业生涯规划手册

8. 组织职业生涯管理对个人的作用是(　　)。

A.让员工更好地认识自己,为发挥自己的潜能奠定基础

B.使员工与企业同步发展,以适应企业发展和变革的需要

C.优化企业人力资源配置结构,提高企业人力资源配置效率

D.提高员工满意度,降低员工流动成本

9. 以职业锚的类型划分为依据,对企业内部员工的工作类型进行分类,设计适合本组织的职业生涯通道,其设计是(　　)。

A.单通道模式　　B.多通道模式

C.横向职业通道模式　　D.双通道模式

三、简答题

1. 简述职业生涯管理的主要内容。

2. 职业生涯管理的代表理论有哪些?其主要内容是什么?

3. 个人职业生涯规划的原则是什么?

4. 简述个人职业生涯规划的步骤。

5. 简述企业的职业生涯通道模式。

四、论述题

1. 如何进行个人职业生涯周期管理?

2. 论述组织职业生涯管理阶段及管理的主要内容。

五、案例分析题

凯西,26岁,是一家大型通信公司的运营经理,有15位负责网络运营的下属。年薪5.4万美元。这的确是一份好工作,权责大、潜力无穷,还有对26岁的年轻人来说非常优越的薪酬待遇,她是如何胜任的呢?从学校取得文科学位后,凯西进入一家知名的包裹快递公司,担任初级管理职位。当薪酬与权责的增长明显受限时,她开始探讨其他可能性。很快,凯西了解到想获得自己真正想要的工作,必须进一步提高专业能力。

凯西开始在当地商贸学校进修会计及经济学的夜间课程。因为雇主不提供学费补助,于是她自付学费。后来,她以优异的成绩申请到在职进修企管硕士的课程。因为包裹快递公司的工

作时间改变，使她无法继续上夜间课程，所以凯西决定辞掉当时年薪1.8万美元的工作，并借助助学贷款全心全意开展她的企管硕士进修计划。凯西决定主修营销，在选修的一门课中，她和两位同学为当地一家电话公司进行市场调研，以便制定出长途电话预付卡的营销方案。

在25岁获得企管硕士学位后，凯西却很难找到工作，因为相比其他人，她实在太年轻了，25岁比多数学生开始念企管硕士时还年轻两岁。但她坚持不懈，凭着学历与实务经验（来自为电话公司进行的市场调研经验）两者兼具的优势，终于找到了新雇主——一家大型通信公司。

资料来源：周文霞.职业生涯管理[M].上海：复旦大学出版社，2012.

思考题：

1. 凯西是如何对职业进行探索的？

2. 凯西是如何实施自己的整个职业生涯规划的？

3. 你认为凯西能够获得现在这个令人羡慕的职位，最重要的因素是什么？

第9章 员工关系管理

学习目标 ……

(1) 理解和掌握员工关系、员工关系管理的基本概念。
(2) 了解和掌握员工关系管理的理论。
(3) 了解员工关系管理的流程。
(4) 了解和掌握员工关系管理每个阶段的内容。
(5) 树立员工关系管理的风险概念。
(6) 了解员工关系管理面临的新挑战。

本章关键词 ……

员工关系(employee relations)、劳动关系(labor relations)、员工关系管理(employee relationship management)、劳动合同(labor contract)

引导案例

9.1 员工关系管理概述

9.1.1 员工关系

1. 员工关系的含义

“员工关系”(employee relations,ER)一词源自西方现代人力资源管理体系。广义的员工关系是指企业管理者与员工及团体之间产生的,由双方利益引起的,表现为合作、冲突、力量和权利关系的总和,并受到一定社会中经济、技术、政策、法律制度和社会文化背景的影响(程延园,2008)。狭义的员工关系是企业与员工之间的一种组织内部关系,既不涉及工会,也不涉及政府,是企业和员工在一定的法律框架内形成的经济契约和心理契约的总和(刘昕、张兰兰,2013)。

无论是广义还是狭义的员工关系,其实质都是企业与员工之间的劳资关系,体现的是雇用与被雇用的关系。员工与企业之间相互作用的行为,体现了既对立又合作的特点,既包括双方因签订雇用合同而产生的法律上的权利义务关系及由此产生的利益冲突,也包括社会层面双方的人际、情感甚至道义等关系,以及不成文的传统、习惯及默契等伦理关系。

员工关系非常复杂,但最终都可以归纳为合作和冲突两个根本点。合作是指企业与员工针对双方的行为规范、员工的薪酬福利、对员工工作努力程度的预期、对员工个人行为的奖惩等内容协商一致，制定出的双方均需共同遵守的制度和规则。通过合作，员工从个人生存及发展的角度出发，向企业提供自己的劳动服务并从中获得回报；企业则从员工提供的劳动服务中获取收益并向员工支付薪酬。冲突则是在企业与员工的合作中，双方的利益、目标和期望在不能保持一致的情况下，出现的分歧、矛盾等。

2. 员工关系的特点

企业、员工及员工团体作为员工关系的主体，具有如下四个特点。

1）个体性与集体性

员工关系可分为个别员工关系与集体员工关系。个别员工关系是指个别员工与企业之间的关系，是个别员工在从属的地位上提供职业性劳动、企业支付薪酬的关系；集体员工关系则是员工的团体如工会，为维持或提高员工劳动条件与企业之间的互动关系。

2）平等性与不平等性

员工以劳动换取薪酬，在劳动过程中有服从企业指示的义务，处于从属地位，提供职业性劳动，从这一点上讲，员工关系有其不平等的一面。但在员工签订劳动合同之前，与企业就劳动条件进行协商时，员工并不处于从属地位，即使在劳动关系存续期间，员工就劳动条件的维持或提高与企业协商时，也无服从的义务，这是员工关系平等性的一面。

3）对等性与非对等性

所谓对等性，是指一方没有履行某一义务时，他方可以免除自己相对义务的履行。如员工提供劳动与企业提供劳动报酬是对等的义务，员工提供劳动，企业必须支付劳动报酬；员工没有提供劳动（工伤、孕期等特殊条件除外），企业可以免除支付劳动报酬这一义务。非对等性则是指一方即使没有履行某一义务，他方仍然不能免除履行另一相对义务。如员工的忠诚义务与雇主的薪酬支付是非对等的义务，即使员工对企业未履行忠诚的义务，但只要员工提供了劳动，企业仍然必须支付劳动报酬。

4）经济性、社会性与法律性

经济性是指员工在提供劳动时，其劳动付出程度、劳动创造的价值等往往会有所差异，从企业获取的薪酬也并不一致。社会性是指员工在获取经济回报的同时，依据马斯洛需求层次理论，还需要通过工作获得作为社会人所需要的归属感、尊严、自我价值实现等更高精神层面的满足。法律性是指员工与企业之间还存在劳动契约关系，这种契约关系都建立在合乎法律的基础上，双方的权利和义务都受到法律的保护与约束。

3. 员工关系、劳资关系和劳动关系辨析

在讨论与雇用关系有关的问题时，通常会用到三个概念，即员工关系、劳资关系、劳动关系。

1）员工关系与劳资关系

员工关系的概念是在近些年才被广泛采用的，在此之前，人们普遍采用劳资关系或产业关系。劳资关系（industrial relations，IR）相对于资方与劳方而言，是双方关系的统称。狭义的劳资关系是指代表全体工会会员的工会与雇主或雇主联盟（即资方）之间的集体关系，主要涉及工会组建、集体谈判以及集体争议处理等方面的内容；广义的劳资关系则涵盖与雇用关系相关的所有方面，它不仅包括狭义劳资关系中的所有内容，而且包括单个企业与作为非工会会员的本企业员工之间的关系，同时也包括企业制定和实施的可能会影响企业与员工之间关系的所有各项人力资源管理或人事管理政策和实践。实践中通常采用劳资关系的狭义概念，强调劳资双方处于对立和对抗的状态。

员工关系与劳资关系的区别可归纳为以下三个方面。

第一，适用范围不同。劳资关系通常适用于工会会员与企业之间的雇用关系；而员工关系的适用范围更广，既包括工会会员与非工会会员，又包括典型的全日制雇用形式与非典型的劳务派遣、兼职和临时工等雇用形式。

第二，研究视角不同。劳资关系主要基于政治视角来研究劳资冲突、劳资谈判等问题；而员工关系主要基于管理视角，特别是人力资源管理视角，来研究员工个人与企业之间的微观层面互动。

第三，内涵本质不同。劳资关系本质上是劳动者与企业之间的法律关系，即双方因签订雇用合同而产生的法律上的权利义务关系；而员工关系本质上是双方的法律关系与伦理关系的总和，既包括与劳资关系一致的法律关系，又包括社会层面双方人际、情感甚至道义等关系，以及不成文的传统、习惯及默契等伦理关系。

2）员工关系与劳动关系

我国使用的与劳资关系相近的概念是“劳动关系”（labor relations，LR）。与欧美国家使用“劳资关系”不同，中国、日本都使用劳动关系的概念，不过日本称其为劳使关系（劳动者和劳动力使用者的关系）。根据我国政治经济学的观点，资本主义的基本矛盾之一就是由于雇用关系所带来的劳资矛盾，即西方的劳资关系反映的是剥削与被剥削的关系。由于社会主义国家不应该存在这种剥削与被剥削的关系，因此，在讨论国内的劳动问题以及企业和员工之间的关系时，通常使用“劳动关系”的概念，而不是“劳资关系”。

在我国，劳动关系被定义为用人单位与劳动者之间在运用劳动能力实现劳动的过程中形成的一种社会关系。劳动关系不仅是一个人力资源管理中的概念，也是一个法律概念，具有明确的法律内涵。劳动关系的主体包括劳动者、劳动者的组织（工会、职代会）和用人单位；劳动关系的内容是主体依法享有的权利和承担的义务；劳动关系的客体是主体的劳动权利和劳动义务共同指向的事物，如劳动时间、劳动报酬、安全卫生、劳动纪律、福利保险、教育培训、劳动环境等。

HR实例

拿月薪的“网红”算不算直播平台员工？

阿娇（化名）是一名90后女孩，偶然涉足网络直播，在某网络直播平台的直播房间（网络虚拟空间）做了主播，每天固定时段进行视频表演直播，吸引众多在线观众围观、赠送礼物打赏，目前订阅粉丝数近60万，拥有很高的人气。

2016年1月，她与上海某网络科技中心签订《主播经纪协议》，由该公司安排她在某网站上的指定直播房间直播。协议对阿娇的工作内容、双方权利义务、权利归属、合作费用、收益分配、违约责任等进行了约定，约定阿娇从事的主播工作包括参与所有游戏或娱乐节目的线上与线下直播、录制，或参与相关演艺事务等；约定该公司在全世界范围内担任阿娇的独家经纪公司，独家享有其全部主播事业的经纪权；协议期限为36个月；还约定公司每月向阿娇支付保底收入5000元。

经过包装，阿娇很快在网络上具有了一定知名度。但三个月后，她退出了公司在某网站上的指定直播房间，并以公司未按规定为其缴纳社会保险费为由，向劳动人事争议仲裁委员会申请仲裁。阿娇要求确认2016年1月1日至3月31日期间与经纪公司存在劳动关系，同时要求经纪公司支付解除劳动关系经济补偿金2500元。

尽管经纪公司向阿娇支付了底薪，并对阿娇的行为有过一定的约束和管理，看上去像是存在劳动关系，但实际上，一审和二审法院均驳回了她的起诉，认为她与经纪公司不存在劳动关系，“网红”主播的所有诉讼请求均被驳回。

员工关系与劳动关系的区别可归纳为以下两个方面。

第一，劳动关系是员工关系的基础，员工关系是劳动关系的延伸。在我国，员工关系的概念是建立在劳动关系的基础之上的，因为遵守法律要求是管理员工关系的一个最基本要求，这里的法律要求就是指《劳动法》所规定的劳动关系。在劳动关系的基础上，企业就可以通过一系列的人力资源管理政策和实践来管理好员工关系。

第二，员工关系与劳动关系所关注的重点不同。劳动关系关注的是用人单位与劳动者之间的经济契约关系以及用人单位与工会之间的关系，员工关系关注的则是企业与员工个人之间的隐性心理契约关系。所以，员工关系更强调企业与员工之间的人际、情感甚至道德规范关系。

9.1.2 员工关系管理

1. 员工关系管理的含义

从广义上讲，员工关系管理(employee relationship management，ERM)是在企业人力资源管理体系中，各级管理人员和人力资源职能管理人员通过拟定和实施各项人力资源管理政策和管理行为，以及其他的管理沟通手段，调节企业和员工、员工与员工之间的相互联系和影响，从而实现组织的目标并确保为员工、社会增值。

从狭义上讲，员工关系管理就是企业和员工的沟通管理，这种沟通更多采用柔性的、激励性的、非强制的手段，来提高员工满意度，支持组织其他管理目标的实现。员工关系管理的主要作用是：协调员工与管理者、员工与员工之间的关系，引导建立积极向上的工作环境。

员工关系管理是人力资源管理的一项基本职能，对于这一基本职能，要掌握以下几个要点：员工关系管理是以员工为中心的一种全过程的管理；利益关系的协调是员工关系管理的基石和根本；心理契约是员工关系管理的核心内容。

2. 员工关系管理的内容

按时间顺序，员工关系管理包含了从员工入职到离职的全部过程。换句话说，当人员通过应聘进入用人单位后，就进入了员工关系管理的范围之内。因此，员工关系管理包含了招聘阶段、入职阶段、试用期阶段、在职阶段以及离职阶段的员工关系管理。从人力资源管理职能的角度看，员工关系管理的内容主要包括劳动关系管理、员工沟通管理、员工使用管理、员工权益保护、员工义务管理、员工满意度管理、裁员与离职管理、劳动争议处理与预防八大模块。

3. 员工关系管理与劳动关系管理辨析

劳动关系管理是指以促进组织经营活动的正常开展为前提，以缓和、协调组织劳动关系的冲突为基础，通过规范化、制度化的管理，使劳动关系双方(企业与员工)的行为得到规范，权益得到保障，保障企业经营稳定运行。劳动关系管理的基础领域主要有两个方面：一是促进劳动关系的合作；二是缓和、解决劳动关系的冲突。具体来说，劳动关系管理的对象主要包括五个方面：员工的罢工、怠工和抵制等；因用人单位处分、排斥或侵犯员工的权利而引发的劳动争议、仲裁、诉讼等劳动关系问题；员工参与管理问题；双方协商制度；集体谈判制度。

劳动关系管理是员工关系管理的一部分，二者都是企业人力资源管理的重要内容和任务，但在关系主体、实现目标、解决问题的方式、研究内容等方面又存在明显的差别，具体如表 9-1 所示。

表 9-1　员工关系管理与劳动关系管理的区别

比较项目	区别			
	关系主体	实现目标	解决问题的方式	研究内容
劳动关系管理	劳动者 用人单位 政府机构	缓解劳动关系的冲突 创造良好的工作氛围 提高组织管理效率 实现组织目标	规范化、制度化的管理 劳动法律法规 企业内部劳动规则	劳动合同管理制度 劳动安全卫生制度 劳动纪律、工资制度 福利制度、考核制度 奖惩制度、培训制度
员工关系管理	管理方 员工	企业内部和谐 企业与员工的双赢	柔性的、激励性的、非强制的手段 员工参与 多种形式的沟通	劳动关系管理、沟通管理 使用管理、员工权益维护 义务管理、员工满意度管理 裁员与离职管理 劳动争议处理与预防

4. 员工关系管理的意义

程延园(2008)认为,员工关系管理的最高目标应该是做到“让员工除了把所有精神放在工作上之外没有其他后顾之忧”。从根本上,员工关系管理可以确保企业中员工管理政策和管理实践的合法性与公平性。具体来说,员工关系管理有以下几个方面的意义。

(1) 有利于促进员工工作与生活的平衡。员工关系管理通过人际关系管理、员工满意度调查等措施,营造宽松的工作氛围,让员工愉快地工作。同时,通过一些涉及员工衣、食、住、行和娱乐的措施,照顾员工生活中的方方面面,在员工面对困难时实施员工帮助计划,让员工没有后顾之忧,帮助其平衡工作与生活的关系。

(2) 有利于提高员工的工作效率。首先,员工的工作与生活趋于平衡,没有了后顾之忧,便能全身心地投入到工作中;其次,合理的激励政策能激发员工的工作积极性与热情,鞭策员工实现更高的绩效;最后,畅通的沟通机制保障了员工之间和上下级之间的沟通质量,避免了不必要的信息损耗和沟通障碍。从这三个方面可以看出,员工关系管理有利于提高员工的工作效率,从而提高企业绩效。

(3) 有利于知识的分享与创新。知识经济时代,畅通的沟通机制有助于员工之间和上下级之间及时交流信息、沟通思想。沟通管理既可以满足员工的社交需求,让他们自由地表达自己的见解,又可以促进知识的流动与分享,使员工在群体中互相学习,共同进步。此外,建言渠道的畅通也是知识创新成果得以推广的重要保障。

(4) 有利于形成企业特有的文化。通过员工关系管理,有助于企业内部形成融洽的人际关系氛围,更好地促进企业文化的形成与稳固。员工关系管理打破了传统雇用关系的纯制度化模式,在管理过程中加入了人性化机制——情感管理,让员工感受到企业对自己的尊重与认同,这能增加员工对企业的认同感,共享企业价值观,形成企业文化。

9.1.3　员工关系管理理论

员工关系管理理论研究最早源于西方,现有一百多年的历史,经历了由原则到具体、由重物质激励到重精神激励、由强调制度的作用到强调文化的价值的过程。在从劳资关系到员工关系的演变过程中,逐渐形成了相对成熟的理论体系。

1. 社会交换理论

社会交换理论是20世纪60年代兴起于美国进而在全球范围内广泛传播的一种社会学理论。由于它对人类行为中的心理因素的强调，也被称为一种行为主义社会心理学理论。该理论由霍曼斯创立，主要代表人物有布劳、埃默森等。

布劳把社会交换界定为"当别人做出报答性反应就发生、当别人不再做出报答性反应就停止的行动"。他认为虽然大部分人类行为是以对社会交换的考虑为指导的，但并不是所有的人类行为都受到社会交换的指导，社会交换只是人类行为的一部分。他提出了使行为变为交换行为必须具备的两个条件：一是该行为的最终目标只有通过与他人互动才能达到；二是该行为必须采取有助于实现最终目标的手段。

社会交换有三种形式：一是内在性报酬的社会交换，社会交换活动的参与者把交换活动本身作为目的，比如一个男孩与他所爱慕的女孩进行交往，所依据的就是内在性报酬；二是外在性报酬的社会交换，社会交换活动的参与者把交换看作是实现更长远目标的手段，它对人们合理选择交往伙伴提供了客观的独立标准；三是混合型的社会交换，这种交换既有内在性报酬，也有外在性报酬，比如一个人接受邀请赴宴，可能是为了享受饮食之乐，同时也可能是为了得到与老朋友相处的愉悦，工人参加某工会，不仅仅是为了改善其雇用条件，也可能是他们内在地喜欢该工会中的伙伴关系，并能从帮助工会实现其目标的过程中得到某种满足。

公平分配是社会交换的基本原则。人们在社会交换中，都要对成本与报酬、投资与利润的具体分配比例做出判断，或者说要计算成本与报酬的比率，都希望得到的报酬或利润与付出的成本或投资成正比，谁也不会自愿地、长久地进行"赔本"交换，这就是社会交换中的公平分配原则。

在社会交换中成本与报酬的比率是否公平，是社会交换的参与者主观判断的结果。判断的标准有两个，一是社会交换参与者以往的经验，二是社会交换参与者的比较群体。前者是指人们在判断交换是否公平时，主要根据个人以往的经验，也就是说，人们总是以过去成功地从事某一行动时的成本与报酬、投资与利润的比例为尺度，来衡量现在或将来的类似行动，如果在现在或将来的行动中，报酬或利润下降了，行动者就会感到不公平。后者是指人们在判断交换是否公平时，往往把自己的所得同那些与自己类似的人进行比较，人们倾向于更多地同那些与自己联系紧密的、比较相似的人进行比较，而较少同那些与自己比较疏远的、不太相似的人进行比较。

2. 心理契约理论

长期以来，组织理论研究者运用社会交换理论来解释员工与组织之间的关系，把组织与员工之间的雇用关系看作是一种"交换"关系。80年代，组织经营环境的变化导致员工与组织之间的雇用关系发生了巨大的变化。在组织兼并、重组、缩减规模的过程中，员工与组织彼此违背心理契约的现象比比皆是。在这种情况下，心理契约成了理论界讨论的热点。

心理契约(psychological contract)是由美国著名管理心理学家施恩(E.H. Schein)正式提出的。他认为，心理契约是"个人将有所奉献与组织欲望有所获取之间，以及组织将针对个人期望收获而有所提供的一种配合"。

心理契约具有主观性、动态性、双向性的特点。主观性是指心理契约不像合同规定那样有书面的文字协议，而是将内心真实的期望想法深藏在心中，并不会轻易显露出来。企业的经济契约具有稳定性，合约经协商后一旦签订，如一方变更便是违约，会受到相应处罚，然而心理契约是一直处于不断变化和修订中的，员工心理认知满意度的提升、组织架构的调整等一系列变化都会引起变动，因此心理契约具有动态性。组织与员工之间有一种双向性的互动期望，一方面是指员工对所在企业的薪酬待遇、工作环境、发展机会、晋升等方面的期望，另一方面是指企业对员工所应履行的责任，如忠诚度、责任感、敬业精神等方面的期望。

一般从实证角度出发，研究者把心理契约的内容分为组织对员工应尽的责任和员工对组织应尽的义务。员工所认为的组织对员工的责任为：内容丰富有挑战性的工作、合理的薪酬、公平的晋升机会、充分的工具和资源、工作环境和有吸引力的福利。员工对组织的义务主要有：对组织忠诚、接受工作调动、拒绝支持竞争对手、为组织保密、离职前提前告知以及在企业稳定工作较长时间等。

心理契约建立在组织履行承诺的基础之上，如果组织不能够完全履行承诺，影响到员工个人福利待遇、绩效考核等，员工会产生愤怒情绪，进而有可能产生心理契约违背现象。Morrison 和 Robinson(1997)认为，心理契约违背是一种情绪体验，是指员工在感知到组织未履行或是履行不足其应履行承诺的基础上，而产生的一种不良情绪，如失望、愤怒、痛苦等。心理契约违背会使员工重新审视组织承诺，出现消极怠工、离职等情况，最终导致员工关系破裂，增加了企业人力资源管理成本，降低企业发展速度和损害了企业的良好形象。心理契约违背的形成过程如图 9-1 所示。

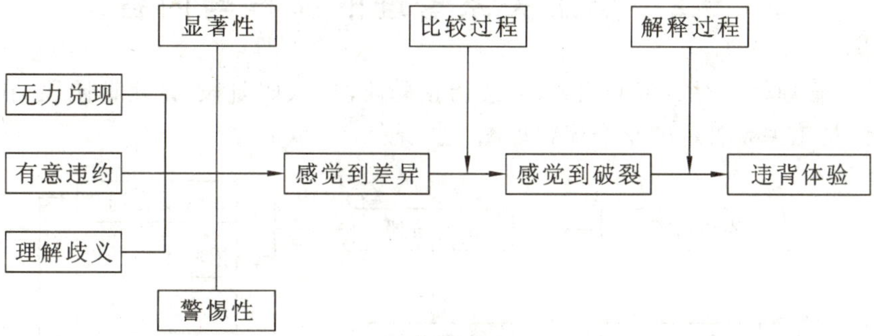

图 9-1　心理契约违背的形成过程

3. 组织支持理论

组织支持理论是建立在社会交换理论之上的。之前的学者们只从自下而上(组织承诺)的层面看待员工关系，而 Eisenberger 则从自上而下(组织支持)的层面重新解释员工关系，使管理中的一些问题得到了一定程度的解决。

组织支持感是指员工关于组织对于他们工作贡献的关心、帮助或者支持的一种心理感知。如果员工的工作付出得到及时的肯定与回报，或者在他们的工作中总能感受到来自组织的关心与帮助，那么员工就会受到鼓舞与激励，他们的工作积极性就会被激发出来，这对于组织的发展来说是非常有利的。

组织支持感的影响因素主要有组织公平、上级支持、组织报酬和工作条件。组织公平是指组织是否公平对待员工，主要包括结果公平、程序公平和互动公平。上级支持主要指上级提供的有利于员工完成组织目标行为的支持，这种支持体现在领导对员工的理解、关心、重视、肯定以及贡献认同等方面。组织报酬和工作条件包括组织认同感、晋升制度、培训、工作报酬、工作环境等方面。

组织支持感对员工的影响主要涉及组织承诺、工作投入、组织公民行为、工作倦怠、离职倾向等方面。组织承诺是指员工对组织的认同、卷入和情感依恋，组织支持感使员工产生了一种关心组织利益的义务感，可以增强员工对人性化组织的情感承诺，来自组织某种程度的支持可以激发同种程度的员工承诺。工作投入是指员工对所从事工作的认同和兴趣，组织支持感与工作投入有高度的正相关关系，组织支持感能通过增加员工的工作胜任感来增加他们的工作兴趣，且能满足员工的情感需求，使他们产生强烈的组织归属感，从而增强员工留在组织的愿望，增加他们的工作投入程度。组织公民行为是指员工自觉自愿地表现出来的、超出工作职责范围的，但有利于提高整个组织绩效的行为，研究发现，组织支持感可以使员工产生一些组织公民行为，如帮助组织规避风险、为组织提供建设性的意见、帮助同事、义务为组织做一些力所能及的事情等。在一个组织中，个体若长期处于工作压力状态下，会导致持续增加的情感冷漠、绝望以及情感衰竭，从而出现工作倦怠。工作倦怠又通常与员工的缺勤率和离职率有很大的相关性，因而它成为很多组织面临的一个突出问题。

社会交换理论基于互惠的思想将员工关系定位为一种双向的关系，这是员工关系的本质，也是组织支持理论和心理契约理论的出发点和基础。心理契约理论将研究定位于员工自身，研究员工在组织中对双方相互义务的认知，研究侧重于员工；组织支持理论强调员工根据自己所感受到的组织支持水平来决定对组织的回报，更多地强调从组织方面对员工的支持。

9.2 员工关系管理的流程与内容

员工关系管理始于对员工的招聘，会经历招聘阶段、入职阶段、试用期阶段、在职阶段、离职阶段等过程，员工关系管理的整个流程如图 9-2 所示。

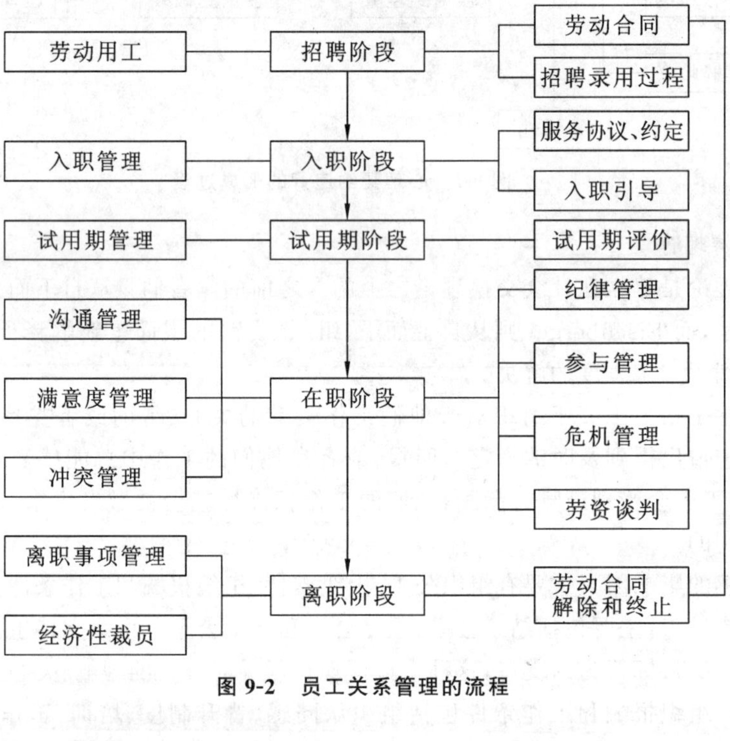

图 9-2　员工关系管理的流程

9.2.1 招聘阶段的员工关系管理

1. 劳动用工

1）劳动用工的含义

广义上的劳动用工是指国家机关、事业单位、社会团体和与其建立劳动关系的劳动者，通过签订劳动合同或协议，由劳动者向用人单位提供有偿劳动，其本质是以劳动者提供有偿劳动为主要内容的劳动关系。狭义的劳动用工是指用人单位和劳动者个人签订劳动合同，使劳动者成为用人单位的成员，在用人单位的管理下提供有偿劳动。

2）劳动用工的形式

根据劳动用工过程中工作时间、用工性质的差异，常见的劳动用工分为劳动合同用工、非全日制用工及劳务派遣等形式。

（1）劳动合同用工：劳动者与用人单位之间确立劳动关系，并以书面合同的方式明确双方的权利和义务。

（2）非全日制用工：以小时计酬为主，劳动者在同一用人单位一般平均每日工作时间不超过四个小时，每周工作时间累计不超过二十四个小时的用工形式。

在非全日制用工中，用人单位和劳动者之间形成的是劳动关系，而不是民事雇用关系。非全日制用工情况下，工资支付标准是按照非全日制用工的工资支付，可以按小时、日、周或月为单位结算，并且不得低于当地政府颁布的小时最低工资标准。非全日制用工是一种灵活就业的重要形式。近年来，我国非全日制用工形式呈现迅速发展的趋势，特别是在餐饮、零售、社区服务等服务业领域，越来越多用人单位使用非全日制用工形式。在我国，非全日制用工形式对于促进就业、提高用人单位的用工弹性具有重要意义。

（3）劳务派遣：又称劳动派遣、劳动力租赁，是指劳务派遣单位与用人单位签订劳务派遣服务合同，由劳务派遣单位招用雇员并派向用人单位工作，用人单位支付服务费给劳务派遣单位，劳务派遣单位向雇员支付劳动报酬的一种用工形式。

劳务派遣最显著的特征就是实现了劳动力的雇用和使用分离。劳动者不与用人单位直接签订劳动合同，而是与派遣单位签订劳动合同，劳动关系存在于劳动者与派遣单位之间，但劳动报酬支付的事实是发生在被派遣劳动者与用人单位之间。因此，对于用人单位来说，使用劳务派遣形式能够简化管理程序、减少劳动争议、分担风险和责任、降低成本费用、自主灵活用工等。但是对于劳动者来说，因为并不直接与用人单位签订劳动合同，自身的合法权益难以得到维护。劳务派遭的实施要遵守同工同酬、劳动标准平等、权利平等、受益归责等原则。

HR视野

零工经济

依托互联网平台大量涌现的兼职、非全日制工作以及各类临时用工，催热了“零工经济”一词，以致有机构将适应零工经济发展列为人力资源管理发展的十大趋势之一。

从劳动关系的角度观察，所谓“零工经济”实质上就是劳动关系的碎片化和去劳动关系化。它在充分利用闲置资源、扩大就业乃至促进经济发展方面发挥积极作用的同时，也剥夺了部分灵活就业人员的劳动权利和职业安全感。“零工经济”会不会发展成为主流趋势，尚需要进一步观察和实证分析。然而，伴随着灵活就业群体的不断增加和灵活就业形式的不断更新，灵活就业人员的劳动权益保障问题正日渐凸显。环视我国现行劳动保障相关法律，对兼职和非全日制用工虽有规制，但都是建立在传统的企业内部用工的定位基础之上，面对新型的、数量激增的兼职和非全日制工作，法律的滞后性显而易见，亟须完善。

2. 劳动合同

《劳动法》第十六条规定：“劳动合同是劳动者与用人单位确立劳动关系、明确双方权利和义务的协议。建立劳动关系应当订立劳动合同。”

1）劳动合同的分类

根据劳动合同约定工作期限，可将劳动合同分为固定期限劳动合同、无固定期限劳动合同、以完成一定工作任务为期限的劳动合同三种。

固定期限劳动合同是指用人单位与劳动者约定了服务期限的劳动合同，具体是指双方在劳动合同中明确规定了合同履行的起始和终止时间，在劳动合同期限届满时，劳动关系即宣告终止。如果双方协商一致，可续签劳动合同，延长合同约定期限。劳动合同的固定期限可以是较短时间的，如一个月、一年，也可以是较长时间的，如五年、十年及更长时间。不管期限长短，劳动合同的起始和终止日期都是固定的，具体期限由劳动合同签订双方根据工作需要和实际情况确定。

无固定期限劳动合同是指用人单位与劳动者约定无确定终止时间的劳动合同。无确定终止时间，指的是劳动合同没有一个明确的终止时间，但并不意味着不能终止劳动关系。只要没有出现法律规定的条件或者双方约定终止的条件，合同签订双方就要继续履行劳动合同约定的义务，但一旦出现法律规定可以解除合同的情形，无固定期限劳动合同也同样能够解除。

以完成一定工作任务为期限的劳动合同是指用人单位与劳动者约定以某项具体工作的完成为合同期限的劳动合同。某一项工作或工程开始之日，即为合同开始之时，此项工作或工程结束，合同即告终止。以完成某个研究项目或其他临时性、季节性工作而签订的劳动合同都属于此类合同。在这些情况下，用人单位与劳动者协商一致，可以订立以完成一定工作任务为期限的劳动合同，合同双方在合同存续期间建立的是劳动关系，劳动者需要加入用人单位集体，接受用人单位的管理及遵守相关的规章制度，并且享受社会保险等福利待遇。实际上也属于固定期限的劳动合同，只是表现形式不同。

2）劳动合同的主要内容

劳动合同应当以书面形式订立，并包括必备条款和协商条款。必备条款也称法定条款，不包含必备条款的合同不成立。

《中华人民共和国劳动合同法》（以下简称《劳动合同法》）第十七条规定：“劳动合同应当具备以下条款，包括用人单位的名称、住所和法定代表人或者主要负责人；劳动者的姓名、住址和居民身份证或者其他有效身份证件号码；劳动合同期限；工作内容和工作地点；工作时间和休息休假；劳动报酬；社会保险；劳动保护、劳动条件和职业危害防护；法律、法规规定应当纳入劳动合同的其他事项。”

除以上条款以外，双方还可加入协商条款，没有协商条款不影响合同的成立。协商条款指双方根据具体情况协商约定的权利、义务条款，包括试用期、培训、商业保密、第二职业或兼职、住房等内容。

企业劳动合同的禁止性条款有：抵押金、赔偿金、限制劳动者参加工会组织、限制劳动者工资权的要求、群体歧视。

3）集体合同

我国《劳动合同法》第五十一条规定：“企业职工一方与用人单位通过平等协商，可以就劳动报酬、工作时间、休息休假、劳动安全卫生、保险福利等事项订立集体合同。”集体合同的实质是一种特殊的劳动合同用工形式，又称为团体协约、集体协议等。

集体合同的订立过程中，多为工会或职工推举的职工代表全体职工与用人单位进行协商谈判，签订合同之后全体职工及用人单位均需按照合同规定来履行义务。在我国订立集体合同需要遵循一定的程序。

(1) 协商集体合同草案。在集体合同签订之前,需由工会或职工代表与用人单位就劳动双方相关的劳动报酬、工作时间、休息休假、劳动安全卫生、保险福利等事项进行协商,并根据协商的结果拟制集体合同草案。一般情况下,需成立有双方授权代表人参与的集体合同拟制委员会,在充分征求各方面意见和要求的基础上,协商起草初步的集体合同草案。

(2) 集体合同审议。将初步拟制的集体合同草案提交工会或职工代表大会进行审议,工会或职工代表大会审议时,由企业经营者和工会主席分别就集体合同草案的产生过程、依据及涉及的主要内容作说明,然后由工会或职工代表大会对集体合同草案进行讨论,做出审议决定。

(3) 签字确认。集体合同草案经工会或职工代表大会审议、表决通过后,由用人单位及职工的代表签字或盖章确认。

(4) 登记备案。经双方签字确认通过的集体合同,还应将合同的详细内容及各部分附件提交劳动行政部门登记备案。劳动行政部门需审查集体合同所涉及的内容是否符合法律法规,如发现已经签字确认的集体合同的内容与法律有冲突、失实或明显有失公平,可不予登记或暂缓登记,并退回企业作进一步修正。如提交劳动行政部门 15 日内,未收到相关修正意见,则集体合同产生法律效力,企业、工会及职工个人均应按合同约定内容切实履行义务。

(5) 公示。在通过劳动行政部门登记备案之后,集体合同生效,企业应及时向全体职工公示。我国《劳动法》第三十五条规定:"依法签订的集体合同对企业和企业全体职工具有约束力。职工个人与企业订立的劳动合同中劳动条件和劳动报酬等标准不得低于集体合同的规定。"我国《劳动合同法》第五十四条第二款规定:"依法订立的集体合同对用人单位和劳动者具有约束力。行业性、区域性集体合同对当地本行业、本区域的用人单位和劳动者具有约束力。"因此,凡符合法律规定的集体合同,一经签订就具有法律效力。

3. 招聘录用过程

1) 告知义务和知情权

我国《劳动合同法》第八条规定:"用人单位招用劳动者时,应当如实告知劳动者工作内容、工作条件、工作地点、职业危害、安全生产状况、劳动报酬,以及劳动者要求了解的其他情况;用人单位有权了解劳动者与劳动合同直接相关的基本情况,劳动者应当如实说明。"

用人单位的告知义务即为劳动者的知情权。除了法律规定的告知内容之外,用人单位还可根据企业的情况,将内部的规章制度,如劳动纪律规定、奖惩制度等加以说明。

用人单位的知情权即为劳动者的告知义务。用人单位在向劳动者履行告知义务的同时,也享有对劳动者与劳动合同直接相关的基本情况的知情权,与劳动合同直接相关的情况,如劳动者的年龄、学历、工作经历、身体状况及知识技能状况等。与劳动合同无关的内容,如家庭情况、血型、婚姻状况、女性是否怀孕等,用人单位则无权了解。

2) 录用审查

用人单位在录用劳动者之前,为了规避后续的用工风险,要对劳动者提供的基本信息、证件及工作经历等进行审查。

基本信息核查。一般而言,劳动者的年龄、学历、健康状况、职业状态等基本信息的真实是招聘环节最基本的要求。但在实际招聘过程中,劳动者为了能够获得自己所期望的工作,对个人资料有意夸大,甚至提供虚假信息。因此,用人单位在决定录用劳动者之前,需要对其所提供的资料进行核查。

背景调查。对于求职者过往的工作经历,在面试过程中很难对其提供的材料的真伪进行判别,这就需要通过背景调查来核实求职者提供的信息。背景调查是指通过从求职者提供的证明人或以前工作的单位来搜集资料，核实求职者的个人资料、工作表现及就业限制条件的行为，是一种能直接核查求职者信息真伪、工作经历及职业道德的有效方法。

9.2.2 入职阶段的员工关系管理

1. 入职管理

新员工入职流程主要包括入职准备、入职手续办理及入职培训三大部分。从确定录用开始，员工关系管理即进入入职管理环节，新员工入职流程及内容见表 9-2。

入职准备阶段，由人力资源部负责与用人部门及后勤支持部门提前沟通协调，共同做好相应的准备工作。入职手续办理环节，首先应该向待入职的新员工发送规范的入职通知，并将入职所需要的各类材料、相关安排以及注意事项清楚告知；在手续办理过程中，需对新员工的各类材料进行收集、建立个人档案、进行入职体检、签订劳动合同等。最后还需要结合新员工工作岗位的特点，进行入职培训，以帮助他们快速熟悉企业的管理要求，熟悉岗位的工作内容，熟悉工作的周边环境。

表 9-2 新员工入职流程及内容

步骤	项目	相关内容
入职准备	入职沟通	与录用人员、用人部门沟通入职安排事项，并将结果告知相关部门
	入职通知	正式通知录用人员入职安排事宜、报到所需材料等其他注意事项
	物品准备	安排宿舍，准备办公电脑及文具，申请邮箱、账户、办公电话
入职手续办理	材料收集、审核	安排入职体检，审核新员工入职材料，包括各类证件原件、与原单位解除劳动合同证明（离职证明）、各类获奖证书等
	员工个人档案	组织填写入职登记表、签订劳动合同、保密协议；建立员工书面及电子档案；制作工卡、设定各类权限等
	工作物品	岗位工作内容说明（工作说明书），发放工作相关物品（工卡、规章制度手册、工作鞋、工作服），分配宿舍及发放钥匙等
入职培训	公司概况	公司发展历程、企业文化、组织结构、产品及行业状况等
	规章制度	公司各类规章制度，如考勤制度、奖惩制度等
	工作相关	岗位工作情况、办公软件使用、公文写作、岗位安全消防知识
	生活相关	周边生活指引等
	职业素养	团队精神、商务礼仪、沟通训练、时间管理、目标制定等

2. 服务协议、约定

（1）保密协议：协议当事人之间就一方告知另一方的书面或口头信息，约定不得向任何第三方披露所告知信息的协议。负有保密义务的当事人违反协议约定，将保密信息披露给第三方的，将要承担民事责任甚至刑事责任。保密协议应包括保密的内容和范围、双方的权利和义务、保密的期限、违约责任等条款。

（2）竞业限制：用人单位对负有保守用人单位商业秘密的劳动者，在劳动合同、知识产权权利归属协议或技术保密协议中约定的竞业限制条款，即劳动者在终止或解除劳动合同后的一定期限内不得在生产同类产品、经营同类业务或有其他竞争关系的用人单位任职，也不得自己生产与原单位有竞争关系的同类产品或经营同类业务。

《劳动合同法》第二十三条规定:“对负有保密义务的劳动者,用人单位可以在劳动合同或者保密协议中与劳动者约定竞业限制条款,并约定在解除或者终止劳动合同后,在竞业限制期限内按月给予劳动者经济补偿。劳动者违反竞业限制约定的,应当按照约定向用人单位支付违约金。”

《劳动合同法》第二十四条规定:“竞业限制的人员限于用人单位的高级管理人员、高级技术人员和其他负有保密义务的人员。竞业限制的范围、地域、期限由用人单位与劳动者约定,竞业限制的约定不得违反法律、法规的规定。在解除或者终止劳动合同后,前款规定的人员到与本单位生产或者经营同类产品、从事同类业务的有竞争关系的其他用人单位,或者自己开业生产或者经营同类产品、从事同类业务的竞业限制期限,不得超过两年。”

《劳动合同法》第九十条规定:“劳动者违反本法规定解除劳动合同,或者违反劳动合同中约定的保密义务或者竞业限制,给用人单位造成损失的,应当承担赔偿责任。”

3. 入职引导

入职引导是新员工进入公司后的员工关系管理工作的起点。做好新员工的入职引导,有助于员工更快地融入企业以及工作的团队,能够促进员工与企业形成良性的互动,同时能够增加新员工对企业的认同感,对于后续员工流失率的降低、员工绩效或团队绩效的提高都有着积极的意义,也为后续员工关系管理打下良好的基础。

(1) 企业管理制度介绍。企业管理制度是企业为了规范自身建设、加强企业成本控制、维护工作秩序、提高工作效率、增加公司利润、增强企业品牌影响力,通过一定的程序所制定的管理公司的依据和准则。对于新员工来说,正式进入工作岗位之前,企业必须要将各项管理制度进行讲解,主要包含工作岗位制度及行政管理制度两个方面的内容。

(2) 工作与生活指引。工作指引主要是从员工胜任岗位工作要求出发,对公司各项业务的开展流程及员工的个人绩效目标进行岗前说明,如公司的组织架构、各部门的权责、日常办事流程、工作绩效要求等。生活指引是为了让员工在日常工作中能够快捷、便利地获取所需的物品、信息等,如工作区域周边的生活环境、交通路线、餐饮场所等。

(3) 入职心态引导。入职心态引导在帮助新员工快速认知企业与岗位的同时,也向其灌输了企业的文化和价值观,增加员工对企业的归属感,从而使员工树立良好的职业态度、职业意识、职业道德、职业行为,全身心地投入到工作中去。例如,对新员工需要进行工作态度、企业内正确解决问题的渠道及方式、正确面对及克服困难、疏导疑惑等引导工作。

HR实例

玫琳凯新员工 Monica 的入职之旅

Step1 欢迎立牌:上班第一天,Monica 就收到第一份“大礼”——醒目的立牌,写着中英文的欢迎词。另外,培训专员交给她一个文件袋,装有公司资料、规章制度、电脑及 E-learning 系统的用户名和密码。公司这么大张旗鼓地迎接新员工的加入,就是希望在“新人”到岗的第一天留下良好的印象,培养新员工对公司的感情。

Step2 办公用品和 Welcome Letter:电脑、电话、文件架、印有公司标识的笔记本、圆珠笔、文件夹、订书机等办公用品早就准备妥当。打开电脑,Monica 按照给定的用户名和密码进入系统,收到了公司的 Welcome Letter,再次表示公司对新员工加入的欢迎。

Step3 公司发展策略“揭秘”:早晨,Monica 就收到公司的短信,提醒她今天培训的时间和地点。培训教室里，主管告诉他们，3天的培训将从公司、部门、个人三个层面进行；培训师都是总监级别以上的公司高层管理人员。第一天的培训让Monica知道了公司的历史、价值观、使命、远景，也明白了公司的发展策略。

Step4 业务流程初探：各个部门的总监把各自部门的职责、目标、远景、策略向新员工做了介绍。Monica对公司业务流程有了初步了解。

Step5 护肤和彩妆课："皮肤的基本护理非常重要，男女都一样，首先要从清洁开始。"玫琳凯的美容顾问正在给新员工上皮肤保养及彩妆课程。培训之后，每个新员工都将获得一整套小剂量的公司产品。在"沟通和认可"的课程中，除了彩妆、护肤的知识外，还讲授了办公室礼仪和出席重大仪式的社交礼仪，非常实用。更重要的是，新员工还了解到可以通过哪些途径和渠道获得自己想要的信息。

Step6 "事业有成"谈绩效："事业有成"培训的是有关个人职业生涯发展的内容，给员工指明方向，帮助他们对工作使命有更清楚的认识，对自己有更清晰的定位。

Step7 跟进与评估：用专门设计的问卷，了解新员工在企业的工作情况、和主管及同事的相处情况，以及工作压力的大小，对公司价值观是否认可等。3个月的试用期满，主管会对新员工进行评估。新员工进公司之初，公司就会清楚地告诉他试用期的要求和岗位责任。入职培训又使得他们对公司的整体情况更加了解，对公司文化有更深的理解。培训后，人力资源部对新员工的表现也会及时跟进。

9.2.3 试用期的员工关系管理

1. 试用期管理

1）试用期员工管理流程

试用期是指包括在劳动合同期限内，劳动关系还处于非正式状态，用人单位对劳动者是否合格进行考核，劳动者对用人单位是否符合自己要求也进行考核的期限。试用期管理是对试用期内员工的工作内容、绩效考核、薪酬定位等进行系统地设计、规划和控制的系列管理，其目的是引导新员工尽快融入公司的企业文化，使公司能够更多地掌握新员工的工作态度、工作能力、个人素质等，促使新员工的个人发展与公司的整体目标有效结合、新员工和公司的需求相匹配。试用期员工管理的流程如图9-3所示。

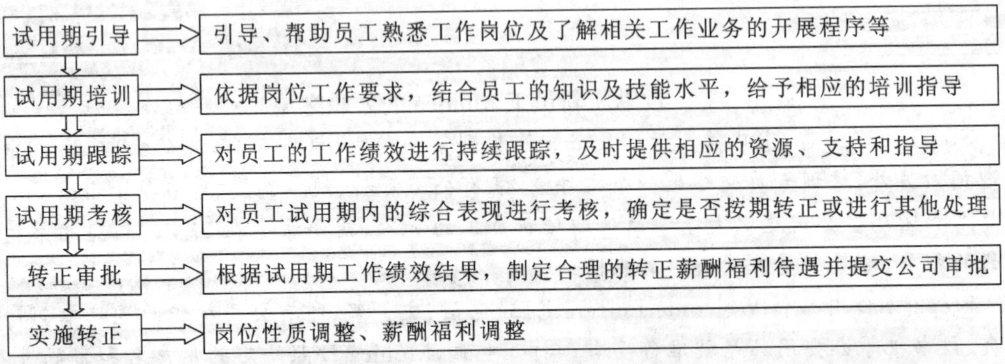

图9-3 试用期员工管理的流程

2）解雇试用期新员工

我国《劳动合同法》对试用期解雇加以限制性规定，即用人单位只能依据《劳动合同法》第三十九条、第四十条规定的几种情形解雇试用期员工。用人单位要利用法律赋予的权利，用法律手段保护自己的合法权益，降低解雇试用期员工的风险和成本。

2. 试用期评价

新员工试用期评价是岗位转正的重要依据。企业应该在试用期内分阶段对新员工进行评价，而不是在试用期结束后才进行评价。试用期评价一般包括工作态度、工作行为、工作业绩、岗位适应性与匹配度等几个方面，评估的主体一般是新员工的指导员、所在部门的负责人以及人力资源部相关负责人。对不同阶段的评价结果要告知新员工，同时有必要与新员工进行有效沟通，达成共识，帮助新员工对评价结果进行恰当认知，并作出工作调整和改进。

试用期评价可通过试卷考试、面谈、考核表的方式进行，具体可根据岗位性质采取一种或多种方式相结合的方法进行评价。

9.2.4 在职阶段的员工关系管理

1. 纪律管理

1）纪律管理的含义

纪律管理是指维持组织内部良好秩序的管理过程，也即凭借奖励和惩罚措施来纠正、塑造以及强化员工行为的管理过程；也可理解为是将组织成员的行为纳入法律的范畴，对守法者给予奖励，对违法者予以适当惩罚的管理过程。

纪律管理强调改变员工行为。根据纪律管理的功能和作用，可以将其分为预防性纪律管理和矫正性纪律管理两类。预防性纪律管理强调采用积极有效的纪律方法，鼓励员工遵守劳动标准和规则，以预防违规行为的发生，目的是鼓励员工自律、积极向上。矫正性纪律管理是指当出现违规行为时，为了阻止违规行为继续发生，使员工未来的行为符合标准规范而采取的管理措施，矫正性纪律管理较偏重惩戒方面，目的是改造违规者，防止类似行为的发生。

2）奖励和惩罚

奖励和惩罚是纪律管理不可缺少的方法，奖惩是管理者对工作努力或严重违反劳动纪律的劳动者所采取的奖励或惩罚措施。奖励属于积极性的激励诱因，是对员工工作成果的肯定，旨在利用员工的进取心、荣誉感，促使其守法守纪、尽职尽责，发挥最大的潜能，奖励可以给员工带来高度的自尊、积极的情绪和满足感。惩罚则是消极的诱因，其目的是利用人的畏惧感，促使其循规蹈矩，不敢实施违法行为。

奖惩的形式可以是多种多样的，除了非正式的口头赞许与责备之外，正式的奖励措施主要有嘉奖、记功、记大功、奖金、奖状、奖牌、奖章、培训深造、表扬、晋升加薪等；惩罚的措施有批评、记过、记大过、降级、留职察看、停职、免职、追究刑事责任等。

3）申诉

申诉是指组织成员以口头或书面等正式方式，表达对组织或企业有关事项的不满。组织建立申诉制度，可以使员工从正常途径宣泄其不满情绪，化解内部紧张关系，进而消除劳资争议。

申诉可分为个人申诉和集体申诉两种。个人申诉主要是由企业对员工个人进行惩罚引起的纠纷，通常由个人或工会的代表提出，争议的焦点是违反了集体协议中规定的个人和团体的权利，如有关资历的规定、工作规则的违反、不合理的工作分类或薪酬水平等。集体申诉主要是为了集体利益而提起的政策性申诉，通常是工会针对企业（在某些情况下，也可能是企业针对工会）

违反协议条款的行为提出的申诉。

申诉的范围一般限于与工作有关的问题，凡是与工作无关的问题，通常应排除在外。一般可以通过申诉制度处理的事项主要有薪资福利、劳动条件、安全卫生、管理规章与措施、工作分配及调动、奖惩与考核、群体间的互动关系以及其他与工作相关的事件。

2. 沟通管理

沟通就是彼此交换信息，即指一个人与另一个人之间用视觉、符号、电话、电报、收音机、电视或其他工具为媒介进行信息交换的方法。沟通管理无处不在，沟通渠道建设是企业进行员工关系管理的重点。

1）沟通工具

沟通工具可分为语言类与非语言类。语言类沟通可分为口头沟通、书面沟通。口头沟通是借助语言进行沟通，是最为直接的方式，包括访谈、会议、培训、演讲、面谈等，优点是灵活、传递速度快、反馈及时等；缺点是信息无法保留，有一定的局限性。书面沟通是借助书面的文字进行沟通，包括文件、报告、方案、手册、报表、书信、备忘录、公告、通知、企业内刊、传真、邮件、即时通信等方式，书面沟通具有正式、可长期保存、反复研究、法律保护等优点。非语言类沟通指的是使用除语言符号之外的各种符号系统，包括形体语言、副语言、空间利用以及沟通环境等。

HR实例

腾讯公司的沟通管理

腾讯为员工提供非常人性化的工作环境，并允许员工个性化地装扮自己的办公桌。在办公场所为员工提供休憩场所、免费咖啡、茶饮，甚至还有浴室，在公司工作仿佛在家一样舒适。在腾讯，员工在现职岗位满一年，都有权利到内部人才市场上去重新选择自己感兴趣的岗位，只要能应聘上，原部门主管都会给予大力的支持。

在腾讯内部，直呼对方职务反而会成为一种另类，大家都以个性化的英文昵称相互称谓，上下级之间以一种非常平等的方式进行沟通。从公司的最高层到中、低层都非常重视与员工的沟通。腾讯专门设立了“总办交流平台”和“总办午餐接待日”两个最高层与基层员工的直接沟通渠道。腾讯会定期举办“家属开放日”，邀请员工家属来公司参观，并由总办领导亲自接见、交流并给予慰问，解决了很多“大后方的烦恼”，员工自然会更加热情地投入工作。

为促进员工劳逸结合并增加员工间交流，腾讯经常组织丰富多彩的业余活动，让员工在紧张工作之余享受快乐的生活。公司成立了业余体育协会，每周一至周五依次安排了羽毛球、排球、足球、篮球、网球等运动并定期组织各类体育竞赛。此外，还有音乐协会、舞蹈协会、摄影协会等，经常组织旅游、文艺等各种活动，帮助员工减轻工作压力，丰富业余生活。

2）沟通管理的内容

入职前沟通：重点对企业基本情况、企业文化、企业目标、企业经营理念、所聘岗位工作性质、工作职责、工作内容、入职企业后可能遇到的工作困难等情况进行客观、如实的介绍。一般是在招聘选拔面试时进行。

岗前培训沟通：对员工上岗前必须掌握的基本信息进行沟通培训，主要包括企业的基本情况、企业管理制度、员工行为规范、岗位职责、业绩考核标准和基本工作方法等。

试用期间沟通：沟通由人力资源部管理人员、新员工所属直接和间接上级进行，人力资源部重点关注与非操作工人之间的沟通。沟通形式除面谈、电话等方式外，人力资源部还应不定期组织新员工座谈会进行沟通，可与新员工岗前培训沟通结合进行。试用期间沟通主要是帮助新员工快速地融入企业和工作团队，度过磨合适应期，给新员工创造一个舒适、愉快的工作环境。

转正沟通：一般安排在转正前，根据新员工试用期的表现，给出是否转正的建议与意见；对同意转正的新员工，企业应提出工作中存在的不足、今后的改进建议和希望；对不同意转正而辞退或延长试用期的新员工，企业应中肯地分析原因并提出今后的改进建议。

工作异动沟通：包括异动决定前由原部门直接上级和间接上级与员工就工作异动的原因和目的进行沟通；异动员工到新部门报到上岗后，由新部门直接上级和间接上级与异动员工就新岗位的工作内容、责任、挑战及希望进行沟通，相当于新员工的入职引导和岗前培训沟通。

离职面谈：对于主动离职的员工，通过离职面谈了解员工离职的真实原因以便组织改进管理；对于被动离职的员工，通过离职面谈提供职业发展建议。组织最好能够获取离职员工的联系方式，以便跟踪管理。

离职后沟通管理：组织一般需要对非因道德品质、违法乱纪、工作失职等原因主动离职的中高级管理人员、关键技术人员和具有发展潜力的员工进行离职后的沟通。主要目的是企业能与主动离职者建立良好的关系，宣传企业文化，塑造企业形象。

3. 满意度管理

员工满意度是指员工对企业的实际感受与他预期值比较形成的感觉状态，是员工对其工作、工作经历或工作环境评估的一种态度的反映。员工满意度的影响因素主要包括薪酬、工作环境、管理氛围、工作压力、个人期望、企业形象等。一般在企业组织有变动、发展情况有变化、员工工作状态有起伏、近期面临或已发生了重要突发事件、人事变动、人力资源政策调整等情况下，企业需要进行员工满意度调查。企业也可定期进行员工满意度调查，常用方法有访谈法、问卷调查法、观察法。一般来说，企业在调查员工满意度时会经常采用问卷法和访谈法相结合的方法，而不单独采用一种方法。问卷调查可使用互联网电子问卷和纸质问卷两种，组织选择哪种方法取决于被调查对象。员工满意度调查步骤如图 9-4 所示。

4. 参与管理

参与管理是指在不同程度上让员工参加组织的决策过程及各级管理工作。参与管理可使员工感到企业的信任，从而感知自身利益与组织发展密切相关，从而产生强烈的责任感；也可使员工体现自己的价值，满足员工的成就感。参与管理既能对个人产生激励，又能为组织目标的实现提供保障。

1）参与管理的影响因素

影响员工参与管理的因素有：权力、信息、知识和技能以及薪酬。权力，即提供给人们足够的用以做决策的权力，权力是多种多样的，如工作方法选择、任务分派、客户服务、员工选拔等；授予员工的权力大小可以有很大变化，从简单地让他们为管理者做出的决策输入一定的信息、到员工们集体联合起来做决策，最后到员工自己做决策。信息对决策至关重要，这些信息包括企业运作过程和结果中的数据、业务计划、竞争状况、工作方法、组织发展观念等。员工参与管理必须具有做出好的决策所要求的知识和技能，组织应提供培训和发展机会以培养和提高员工的知识与技能。薪酬能有力地吸引员工参与管理，要员工参与管理，一方面需要提供给员工内在的报酬，如自我价值与自我情感的实现；另一方面还需提供给员工外在的薪酬，如工资、晋升机会等。

2）参与管理的主要形式

员工参与管理有多种形式，最主要的几种形式是分享决策权、代表参与、质量圈和员工股份所有制方案。

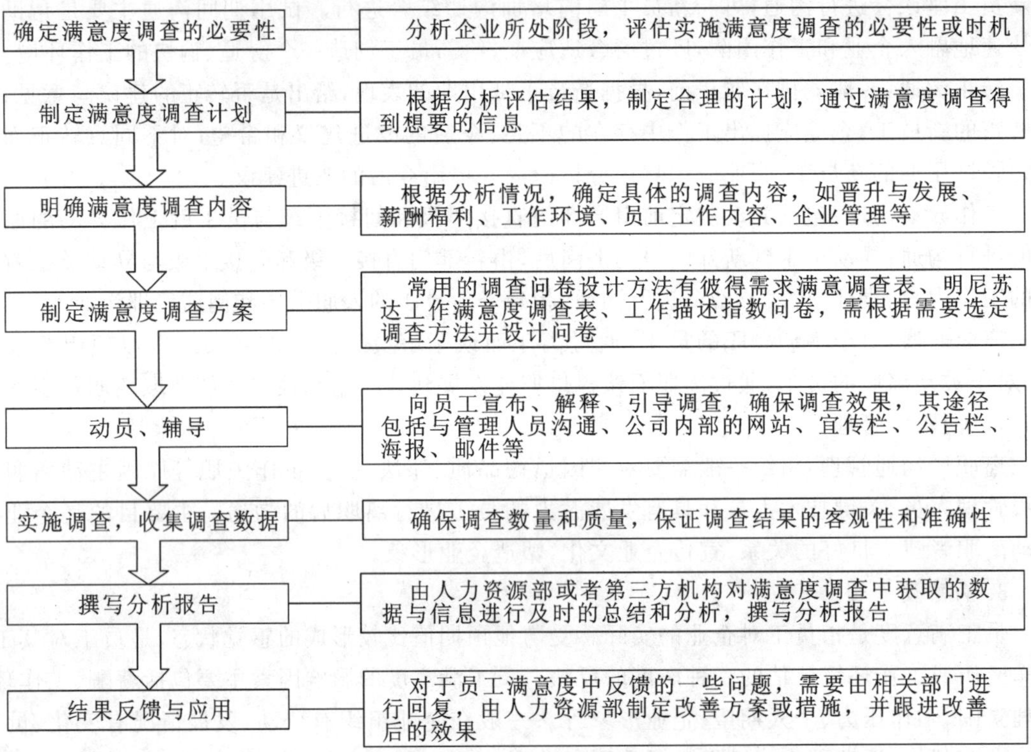

图 9-4　员工满意度调查步骤

(1) 分享决策权:下级在很大程度上分享其直接管理者的决策权,共同参与决策。当工作变得越来越复杂时,上级管理者常常无法了解员工所做的一切,因此选择最了解工作的人来参与决策,可能使决策更完善;分享决策权还可以增加对决策的承诺,如果员工参与了决策的过程,那么在决策实施过程中他们就更容易支持这项决策。

(2) 代表参与:员工不直接参与决策,而是由一部分员工代表参与决策。员工代表参与的目的是在组织内重新分配权力,把员工利益放在同资方、股东的利益更为平等的地位上。

(3) 质量圈:由员工和管理者组成的共同承担责任的一个工作群体。这个工作群体定期会面,通常一周一次,讨论技术问题及原因,提出解决建议以及实施解决措施。质量圈还包含了对参与的员工进行质量测定与分析策略、群体沟通技巧等方面的培训。

(4) 员工股份所有制方案:让员工拥有所在企业一定数额的股份,使员工一方面将自己的利益与企业的利益联系在一起,另一方面在心理上体验做主人翁的感受。员工股份所有制方案能够提高员工工作的满意度,提高工作绩效水平。员工除了持有企业的股份,还需要定期被告知企业的经营状况并拥有对企业的经营施加影响的机会。

3) 参与管理的途径

员工参与管理的途径是多种多样的,各个国家都有一些适合本国国情和地方特色的路径。英美企业员工参与公司管理的形式有职工代表制度、劳资协商制度、职工持股制度、职工董事监事制度等。日本企业员工参与公司管理的形式有企业内工会、终身雇用制、年功序列制、合理化建议。我国员工参与企业管理的主要途径有:国有企业的职工代表大会制度、企业管理委员会;公司制企业的职工董事、监事制度;员工持股制度。

5. 冲突管理

冲突是个人或群体在实现目标的过程中，受到挫折时的社会心理现象，即一方感到另一方损害了或打算损害自己的利益时所进行的一个过程。冲突的主体可以是个人、群体或组织，冲突的客体包括利益、权力、资源、目标、方法、意见等。冲突是一个过程，它是在不同主体之间相互交往、相互作用的过程中发展起来的，反映了不同主体的背景和需求。

1）冲突形成的原因

企业管理者在解决员工之间的冲突时，首先要了解冲突产生的原因。

(1) 组织内部资源的有限性。组织内部职位、资金等资源十分有限，组织内部成员为了维护各自利益、满足自身需求，势必会对有限的资源展开激烈的争夺，从而出现冲突。

(2) 目标不一致。例如，员工希望自己能够在行政部门发展，稳定做事，但是企业却调配他去做前端销售，这就会产生职业发展不匹配的目标冲突，这种冲突因涉及员工和企业双方的利益，所以表现得最为严重。

(3) 角色不同。组织中的个体，由于承担的角色不同，各有其特殊的任务和职责，从而产生不同的需求和利益。冲突常会因员工的压力和对彼此的期望不同而产生。

(4) 员工个体差异。每个员工在工作中都会有自己的想法和建议，因价值观、职业观、人生观的不同，对企业管理会有不同的认知。当个人认知与管理者的认知相违背时，冲突就产生了。

(5) 沟通不畅。部门与部门、部门与员工、员工与员工之间常常会因为信息沟通不畅或误解，造成隔阂，从而引发关系冲突。

2）冲突处理

根据冲突产生的不同原因和程度，一般可采用以下六种解决办法，具体如图 9-5 所示。

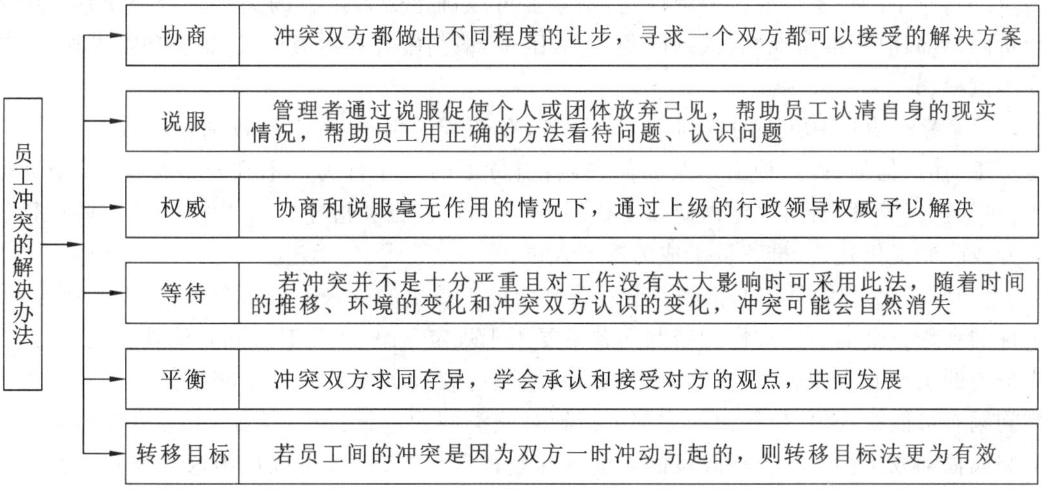

图 9-5　员工冲突的解决办法

3）冲突预防

一个组织若冲突过多，会显得管理混乱且影响企业正常运行，若没有冲突，又会显得毫无生气。因此，对于破坏性的冲突，要积极处理和预防，而对于建设性的冲突，要积极发现和引导。

冲突的处理与预防主要针对破坏性冲突而言，企业可以从以下四个方面预防破坏性的冲突：制定完善的规章制度，以防止制度疏漏、职责不清等因素引起的消极性冲突；加强团队之间、个人之间以及个人与团队之间的信息和意见沟通，以减少隔阂和分歧；增强企业员工的集体意识、合作意识、大局意识;完善企业内部信息沟通系统和机制。

建设性冲突是指团队成员目标一致,但实现目标的方法不一致。这主要体现在创新性思维、变革的意愿、畅所欲言地交换意见等方面。企业管理者要结合组织的日常工作,引导成员善于发现问题,制造建设性冲突,并为冲突双方提供必要的信息,让不同的观点交锋,碰撞出新的思想火花。同时,在企业中营造有利于建设性冲突的组织氛围,对敢于向现状挑战、倡议新观念的员工,管理者要予以奖励;对于冲突过程中出现的少数意见和观点,管理者不能轻易批评、指责、嘲笑或讽刺,应冷静分析,挖掘其中的合理内核。

6. 危机管理

危机管理指企业为避免或减轻危机所带来的严重损害和威胁,有组织、有计划地制定和实施一系列管理措施和应对策略的动态过程。企业的员工危机主要是指人才频繁流失所造成的危机,尤其是企业核心员工的离职,会因为暂时没有合适的人选来替补而给企业带来损失和危机。

危机管理可分为三个阶段:危机预防、危机处理和危机事后管理。危机预防是员工危机管理的关键,危机管理要求企业在员工危机爆发前事先建立危机处理机制,制定相应的危机处理计划,实施危机预警分析和调控,努力将危机消灭在萌芽状态。如果员工危机已经爆发,企业要迅速进入危机处理阶段,启动危机处理程序,实施各种危机控制方案。员工危机平息后,企业还必须对员工危机进行评估和总结,进行危机事后管理。

7. 劳资谈判

劳资谈判是针对工作报酬、工作时间及其他雇用条件,雇主和员工代表在适当时间以坦诚态度进行的谈判。劳资谈判所生成的文件被称为“劳动协议”或“合同”,主要内容包括认可资方权利、工会保障、报酬和福利、处理申诉的程序、员工保障和与工作有关的因素,它规定了一定时期内员工和雇主的关系。通过劳资谈判,基本上可以确定劳资双方的关系。劳资谈判一般要经历分析内外部环境、准备谈判、谈判问题、克服困难、谈判破裂或达成协议、签署和批准协议、执行协议等流程。

(1) 劳资谈判中资方的权利。一般而言,在劳资谈判中,资方的权利包括以下几个方面:决定员工何时、何地、做何种工作及如何去做;当员工的工作行为达不到合格标准时,帮助他们改正,包括执行管理纪律;决定做此项工作的员工数目;监督和指导员工工作;对员工的雇用、辞退、提升或降职提供建议;推荐员工成为管理人员。

(2) 劳资谈判中员工的主张。劳资谈判中员工提出的主张一般可分为三类:约束性的、非约束性的和禁止性的。约束性的谈判问题主要用于规定薪酬、工作时间和其他就业条件,此类问题对员工的工作有直接影响,拒绝就这一类问题进行谈判会导致劳动报酬不公平。非约束性的谈判问题有可能被提出,但任何一方都可拒绝对此类问题进行讨论,例如,工会也许想对退休工人的健康福利或工会参与价格政策的制定等问题进行谈判,资方可以拒绝这一要求。禁止性的谈判问题,如“只能雇用工会会员”是没有法律保障的。

(3) 劳资关系管理。在劳资谈判后,劳资双方达成协议,由企业的人力资源管理部门负责劳资关系管理。在劳资关系管理中,人力资源管理部门的主要工作包括以下几部分。

人员管理:录用(招工、调转、安置、分配、聘用、接受实习人员)、劳动合同管理(签、续、变、解、终)、聘用协议管理、实习协议书管理、劳动纪律制定和管理、人员培训、定岗、定员和定编。

工资管理:定额、工资方案、工资核定计算、审核汇总。

社保管理:“五险一金”(养老、失业、工伤、生育、医疗、住房公积金)统筹管理、养老金计算报批、在职退离休死亡办理等。

福利待遇管理：带薪年休假、探亲假、婚丧假、家属医疗费、采暖费、降温费等。

9.2.5　离职阶段的员工关系管理

1. 离职事项管理

我国《劳动法》第三十一条规定："劳动者解除劳动合同，应当提前三十日以书面形式通知用人单位"，明确赋予了职工辞职的权利，即劳动者单方面解除劳动合同无须任何实质条件，只需要履行提前通知的义务。

（1）离职面谈：员工准备离职或已经提出离职后，在即将离开公司时，企业与员工进行的一种面对面的谈话，其目的在于从离职员工那里获得相关信息，以便企业改进工作和维系与离职员工的良好关系。离职面谈通常由人力资源管理部门负责实施。

（2）离职分析：企业根据员工离职面谈的记录资料进行数据加工，建立员工离职关键要素分析、流失成本分析，并基于该分析报告改善公司的内部管理并加强组织文化建设。离职员工仍然是公司的人力资源，企业有必要对离职员工的离职原因、离职去向等信息进行详细分析，定期出具分析报告供管理层参考。

（3）离职档案管理：企业应建立员工离职电子档案管理系统，管理的信息要全面、真实、及时。离职档案主要包括员工的家庭背景、教育背景、职业生涯、重要培训经历、晋升记录、奖惩记录、资格及证书、重要总结、离职去向、离职原因、联系方式、后续追踪管理记录等内容。

（4）离职后沟通管理：保持与离职员工的定期联系。通过面谈，组织可以向离职员工发出友善信号，与离职员工保持良好的关系，这有可能给组织带来长远的利益，如新的客户和市场机会、人才推荐机会，甚至是优秀的离职员工重新回到公司继续效力等。如果员工有意愿重新回到企业继续效力，企业应从制度上鼓励。一般情况下，员工重返企业是其经过比较后做出的选择，这有助于吸引新员工和留住老员工。给予离职员工重返企业的优先权只适合正常办理离职手续的员工，而不适合因为违规违纪、擅自离职而解除劳动合同的员工。

HR实务

隆力奇"人走茶不凉"

每年年终，隆力奇的人力资源部都要安排两档固定节目。第一档是给那些曾经在隆力奇工作过、如今已经离开公司的员工，精心设计一张新年贺卡，由董事长亲自审阅并签名后寄出。这是一张看似很普通却极具内涵的贺卡，字里行间让每一位曾经为隆力奇付出心血与汗水的员工感受到温暖。贺卡中除了新年的问候之外，更多的是关心他们现在的工作、生活境况，公司热情欢迎他们有机会再回隆力奇看看。最让人感动是最后几句话："如果在外干得不顺心、不如意，欢迎随时回来，隆力奇的大门始终是敞开的。"这多少有些出人意料。

第二档节目是根据董事长的意见，邀请离职高层回"娘家"看看。每当这一天，董事长都会在公司总部早早地恭候，陪同离职高层到公司各处参观，详细介绍公司的发展变化及最新的发展战略，真心实意地听取他们的批评、建议。

"人走茶不凉"不仅折射出隆力奇的"人才观"，更折射出作为集团公司当家人的胸襟。它不但使隆力奇集团汇聚大批的人才，而且使因各种原因离开公司的高管没有一个成为隆力奇的竞争对手。

2. 劳动合同解除和终止

1）劳动合同的解除

劳动合同的解除是合同当事人依法提前终止劳动关系的法律行为。它既可以是当事人单方面的合法行为，又可以是当事人双方的合法行为。劳动合同的解除与劳动合同的订立和变更不同，劳动合同的订立和变更必须经当事人双方协商一致才能成立，劳动合同的解除则可以由当事人一方的行为导致，也可以由双方当事人协商一致后做出。由当事人一方的行为导致劳动合同解除的，必须符合法律规定的条件和程序。

(1) 双方协商一致依法解除劳动合同。《劳动法》第二十四条规定："经劳动合同当事人协商一致，劳动合同可以解除。"

(2) 用人单位单方面解除劳动合同。根据《劳动法》第二十五条规定，劳动者有下列情形之一的，用人单位可以解除劳动合同：在试用期间被证明不符合录用条件的；严重违反劳动纪律或者用人单位规章制度的；严重失职，营私舞弊，对用人单位的利益造成重大损害的；被依法追究刑事责任的。在这些条件下，用人单位无须告知对方就可随时解除劳动合同。

根据《劳动合同法》第四十条规定，有下列情形之一的，用人单位提前三十日以书面形式通知劳动者本人或者额外支付劳动者一个月的工资后，可以解除劳动合同：劳动者患病或者非因工负伤，在规定的医疗期满后不能从事原工作，也不能从事由用人单位另行安排的工作的；劳动者不能胜任工作，经过培训或者调整工作岗位，仍不能胜任工作的；劳动合同订立时所依据的客观情况发生重大变化，致使劳动合同无法履行，经用人单位与劳动者协商，未能就变更劳动合同内容达成协议的。

(3) 劳动者单方面解除劳动合同。《劳动合同法》第三十七条规定："劳动者提前三十日以书面形式通知用人单位，可以解除劳动合同。劳动者在试用期内提前三日通知用人单位，可以解除劳动合同。"

根据《劳动合同法》第三十八条规定，用人单位有下列情形之一的，劳动者可以解除劳动合同：未按照劳动合同约定提供劳动保护或者劳动条件的；未及时足额支付劳动报酬的；未依法为劳动者缴纳社会保险费的；用人单位的规章制度违反法律、法规的规定，损害劳动者权益的；因《劳动合同法》第二十六条第一款规定的情形致使劳动合同无效的；法律、行政法规规定劳动者可以解除劳动合同的其他情形。在这些条件下，劳动者可以立即解除劳动合同，无须事先告知用人单位。

2）劳动合同的终止

《劳动法》第二十三条规定："劳动合同期满或者当事人约定的劳动合同终止条件出现，劳动合同即行终止。"

根据《劳动合同法》第四十四条规定，有下列情形之一的，劳动合同终止：劳动合同期满的；劳动者开始依法享受基本养老保险待遇的；劳动者死亡，或者被人民法院宣告死亡或者宣告失踪的；用人单位被依法宣告破产的；用人单位被吊销营业执照、责令关闭、撤销或者用人单位决定提前解散的；法律、行政法规规定的其他情形。

HR实例

阿里巴巴解除病假员工劳动合同引发议论

丁信生是北京阿里巴巴云计算技术有限公司的大客户商务资深经理。丁信生经医院诊断为颈椎病后，次日向公司申请休病假两周并获批准，并于请假当天出境赴巴西，后在微信朋友圈晒出自己在巴西"旅游"的照片。丁信生回国后不久，公司认为丁信生提出两周病假全休申请后当日即赴巴西出境旅游，属提供虚假申请信息并恶意欺骗公司，并以严重违反公司规章制度为由解除了公司与丁信生的劳动合同。

北京市第一中级人民法院认为，阿里巴巴公司的规章制度中并没有对员工休病假期间的休假地点做出限制性规定，因此员工飞往巴西进行休养，不构成严重违纪，双方应继续履行劳动合同。

但在2017年11月22日，北京市高级人民法院通过再审，判决书认为：虽然司法实践中倡导用人单位制定明确的规章制度和劳动纪律，但是不能苛求对劳动者的日常行为事无巨细地做出规制。对于劳动纪律和规章制度中没有具体涉及的情形，应当遵循民法基本原则加以理解适用。诚实信用原则不但是劳动者应当恪守的社会公德，更是用人单位与劳动者依法建立和履行劳动关系的基石。用人单位的规章制度虽然未对劳动者休假地点做出限定，但是劳动者休假期间的行为应当与其请假事由相符。按照一般生活常识判断，阿里巴巴公司有理由质疑丁信生请病假的目的并非休养或治疗，丁信生在公司向其了解情况时拒绝提供真实信息，违背诚信原则和企业规章制度，对用人单位的工作秩序和经营管理造成恶劣影响，故阿里巴巴公司以丁信生严重违反企业规章制度为由决定与其解除劳动合同合法有效。

3. 经济性裁员

1）经济性裁员的含义

经济性裁员是指用人单位一次性辞退部分劳动者，以改善生产经营状况的一种手段。我国《劳动法》规定："用人单位濒临破产进行法定整顿期间或者生产经营状况发生严重困难，确需裁减人员的，应当提前三十日向工会或者全体职工说明情况，听取工会或者职工的意见，经向劳动行政部门报告后，可以裁减人员。"

2）经济性裁员的范围

根据《劳动合同法》第四十一条规定，需要裁减人员二十人以上或者裁减不足二十人但占企业职工总数百分之十以上的，用人单位应提前三十日向工会或者全体职工说明情况，听取工会或者职工的意见后，裁减人员方案经向劳动行政部门报告，可以裁减人员；依照企业破产法规定进行重整的；生产经营发生严重困难的；企业转产、重大技术革新或者经营方式调整，经变更劳动合同后，仍需裁减人员的；其他因劳动合同订立时所依据的客观经济情况发生重大变化，致使劳动合同无法履行的。

3）经济性裁员的程序

根据我国法律，经济性裁员除符合上述条件外，还需经过以下程序。

(1) 提前三十日向工会或者全体职工说明情况，并提供有关生产经营状况的资料。由于经济性裁员不是职工的过错或职工本身的原因导致的，而且会在某种程度上给职工造成生活等方面的负面影响，为此，裁员前应听取工会或职工的意见。

(2) 提出裁减人员方案，内容包括被裁减人员名单、裁减时间及实施步骤，符合法律、行政法规规定和集体合同约定的被裁减人员的经济补偿办法。用人单位不得裁减下列人员：患职业病或者因工负伤并被确认丧失或者部分丧失劳动能力的；女职工在孕期、产期、哺乳期内的；法律、行政法规规定的其他情形。

(3) 针对裁减人员方案征求工会或者全体职工的意见，并对方案进行修改和完善。

(4) 向当地劳动行政部门报告裁减人员方案以及工会或者全体职工的意见，并听取劳动行政部门的意见。

(5) 由用人单位正式公布裁减人员方案，与被裁减人员办理解除劳动合同手续，按照有关规定向被裁减人员本人支付经济补偿金，并出具裁减人员证明书。

9.2.6 员工关系管理中的法律风险

员工关系管理上的法律风险已越来越成为组织管理中最大的风险。如何根据法律规定，调整管理思路和模式，提升管理水平，进一步建立更加专业、合理、规范、精细的员工关系管理体系，控制用人风险，正是组织迫切需要解决的问题。

1. 员工关系管理涉及的法律法规

员工关系管理涉及的主要法律法规见表 9-3。

表 9-3 员工关系管理涉及的法律法规

法律	行政法规
《中华人民共和国劳动法》	《全国年节及纪念日放假办法》
《中华人民共和国劳动合同法》	《禁止使用童工规定》
《中华人民共和国未成年人保护法》	《劳动保障监察条例》
《中华人民共和国劳动争议调解仲裁法》	《职工带薪年休假条例》
《中华人民共和国妇女权益保障法》	《中华人民共和国劳动合同法实施条例》
《中华人民共和国社会保险法》	《国务院关于职工工作时间的规定》
《中华人民共和国职业病防治法》	《企业职工带薪年休假实施办法》
《中华人民共和国就业促进法》	《工伤保险条例》
《中华人民共和国行政处罚法》《中华人民共和国复议法》《中华人民共和国诉讼法》	《社会保险费征缴暂行条例》

2. 员工关系管理中的风险控制内容

(1) 入职管理的风险控制。主要包括招聘过程的风险控制、应签未签劳动合同的风险控制、“被拒签”劳动合同的风险控制、试用期管理的风险控制。

(2) 在职管理的风险控制。主要包括对工时、计件制、综合计算工时制、不定时工时制、劳动法下加班费的追索时效、特殊岗位(高管、销售、研发等)加班费、工资/工时/休假和加班管理制度、假期管理风险、社会保险风险、保密与竞业限制等风险的控制。

(3) 离职管理的风险控制。离职管理的风险包括员工跳槽管理风险、员工裁减/辞退管理风险、合同终止风险。

9.3 当前员工关系管理的新挑战

9.3.1 “互联网+”时代下的员工关系管理

1. “互联网+”的时代特征

进入 21 世纪，人类科技高速发展，以互联网为代表的科技革命已渗透到人们生活的各个领域，在改善人们生产生活条件的同时，也深刻地改变着人们的思维方式和理念。“互联网+”中的

“＋”指跨界、变革、开放或者说是重塑融合。“互联网＋”时代背景下，人力资源管理理念的一个重要变化在于“关联性”，即任何事物都是可以通过某种方式联系在一起的，影响两个主体事物关系的若干因素之间不是孤立的，彼此也会产生联系，这些联系同样会对主体事物产生重要影响。为了理解这些变化，首先要了解“互联网＋”的时代特征。

(1) 资源获取渠道多样化。现代信息技术可帮助企业拓展渠道，获取更多资源。在人力资源获取方面，智联招聘、猎聘网等网络招聘平台，打破了传统的招聘模式，人们不需要参加招聘会，在网上投递简历就可获得工作机会。这样既方便人们找工作，也为企业招聘人才提供了便利。

(2) 企业边界日益模糊。“互联网＋”思维的特点是无边界，且组织形态越来越虚拟化，员工对组织的黏合力降低，员工的工作方式也在发生变化。一方面，虚拟化的组织使企业员工可以转换角色，员工既可以是企业的工作人员，也可以是企业的客户。例如，美国苹果公司的员工，既参与公司产品的设计、生产、销售等工作，同样也购买、体验公司的产品，并将使用过程中产生的问题或新的想法反馈给公司，从而有效促进产品改进。另一方面，现代信息技术可为空间分隔的个体之间的相互联系提供条件，现代办公不必局限于办公室，依靠互联网技术，使得随时随地完成办公任务成为可能。

(3) 员工个性的释放。当前，许多企业的主力员工都是“80后”“90后”的年轻人，与六七十年代出生的员工不同的是，他们接触计算机、互联网的时间较早，受互联网的影响也更深。这使得“80后”“90后”员工更容易接受新事物，也更强调自我个性。当这些年轻员工认为自己的工作过于“平庸”，或在工作中自我个性受到打压，不能充分展现自己的才华时，往往会选择放弃，哪怕职位再好、薪水再高。毕竟在现代社会，跳槽对他们来说不是困难的事，尤其是对高素质人才而言，基本上不会找不到工作。在此背景下，许多企业不得不重新研究、调整原有的员工招聘方式和管理模式。

2.“互联网＋”时代下的员工关系管理的挑战

随着各行各业对互联网的依赖性逐步增强，传统的生产经营模式、组织结构和管理理念等都在不断适应互联网，围绕互联网发生变革，人力资源管理也发生着巨大的转变。而作为人力资源管理的一个重要部分，员工关系管理也相应地发生了转变。

(1) 招聘管理。目前，网上招聘已显示出巨大的威力，互联网极大地丰富和便捷了办公程序，大多数的公司都能体会到网上招聘的效率。企业招聘主管只需把公司职位要求输入电脑，网站很快会提供符合要求的人才信息。网络可以帮企业寻找符合条件的求职者，世界上每个角落的人才都有机会了解公司的招聘信息。但同时也暴露出了很多缺点，例如，网络招聘通常通过投递简历来进行，简历是企业对求职者信息了解的唯一渠道，许多求职者为了获得更多的机会，故意夸大了自己的学历、工作经验等信息，企业又无从查询，没有办法过滤这些虚假的信息，这无形中就增加了用人单位的应聘成本。除此之外，还存在一部分人已经拥有了一份固定工作，却仍旧投递简历，只是为了探究一下自己的市场价值，这也会使企业的前期招聘成本大大增加。

(2) 员工忠诚度。互联网加快了信息的传播，人们能够在更短的时间内获得更多的信息资源，同时也加剧了人才的市场竞争。互联网诞生之前人力资源的流动就存在，但互联网形成的网络化以及其他原因造成的人才短缺，使得一部分短缺人才更为稀少和珍贵，也使得他们对工作的期望大大提高，再加上互联网上大量快速流动的信息，人才有了更广阔的选择空间，这些必然造成人才流动速度加快，增加了企业间人才的竞争。

(3) 沟通与交流。互联网的发展促进了人力资源管理的网络化，员工可以在系统平台上处理大量的工作，许多事项不再需要员工前往人力资源部门办理，而是选择在网络终端进行操作，例如修改补充个人资料、申请休假、查看公司政策等。虽然网络信息传递简化了传统方式中烦琐的步骤，却使交流也变得程序化，信息变得局限化，弱化了面对面交流的沟通力。员工与员工之间、员工与其上司以及下属之间缺乏面对面的沟通，从而缺乏相互之间内心和情感的交流，这不利于人力资源部门在第一时间发现当前已经存在的或者潜在的问题，不利于切实的了解员工内心的需求与想法。

9.3.2 90后新生代员工关系管理

1. 90后新生代员工的含义及特点

据调查显示，90年代出生的新生代员工在企业员工队伍中的比例已经超过30%，在企业内部的员工构成中占据相当大的比重，相对来说，90后员工显得较为“难管理”。90后新生代员工呈现出以下特点。

(1) 知识水平高，学习能力强。随着我国义务教育的实施与推广，90后新生代员工很大部分都接受过良好的教育，知识水平较高，同时学习能力也较强。在企业内部的员工培训中，他们能很容易地接受和理解新知识，并且做到举一反三。

(2) 思想开放，创新能力强。90后新生代是受网络文化影响最深的一代人，他们从小就能从网络中获取大量信息，地域壁垒对他们来说已不存在，这导致他们更容易接受新鲜事物，在追赶潮流的同时又追求个性化甚至非主流。广阔的知识面和天马行空的思维使得90后新生代员工更加富有创新能力。

(3) 自我意识强烈，集体观念淡薄。90后新生代员工多为独生子女，父母往往将其视为掌上明珠，宠爱有加，导致他们易于沉浸在自我世界里，凡事先考虑自己，容易忽视他人感受。由于从小缺少兄弟姐妹的相互影响，集体观念相对淡薄，不太擅长处理人际关系，有一些人甚至因长期沉浸在网络世界而成为“宅男”“宅女”。在工作中，他们更加关心个人利益和个人目标的实现，对于组织目标的实现则常持有无所谓的态度。

(4) 追求快乐，但难以承受挫折。对90后新生代员工而言，他们追求的是工作所带来的快乐，在他们的价值观中，金钱对他们来说很重要，但更重要的是“快乐地赚钱”。如果工作不开心，即使工资再高，他们也可能会离职去寻找一个更为舒心的工作环境。此外，90后新生代被形容为“温室内长大的一代”或者“草莓族”，虽然外表光鲜，但就像草莓一样承受不了半分压力，在职场中一旦受到批评可能就会失去工作热情，甚至产生逆反心理。

2. 90后新生代员工的员工关系管理

对于90后新生代员工的员工关系管理，面临着以下挑战。

(1) 90后新生代员工的离职率特别高。据《2012年度中国薪酬白皮书》显示，在2011年，我国90后新生代员工离职率高达30.6%，远高于企业员工的平均离职率。他们的组织忠诚度普遍不高，离职对他们来说没有太多的心理负担。同时，他们也很容易从网络中得知同行业的薪酬水平。有调查表明，薪酬缺乏外部竞争力是员工离职的首要原因。

(2) 90后新生代员工对晋升的期望特别高。90后新生代员工自尊心很强，会不断与同龄人进行对比，而这种对比会直接体现在名片的职务级别上。他们当中有不少人对企业晋升机制所看重的工作年限与资历嗤之以鼻，觉得凭自己的学历水平和能力就应当快速晋升。

(3) 90后新生代员工善于利用网络媒体来应对劳动纠纷。90后新生代员工对网络非常熟悉，懂得怎么通过网络媒体曝光来维护自身权益，这往往成为他们在劳动纠纷时威胁用人单位的一把利器，让用人单位丧失主动权。因为网络传播的特点是，只要标题吸引、内容轰动，就能够广泛传播，而不管事件本身的真相，这对用人单位的企业形象将是很大的打击。

9.3.3　多元雇用背景下的员工关系管理

1. 多元雇用的含义及形式

多元雇用是相对传统的单一雇用而言的，往往指雇用形式的多元化，是一种同时存在多种雇用形式的混合雇用方式。卡佩里等人(2012)列出了企业经济活动中最常见的雇用形式(见图9-6)，而多元雇用就是将这些雇用形式同时使用于一家企业之中。对于这些雇用形式，直接合同形式是传统的典型雇用，而其他形式都被学者统称为非典型雇用。

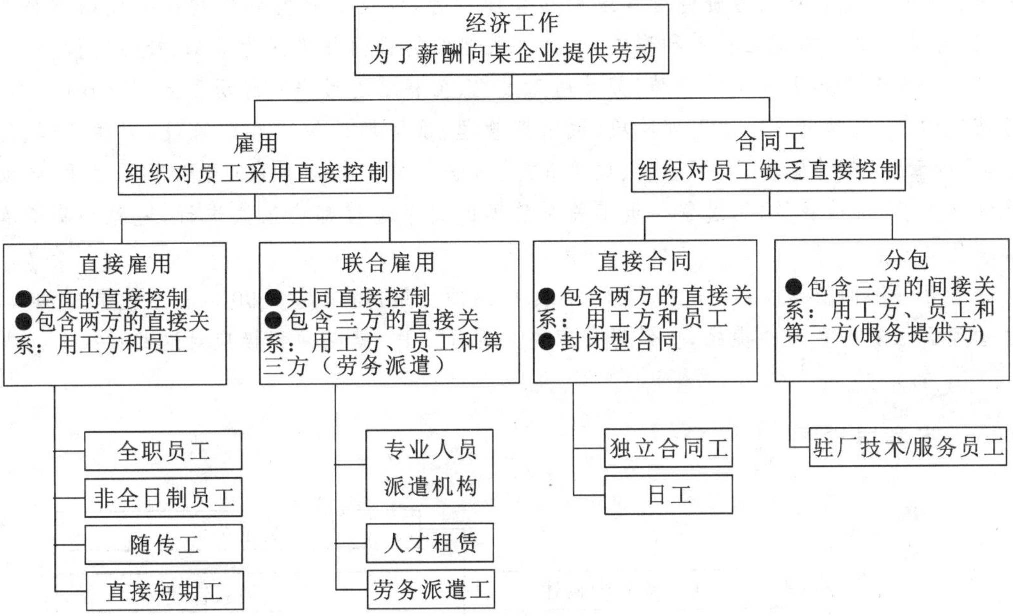

图9-6　企业经济活动中的常见的雇用形式

非典型雇用虽然早就存在，但是一直以来规模不大，只是典型雇用的补充而已。但随着多元雇用得到越来越广泛的应用，不少企业通过设立临时性的岗位专门招聘非典型员工，在同一岗位上同时招聘典型雇用员工和非典型雇用员工等方式不断扩大非典型雇用员工的规模，由此带来的变化就是员工关系的改变。

2. 多元雇用背景下的员工关系管理挑战

总的来说，多元雇用为员工关系管理带来了以下挑战。

(1) 多元雇用容易导致同工不同酬的问题。由于业务的增长和劳动力成本的上升，很多企业都会招聘非典型员工来扩充员工队伍，其中以劳务派遣最为常用。新进的非典型员工通常会与企业原来的正式员工一起工作，两者的工作内容和工作量基本一致，但正式员工的薪酬和福利水平通常大大高于非典型员工的。这种同工不同酬的现象在很多企业中存在，导致的结果是出现非典型员工的心理契约破裂、工作积极性降低，甚至会引发劳动纠纷或冲突等问题。

(2) 多元雇用会削弱企业内部的凝聚力。多元雇用催生了企业内部的身份制度，即正式工、临时工、劳务工等不同身份。除了薪酬和福利的差异外，有着天然优越感的正式工可能还会歧视或排斥其他身份的员工，使得企业内部分裂成不同阵营，大大削弱了企业内部的凝聚力。

(3) 多元雇用会阻碍创新。知识分享是创新的重要基础，而绝大部分处于业务一线的非典型员工手中掌握着大量的业务经验和改进方法。正式工的阵营和其他身份员工的阵营通常处于对立状态，双方难以无私地交流。此外，由于管理层对其他身份员工的不重视，其他身份员工难以获得建言献策的机会，这大大阻碍了知识的分享和创新的涌现。

本章小结

狭义的员工关系是指企业管理者与员工及团体之间产生的，由双方利益引起的表现为合作、冲突、力量和权利关系的总和。员工关系非常复杂，但最终都可以归纳为冲突和合作两个根本点。广义的员工关系管理是在企业人力资源管理体系中，各级管理人员和人力资源职能管理人员通过拟定和实施各项人力资源管理政策和管理行为，以及其他的管理沟通手段调节企业和员工、员工与员工之间的相互联系和影响，从而实现组织的目标并确保为员工、社会增值。

员工关系管理始于员工的招聘(劳动用工过程、招聘录用过程)，经历了入职阶段(入职管理、服务协议约定、入职引导)、试用期阶段(试用期管理、试用期评价)、在职阶段(纪律管理、沟通管理、满意度管理、参与管理、冲突管理、危机管理、劳资谈判)、离职阶段(离职事项管理、劳动合同解除和终止、经济性裁员)等过程。员工关系管理的整个过程都应依法进行，避免和降低人力资源管理的风险。

随着互联网的快速发展，多元雇用越来越广泛的应用，越来越多90后新生代员工加入，员工关系管理面临着一系列的挑战，要做好员工关系管理工作，就必须积极应对这些挑战。

本章导学图

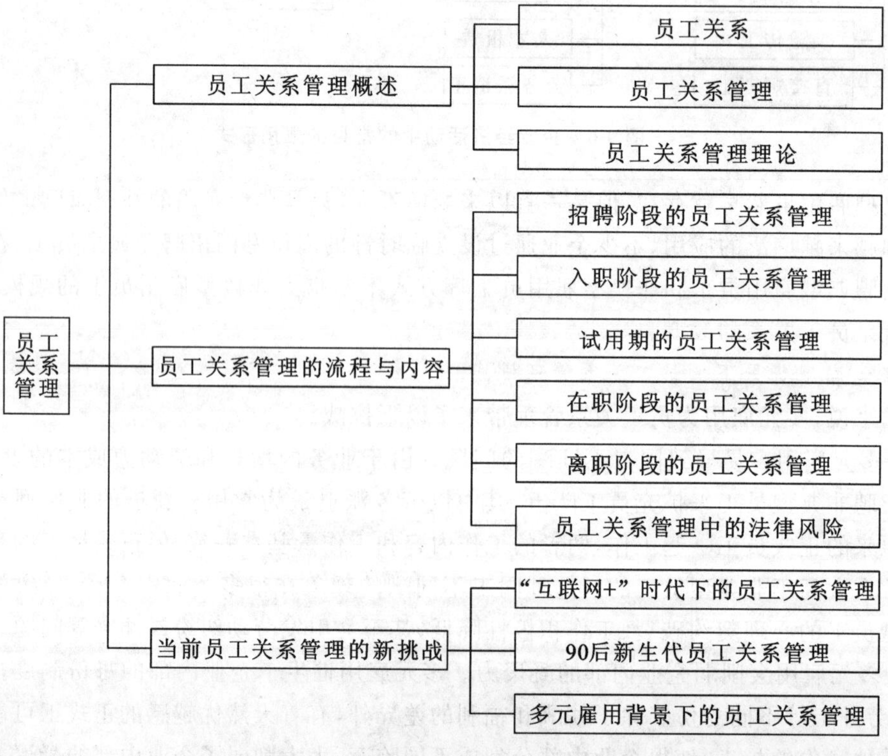

知识巩固训练

一、单项选择题

1. (　　)的本质是双方合作、冲突、力量和权利的相互交织。

A.劳动关系　B.员工关系　C.人际关系　D.雇用关系

2. 在劳动关系存续期间，就劳动条件的维持或提高与管理方协商时，体现了员工关系的(　　)特点。

A.平等性　B.不平等性　C.对等性　D.非对等性

3. (　　)的最高目标，应该是做到"让员工把所有的精力放在工作上，没有其他后顾之忧"。

A.员工关系管理　B.劳动关系管理　C.人力资源管理　D.绩效管理

4. 确认劳动合同无效的情形不包括(　　)。

A.有关劳动报酬和劳动条件等标准高于集体协议

B.采取欺诈、胁迫等手段订立的合同

C.因重大误解签订的劳动合同

D.内容有失公平

5. 社会交换的基本原则是(　　)。

A.公平分配　B.公开　C.平等　D.效率与公平

6. 当冲突双方势均力敌，并且理由合理时，适合采用的冲突解决方法是(　　)。

A.等待法　B.协商法　C.平衡法　D.权威法

7. 在沟通过程中，详细介绍本部门的职责和分工、已有员工的情况、部门运作以及与其他部门的关系等内容，这种类型的沟通属于(　　)。

A.入职前沟通　B.岗前培训沟通

C.试用期沟通　D.工作异动沟通

8. 心理契约没有正式的文字记录，而是以心理期望的方式埋藏在契约双方的内心深处，期待对方去理解、估测。这体现了心理契约的(　　)。

A.主观性　B.不确定性　C.双向性　D.动态性

9. 处理员工关系危机的关键是(　　)。

A.确认员工关系危机的阶段　B.充分考虑员工利益

C.及时找到危机团体中的核心人物　D.广泛进行宣传

二、多项选择题

1. 心理契约包括以下哪些方面(　　　　)。

A.工作环境　B.企业激励方式　C.员工自我定位

D.员工的工作行为　E.企业文化认同

2. 组织支持感的影响因素(　　　　)。

A.组织公平　B.上级支持　C.组织报酬

D.工作条件　E.组织承诺

3. 劳动合同的种类包括(　　　　)。

A.固定期限劳动合同　B.永久期限劳动合同

C.以完成一定工作为期限的劳动合同　D.无固定期限劳动合同

E.口头劳动合同

4. 解除劳动合同的主要程序有(　　　　)。

A.提前书面通知　　B.征求工会意见　　C.经济补偿

D.依法为劳动者办理档案转移手续　　E.离职面谈

5. 引起劳动合同争议的原因包括(　　　　)。

A.用工不签订劳动合同　　B.合同内容不完善　　C.合同程序不合法

D.合同变更、解除以及续聘时没有及时履行必要的手续

E.劳动者运用法律武器保护自己合法权益的意识逐步增强

6. 雇员参与民主管理的形式包括(　　　　)。

A.职工代表大会　　B.岗位参与　　C.质量管理小组

D.政策参与　　E.合理化建议

7. 劳动争议处理的原则包括(　　　　)。

A.着重调解,及时处理　　B.在查清事实的基础上依法处理

C.当事人在适用法律上一律平等原则　　D.尽量维护企业利益

E.尽量维护劳动者的利益

8. 员工关系管理的内容包含(　　　　)。

A.劳动关系管理　　B.沟通管理　　C.员工满意度管理

D.裁员与离职管理　　E.冲突处理与预防

三、判断题

1. 所谓申诉,是指必须用书面的正式方式,表示出来的对组织或企业有关事项的不满。(　　)

2. 劳动者在试用期内需提前五天通知用人单位解除劳动合同。(　　)

3. 员工关系的根本点是合作。(　　)

4. 劳动关系是员工关系的基础,员工关系是劳动关系的延伸。(　　)

5. 员工关系管理的沟通更多采用柔性的、激励性的、非强制的手段。(　　)

6. 影响员工参与管理的因素有权力、信息、知识和技能以及报酬。(　　)

7. 劳动者在同一用人单位一般平均每日工作时间不超过六小时,每周工作时间累计不超过二十四小时的用工形式是非全日制用工合同。(　　)

8.《劳动合同法》规定,竞业限制的人员在解除或者终止劳动合同后,到与本单位生产或者经营同类产品、从事同类业务的有竞争关系的其他用人单位,或者自己开业生产或者经营同类产品、从事同类业务的竞业限制期限,不得超过三年。(　　)

9. 劳动者不能胜任工作,经过培训或者调整工作岗位,仍不能胜任工作的,用人单位可以直接解除劳动合同。(　　)

10. 用人单位濒临破产进行法定整顿期间或者生产经营状况发生严重困难,确需裁减人员的,应当提前三十日向工会或者全体职工说明情况,听取工会或者职工的意见,经向劳动行政部门报告后,可以裁减人员。(　　)

四、简答题

1. 什么是员工关系？员工关系具有哪些特征？

2. 什么是员工关系管理？员工关系管理具有什么作用？

3. 员工关系管理包括哪些内容？

4. 简答员工关系管理的流程。

5. 在职阶段的员工关系管理包括哪些内容？如何管理？

五、案例分析题

我的利益谁来保护

顾言任职的福星化妆品公司规模不大，不过公司产品口碑好，因此在东莞这座珠三角发达城市之一的经营情况还算不错。但是，后来生意越来越难做，最终走到了撤店这一步。门店里的导购员大部分都不是正式员工，是通过与劳务派遣公司签订劳务派遣合同的派遣工。顾言拿着被撤销门店的名单，拨通了人力资源部的电话。被撤名单上的三个门店和八个专柜，涉及三十几名销售导购，自己只是销售主管，解约的事情还需交给专业人员。

下午的会议，人事主管李军也来参加了。会议上宣布了撤店名单和涉及的遣散员工名单，李军也向大家讲解了劳务派遣合同的性质以及公司解约合同的政策。

员工们似乎事前有所了解，顾言没有看到太多吃惊的表情。宏福百货专柜的宋大姐举手并站了起来，问道："李主管，我是2009年4月来公司的，2010年2月签的合同，到现在2014年9月，为公司服务也有四五年时间了，听说解除劳动合同是有补偿的，像我这种情况能补多少钱呢？"

李军耐心解释道："可能大家还没理解劳务派遣合同的意思，虽然大家在公司工作，而且有些员工工作时间也不短了，但是大家是和致力劳务派遣公司签的劳动合同，和咱们公司只是劳务关系，所以补偿的问题不由公司负责，大家可联系致力劳务派遣公司了解。"

散会后的员工议论着："宋大姐，解除劳动合同真的有钱拿吗？"宋大姐若有所思地点点头："我是听说解除劳动合同有补偿的，我明天去致力了解一下吧"。大家活跃了起来："那也得问工资的事情，都是柜台导购，为什么我们每个月都比老陈她们少500块钱。李军说是因为岗位性质不一样，可实际上是一样的啊，这也是因为咱们是派遣工吗？"小燕也开口了："宋大姐，我也想去问问工伤的事情，去年8月我去门店上班的时候发生交通事故，左手臂骨折，这也应该算是工伤吧，工伤待遇致力能给我吗？"

带着员工们的疑问，宋大姐找到了致力劳务派遣公司，不过致力的回答让大家更疑惑了。2010年2月，福星化妆品公司与致力签订了劳务派遣合同，致力便与福星化妆品公司原来招聘的十几名职工签订了为期三年的劳动合同。合同签订后，宋大姐他们并没有感觉到明显的差别，工资还是每月由福星化妆品公司发放，也要服从福星化妆品公司的日常管理。2013年2月，两家公司之间的劳务派遣合同到期，福星化妆品公司没有再和致力合作，所以致力也没有和这些员工续签劳动合同。至于宋大姐问到的经济补偿、工伤待遇等，致力否认并拒绝了，因为从2013年2月开始，这些员工已经和致力没有关系了，一直以来致力只是负责签合同，其他的各项管理都是福星化妆品公司在负责。

宋大姐带回来的消息让大家泄了气，当时签劳动合同并没有写明具体时间，而且签订的两份合同，一份在派遣公司，另外一份在福星化妆品公司，大家手里全都没有，连时间都无法确定。福星和致力看来都有充足的理由不负责，大家面面相觑，这该怎么办？宋大姐缓缓说道："咱们大伙都干了四五年了，却什么都没有得到。我想，与其和福星与致力纠缠，不如通过劳动争议调解仲裁来解决，如果大家相信我，明天咱们一起去劳动行政部门吧！"

思考题：

1. 你认为福星化妆品公司和致力劳务派遣公司分别应该承担哪些责任？为什么？

2. 你认为宋大姐他们在签订劳务派遣合同时存在哪些问题？

3. 你认为劳动行政部门能够解决问题吗？为什么？

职业能力训练

项目：拟定一份有固定期限的劳动合同书。

目的：了解和掌握我国《劳动合同法》有关内容，如劳动合同的订立、履行、变更、解除和终止，掌握劳动合同订立的基本原则、劳动合同的必备条款和补充条款，能够拟定合法规范的劳动合同书。

要求：实训开始前，了解《劳动合同法》《劳动法》等相关法律知识，获得某家企业人力资源管理的真实资料。

实训开始后，进行分组讨论，每组了 3～5 人，每个人充分发表个人意见和观点，为选定的企业拟定一份初步的有固定期限的劳动合同书。

实训结束后，每组修改并完善劳动合同书，填写实训报告。实训报告要求语言流畅、文字简练、条理清晰。

成果：每组撰写一份实训报告。

拓展阅读

参考文献

[1] 赵曙明，张正堂，程德俊.人力资源管理与开发[M].北京：高等教育出版社，2009.
[2] 董克用.人力资源管理概论[M].北京：中国人民大学出版社，2015.
[3] 刘善仕，王雁飞.人力资源管理[M].北京：机械工业出版社，2017.
[4] 葛玉辉.招聘与录用管理实务[M].北京：清华大学出版社，2011.
[5] 杨卫平.人力资源管理[M].北京：中国电力出版社，2008.
[6] [美]加里·德斯勒.人力资源管理[M].北京：中国人民大学出版社，2012.
[7] 杨河清.人力资源管理[M].大连：东北财经大学出版社，2017.
[8] 刘永安，王芳.人力资源管理：原理、技术与方法[M].北京：清华大学出版社，2016.
[9] 刘英侠.人力资源管理[M].北京：中国人民大学出版社，2015.
[10] 刘昕.人力资源管理[M].北京：中国人民大学出版社，2015.
[11] 肖琳.人力资源管理概论[M].大连：东北财经大学出版社，2016.
[12] 孙宗虎.人力资源部规范化管理工具箱[M].3版.北京：人民邮电出版社，2013.
[13] 刘凤霞.现代组织与岗位设计[M].天津：天津大学出版社，2017.
[14] 孙科柳.华为绩效管理法[M].北京：电子工业出版社，2014.
[15] 中国就业培训指导中心.企业人力资源管理师(3级)[M].2版.北京：中国劳动社会保障出版社，2007.
[16] [美]乔治·T.米尔科维奇，杰里·M.纽曼.薪酬管理[M].董克用，等，译.北京：中国人民大学出版社，2002.
[17] 刘昕.薪酬管理[M].5版.北京：中国人民大学出版社，2017.
[18] 刘永安.企业人力资源管理经典案例[M].北京：清华大学出版社，2007.
[19] 李志畴.招聘寻聘管理实务[M].北京：清华大学出版社，2011.
[20] 程延园.员工关系管理[M].上海：复旦大学出版社，2012.
[21] 敬嵩，王向前，何叶荣.员工关系管理[M].北京：中国电力出版社，2014.
[22] 王长城，关培兰.员工关系管理[M].武汉：武汉大学出版社，2010.
[23] 张德.人力资源开发与管理[M].4版.北京：清华大学出版社，2012.
[24] 马海刚，彭剑锋，西楠.HR$^+$三支柱：人力资源管理转型升级与实践创新[M].北京：中国人民大学出版社，2017.
[25] 赵曙明.人力资源战略与规划[M].4版.北京：中国人民大学出版社，2017.
[26] 方振邦.战略性绩效管理[M].4版.北京：中国人民大学出版社，2017.
[27] 杨明海，薛靖，李贞.工作分析与岗位评价[M].2版.北京：电子工业出版社，2014.
[28] 赵曙明，赵宜萱.人员培训与开发——理论、方法、实务[M].北京：人民邮电出版社，2016.
[29] 赵曙明，赵宜萱.人才测评——理论、方法、实务[M].北京：人民邮电出版社，2018.

[30] 赵曙明.绩效考核与管理——理论、方法、工具、实务[M].北京:人民邮电出版社,2014.
[31] 赵曙明.招聘甄选与录用——理论、方法、工具、实务[M].北京:人民邮电出版社,2014.
[32] 颜世富.培训与开发[M].4 版.北京:北京师范大学出版社,2018.
[33] 杨生斌.培训与开发[M].西安:西安交通大学出版社,2017.